für Marijke

© 2016
Herstellung und Verlag: BoD – Books on Demand, Norderstedt.
ISBN: 9783741291272

Inhalt

	Seite
1. Einleitung	7
2. Materie	17
3. Leben	65
4. Wahrnehmen	91
5. Fühlen	107
6. Denken	139
7. Bewusstsein	195
8. Zeitbewusstsein	211
9. Ästhetisch wahrnehmen	249
10. Glauben	311
11. Frei sein	341
12. Anerkennen	371
13. Sprechen	393
14. Soziale Strukturen	433
15. Moralisch Handeln	457
16. Würde	497
Bildnachweis	521
Namenregister	523

1. Einleitung

Dieses Buch nimmt eine naturalistische Position ein. Es geht davon aus, dass sich nicht nur die biologischen Eigenschaften des Menschen evolutionär entwickelt haben, sondern dass auch seine geistigen und psychischen Fähigkeiten Wurzeln haben, die tief in der natürlichen Entwicklung des Menschen verankert sind. Auf dieser natürlichen Basis konnten die Kulturen entstehen.

Die naturalistische Position geht weiter davon aus, dass Geist und Psyche biochemische und neuronale Grundlagen haben. Wahrnehmen, Denken, Fühlen, Bewusstsein und Gedächtnis sind ohne einen Organismus und ohne Gehirntätigkeiten nicht möglich. Die mentalen Fähigkeiten des Menschen hängen von der Funktionsweise des Organismus und des Gehirns ab. Wir können nur mit den Mitteln erkennen, die uns die Natur bereitstellt. Geist und Psyche sind kein Privileg des Menschen, sondern sind – in unterschiedlichen Ausprägungen – bei allen Lebewesen zu beobachten.

Deshalb ist es naheliegend, die geistigen und psychischen Fähigkeiten des Menschen aus der Natur abzuleiten. Die Ergebnisse der Evolutionstheorie, der Gehirnforschung, der Synergetik und der Systemtheorie werden dazu herangezogen.

Die naturalistische Position trennt nicht – wie Kant – einen natürlichen Bereich, in dem die Naturgesetze gelten, den Kant „Reich der Notwendigkeit" genannt hat von einem geistigen Bereich, von Kant als „Reich der Freiheit" bezeichnet. Das Geistige ist mit den Naturgesetzen kompatibel.

Im Gegensatz zum Dualismus, für den Geist und Körper auch unabhängig voneinander existieren können, sind für den Naturalismus, der in dieser Frage eine monistische Position einnimmt, Geist und Körper untrennbar miteinander verbunden. Mehr noch: die vitalen Prozesse eines Lebewesens und seine geistigen und psychischen Fähigkeiten sind unterschiedliche Aspekte desselben Organismus. Das bedeutet aber nicht, dass Geist und Psyche auf Physik und Chemie reduziert werden können. Die naturalistische Position vertritt (zumindest in der Version dieses Buches) keinen Reduktionismus.

Der Naturalismus lehnt auch jede Hierarchiebildung ab, d.h. der Geist ist der Materie nicht übergeordnet. Er unterstützt nicht die Vorstellung, dass das Leben von außen an die Materie herangetragen wurde, ihr wurde kein Odem eingehaucht (1. Mo 2,7). Lebewesen wohnt auch kein lebendig machendes Prinzip inne, das als Pneuma, Anima, Spiritus, Élan vital (Bergson) oder als Lebenskraft bezeichnet wird. Im Gegensatz dazu sieht der Naturalismus Leben als eine spezielle Organisationsform der Materie an.

Im Wort „Materie" steckt „mater = Mutter", d.h. schon im Begriff steckt die Möglichkeit Neues zu gebären. Aus Materie sind Leben und Geist hervorgegangen und Materie ist das Substrat, ohne das Leben und Geist nicht möglich sind. Materie hat nicht nur bestimmte Eigenschaften, ist also nicht nur Aktualität, sondern enthält auch Möglichkeiten für Anderes, ist also auch Potentialität, was Aristoteles in den Begriff „Entelechie" (Verwirklichung des in ihm angelegten Möglichen) gefasst hat und was auch die Quantentheorie bestätigt (siehe Kapitel 2 „Materie").

Ein Denkmodell der Physik besteht darin, dass ein Ganzes aus Teilen besteht („Das Teil und das Ganze" ist der Titel eines Buches von Werner Heisenberg) und dass dieses Ganze, um es zu verstehen, in seine Komponenten zerlegt und aus den Eigenschaften der Komponenten und ihrer Wechselwirkung rekonstruiert wird. Dieses Denkmodell – das Ganze und seine Teile – ist nicht unproblematisch, wie in Kapitel 2 „Materie" und in Kapitel 6 „Denken" ausgeführt wird.

Diesem Theorieansatz stellt die Systemtheorie ein ganz anderes Denkmodell gegenüber. Ein System wird von Prozessen (also nicht von Komponenten) gebildet und aufrechterhalten. Es organisiert, reguliert und strukturiert sich selbst. Es ist autopoietisch (wörtlich: es erschafft sich selbst), d.h. es erzeugt sich durch die Prozesse aus denen es besteht. Die Strukturen, die das System selbst bildet, ermöglichen weitere Prozesse. Dieses systemtheoretische Modell ist besser geeignet, geistige, psychische und soziale Phänomene zu beschreiben.

Die Vorzüge dieses systemtheoretischen Theorieansatzes zeigen sich deutlich in Kapitel 3 „Leben". Lebewesen sind hoch organisierte und detailliert strukturierte biochemische Systeme. Sie werden durch die internen Lebensprozesse aufrechterhalten und stabilisiert.

Lebewesen sind zwar operativ, d.h. bezüglich ihrer Prozesse geschlossen, gleichzeitig sind sie aber offen, d.h. sie nehmen Energie und Stoffe auf und geben sie auch wieder ab. Damit sind die Voraussetzungen für Strukturbildung erfüllt. Denn nach der Systemtheorie und der Synergetik können Systeme nur dann Strukturen aufbauen, wenn sie gleichzeitig operativ geschlossen und offen sind. Das gilt für alle Lebewesen, auch für die Bausteine des Lebens, die Zellen. Und es gilt auch für geistige, psychische und soziale Systeme: Prozesse bilden Strukturen und Strukturen ermöglichen Prozesse.

Lebewesen sind autokatalytisch, d.h. die Prozesse, die den Organismus in einem ständigen Fließgleichgewicht halten, haben die Fähigkeit, sich fortgesetzt immer wieder neu selbst anzustoßen.

Wenn sich Lebewesen fortpflanzen, wird ihr Erbgut gemischt, was die enorme Vielfalt an unterschiedlichen Individuen einer Art erklärt. Kein Lebewesen gleicht dem anderen, nicht einmal zwei Blätter eines Baumes sind völlig identisch. Bei der Vermischung wird das Erbmaterial auch immer leicht modifiziert. Mutationen sind zufällige Veränderungen der Gene. Hier zeigt sich ein generelles Prinzip der Natur: die Vielfalt der Individuen einer Art ist das Ergebnis eines geeigneten Wechselspiels von Zufall und Gesetzmäßigkeit („Zufall und Notwendigkeit" ist der Titel eines Buches von Jacques Monod). Wäre die Natur nur gesetzmäßig, wäre sie starr wie ein Kristall. Wäre sie nur zufällig entstanden, wäre sie strukturlos und amorph. Durch das Zusammenwirken von Zufall und Gesetzmäßigkeit ist die Natur geordnet, aber auch vielfältig.

Wie sich Leben aus unbelebter Materie entwickelt hat, gehört zu den erstaunlichsten Phänomenen. Leben ist eine emergente Hervorbringung der Materie. Unter Emergenz versteht man die Herausbildung von neuen Eigenschaften oder Strukturen eines Systems infolge des Zusammenspiels der Prozesse des Systems. Dabei lassen sich die emergenten Eigenschaften des Systems nicht auf Eigenschaften der Elemente zurückführen, die diese isoliert aufweisen. Geist und Psyche bilden sich in emergenter Weise aus den Lebensprozessen eines Organismus.

Bereits einzellige Lebewesen zeigen die Merkmale operativer Geschlossenheit bei gleichzeitiger Offenheit. Sie grenzen sich mit einer semipermeablen Wand von ihrer Umwelt ab. Semipermeabel bedeutet, dass nur bestimmte Substanzen durch die Membran durchgelassen werden, andere nicht. Das setzt selektive Wahrnehmung voraus. Wahrnehmung ist also untrennbar mit Leben verbunden. Etwas erkennen und es von Anderem unterscheiden zu können ist bereits ein geistiger Vorgang. Geist beginnt mit dem Leben. Alle Pflanzen und Tiere nehmen in unterschiedlicher Weise ihre Umwelt wahr. Wahrnehmung ist eine aktive Konstruktionsleistung und keine passive Abbildung der Umwelt. Sie hat eine lebenserhaltende Funktion. Nur strukturierte Systeme können wahrnehmen und was sie wahrnehmen sind Gestalten, also Strukturen (siehe Kapitel 4 „Wahrnehmen").

Auch elementare Gefühle sind untrennbar mit den homöostatischen Prozessen im Körper verbunden, sie sind Teil dieser Regelungsprozesse. Deshalb rufen viele Gefühle auch Körperreaktionen (z.B. Zittern, Erröten) hervor. Gefühle (z.B. Angst) können auch Erkenntnisse ermöglichen (z.B. den zähnefletschenden Hund als gefährlich erkennen), oder eine urteilende und wertende Funktion haben. Gefühle können zu Handlungen motivieren, z.B. kann Mitleid Antrieb zu moralischem Handeln sein. Schließlich haben Gefühle (z.B. Scham) auch einen sozialen Aspekt und sind Ausdruck unseres Selbstverständnisses (siehe Kapitel 5 „Fühlen").

Unser Denkvermögen hat Wurzeln, die in das Tierreich zurückreichen. Tiere besitzen bemerkenswerte kognitive Fähigkeiten. Nach der evolutionären Erkenntnistheorie hat sich unser Denkvermögen im Laufe der Evolution durch ständige Auseinandersetzung mit der Umwelt und in Anpassung an sie entwickelt. Das erklärt die Möglichkeiten, aber auch die Grenzen unseres Denkens.

Die Hirnforschung dagegen betont das konstruktive Element unserer Erkenntnis. Die Sinnesorgane übersetzen die Wahrnehmung der Außenwelt in elektrische Impulse. Die Leistung des Gehirns besteht darin, dem Feuerwerk von elektrischen Impulsen Bedeutung zuzuweisen. Erkennen ist kein Abbilden, sondern ein Konstruieren (siehe Kapitel 6 „Denken"). Ein Gehirn repräsentiert seine Umwelt, ohne sie abzubilden. Denken ist das geistige Bearbeiten dieser Repräsentation. Das geschieht mit Denkstrukturen, die Kant Verstandeskategorien genannt hat.

Diese Denkstrukturen haben sich im Laufe der natürlichen und kulturellen Entwicklung herausgebildet. Wie alle Strukturen sind sie aus Prozessen (in diesem Fall aus Denkprozessen) entstanden. Sie ermöglichen selbst wiederum Prozesse, schränken diese aber auch ein. Denkstrukturen korrespondieren mit Sprachstrukturen, denn Denken geschieht zu einem großen Teil in der Sprache. Die Struktur einer Sprache, ihre Grammatik, bildet sich im Laufe der Zeit aus Kommunikationsprozessen und ermöglicht wiederum Kommunikation, die sie aber auf bestimmte Formen begrenzt. Sprachstrukturen (die Grammatik einer Sprache), bilden sich in der Kommunikation vieler Generationen. Die strukturierte Sprache wiederum ermöglicht Kommunikation, denn eine Mitteilung kann nur verstanden werden, wenn sie strukturiert ist. Daher kann der Spracherwerb eines Kindes als Selbststrukturierung des Sprachzentrums im Gehirn verstanden werden (siehe Kapitel 13 „Sprechen").

Eines der erstaunlichen Phänomene höher entwickelter Lebewesen ist das Bewusstsein. Wir sind in der Lage, etwas bewusst wahrzunehmen, zu fühlen, zu denken oder zu wollen. Viele Regulierungsprozesse im Körper geschehen unbewusst und auch vieles Kognitive geschieht außerhalb unserer Aufmerksamkeit. Aus der Hirnforschung wissen wir, dass das Bewusstsein ein emergenter Anregungszustand der Großhirnrinde ist. Die Aktivitäten vieler Regionen der Großhirnrinde sind miteinander korreliert, sodass eine langreichweitige Struktur entsteht. Auffallend sind die Parallelen zu den Strukturbildungen in der belebten und unbelebten Natur (Siehe Kapitel 7 „Bewusstsein").

Unser ästhetisches Wahrnehmen (siehe Kapitel 9) hat evolutionäre Wurzeln. Sie liegen einmal in der Attraktivität des anderen Geschlechts und zum anderen in der Schönheit der Natur. Künstler thematisieren in ihren Werken – bewusst oder unbewusst – nicht nur das, was sie darstellen, sondern auch wie wir wahrnehmen. Deshalb kann die Analyse unserer Wahrnehmungsstrukturen uns Stilrichtungen oder sogar einzelne Kunstwerke verständlich machen. Insbesondere gilt das für die Gestaltwahrnehmung, die an einzelnen Bildern erläutert wird. Der Mechanismus, der in der Natur Strukturen hervorbringt, korrespondiert mit Prinzipien des strukturellen Aufbaus von Kunstwerken und mit unseren Wahrnehmungsstrukturen. Das wird unter anderem an den Beispielen Gesetzmäßigkeit/Zufall, Symmetrie und Proportionen gezeigt.

In Kapitel 10 „Glauben" wird die These vertreten, dass Religiosität, die zu allen Zeiten, in allen Kulturen, überall auf der Welt anzutreffen ist, aus unseren geistigen und psychischen Strukturen, mit denen wir uns denkend und fühlend die Welt erschließen, zu erklären ist. Unsere mentalen Wahrnehmungs- und Denkstrukturen begünstigen religiöse Vorstellungen.

Ein handelnder Mensch verfolgt sein Ziel in einer bestimmten Situation, in der er äußeren Bedingungen unterworfen ist und in der ihm nur eingeschränkt Mittel zur Verfügung stehen. Er unterliegt den Normen und Werten der Gesellschaft, in der er lebt. Er ist in seinen Entscheidungen geprägt durch seine Herkunft, Ausbildung und Lebenserfahrung. Er hat Präferenzen und Gründe für sein Handeln. Trotz dieser vielfältigen Determination ist er frei in seinen Entscheidungen. Freiheit und Determination schließen sich nicht aus. „Freiheit ist nicht nur mit Bedingtheit verträglich, sie verlangt Bedingtheit und ist ohne sie nicht denkbar" (Peter Bieri). Natürlich sind wir auch durch die Aktivitäten unseres Gehirns determiniert. Alle unsere Überlegungen und Wünsche, die zu einer Entscheidung führen, sind neuronal verankert. Die Gehirnfunktionen schränken daher unsere Freiheit nicht ein (siehe Kapitel 11. „Frei Sein").

Nach den beiden einleitenden Kapiteln 2 und 3 „Materie" und „Leben" wurden in den Kapiteln 4 bis 9 die geistigen Fähigkeiten des Menschen: Wahrnehmen, Fühlen, Denken, Bewusstsein, Zeitbewusstsein und ästhetisch Wahrnehmen behandelt, gefolgt von den Kapiteln 10 und 11 „Glauben" und „Frei sein". In Kapitel 12 „Anerkennen" folgt der Schritt vom Individuum zum sozialen Wesen. Der Dreh- und Angelpunkt dieses Übergangs ist die „gegenseitige Anerkennung".

Was uns von den Tieren unterscheidet und was die Grundlage ist für den Menschen als soziales Wesen, ist die Fähigkeit andere Menschen als Person wahrnehmen zu können, als Wesen mit eigenen Gedanken, Gefühlen und Wünschen. Es ist zweitens die Fähigkeit, die Perspektive eines anderen Menschen einnehmen zu können, d.h. etwas aus seinem Blickwinkel heraus betrachten zu können. Drittens ist es die Fähigkeit zur Empathie, d.h. mit anderen mitfühlen zu können. Es ist viertens die Fähigkeit, die Aufmerksamkeit mit anderen teilen zu können und schließlich fünftens die Fähigkeit mit anderen gemeinsame Ziele zu entwickeln und zu verfolgen, d.h. die Fähigkeit zur Kooperation.

Zusammengefasst werden diese Fähigkeiten als „gegenseitige Anerkennung" bezeichnet und sind die Grundlage der sozialen Welt des Menschen. In den folgenden Kapiteln 13 bis 15 werden aus dieser Fähigkeit Sprache, soziale Strukturen und Moral abgeleitet.

Die gegenseitige Anerkennung befähigt den Menschen zu einer besonderen Form des Lernens, für die Michael Tomasello den Begriff „kulturelles Lernen" geprägt hat. Im Gegensatz zur bloßen Imitation kann beim kulturellen Lernen der Lernende die Intention des Lehrenden erkennen, er kann seine Perspektive einnehmen, er ist in der Lage zu verstehen, was der Lehrende mit dem was er sagt oder zeigt, beabsichtigt. Beim kulturellen Lernen kann das einmal erreichte Wissen gehalten und weiterentwickelt werden. Nur so ist wissenschaftlicher Fortschritt möglich.

Die gegenseitige Anerkennung ist auch Voraussetzung für die Entwicklung der Sprache. Nach Tomasello hat sie sich aus der Zeigegeste entwickelt. Wenn die Mutter auf etwas zeigt, teilt sie mit dem Kind ihre Wahrnehmung. Damit übernimmt das Kind auch die Intention der Mutter. Mutter und Kind gewinnen ein intersubjektiv geteiltes Wissen. Zeigen ist – wie später die Aussage – auf eine gemeinsame Aufmerksamkeit angewiesen. Zeigen ist eine erste Form der gemeinsam geteilten Welt. Weil die Zeigegeste für die Bedeutungsfülle unserer Gedanken nicht mehr ausreiche, musste die Lautsprache als zusätzliches Mittel hinzukommen.

Um die relativ unspezifische Zeigegeste zu differenzieren, wird sie mit hörbaren Lauten begleitet. Abends am Lagerfeuer wird das gemeinsam erlebte Abenteuer erzählt. Jetzt spielt der Laut die Hauptrolle und die Zeigegeste begleitet die Lautäußerung. Die Zeigegeste hat ihre Bedeutung verloren, weil das Objekt nicht präsent ist. Aber noch heute „reden wir mit den Händen", d.h. wir begleiten unsere Rede mit Gesten. Der Laut kann das Objekt imaginativ präsent machen. Schließlich emanzipiert sich der Laut ganz von der Zeigegeste, die Sprache ist entstanden. Wesentliche Voraussetzung dafür ist, dass Menschen in der Lage sind, eine gedankliche Welt miteinander zu teilen.

Wir sind soziale Wesen. Wir entwickeln unsere emotionalen und kognitiven Fähigkeiten, sowie unsere Persönlichkeit im Kontakt mit Anderen. Aus den Wechselbeziehungen der Menschen untereinander bilden sich soziale Strukturen. Nach dem amerikanischen Soziologen Talcott Parsons wird eine Gesellschaft durch eine von allen geteilte normative Ordnung zusammengehalten und stabilisiert.

Der zentrale Begriff der Sozialphilosophie von Jürgen Habermas ist das kommunikative Handeln. Kommunikation hat auch eine handlungskoordinierende Funktion. Damit erklärt Habermas das Zustandekommen sozialer Ordnung. In modernen Gesellschaften ist die integrative Kraft der Kommunikation bedroht, weil die gemeinsame Lebenswelt kleiner und die Institutionen schwächer werden. Deshalb muss in modernen Gesellschaften das Recht zur integrativen Kraft werden.

Niklas Luhmann schlägt für die Bildung sozialer Strukturen eine andere Erklärung vor. Die Kommunikationsprozesse in der Gesellschaft bilden eine neue, selbstorganisierte, emergente Ordnung. Luhmanns Theorie der Bildung sozialer Strukturen hat Parallelen zur Strukturbildung in der belebten und unbelebten Natur. Sie beruht nicht wie bei Parsons auf gemeinsam geteilten Werten und Normen, auch nicht – wie bei Habermas – auf kommunikativer Verständigung, sondern die Kommunikationsprozesse in der Gesellschaft bringen selbst Strukturen hervor, die wiederum Prozesse ermöglichen, aber auch einschränken.

Moralisches Handeln reicht weit in die Geschichte, in die Stammesgeschichte, sogar bis ins Tierreich zurück. Einige Tiere zeigen ein Verhalten, das dem moralischen Verhalten des Menschen analog ist.

Die Motivation zu moralischem Handeln ist die Empathie, die Fähigkeit, mit anderen mitzufühlen. Die neuronale Basis dafür sind die Spiegelneuronen. Arthur Schopenhauer hat das Mitgefühl zum Kerngedanken seiner Ethik gemacht und auch David Hume sieht Emotionen als primäre Triebkraft für moralisches Handeln.

Was den Menschen auszeichnet und was ihn vom Tier unterscheidet ist die Fähigkeit zur gegenseitigen Anerkennung. Dazu gehört die Fähigkeit mit Anderen zu kooperieren und in der Kooperation Rollen zu übernehmen. Wir kennen auch die Rollen der Anderen und wissen, wie sie sich in ihrer jeweiligen Rolle verhalten müssen. In den Rollenidealen liegen nach Tomasello die Wurzeln sozial geteilter ethischer Normen. Die Übernahme einer Rolle in der kooperativen Zusammenarbeit bedeutet auch die Übernahme von Pflichten, die Bereitschaft anderen zu helfen und das Ergebnis der Anstrengungen mit Anderen zu teilen.

Die Fähigkeit in der Kooperation eine Rolle zu übernehmen ist verbunden mit der Fähigkeit, allgemein gültige Regeln und Normen anzuerkennen und zu befolgen. Soziale Normen werden institutionalisiert und internalisiert. Institutionalisiert bedeutet, dass die Norm objektiven Charakter bekommt („das ist so!", „das macht man so!"). Internalisiert bedeutet, dass die Norm so in Fleisch und Blut übergegangen ist, dass sie als fraglos richtig erscheint.

Die gegenseitige Anerkennung beinhaltet auch die Bereitschaft, dem anderen einen eigenen Wert zu geben: Würde. Sie ist der oberste Wert unserer Rechtsordnung. Für Habermas besteht sie darin, dass wir uns im täglichen Umgang als gleichberechtigt behandeln und gegenseitig anerkennen. Auf der Menschenwürde beruhen die Grundrechte.

In einer anderen philosophischen Sichtweise ist Würde kein Wesensmerkmal des Menschen, sondern ein Gestaltungsauftrag. Handle so, dass die Würde des Menschen niemals verletzt wird. Würde gibt uns im täglichen Umgang miteinander Orientierung.

16

2. Materie

> *„Die Materie ist das allgemeine Samenkorn des Universums, worin alles verhüllt ist, was in den späteren Entwicklungen sich entfaltet. Gebt mir ein Atom der Materie, könnte der Philosoph und Physiker sagen, und ich lehre euch, das Universum daraus zu begreifen."*
> F. W. Schelling[1]

„Am Anfang schuf Gott Himmel und Erde. Und die Erde war wüst und leer, und es war finster auf der Tiefe; und der Geist Gottes schwebte auf dem Wasser. Und Gott sprach: Es werde Licht! und es ward Licht."[2]

Mit diesen Worten beginnt die Bibel. Die Genesis spricht von einem Anfang. Darin stimmt sie mit der Physik überein, die in dem sog. Urknallmodell ebenfalls von einem Anfang des Weltalls ausgeht. Der biblische Text unterscheidet zwischen Himmel und Erde. Auch in der griechischen Antike, z.B. bei Aristoteles, findet man diese Unterscheidung. Im Verständnis der heutigen Physik ist die Erde dagegen ein Planet, der mit 7 anderen Planeten die Sonne umkreist.[3] Die Sonne ist ein von größenordnungsmäßig 100 Milliarden Sonnen in unserer Galaxie, der Milchstraße. Galaxien bilden Galaxienhaufen. Die Kosmologie bindet die Erde also in den Kosmos ein, als einen unter sehr vielen anderen Himmelskörper. Überall gelten dieselben physikalischen Gesetze, sodass die strikte Trennung zwischen Himmel und Erde aufgehoben ist. Weiterhin nennt die Bibel die Erde „wüst und leer". Vermutlich ist diese Charakterisierung der Erde als unstrukturiert zu interpretieren, wiederum in Analogie zur griechischen

---

[1] F.W. Schelling: Ideen zu einer Philosophie der Natur
[2] Gen 1,1
[3] Bis zum Jahr 2006 gab es insgesamt 9 Planeten. Aber dann wurde Pluto der Planetenstatus aberkannt, sodass es jetzt noch 8 Planeten sind, die die Sonne umkreisen.

Vorstellung der Weltentstehung, bei der die Welt zu Beginn chaotisch war. Es war finster auf der Tiefe, bis Gott das Licht erschuf. Interessant darin ist, dass das Licht in der biblische Schöpfungsgeschichte von Gott in einem eigenen Schöpfungsvorgang geschaffen wurde. In der heutigen Physik gehört Licht zur Materie. Es besteht aus Photonen, die zu den Bausteinen der Materie, den Elementarteilchen, gehören. Photonen repräsentieren die elektromagnetische Wechselwirkung, eine der vier Kräfte, mit der die Materie mit sich selbst in Verbindung tritt.

Natürlich ist die Bibel kein naturwissenschaftliches Lehrbuch, sondern ein Bekenntnis des Glaubens. Aber es kommt in der Bibel ein Naturverständnis zum Ausdruck, das sich teilweise von unseren heutigen Vorstellungen unterscheidet, teilweise aber auch mit dem übereinstimmt was die Wissenschaften lehren. Unser Weltbild wird heute von den Naturwissenschaften geprägt. „Wir leben heute in einem wissenschaftlichen Weltbild, ohne wenn und aber"[4] sagt Jürgen Mittelstrass und er fährt fort: „Dieses Weltbild ist … nicht in allen Hinsichten komfortabel und problemlos, doch immer noch das Beste, das wir haben …. Auch hat dieses Weltbild Platz für viele kleine private Weltbilder: es füllt den Kopf und hält die Seele für andere Dinge frei."[5]

Seit der Aufklärung wird das Bild, das wir von der Natur haben, weitgehend von den Naturwissenschaften bestimmt. Weitgehend, aber nicht vollständig. Einerseits erklären wir uns Naturphänomene wie Regen, Gewitter oder Hagel naturwissenschaftlich, also nicht mehr mit dem blitzeschleudernden Zeus und ein Hochwasser ist für uns nicht mehr das Werk von Poseidon oder Neptun, wir haben

---

[4] Jürgen Mittelstrass: Die Kosmologie der Griechen in: Jürgen Audretsch/Klaus Mainzer: Vom Anfang der Welt, Wissenschaft, Philosophie, Religion, Mythos, 1989, Seite 40
[5] ebenda

naturwissenschaftliche Erklärungen dafür. Anderseits wird unser Bild der Natur in starkem Maße auch vom Umweltschutz bestimmt. Natürlich werden auch im Umweltschutz naturwissenschaftliche Argumente verwendet, aber die eigentliche Triebfeder des Umweltschutzes ist der Erhalt unserer natürlichen Lebensbedingungen und diese Triebfeder ist ethischer und nicht naturwissenschaftlicher Art.

Auch in der Medizin gibt es naturwissenschaftliche Methoden, die sog. Schulmedizin, und alternative Heilmethoden, z.B. Homöopathie oder Akupunktur. Beispiele dafür, dass unser Bezug zur Realität nicht vollständig von den Naturwissenschaften beherrscht wird.

Materie ist die Grundlage aller Erscheinungen in dieser Welt. Unser Körper sowie alle Tiere und Pflanzen sind aus organischen Stoffen, alle Gegenstände um uns sind aus Materie. Ohne biologische Prozesse ist Leben nicht möglich. Ebenso benötigen mentale Phänomene, wie Geist, Psyche und Bewusstsein eine neuronale, d.h. materielle Basis. Wenn wir ins Weltall blicken, sehen wir ungeheuer große Materiemengen. Unsere Sonne, eine Kugel von 1,4 Millionen km Durchmesser hat die unvorstellbare Masse von rund 2×10^{30} kg. In unserer Galaxie, der Milchstraße, gibt es größenordnungsmäßig 100 Milliarden Sonnen und in derselben Größenordnung liegt auch die Zahl der Galaxien im Weltall. Zwischen den Sternen ist die Materie allerdings sehr dünn verteilt, nur ca. 1 Wasserstoffatom, pro Kubikmeter findet man zwischen den Himmelskörpern. Ob es im Weltall noch etwas anderes gibt als Materie, z.B. Lebewesen, ist eine offene Frage. Derzeit gibt es keinen Hinweis für Leben außerhalb der Erde.

Das ist Grund genug, sich mit der Materie zu beschäftigen. Es gibt aber weitere gute Gründe. Die Wissenschaften der Materie, Physik und Chemie, halten viele Ergebnisse bereit, die für das Verständnis dieser Welt notwendig sind. Sie haben

Erkenntnisse über die Materie gewonnen, die unser Weltbild erheblich verändert haben. Deshalb muss eine Naturphilosophie mit der Materie beginnen. Das ist kein Bekenntnis zum Materialismus, der alle Phänomene dieser Welt auf Materie und ihre Gesetzmäßigkeiten zurückführen will, also kein Plädoyer für den Reduktionismus. Psychische und geistige Phänomene benötigen zwar eine materielle Basis, können aber nicht auf Physik und Chemie reduziert werden.

Materie besteht aus Atomen. Diese Feststellung ist für uns so selbstverständlich geworden, dass wir leicht übersehen, welche enorme Bedeutung sie für die Naturwissenschaften hat. Dass Materie aus Atomen besteht, ist das Paradigma unseres Wissens über die unbelebte Materie schlechthin. Nahezu alle physikalischen und chemischen Eigenschaften der Materie, werden aus den Atomeigenschaften abgeleitet. Die Atomhypothese gab der Wissenschaft auch die Möglichkeit, die Materieeigenschaften zu erklären und die enorme Vielfalt der Erscheinungsformen der Materie zu strukturieren.

Der Gedanke, dass Materie aus Atomen aufgebaut ist, ist mehr als 2400 Jahre alt. Er hat sich aber erst um 1900 in der Physik durchgesetzt. Die beiden Vorsokratiker, Demokrit (460 – 371 v. Chr.) und Leukipp (5. Jahrhundert v. Chr.), postulierten als erste die Existenz von kleinsten Materieteilchen und nannten sie Atome, von griech. atomos = unteilbar. Sie werden deshalb auch als Atomisten bezeichnet. Atome haben nach der Vorstellung der Atomisten keine Qualitäten. „Nur scheinbar hat ein Ding eine Farbe, nur scheinbar ist es süß oder bitter, in Wirklichkeit gibt es nur Atome und leeren Raum"[6]. Alle Phänomene haben ihren Ursprung in der Bewegung der Atome. Farben und

---

[6] Wilhelm Capelle: die Vorsokratiker, Fragmente und Quellenberichte, Seite 135

Geschmack sind Reaktionen eines Subjekts auf die auf diese Bewegungen. Auch die Seele ist bei Demokrit etwas Stoffliches, sehr fein und leicht beweglich.

Demokrit und Leukipp wollten mit ihrer Atom- Hypothese aber nicht hauptsächlich naturwissenschaftliche Aussagen machen, d.h. sie wollten nicht die Eigenschaften der Materie aus den Atomeigenschaften ableiten, wie es Physik und Chemie tun. Ihr Interesse galt den philosophischen Fragestellungen ihrer Zeit, zu denen sie einen Beitrag leisten wollten. Zum Beispiel beschäftigte sie die Frage der Veränderung. Parmenides von Elea (um 540/535 bis 483/475 v. Chr.) lehrte, dass das Sein unveränderlich und alles Veränderliche nur scheinbar ist. „Das Sein ist und das Nicht-Sein ist nicht" lautete eines seiner zentralen Thesen. Weil das Nichts nicht ist, gibt es auch keinen leeren Raum. In einem vollständig gefüllten Raum kann es aber keine Bewegung geben. Wie ist also angesichts dieser Voraussetzungen Bewegung möglich? Eine zweite Frage, mit der sich die Atomisten beschäftigten, war das Problem der Vielheit in den Erscheinungsformen der Natur. Wie ist die Vielfalt zu erklären angesichts der Einheit des unveränderlichen Seins?

Demokrit und Leukipp machten mit ihrem Vorschlag einen radikalen Neuanfang. Alle Materie ist aus kleinsten unteilbaren Atomen zusammengesetzt. Es gibt Vakuum. Die Atome bewegen sich im leeren Raum, indem sie ihre Position im Raum und ihre Lage zueinander verändern. Die Eigenschaften der Atome sind ihre Größe und ihre Position im Raum. Alle anderen Eigenschaften der Materie, Konsistenz, Festigkeit, Farbe, usw. werden aus diesen grundlegenden Eigenschaften der Atome abgeleistet. Obwohl Atome eine Größe haben, sind sie nicht teilbar. Und sie sind unveränderlich. Der Atombegriff ist bei Demokrit und Leukipp nicht empirisch zu verstehen, sondern er ist spekulativ mit der Aufgabe, das Unveränderliche des Seins mit der unbestreitbaren Tatsache der Veränderung in Einklang zu bringen.

In dieser Bedeutung sind die Atome von Demokrit und Leukipp einfach, denn sie sind nicht zusammengesetzt und unveränderlich. Zum ersten Mal wurden unanschauliche Begriffe – Atom und Vakuum – als Grundlage der Materie gewählt, eine Theorieentscheidung, die im 20. Jahrhundert noch um ein Vielfaches übertroffen wird. Die beobachtbaren Dinge sind Komplexe unbeobachtbarer Atome und die Eigenschaften makroskopischer Körper sind die Erscheinungsweisen der Struktur der Atomkomplexe. Die Atome selbst sind qualitätslos, d.h. sie haben keine anderen Eigenschaften, als Größe und Position im Raum.

Der Satz „Materie besteht aus Atomen" kann in seiner Bedeutung nicht überschätzt werden.[7] Die Atomhypothese zerlegt Materie in kleinste Einheiten und leitet aus den Atomen und ihrer Wechselwirkung die Eigenschaften Materie ab. Damit ist die Physik sehr erfolgreich. Durch den großen Erfolg dieses Ansatzes wird aber leicht übersehen, dass die Atom-Hypothese eine Theorieentscheidung ist, mit der andere Ansätze ausgeblendet werden. Sie zerlegt Materie in kleinste Einheiten und leitet die makroskopischen Eigenschaften des Materie aus den mikroskopischen Atomeigenschaften und ihren Wechselwirkungen ab. Einen anderen Ansatz hat die Systemtheorie. Sie geht nicht von den Elementen aus, sondern vom System, die ihre Elemente durch die Prozesse im System erst hervorbringt. Möglicherweise ist die Atomtheorie für materielle Systeme und die Systemtheorie für soziale Systeme besser geeignet.

---

[7] "All things are made of atoms - little particles that move around in perpetual motion, attracting each other when they are a little distance apart, but repelling upon being squeezed into one another. In that one sentence you will see an enormous amount of information about the world, if just a little imagination and thinking are applied." Richard Feynman, The Feynman Lectures of Physics

Atome sind rein materielle Einheiten. Sie sind weder belebt, noch sind sie geistig. Leben und Geist sind im naturwissenschaftlichen Ansatz Systemeigenschaften der Materie, aber in den Atomen noch nicht enthalten. Auch hier gibt es andere Ansätze, z.B. die Monadologie von Leibniz. Monaden sind nach Leibniz einfach, d.h. nicht zusammengesetzt, ohne Ausdehnung, geistig, nicht materiell, beseelt, aktiv, lebend, Kraftzentren, in unaufhörlicher Veränderung. In diesem Ansatz ist das Geistige und das Lebendige bereits eine Eigenschaft der kleinsten Bausteine und nicht erst eine Systemeigenschaft einer höheren Stufe der Materie. Ein moderner Ansatz für geistige Elementarteilchen verfolgt Thomas und Brigitte Görnitz[8]. In der Nachfolge von Carl Friedrich von Weizsäcker sehen sie das Geistige in der Information der Quantenbits.

Platon (427 – 365), eine Generation jünger als Demokrit, hat die Atomtheorie nicht übernommen. Für ihn ist die Welt ein lebendiges, beseeltes Wesen, vom Demiurg erschaffen. Der Kosmos ist im Griechischen ein wohlgeordnetes Ganzes, ein Bild der Gottheit, ein Schmuckstück (Kosmetik hat denselben sprachlichen Ursprung). Er besitzt einen Körper und eine Seele. Der Körper besteht aus den vier Elementen Feuer (für das Sichtbare), Erde (für das Tastbare), Luft und Wasser, die das Sichtbare mit dem Tastbaren verbinden. Der Körper des Kosmos ist mit der Seele verbunden, so wie bei Menschen Körper und Seele miteinander verbunden sind. Der Demiurg, der Weltbaumeister, hat nach Platons Vorstellung, die Welt durch Formung einer Ordnung aus dem Chaos nach den Vorgaben der ewigen, unveränderlichen Ideen geschaffen. Die Welt ist ein vergängliches Abbild der Ideen.

„Demnach also, indem der Gott inmitten zwischen Feuer und Erde Wasser und Luft einfügte und sie zueinander so viel

---

[8] Thomas und Brigitte Görnitz: Die Evolution des Geistigen – Quantenphysik, Bewußtsein, Religion, 2008

wie möglich in demselben Verhältnis schuf, nämlich wie Feuer zur Luft, so Luft zu Wasser, und wie Luft zum Wasser so Wasser zur Erde, verknüpfte und gestaltete er so den sichtbaren und greifbaren Himmel. Und deswegen ward aus diesen und derartigen, der Zahl nach vierfachen Bestandteilen der Leib des Weltganzen erzeugt als durch das Verhältnis übereinstimmend, und er erlangte Befreundetheit aus diesen, so dass er, mit sich selbst zu demselben vereint, für jeden anderen mit Ausnahme dessen, welcher ihn verknüpfte, unauflöslich war."[9]

Himmel und Erde werden aus den vier Elementen nach gleichen Proportionen geschaffen. Durch diese Verhältnisse der Elemente zueinander erlangte das Weltganze „Befreundetheit", was nach der Übersetzung von Otto Apelt „freundschaftlicher Zusammenhalt" der Elemente bedeutet. Ähnlich wie der biblische Schöpfergott war auch der Demiurg am Ende seiner Arbeit mit seinem Werk zufrieden: „Als nun der Vater, der es erzeugte, in dem Weltganzen, indem er es in Bewegung und vom Leben durchdrungen sah, ein Schmuckstück für die ewigen Götter erblickte, ergötzte es ihn".[10]

Platon identifiziert die vier Elemente mit den regelmäßigen geometrischen Körpern Tetraeder (Feuer), Würfel (Erde), Oktaeder (Luft) und Ikosaeder (Wasser). Einen fünften geometrischen Körper, den Dodekaeder setzte Platon mit dem Weltganzen gleich. Diese regelmäßig gebildeten Körper, die als Platonische Körper in die Geschichte eingegangen sind, bilden aber nicht die elementaren Formen. Elementar sind nach Platon das rechtwinklige Dreieck und das rechtwinklig-gleichschenklige Dreieck. Aus ihnen können alle Körper gebildet werden. Die Formen Platons sind schön, sie sind mathematisch – d.h. sie sind harmonisch im Sinne von

---

[9] Platon: Timaios 32 b, Übersetzung: Friedrich Schleiermacher
[10] Platon: Timaios 37 c, Übersetzung: Friedrich Schleiermacher

Pythagoras – und sie sind mit einfachen ganzen Zahlen ausdrückbar.

Obwohl Platons Spekulationen über den Aufbau der materiellen Welt heute nicht mehr gilt, bleibt trotzdem richtig: Die Eigenschaften der erfahrbaren Welt sind letzten Ende nur im Lichte formaler Strukturen, d.h. nur durch die Vernunft und nicht durch die Wahrnehmung erfassbar. Heisenberg nennt sie die „sinngebende Kraft mathematischer Strukturen".[11]

Aristoteles (384 v. Chr. - 322 v.Chr.), Schüler Platons und Lehrer Alexanders des Großen, erläutert selbst, was er zur Natur rechnen will: Tiere, Menschen, Pflanzen und sog. einfache Körper, d.h. Feuer, Luft, Wasser, Erde. Zu erforschen sind: Die Entstehung der Tiere und Pflanzen und ihre Lebensfunktionen oder das Entstehen und Vergehen. Bei Lebewesen sind das Zeugung, Wachstum, Verfall und Tod, im Kosmos sind das die Bewegung der Himmelskörper, z.B. die Planeten.

Ein wichtiger Begriff seiner Naturphilosophie ist die Entelechie. Darunter versteht Aristoteles die Verwirklichung der in einem Seienden angelegten Möglichkeiten. Entelechie ist die Eigenschaft von Naturdingen, ihr Ziel in sich selbst zu haben, im Gegensatz zu Kunstprodukten oder hergestellten Gegenständen, die ihr Ziel oder ihre Bestimmung vom Konstrukteur vorgegeben bekommen. Beispiel: der Schmetterling ist die Entelechie der Raupe. Oder: Fliegen können ist die Entelechie des Schmetterlings. Eine befruchtete Eizelle, die der Wirklichkeit nach klein und rund ist, der Möglichkeit nach ein strukturiertes Lebewesen. In der Psychologie des Aristoteles ist die Seele die „erste Entelechie eines natürlichen, mit Lebensfähigkeit begabten Körpers". Was ist Entelechie in der unbelebten Natur? Nach Aristoteles

---

[11] Werner Heisenberg: Gedanken der antiken Naturphilosophie in der modernen Physik

strebt Materie zu seinem „natürlichen Ort". Ein Stein fällt nach unten, Luft im Fahrradschlauch entweicht nach oben, sobald man das Ventil öffnet.

Aristoteles hat ebenso wie Platon nicht die Atomtheorie des Demokrit weiterverfolgt, sondern hielt am Gedanken fest, dass Materie aus den vier Elementen Feuer, Wasser, Erde und Luft besteht. Es dauerte mehr als 2300 Jahre bis sich der Gedanke, dass Materie aus Atomen besteht, in den Wissenschaften durchgesetzt hat. Selbst große Physiker hatten Bedenken. Noch 1896 wurde die Atomtheorie von Ernst Mach angelehnt, 1883 von Max Planck bezweifelt. Auch Ludwig Boltzmann, der kleinste Materieteilchen in seiner statistischen Thermodynamik implizit voraussetzte, wand sich bei der Frage, ob Materie aus Atomen besteht, um eine klare Stellungnahme herum.

Kant war ebenfalls kein Anhänger der Atomtheorie: „Auch Die Materie ist *ins Unendliche teilbar, und zwar* in Teile, deren jeder wiederum Materie ist."[12] Goethe hat immer dann, wenn jemand etwas in Teile zerlegen wollte und mit den Teilen das Ganze erfassen wollte, Opposition bezogen. So hat er die Newtonsche Lichttheorie abgelehnt und auch den Atomgedanken: „Damit könnte ich mich nicht befreunden, weil ich, auch mit dem besten Willen, nicht ein atomistisches Atom an mir dulde."[13] Schopenhauer übergießt in seinen Gedanken zur Materie die Wissenschaftler, die er Materialisten nennt, mit Hohn und Spott: „Dieser Weg führt ihn (den Materialisten) nothwendig auf die Fiktion der Atome, welche nun das Material werden, daraus er die so geheimnißvollen Aeußerungen aller ursprünglichen Kräfte aufzubauen gedenkt. ….Nicht bloß die *festen Körper sollen aus Ato*men bestehn,

---

[12] Immanuel Kant: Metaphysische Anfangsgründe der Naturwissenschaften
[13] Johann Wolfgang von Goethe in einem Brief an Carl Cäsar von Leinhard vom 31.10. 1821

sondern auch die *flüssigen, das Wasser,* sogar die Luft, die Gase, ja, das Licht, ... Allerdings ist die Natur des Lichtes uns ein Geheimniß: aber es ist besser, dies einzugestehn, als durch schlechte Theorien der künftigen Erkenntniß den Weg zu verrennen."[14]

Auch zeitgenössische Philosophen zeigen sich gegenüber der Atomtheorie reserviert. „Dass dieser Tisch aus Kirschholz gemacht sei, habe ich bisher als konventionelle Tatsache gelten lassen. Dass sich das Kirschholz aus Atomen zusammensetze, nehm ich mit der Duldsamkeit des Gebildeten zur Kenntnis, obwohl die vielzitierten Atome, diese epistemologischen Zeitgenossen des 20. Jahrhunderts, in ihrem Realitätswert für mich noch immer mit Einhornpulver und Saturneinflüssen auf einer Stufe stehen. Dass sich die Kirschholzatome bei weiterer Explikation in einen Nebel aus subatomaren Beinahe- Nichtsen auflösen: Auch dies muss ich als Endabnehmer der physikalischen Aufklärung akzeptieren, selbst wenn hierdurch meine Annahmen über Substanzialität der Substanz entschieden verletzt werden."[15]

Wir werden später sehen, dass die Suche nach elementaren Bausteinen der Materie bis heute kein befriedigendes Ende gefunden hat. Das sog. Standardmodell der Elementarteilchenphysik ist zwar weit fortgeschritten und kann viele Phänomene gut erklären, aber es hat einen Teilchenzoo hervorgebracht, den wir ratlos betrachten. Das also soll Materie sein? Trotz aller Erfolge, ist das Standardmodell – und darin sind sich viele einig – nicht das letzte Wort in der Erforschung der Materie. Die Ergebnisse der Quantentheorie haben Aussagen, wie z.B. „ein Atomkern besteht aus Protonen und Neutronen" und „Protonen und Neutronen bestehen aus Quarks" fragwürdig erscheinen lassen. Das alles lässt uns den wissenschaftlichen Ansatz, die

---

[14] Arthur Schopenhauer: Die Welt als Wille und Vorstellung, Kap. 24
[15] Peter Sloterdijk: Du musst Dein Leben ändern, Seite 19

Materie in elementare Bausteine zu zerlegen und die Materieeigenschaften aus den Elementen und ihren Wechselwirkungen abzuleiten, kritische betrachten.

Es waren Chemiker, nicht Physiker, die zuerst an die Existenz von Atomen glaubten. Sie beobachten, dass in chemischen Verbindungen die Elemente in einem festen Massenverhältnis stehen. Das ist das Gesetz der konstanten Proportionen. Dazu kommt das Gesetz der multiplen Proportionen: wenn zwei Elemente mehr als eine Verbindung eingehen, stehen die Massen desselben Elements im Verhältnis kleiner ganzer Zahlen.

Atome sind zirka 10^{-8} cm groß, zehn Milliardstel Zentimeter. Wegen dieser Kleinheit ist in einem Stück Materie eine ungeheurer große Anzahl von Atomen. Zum Beispiel sind in drei Liter Wasser (das entspricht 2 großen PET- Flaschen) 10^{26} = 1 00 000 000 000 000 000 000 000 Wassermoleküle, eine Zahl, die jede Vorstellungskraft übersteigt.

Es gibt 92 verschiedene (natürlich vorkommende) Atome (Elemente). Sie wurden 1869 von Mendelejew im Periodensystem geordnet. Elemente in der gleichen Spalte haben ein ähnliches chemisches Verhalten, z.B. sind die Elemente in der ersten Spalte: Wasserstoff, Lithium, Natrium usw. sehr reaktionsfreudig. Im Gegensatz dazu sind die Elemente in der letzten Reihe, die Edelgase Helium, Neon, Argon usw. sehr reaktionsträge.

Als sich die Atomtheorie in der Physik durchgesetzt hatte, wurde kurze Zeit später festgestellt, dass Atome eine innere Struktur besitzen. Atome sind also nicht unteilbar, wie ihr Name andeutet. Sie sind aber die kleinsten Teile eines Elements. Ein Atom Eisen ist als Eisen identifizierbar. Wenn man es weiter zerlegt, geht die Eigenschaft „Eisen" verloren. Insofern ist ein Atom als kleinstes Teil eines Elements doch unteilbar.

In der Philosophie wurde eine Eigenschaft der Materie hervorgehoben: Die Undurchdringlichkeit. Leibniz sah das Problem, wie undurchdringliche Materie verdichtet oder verdünnt werden kann: „ … bin ich im Grund doch der Ansicht derer, welche glauben, dass die Körper vollkommen undurchdringlich sind und dass alle Verdichtung und Verdünnung nur scheinbar ist." [16] Auch Kant ist davon überzeugt, dass Materie durch andere Materie nicht durchdringt werden kann: „Denn man frägt, was die Ursache sei, dass Materien einander in ihrer Bewegung nicht durchdringen können, und bekommt die Antwort: weil sie undurchdringlich sind."[17] Hegel stellt diese Eigenschaft der Materie ohne weitere Diskussion fest: „Die Materie ist undurchdringlich und leistet Widerstand".[18] Für Schelling ist Undurchdringlichkeit sogar eine absolute Eigenschaft der Materie:" Nun kann die mechanische Physik für die Undurchdringlichkeit der Materie überhaupt keinen weitern Grund anführen. Also man muss sie als *absolutundurchdringlich annehmen"*.[19]

Aber Materie ist nicht für alles undurchdringlich. Ernest Rutherford (1871 – 1937) machte um 1909 Streuversuche mit ALPHA- Teilchen (Helium- Kernen) an Goldfolie. Er benutzte für seine Versuche deshalb Gold, weil sich Gold in sehr dünne Schichten auswalzen lässt. Im Versuch von Rutherford war die Folie 0,4 µm, also 0,0004 mm dick. Das entspricht ca. 2000 Atomlagen. Das überraschende Ergebnis dieses Versuchs war: die meisten Teilchen (99,9%) gehen ungehindert durch die Folie hindurch.

---

[16] G.W. Leibniz: Neue Abhandlungen über den menschlichen Verstand
[17] I. Kant: Metaphysische Anfangsgründe der Naturwissenschaft
[18] G. F. W. . Hegel: Enzyklopädie der philosophischen Wissenschaften im Grundrisse
[19] F.W.J. Schelling: Ideen zu einer Philosophie der Natur

Einige wenige werden abgelenkt, zum Teils sehr stark nach rückwärts gestreut. Dieses Versuchsergebnis kann nur so interpretiert werden, dass die überwiegende Masse der Atome sich im Kern konzentriert. Nur der Zusammenstoß mit diesem Atomkern führt zu einer Ablenkung. Die meisten Heliumkerne gehen ungehindert durch die Folie hindurch (obwohl es ca. 2000 Atomlagen sind!) und werden nicht abgelenkt. Der Raum der Materie ist also nicht vollständig gefüllt, sondern die Masse ist auf Kerne konzentriert und dazwischen ist Raum, den Heliumkerne ungehindert passieren können. Sehr pointiert formulierte es der Physiker Hans-Peter Dürr: „Es gibt keine Materie, es gibt nur das Dazwischen".

Seltsamerweise kam niemand auf die Idee, dass Glas ja durchsichtig ist und deshalb für Licht nicht undurchdringlich. Aber Licht wurde lange nicht zur Materie gerechnet und mit massiven Materieteilchen wurde nie ein Durchdringungsversuch unternommen. Nach den Ergebnissen von Rutherford müssen wir nicht nur die Undurchdringlichkeit der Materie neu bewerten. Wir sind auch gezwungen, unsere Vorstellung vom Atom zu überdenken.

Der Atomkern ist 100.000- fach kleiner als ein Atom. Seine Ausdehnung liegt im Bereich von 10^{-13} cm. Es ist bemerkenswert, dass Menschen in der Lage sind, Strukturen in dieser geringen Dimension festzustellen! Wir werden später sehen, dass noch kleinere Abmessungen erkennbar sind. Der Atomkern ist ungeheuer dicht. Seine Dichte ist 10^{14} -mal größer als alle Materiedichte, die wir kennen. Die Masse des Atomkerns bestimmt zu 99,9% die Masse der Materie. Der Atomkern ist elektrisch positiv geladen.

Atome bestehen aus dem Atomkern und der Hülle, die aus Elektronen gebildet wird. Elektron kommt von griech. *Élektron = Bernstein,* an dem Elektrizität zum ersten Mal beobachtet wurde. Elektronen sind elektrisch negativ geladen. Die Ladung ist quantisiert, d.h. jede Ladung ist ein ganzzahliges

Vielfaches der Elementarladung. Die Ladung des Elektrons entspricht einer Elementarladung. In einem Atom wird die Ladung des Kerns genau von der Ladung der Elektronen kompensiert, sodass ein Atom nach außen elektrisch neutral ist.

Wie sieht ein Atom aus? Diese Frage können wir nur beantworten, wenn wir zuvor geklärt haben, was Sehen ist. Beim Sehen fällt Licht auf einen Gegenstand, wird dort reflektiert und trifft auf Augen, in denen das Licht in elektrische Impulse umgewandelt und vom Gehirn ausgewertet wird. Wenn wir uns die Größenverhältnisse klar machen, merken wir, wo die Schwierigkeiten dieser Frage liegen. Die Wellenlänge des Lichts ist ca. 4.000 Mal größer als ein Atom. Das Licht wird also sicherlich nicht vom viel kleineren Atom reflektiert, genauso wenig wie sich Meereswellen von einem Kieselstein beeinflussen lassen. Wenn ein Atom Licht nicht verändern kann, kann man es auch nicht sehen. Dem Vorgang „Sehen" sind Grenzen gesetzt, die im atomaren Bereich überschritten sind. Der Begriff „Sehen" hat (wie jeder Begriff?) einen begrenzten Definitionsbereich und ist außerhalb dieses Bereiches nicht gültig. Die Frage. „Wie sieht ein Atom aus?" kann also nicht beantwortet werden. Es gibt prinzipiell kein Sehen im atomaren Bereich.

Kehren wir zurück zum Atomkern. Die Masse eines Stücks Materie ist zu mehr als 99% die Masse der Atomkerne. Aber alle anderen Eigenschaften der Materie werden durch die Elektronen bestimmt, alle physikalischen Eigenschaften wie Aggregatzustand, Festigkeit, elektrische Leitfähigkeit und Wärmeleitfähigkeit, usw. Aber auch alle chemischen Eigenschaften, Reaktionsfähigkeit, chemische Bindung usw. Elektronen leiten den elektrischen Strom im Metall, In einem Stück Materie sind die Elektronen entweder fest an ein einzelnes Atom gebunden. Man nennt sie Valenzelektronen. Andere Elektronen sind nicht einem Atom zuordenbar, sondern sind im Festkörper frei verfügbar. Sie heißen

Leitungselektronen, weil sie die elektrischen Eigenschaften des Materials bestimmen. Auf der Energieskala bilden die Valenzelektronen ein Band, das Valenzband, und die Leitungselektronen bilden ein Band, das Leitungsband. Sie liegen bei Metallen dicht beieinander, sodass Elektronen leicht vom Valenz- ins Leitungsband gelangen können. Deshalb sind Metalle leitfähig. Bei Isolatoren ist eine Lücke zwischen Valenz- und Leitungsband, sodass bei Raumtemperatur keine oder nur sehr wenig Elektronen ins Leitungsband gelangen. Deshalb sind diese Materialien elektrisch isolierend.

Die Tatsache, dass Elektronen in Metallen den elektrischen Strom leiten, wird vom Menschen in vielfältiger Weise genutzt. Alle elektrischen und elektronischen Geräte beruhen darauf. Sie haben unser berufliches und privates Leben in erheblichem Maße beeinflusst und geändert. Hinzu kommt, dass bewegte Ladungen elektromagnetische Strahlung aussenden. Auch diese wissenschaftliche Erkenntnis hat viele Anwendungen gefunden: Radio, Fernsehen, Mobiltelefone usw. Aber auch wenn alle diese technischen Anwendungen der Physik für uns Alltag geworden sind, ist die Leitung des elektrischen Stroms in einem Stück Metall und die Emission elektromagnetischer Strahlen nur quantenmechanisch zu verstehen.

Aber die elektromagnetischen Phänomene beeinflussen uns noch sehr viel direkter. In unserem Gehirn, das aus größenordnungsmäßig 100 Milliarden Neuronen besteht, findet ständig ein Feuerwerk von elektrischen Impulsen statt. Denken, Fühlen, Entscheiden, Meinen, usw. beruhen in ihrer materiellen Basis auf dem Elektromagnetismus. Selbst ob wir tot oder lebendig sind, wird durch ein elektromagnetisches Kriterium bestimmt. Der Hirntod ist das in der Medizin gängige Todeskriterium und bedeutet das irreversible Ende aller Hirnfunktionen.

Bis in die Mitte des 19. Jahrhunderts waren elektrische und magnetische Phänomene voneinander getrennte Erscheinungen der Materie. Erst der schottische Physiker James Clerk Maxwell konnte 1861 bis 1864 Elektrizität und Magnetismus zum Elektromagnetismus verbinden. In die von ihm aufgestellten Gleichungen werden elektrische und magnetische Parameter miteinander verknüpft. Sie sind bis heute das Vorbild für eine gelungene Vereinheitlichung zweier getrennter Theorien. Die Maxwellschen Gleichungen haben auch wellenartige Lösungen, die elektromagnetischen Wellen. 1886 wies Heinrich Hertz in Karlsruhe nach, dass Licht eine elektromagnetische Welle ist. Damit sind Elektrizität, Magnetismus und Licht verschiedene Ausprägungen ein und desselben physikalischen Prinzips des Elektromagnetismus.

Wie entsteht Licht? Wenn durch Energiezufuhr Elektronen auf ein höheres Energieniveau gehoben werden und dieses Energieniveau ist nicht stabil, dann fällt das Elektron wieder auf das niedere Energieniveau zurück und sendet ein Lichtquant, ein Photon, aus. Auf diese Weise wird Licht in einer Kerze, einer Glühbirne, einer Neonröhre und in der Sonne erzeugt.[20] Die Wellenlänge des sichtbaren Lichts liegt im Bereich von 400 – 700 Nanometer (nm). Sie ist also mehrere Tausendmal größer als die Größe eines Atoms.

Das sichtbare Licht ist nur ein kleiner Ausschnitt aus dem elektromagnetischen Spektrum. Kleinere Wellenlängen bzw. größeren Frequenzen oder Energien als Licht haben die Röntgen- und Gammastrahlen, größere Wellenlängen bzw. kleinere Frequenzen oder Energien haben Mikrowellen und Rundfunk- bzw. Fernsehwellen.

---

[20] Die Frequenz des ausgesendeten Lichts ist Frequenz = Energie/ Plancksches Wirkungsquantum = E/h

Sonnenlicht ist Grundlage allen Lebens auf der Erde. Pflanzen wandeln mit Hilfe des Sonnenlichts anorganische Stoffe, hauptsächlich Kohlenstoffdioxyd CO_2 und Wasser H_2O in organische Verbindungen, z. B. Kohlenhydrate um.[21]

Licht ist auch das Medium mit dem wir sehen. Interessanterweise hat das menschliche Auge genau im Bereich größter Intensität des Sonnenlichts ihre größte Empfindlichkeit. Diese Übereinstimmung wird von Evolutionsbiologen als ein Hinweis für die Anpassung des Auges an die Umwelt gedeutet.

Das Sonnenlicht erzeugt auch gemäßigte Temperaturen auf der Erdoberfläche, die Leben möglich gemacht haben.

Licht ist auch eine Metapher für Gedankenklarheit und Erleuchtung. Das Zeitalter der Aufklärung heißt im Französischen „Les Lumières" und im Englischen „Enlightenment".

Photonen, die Energiequanten des Lichts, haben keine Masse. Sie bewegen sich mit Lichtgeschwindigkeit. Nach der speziellen Relativitätstheorie können Masseteilchen sich der Lichtgeschwindigkeit nähern, sie aber nur asymptotisch erreichen. Teilchen ohne Masse bewegen sich immer mit Lichtgeschwindigkeit. Die Relativitätstheorie hat zwar Raum und Zeit relativiert, d.h. Raumgrößen wie die Länge, oder Zeitgrößen wie die Dauer sind bezugssystemabhängig. Aber eine Größe wurde in der Relativitätstheorie verabsolutiert: die Lichtgeschwindigkeit. Sie hat in allen Bezugssystemen denselben Wert.

---

[21] Arthur Zajonc: Die gemeinsame Geschichte von Licht und Bewusstsein, 1994

Photonen haben sowohl Teilchen- als auch Wellencharakter, ein Phänomen, das unser Vorstellungsvermögen auf eine harte Probe stellt.

Es gibt Phänomene, die nur erklärt werden können, wenn man annimmt, dass Licht aus Wellen besteht und die nicht erklärt werden können, wenn man annimmt, dass Licht aus Korpuskeln besteht. Beispiele: Interferenz, Beugung. Umgekehrt gibt es Phänomene, die nur erklärt werden können, wenn man annimmt, dass Licht aus Teilchen besteht und die nicht erklärt werden können, wenn man annimmt, dass Licht aus Wellen besteht. Beispiele: Photoeffekt. Licht tritt – je nach Experiment – einmal auf wie eine Welle, ein anderes Mal verhält es sich wie Korpuskeln. Wie die beiden Erscheinungsformen in unserem Vorstellungsvermögen zu integrieren sind, ist eine offene Frage.

Der französische Physiker Louis de Broglie (1892 – 1987) wagte 1924 in seiner berühmt gewordenen Doktorarbeit die These, dass nicht nur Licht, sondern alle quantenmechanischen Objekte Teilchen- und Wellencharakter haben, z.B. auch das Elektron. Max Planck berichtete später, wie ungewöhnlich er den neuen Gedanken de Broglies zunächst empfand: „Die Kühnheit dieser Idee war so groß – ich muss aufrichtig sagen, dass ich selber auch damals den Kopf schüttelte dazu, und ich erinnere mich sehr gut, dass Herr Lorentz mir damals sagte im vertraulichen Privatgespräch: ‚Diese jungen Leute nehmen es doch gar zu leicht, alte physikalische Begriffe beiseite zu setzen!' Es war damals die Rede von Broglie-Wellen, von der Heisenbergschen Unschärfe-Relation – das schien damals uns Älteren etwas sehr schwer Verständliches." Heute ist de Broglies These in der Physik nicht nur allgemein akzeptiert, sondern auch in Form des Elektronenmikroskops technisch angewendet.

An der Atomhülle wird deutlich, wie die klassische Physik versagt. Nach dem Bohrschen Atommodell bewegen sich die Elektronen auf Kreisbahnen um den Atomkern wie Planeten um die Sonne. Ein solches Atom wäre nach der klassischen Physik aber nicht stabil. Die Elektronen würden elektromagnetische Wellen aussenden, dabei Energie verlieren und sich spiralförmig auf den Kern zu bewegen. Die Bahnen der Elektronen sind also längerfristig nicht konstant, im Gegensatz zu unserer Erfahrung.

Erst mit der Entwicklung der Quantentheorie können Atome und ihre Eigenschaften richtig und widerspruchsfrei beschrieben werden. Hier zeigt sich aber auch ein wesentlicher Unterschied zwischen der klassischen Physik und der Quantentheorie. In der klassischen Physik wird die Bewegung eines Körpers durch seine Bahn beschrieben. Bei einer Bahn sind zu jedem Zeitpunkt Ort und Impuls des Körpers (bis auf die Messgenauigkeit) eindeutig bestimmt. Ein quantenmechanisches Teilchen, z.B. ein Elektron, wird durch eine Wellenfunktion ψ beschrieben. Sie selbst hat keine empirische Bedeutung. Auch darin liegt ein Unterschied zur klassischen Physik, wo jede Größe messbar und eindeutig bestimmbar ist.

In der sog. Kopenhagener Deutung der Quantentheorie durch Niels Bohr und Werner Heisenberg, wurde im Jahre 1927 die Wellenfunktion ψ folgendermaßen interpretiert: $|\psi|^2 \Delta V$ ist die Aufenthaltswahrscheinlichkeit des Elektrons im Volumen ΔV. Nach den Worten von Carl Friedrich von Weizsäcker ist die Wellenfunktion nicht eine Beschreibung eines quantenmechanischen Teilchens, sondern die Wellenfunktion beschreibt unser Wissen über dieses Teilchen.

Im Gegensatz zur klassischen Physik können in der Quantentheorie also nur Wahrscheinlichkeitsaussagen gemacht werden. Um einem möglichen Missverständnis zu begegnen, muss betont werden, dass ein quantenmechanisches Teilchen nicht etwa einen Ort hätte, den wir nur nicht kennen, sondern dass einem quantenmechanischen Objekt prinzipiell keinen Ort zugeschrieben werden kann. Hier zeigt sich eine prinzipielle Eigenschaft der atomaren Welt.

Ein weiterer Unterschied der Quantentheorie gegenüber der klassischen Physik besteht darin, dass Elektronen in einem Atom nur diskrete Werte annehmen können, d.h. die Elektronenenergien sind quantisiert.[22] Damit können die Fraunhofer- Linien im Spektrum der Sonne erklärt werden. Die genaue Berechnung dieser Linien war ein großer Erfolg der Quantentheorie. Im Gegensatz dazu kann ein bewegter Körper der klassischen Physik ein Kontinuum von Energien erreichen. Die diskreten Linien sind klassisch nicht erklärbar.

Kehren wir zurück zum Atom. Wir haben den Atomkern als den Teil des Atoms kennengelernt, der fast vollständig die Masse in sich vereinigt und der einen Durchmesser besitzt, der nur Hunderttausendstel des Atomdurchmessers beträgt. Der Atomkern hat aber seinerseits eine Struktur. Er besteht aus elektrisch positiv geladenen Protonen und elektrisch neutralen Neutronen, den Nukleonen. Die Ladung eines Protons entspricht der Größe nach der Elementarladung, nur mit umgekehrten Vorzeichen. Die Masse ist 1836 Mal größer als die Elektronenmasse, sein Durchmesser ist $1,7 \cdot 10^{-15}$ m. Das Proton ist langlebig. Seine Halbwertszeit ist 10^{31} Jahre. Das Neutron ist 1838 Mal größer als die Elektronenmasse, also nur minimal schwerer als das Proton. Wegen der großen Masse heißten Proton und Neutron auch Hadronen, von griech. hadros „voll", „dicht", „dick".

Protonen sind elektrisch positiv geladen, Neutronen neutral. Wie man weiß, stoßen sich gleichnamige Ladungen

---

[22] Die Energien sind die Eigenwerte des Hamiltonoperators der Schrödinger- Gleichung.

ab. Warum bleibt ein Atomkern dann stabil? Es muss eine Kraft geben, die die Nukleonen zusammenhält, das ist die starke Wechselwirkung. Sie ist nur kurzreichweitig und auf kurze Entfernung – wie der Name schon sagt – sehr stark. Die Bindungsenergie der Atomenergie liegt um ca. 10.000.000 höher als bei heftigen chemischen Reaktionen.

Man kann Energie gewinnen entweder indem man leichte Kerne fusioniert oder schwere Kerne spaltet. Kernfusion ist die Art und Weise wie die Sonne Energie gewinnt. Im Wesentlich werden bei der Kernfusion Wasserstoffkerne zu schwereren Heliumkernen verschmolzen. Dabei wird Energie frei. Sonnenenergie die Grundlage des Lebens auf der Erde. Sie ist auch der Ursprung anderer Energieformen wie der fossilen Brennstoffe Öl, Erdgas und Kohle und der alternativen Sonnen- und Windenergie. Wie die Sonne Energie freisetzt, kann ohne Kenntnisse der Kernphysik nicht verstanden werden. Auch ist ohne quantenphysikalisches Wissen nicht erklärbar dass die Sonne seit mehr als 4 Milliarden Jahren Energie abstrahlt und weitere Milliarden Jahren leuchten wird.

Mit Kernspaltung wird in Kernkraftwerken Energie erzeugt. In Deutschland stammen 27% der elektrischen Energie aus Kernkraftwerken. Die damit verbundenen Probleme sind bekannt: Tschernobyl, Fukuschima, Endlagerung der Kernbrennstoffe, militärische Nutzung (Hiroshima).

Bei schweren Kernen kann die Bindungsenergie den Kern nicht mehr zusammenhalten. Es lösen sich Teile aus dem Kern und werden als Strahlung emittiert. Die Radioaktivität wurde 1896 von Antoine Henri Bequerel entdeckt und von Madame Curie untersucht. Man unterscheidet α-, β- und γ-Strahlung. Alpha- Strahlen sind Helium- Kerne, Beta- Strahlen sind Elektronen und Gamma- Strahlen sind energiereiche elektromagnetische Strahlen.

An der Radioaktivität sind zwei Dinge bemerkenswert:

Erstens werden beim radioaktiven Zerfall Elektronen und Gamma- Strahlen aus dem Kern emittiert, die nach dem Modell der Kernphysik nicht im Atomkern enthalten sind. Wie ist das zu erklären?

Zweitens: die radioaktiven Emissionen geschehen zufällig ohne erkennbare Ursache. Das verletzt das Grundprinzip der Kausalität.

Zum ersten Thema: Enrico Fermi stellte 1934 fest, dass ein Neutron sich in ein Proton und ein Elektron verwandeln kann.

Neutron ➔ Proton + Elektron

Das erklärt wie Elektronen aus dem Atomkern heraustreten können, die zuvor nicht drin waren. Es schafft aber ein neues Problem. Denn diese Reaktion verletzt den Energie- und Drehimpulserhaltungsatz. Die einzige Lösung ist ein neues Elementarteilchen. Wolfgang Pauli der es 1930 postulierte, war so vorsichtig, dass er seinen Vorschlag in einem Brief an eine Gruppe von Wissenschaftler machte, aber nie eine wissenschaftliche Arbeit darüber schrieb.

Neutron ➔ Proton + Elektron + (Elektron-Anti)Neutrino

Das Neutrino ist elektrisch neutral (daher der Name), hat fast keine Wechselwirkung mit Materie, ist deshalb auch schwer nachzuweisen und hat keine oder nur sehr geringe Masse. Das Neutrino wurde 1955 nachgewiesen. Das ganze Weltall ist mit Neutrinos durchflutet, die beim Urknall entstanden sind. Es gibt sie auch in uns und um uns herum. Unser Körper wird in jeder Sekunde von ca. 10 Millionen Neutrinos durchdrungen. Sie durchfliegen auch die Erde ohne Hindernis.

Das zweite relevante Thema in Zusammenhang mit dem radioaktiven Zerfall ist die Tatsache, dass die Emissionen statistischer Natur sind. Die geschehen zufällig. Zufällig bedeutet in diesem Zusammenhang, dass man für eine Probe radioaktiven Materials zwar die Halbwertszeit angeben kann, also die Zeit bis wann die Hälfte der Probe zerfallen wird, dass man aber nicht aussagen kann, wann ein einzelner Atomkern zerfällt. Das widerspricht der Kausalität im strengen Sinne, wonach alles was geschieht eine Ursache haben muss.

Machen wir uns dieses Problem an einem Beispiel klar. In einem Raum befinden sich 800 Personen. Einige verlassen den Saal und zwar so, dass sich nach einer Stunde nur noch 400 Menschen im Raum befinden. Nach einer weiteren Stunde sind es nur noch 200, nach wieder einer Stunde nur noch 100. Es gibt also Personen, die schon nach wenigen Minuten verschwinden, andere bleiben mehrere Stunden. Bei Menschen könnte man sich vorstellen, dass Verabredungen getroffen werden oder jemand einen Plan macht. Aber bei Atomkernen? Was veranlasst einen einzelnen Atomkern zum radioaktiven Zerfall? Die Antwort der Quantentheorie ist: Radioaktivität geschieht zufällig und zwar so, dass die Zahl der Atome nach einer festen Zeit, der Halbwertszeit, halbiert wird. Das bedeutet aber, dass es für einen einzelnen Atomkern keine individuelle Ursache gibt. Damit wird die Frage nach der Kausalität neu gestellt.

Einer der zentralen Begriffe der Naturwissenschaft als auch der Philosophie ist die Kausalität. „Wenn wir erfahren, dass etwas geschieht, so setzen wir dabei jederzeit voraus, dass etwas vorhergehe, woraus es nach einer Regel folgt."[23]. Kausalität hat also die beiden Aspekte:

- jede Wirkung hat eine Ursache,
- die Wirkung ist durch die Ursache determiniert.

---

[23] Immanuel Kant: Kritik der reinen Vernunft, B 240, A 195

Beide Aspekte wurden durch die Physik des 20. Jahrhunderts modifiziert.

Bei Aristoteles hat die „causa" eine umfassendere Bedeutung als unser heutiger Begriff Kausalität. Er unterscheidet vier Formen der „Ursache"

- Causa formalis. Sie könnte heute mit Struktur oder geistigem Gehalt übersetzt werden
- Causa materialis. Der Stoff, aus dem die Sache besteht.
- Causa finalis. Der Zweck, zu dem eine Sache geschaffen ist. Vom Menschen hergestellte Gegenstände werden für einen Zweck entwickelt und gefertigt. Die Natur kennt aber keine Zweckgerichtetheit, weder in der belebten, noch in der unbelebten Natur.
- Causa effiziens. Sie entspricht etwa dem, was wir heute unter Ursache verstehen.

In der unbelebten Materie gibt es keine Zielgerichtetheit, weder in der mikroskopischen, noch in der makroskopischen Welt der Materie. Auch die Evolution ist nicht zielgerichtet. Allerdings ist in der belebten Natur eine gewisse Zweckmäßigkeit nicht zu übersehen. Viele Organe wie Leber, Niere und Herz zeigen es. Man hüte sich aber davor die Natur auf Zweckmäßigkeit zu reduzieren. Gras wächst nicht deshalb, damit Kühe etwas zum Fressen haben, der Mond scheint nicht deshalb, damit es nachts nicht vollständig dunkel ist. Damit zwischen Zweckmäßigkeit und Zielgerichtetheit unterschieden werden kann, wird unterschieden zwischen Teleologie (Zielgerichtetheit) und Teleonomie (Zweckmäßigkeit).

Heute verwenden wir den Begriff Ursache meistens in dem Sinne: „Wenn etwas geschieht, setzen wir dabei immer voraus, dass diesem Geschehen etwas vorangegangen ist, woraus es nach einer Regel folgt." Damit wird die Ursache eingeengt auf Determinismus. D.h. wenn etwas geschieht, ist des durch die Naturgesetze festgelegt. Dieser Begrifflichkeit entspricht die Newtonsche Physik.

Für Kant ist die Kausalität eine Verstandeskategorie a priori. Sie stammt nicht aus der Erfahrung, sondern ist umgekehrt eine der Voraussetzungen, die notwendig ist, damit wir überhaupt Erfahrungen machen können.

Die Quantentheorie hat den Begriff Ursache verändert. Es gibt statistische Gesetzmäßigkeiten für eine Menge von Atomen (z.B. Halbwertszeit beim radioaktiven Zerfall), aber für das einzelne Atom, bzw. Elementarteilchen, kann keine Einzel- Ursache angegeben werden. In der Quantentheorie ist die Wahrscheinlichkeit eine prinzipielle Eigenschaft. Sie stammt nicht aus unserer Unkenntnis der Details (wie z.B. beim Würfel). Diese intrinsische Unbestimmtheit der quantenmechanischen Systeme drückt sich z.B. aus in der Heisenbergschen Unbestimmtheitsrelation. Danach können Ort und Impuls nicht gleichzeitig genau bestimmt werden. Eine höhere Genauigkeit der einen Größe geht auf Kosten der Genauigkeit der anderen Größe. „Diese Unbestimmtheit ist eine grundsätzliche Eigenschaft quantenmechanischer Systeme. Es kann nicht damit gerechnet werden, dass später Gesetzmäßigkeiten gefunden werden, die diese Unbestimmtheit aufheben."[24] Nach Heisenberg ist „die unvollständige Kenntnis eines Systems ein wesentlicher Bestandteil jeder Formulierung der Quantentheorie".[25]

Die Aussage der Quantentheorie, dass für ein Einzelereignis keine Ursache angegeben werden kann, ist für unser Bild der Wirklichkeit von großer Bedeutung. „Denn wir sind überzeugt, dann einen jeden Gegenstand zu erkennen,

---

[24] Werner Heisenberg: Atomphysik und Kausalität, in: Das Naturbild der heutigen Physik
[25] ebenda

wenn wir seine ersten Ursachen zur Kenntnis gebracht haben und seine ersten Anfänge."[26]

In der Newtonschen Physik gibt es (ebenso wie bei Kant) für jedes Geschehen eine eindeutige Ursache. Das Geschehen ist durch Gesetzmäßigkeiten eindeutig bestimmt. Damit ist der weitere Verlauf deterministisch festgelegt. Der Determinismus wird in der Quantentheorie eingeschränkt. Der zeitliche Verlauf ist durch die Schrödinger-Gleichung bestimmt, aber für den Ort eines quantenmechanischen Teilchens können nur Wahrscheinlichkeitsaussagen gemacht werden.

Aber der Determinismus ist nicht nur in der mikroskopischen und nicht nur in der Quantentheorie eingeschränkt. Auch makroskopische Systeme können nichtdeterministisch sein. In nichtlinearen Systemen können infinitesimale Änderungen der Anfangsbedingungen zu vollständig anderem Verhalten eines Systems führen (Schmetterlingseffekt). Da die Anfangsbedingungen von atomaren Vorgängen beeinflusst werden, ist das weitere Verhalten nicht nur nicht vorhersehbar, sondern prinzipiell nicht determiniert. Die Physik hat sowohl den Begriff der Ursache als auch den Determinismus eingeschränkt.

Der radioaktive Zerfall erklärt sich aus dem sog. Tunneleffekt. Danach kann ein quantenmechanisches Teilchen eine Potentialbarriere von endlicher Höhe auch dann überwinden kann, wenn seine Energie geringer als die Höhe der Barriere ist. Genauer gesagt gibt es eine gewisse Wahrscheinlichkeit, dass ein quantenmechanisches Teilchen auch auf der anderen Seite des Potentialbergs vorzufinden ist. Nach den Vorstellungen der klassischen Physik wäre dies

---

[26] Aristoteles, Physik, 184a

unmöglich. Eine technische Anwendung des Tunneleffekts ist das sog. Rastertunnelmikroskop.

Kommen wir zurück zum Atomkern. Die Kernbausteine, Protonen und Neutronen sind nicht elementar. Sie bestehen aus Quarks[27]. Quarks wurden 1964 von Murray Gell-Mann postuliert, 1969 erhielt er dafür den Nobelpreis. Der Name Quark entnahm Murray Gell-Mann dem Buch „Finnegans Wake" von James Joyce. In einem englischen Pub bestellt jemand drei Bier für Mark:„Three quarks for Muster Mark". Joyce selbst hat das Wort auf dem Bauernmarkt in Freiburg gehört, als Marktfrauen ihre Milchprodukte anboten.

Ein Proton besteht aus 2 u- Quarks und einem d- Quark, ein Neutron aus 2 d- Quarks und einem u- Quark. Ein u-Quarks hat 2/3 Elementarladung, ein d-Quark -1/3 Elementarladung. Diese gebrochene Elementarladung hat in der physikalischen Welt zu Irritationen geführt. Quarks lassen sich experimentell nicht einzeln beobachten: Sie treten immer in Kombinationen von zwei oder drei Quarks auf.

Schauen wir uns mal die Massen der Quarks an und vergleichen sie mit den Massen von Proton und Neutron.

Ruhemasse u- Quark 4 MeV/c^2
Ruhemasse d- Quark 8 MeV/c^2
Komponenten des Protons uud zusammen 16 MeV/c^2
Komponenten des Neutrons ddu zusammen 20 MeV/c^2
Ruhemasse Proton 938,3 MeV/c^2
Ruhemasse Neutron 939,6 MeV/c^2

Proton und Neutron haben eine sehr viel größere Masse als ihre drei Komponenten zusammen. Der größte Teil der Masse eines Protons muss also in der Bewegungsenergie der Quarks und in der Bindungsenergie der Gluonen liegen. Hier

---

[27] Harald Fritzsch: Quarks – Urstoff unserer Welt. 2006

zeigt sich, dass unser Modell vom Ganzen, das aus Teilen besteht an Grenzen stößt.

Wir sind jetzt bis in die kleinste Struktur der Materie vorgedrungen. Wissen wir jetzt was Materie ist, aus was Materie besteht?

Materie besteht aus Molekülen, Moleküle aus Atomen, Atome aus dem Atomkern und der Atomhülle. Die Hülle sind Elektronen, der Atomkern Protonen und Neutronen. Protonen und Neutronen bestehen aus Quarks. Elementar, d.h. nach heutigem Stand nicht weiter zerlegbar sind:

Leptonen	e	Elektron		Fermionen (Spin ½)
	v_e	Elektron- Neutrino		
	µ	Myon		
	$v_µ$	Myon- Neutrino		
τ		Tau		
	$v_τ$	Tau- Neutrino		
Quarks	u	up		
	d	down		
	c	charm		
	s	strange		
	t	top		
	b	bottom		
Kräfte	γ	Photon	Elektromagn.	Bosonen (Spin ganzzahlig)
	w	W-	Schwache WW	
	z	Z-		
	g	Gluon	Starke	
Masse	H	Higgs		

Elementarteilchen werden in Fermionen und Bosonen unterteilt. Fermionen sind Leptonen und Quarks. Der wichtigste Vertreter der Leptonen ist das Elektron, aber auch die verschiedenen Neutrinos, die Myonen und die Tau-Teilchen gehören dazu. Das Elektron ist mit der elektromagnetischen Wechselwirkung an den Kern gebunden. Das Austauschteilchen der elektromagnetischen Wechselwirkung ist das Photon. Bei den Quarks sind vor allem die up- und down- Quarks für die konkrete Materie wichtig. Jeweils 3 von ihnen bilden die Protonen und die Neutronen, die Bausteine des Atomkerns, die Nukleonen. Sie werden von der starken Wechselwirkung zusammengehalten. Das Austauschteilchen der starken Wechselwirkung ist das Gluon. Die schwache Wechselwirkung, die für den Betazerfall verantwortlich ist, hat als Austauschteilchen die sog. W- und Z- Bosonen. Es fehlt noch die Gravitationswechselwirkung. Das Austauschteilchen ist das Graviton, das bisher nicht nachgewiesen werden konnte. Das sog. Higgs- Teilchen, das für die Masse der Elementarteilchen verantwortlich sein soll, wurde erst vor wenigen Jahren nachgewiesen.

Materie hat vier Arten miteinander In Wechselwirkung zu treten. Die uns am meisten vertraute ist die Gravitation. Es ist die schwächste aller Wechselwirkungen und spielt bei den Elementarteilchen praktisch keine Rolle. Zurzeit werden große Anstrengungen unternommen, die quantenmechanischen Phänomene und die Gravitation zu einer integrierten Theorie zu verbinden. Diese Bemühungen laufen unter dem Stichwort Quantengravitation[28]. Die elektromagnetische Wechselwirkung kennen wir indirekt über ihre Anwendungen in der Elektronik: Radio, Fernsehen, Computer, Handy usw. Aber sie bestimmt auch alle Materialeigenschaften wie Konsistenz, Härte, elektrische Leitfähigkeit, Wärmeleitfähigkeit usw. sowie die Gesamte Chemie. Sie sorgt für die Bindung der Atome zu

---

[28] Claus Kiefer: Der Quantenkosmos, Von der zeitlosen Welt zum expandierenden Universum, 2008

Molekülen und damit auch für die biochemischen Makromoleküle. Nicht zuletzt ist die elektromagnetische Wechselwirkung die Ursache für die elektrischen Impulse in unserem Gehirn und damit für unser Denken, Fühlen, Meinen also für unsere psychischen und geistigen Vorgänge im Gehirn. Die schwache Wechselwirkung registrieren wir im Alltag nicht, sie tritt beim radioaktiven Zerfall in Erscheinung. Die starke Wechselwirkung ist wie der Name schon sagt, die stärkste Wechselwirkung. Sie bindet die Nukleonen im Kern und ist eine der großen Energielieferanten durch die Kernfusion in der Sonne, auf die indirekt alle fossilen Brennstoffe zurückgehen und Kernspaltung in den Kernkraftwerken.

Wichtig ist festzustellen, dass die Physik keinen Unterschied macht zwischen Elementarteilchen und ihren Wechselwirkungen. Teilchen und Felder werden gleichbehandelt. Wechselwirkung der Materie mit sich selbst kann als Austausch von Elementarteilchen beschreiben werden. In der klassischen Physik, gibt es z.B. Ladung tragende Materie, die ein elektromagnetisches Feld erzeugt. Materie und Felder sind grundsätzlich verschiedene Dinge. Die Quantentheorie behandelt Materie, Felder und Wechselwirkungen in der gleichen Weise. Sie macht keinen Unterschied zwischen Teilen und ihren Relationen.

Was charakterisiert Materie? Die Masse kommt als Kennzeichnung der Materie nicht in Frage. Wegen der Einsteinschen Formel $E = mc^2$, also der Äquivalenz von Masse und Energie, ist die Masse nicht von der Energie und ihren verschiedenen Erscheinungsformen abzugrenzen. René Descartes hat in seiner Unterscheidung res extensa und res cogitans die Ausgedehntheit der Materie als Definition der Materie verwendet: „Denn wenn es Atome gibt, müssen sie ausgedehnt sein".[29] Für Kant war die Ausgedehntheit der

---

[29] René Descartes: Prinzipien der Philosophie

Materie sogar eine Erkenntnis a priori, d.h. kein Ergebnis einer Erfahrung, sondern eine Voraussetzung, die erfüllt sein muss, damit wir Materie erkennen können: „Dass ein Körper ausgedehnt sei, ist ein Satz, der a priori feststeht, und kein Erfahrungsurteil".[30] Natürlich sind makroskopische Körper ausgedehnt, aber Elementarteilchen sind punktförmig und deshalb ist Ausgedehntheit kein Charakteristikum der Materie.

Materie ist auch wegen des Teilchen-Welle-Dualismus nicht kompakt. Materie ist auch nicht beständig, auch wenn der Satz von der Erhaltung der Masse der klassischen Physik diesen Gedanken nahelegt. Elementarteilchen können erzeugt und vernichtet werden.

Massen erzeugen Gravitationsfelder, Ladungen elektromagnetische Felder. Nach der Quantenfeldtheorie sind auch Felder quantisiert und bekommen Teilchencharakter. Beispiel: das Photon als Austauschteilchen der elektromagnetischen Wechselwirkung. Es gibt also keine klare Abgrenzung der Materie zu den Feldern. Kann Materie vom Raum abgegrenzt werden? Nein, denn die allgemeine Relativitätstheorie verknüpft Materie und Raum. Sie bedingen sich gegenseitig: Materie krümmt den sie umgebenden Raum und beeinflusst die Bewegung der Körper in ihrer Nähe.

Kann das Elementare der Materie auch etwas Nichtmaterielles sein? Es muss etwas sein, das konstant bleibt. Konstant in der Natur sind die Erhaltungssätze. Von einem Erhaltungssatz spricht man dann, wenn es eine physikalische Größe gibt, die sich bei allen Naturvorgängen nicht verändert, also erhalten bleibt. Die bekanntesten Erhaltungssätze sind

- Energieerhaltungssatz
- Impulserhaltungssatz

---

[30] Immanuel Kant: Kritik der reinen Vernunft, B12

- o   Drehimpulserhaltungssatz
- o   Satz von der Erhaltung der elektrischen Ladung

In der Elementarteilchenphysik gibt es weitere Erhaltungssätze wie der Baryonenerhaltungssatz oder der Leptonenerhaltungssatz.

Es ist bemerkenswert, dass es Erhaltungssätze überhaupt gibt, d.h. dass es möglich ist, Größen zu finden, die bei allen beobachtbaren Prozessen unverändert bleiben.
Erhaltungssätze gibt es nur in der Physik. Andere Wissenschaften kennen keine solchen universellen Aussagen.

Was die Erhaltungssätze besonders interessant macht ist ihre Verknüpfung mit Symmetrien. Noethers Theorem besagt, dass jeder Symmetrie ein Erhaltungssatz zugeordnet werden kann.

- o   Dem Energieerhaltungssatz entspricht Translationsinvarianz in der Zeit, d.h. die Symmetrie gegenüber Verschiebungen in der Zeit,
- o   Dem Impulserhaltungssatz entspricht die Translationsinvarianz im Raum, d.h. die Symmetrie gegenüber Verschiebungen im Raum
- o   Dem Drehimpulserhaltungssatz entspricht Rotationsinvarianz, d.h. die Symmetrie gegenüber Drehungen
- o   Dem Energieerhaltungssatz entspricht die Symmetrie gegenüber lorenzinvariante Phasenbeziehungen der quantenmechanische Wellenfunktion.

Mit den Erhaltungssätzen und den damit verknüpften Symmetrien ist die Physik auf eine feste Basis gestellt. Symmetrien sind unmittelbar einleuchtend und evident. Sie sind offensichtlich richtig und bedürfen keiner weiteren Begründung.

Weitere Erhaltungssätze und ihre zugordneten Symmetrien sind

- Parität P: unter Parität versteht man die Spiegelung aller Koordinaten im Raum (nicht wie im Spiegel)
- Ladungsumkehr C: Änderung des Vorzeichens einer Ladung
- Zeitumkehr T: Umkehr der Zeitrichtung

Diese drei Erhaltungssätze sind nicht unabhängig voneinander. Es gilt das sog. PCT- Theorem: Jeder physikalische Prozess wäre ebenso möglich, wenn

- positive Ladungen in negative und negative in positive Ladungen geändert,
- alle Raumkoordinaten gespiegelt und
- die Zeitrichtung umgekehrt werden würde.

Materie zeigt sich in unterschiedlichen Erscheinungsformen einer immateriellen, mathematischen Struktur, die in Symmetriegruppen und Erhaltungssätzen zum Ausdruck kommt. Am Anfang war die Symmetrie.[31]

Elementarteilchen (des gleichen Typs) sind ununterscheidbar. Damit ist mehr gemeint, als dass sich 2 Teilchen gleichen wie ein Ei dem anderen. Elementarteilchen sind prinzipiell nicht unterscheidbar. Sie haben keine Individualität.[32] Was bedeutet ununterscheidbar? Es bedeutet, dass es kein Experiment gemacht werden kann, das die Unterscheidung ermöglicht. Das Problem Individualität und Ununterscheidbarkeit wurde von Leibniz thematisiert: „Wenn zwei Individuen vollkommen ähnlich und gleich und mit einem Worte an sich selbst ununterscheidbar wären, so ... wage ich

---

[31] Werner Heisenberg: Der Teil und das Ganze
[32] Das lat. Wort Individuum hat sprachlich dieselbe Bedeutung wie Atom. Es leitet sich ab von lat. dividere = teilen, bedeutet also unteilbar, analog zu Atom von griech. Atomos = unteilbar.

zu behaupten, daß es unter dieser Bedingung keine individuelle Unterscheidung oder verschiedene Individuen geben würde. Darum ist der Begriff der Atome schimärisch und stammt nur aus den unvollständigen Vorstellungen der Menschen. Denn wenn es Atome … gäbe, so würde es offenbar bei der Möglichkeit, dass sie von gleicher Gestalt und Größe sind, dann unter ihnen solche geben, welche, an sich ununterscheidbar, nur durch äußere Bezeichnungen ohne inneren Grund voneinander getrennt werden könnten, was den wichtigsten Vernunftgrundsätzen zuwiderläuft. In Wahrheit ist aber jeder Körper veränderlich und wird sogar stets wirklich verändert, dergestalt, dass er an sich selbst von jedem anderen sich unterscheidet".[33]

Einer der wichtigsten Eigenschaften quantenmechanischer Teile ist die sog. Superposition (Überlagerung). Sie ist für das Verständnis der Quantentheorie von zentraler Bedeutung. Allgemein formuliert besagt das Superpositionsprinzip: Kann ein quantenmechanisches Objekt mehrere Zustände annehmen, ist auch jede Kombination dieser Zustände ein möglicher Zustand. Bei der Messung in einem System „kollabiert" das System – das aus einer Linearkombination mehrerer Zustände besteht – in einen der Zustände.

Die Quantentheorie enthält in ihrer Beschreibung nicht nur das Faktische, sondern auch das Mögliche. Auch das Mögliche ist real, denn es entfaltet Wirkungen. In der Messung werden die Möglichkeiten eines Systems, die durch die Quantentheorie beschreiben werden, auf einen der beiden Zustände eingeschränkt. Die Quantentheorie beschreibt Möglichkeiten, Fakten werden durch Messen erzeugt.[34]

---

[33] Gottfried Wilhelm Leibniz: Neue Abhandlungen über den menschlichen Verstand, Kapitel 27
[34] Thomas Görnitz, Brigitte Görnitz: Die Evolution des Geistigen, Quantenphysik-Bewusstsein-Religion, 2008, Seite 79

Es ist erstaunlich, dass der Gedanke der Möglichkeit in Zusammenhang mit der Materie bereits bei Aristoteles zu finden ist. „Es gibt ein Sein nicht nur als Wirklichkeit, sondern auch als Möglichkeit und Wirklichkeit".[35] Aristoteles interessiert sich nicht für die Struktur der Materie, er führt auch nicht die Atomtheorie von Demokrit und Leukipp weiter, sondern er fragt danach für was Materie ist. Erz ist Material für eine Statue, Die 4 Elemente, Feuer, Wasser, Luft und Erde sind Material für die Lebewesen, der Körper ist Material für die Seele. Material hat die Disposition – unter geeigneten Umständen – etwas zu werden. Das ist für Aristoteles die Antwort auf die Frage nach dem Werden und Entstehen: „Werden oder Entstehen ist die Realisation von Dispositionen". So entsteht eine Stufenleiter von Gegenstandsbereichen der Natur. Aus der Verbindung der ersten (völlig strukturlosen) Materie mit den 4 Qualitäten (kalt, trocken, warm und feucht) entstehen die 4 Elemente Erde (kalt und trocken), Wasser (kalt und feucht), Luft (warm und feucht) und Feuer (warm und trocken)

Die 4 Elemente sind Material für die gleichteiligen Stoffe, z.B. Gold. Die gleichteiligen Stoffe sind das Material für die ungleichteiligen Stoffe wie z.B. Körperteile. Gleichteilige und ungleichteilige Stoffe sind Material für die Lebewesen, wobei die Seele als Form dazukommt.

Die Verwirklichung der in einem Seienden angelegten Möglichkeiten nennt Aristoteles Entelechie. Es ist die Eigenschaft von etwas, sein Ziel in sich selbst zu haben, die Verwirklichung des nach Möglichkeit Seienden. Der Schmetterling ist die Entelechie der Raupe. Fliegen können ist die Entelechie des Schmetterlings. Eine befruchtete Eizelle ist der Wirklichkeit nach klein und rund, der Möglichkeit nach ein

---

[35] Aristoteles: Physik. 3. Buch. 1. Kapitel

strukturiertes Lebewesen. Die Seele ist die erste Entelechie eines natürlichen, mit Lebensfähigkeit begabten Körpers.

Gehen wir wieder zurück zur Physik und betrachten noch einmal die Aussage: Die Quantentheorie beschreibt Möglichkeiten, Fakten werden durch Messen erzeugt. An dieser Stelle muss sich die Physik doch die Frage gefallen lassen: kann eine Wissenschaft Aussagen in ihre Theorie aufnehmen, die nicht beobachtet werden, deutlicher: die prinzipiell nicht beobachtbar sind? Die Quantentheorie behauptet, dass sich ein System vor einer Messung in einer Superposition von mehreren Zuständen befindet und dass im Augenblick der Messung das System eine dieser Zustände annimmt (in eine der Zustände kollabiert – wie Schrödinger gesagt hat). Die Physik macht also eine Aussage über ein System vor der Messung, obwohl eigentlich nur das empirisch belegt werden kann, was sich bei der Messung ergibt. Ist es wissenschaftlich korrekt, etwas zu behaupten, das nicht beobachtet wurde und das prinzipiell nicht beobachtet werden kann. Nach Kant können wir das „Ding an sich", die beobachtungsunabhängige Welt, nicht erkennen. Die Physik tut so, als ob sie es könnte.

Die Physik gibt darauf folgende Antwort: Der Zustand eines Systems vor der Messung wird als Möglichkeit beschrieben, Fakten entstehen erst bei der Messung. Die Aussage der Quantentheorie über ein System vor der Messung ist keine Aussage über den definitiven Zustand des Systems, sondern beschreibt den Möglichkeitsraum des Systems. Aussagen in Form von Fakten werden nur für die Messergebnisse gemacht. Die Physik hat einen theoretischen und einen praktischen Zugang zur Beschreibung eines quantenmechanischen Objekts. Wenn dieses Objekt mathematisch beschrieben werden kann, sind Aussagen unabhängig von einer Messung möglich. Es wäre interessant zu erfahren, ob Kant der theoretischen, d.h. mathematischen

Beschreibung einen privilegierten Zugang zum „Ding an sich" zugestehen würde.

Als Schrödinger die Superposition in seiner nach ihm benannten Gleichung entdeckte, war er zunächst etwas unglücklich und diskutierte diese Eigenschaft heftig mit seinen Kollegen. Um drastisch zu veranschaulichen was Superpostion bedeutet, erfand er ein Gedankenexperiment, das in die Lehrbücher unter „Schrödingers Katze" eingegangen ist. Eine Katze befindet sich in einer Stahlkammer. In dieser Stahlkammer ist außerdem ein radioaktives Präparat. Die Atomkerne dieser radioaktiven Quelle können innerhalb einer Stunde zerfallen - oder auch nicht. Zerfällt das Atom, wird über ein Relais ein Hammer in Bewegung gesetzt, der einen Kolben mit Blausäure zerschlägt. Wegen der Superposition ist das ganze System eine Überlagerung der beiden Zustände „Atomkern zerfallen" und „Atomkern nicht zerfallen". Diese Überlagerung wird auf die Katze in die beiden Zustände „lebend" und „tot" übertragen. Wenn jemand die Kiste öffnet, „kollabiert" die Wellenfunktion in eine der beiden Zustände „Katze tot" oder „Katze lebendig". Dieses Experiment mit diesem seltsamen Ergebnis kann nicht wirklich durchgeführt werden, denn quantenmechanische Zustände können nicht auf ein makroskopisches Objekt (Katze) übertragen werden. Es ist ein Gedankenexperiment, das ein Phänomen veranschaulichen soll, das unsere Vorstellungskraft auf eine harte Probe stellt.

Eine Folgerung des Superpositionsprinzips ist die Verschränkung. Systeme aus mehreren Elementen werden durch eine Wellenfunktion beschrieben. Zwei oder mehr Teilchen bezeichnet man als verschränkt, wenn sie nicht unabhängig voneinander beschrieben werden können. Ein verschränktes System wird nicht durch die Zustände seiner Teilsysteme bestimmt, d. h., er *separiert nicht* in Teilzustände. Das Ganze ist mehr als die Summe seiner Teile. Experimentell wurde die Verschränkung nachgewiesen an polarisiertem Licht und an Elektronen mit ungleichem Spin. Werden die Teile des Systems voneinander getrennt, bleibt die Verschränkung erhalten. D.h. wenn die Polarisation oder der Spin des einen Teilchens gemessen wird, nimmt das andere Teilchen automatisch den alternativen Zustand ein. Diese – wie Einstein es nannte – spukhafte Fernwirkung wurde über viele Kilometer Entfernung nachgewiesen. Sie zeigt die Nichtlokalität der quantentheoretischen Systeme. Kann man angesichts der Tatsache der Verschränkung wirklich noch sagen, dass z.B. der Atomkern aus Protonen und Neutronen „besteht" und diese wiederum aus Quarks, wo doch alles in sich in einer Superposition befindet?

Wie ist Materie entstanden?

Nach dem sog. Standardmodell der Kosmologie ist das Weltall vor ca. 13,8 Milliarden Jahren in einem sog. Urknall entstanden. Der eigentliche Urknall kann nur als Grenzfall ungeheuer dicht konzentrierter Materie auf engstem Raum gedacht werden, bei dem alle bekannten physikalischen Gesetze versagen. Der Urknall ist keine Explosion, also kein schlagartiges Auseinandergehen von Materie im Raum, sondern Raum, Zeit und Materie entstehen gleichzeitig aus dem Nichts.

Empirische Belege für den Urknall sind

- Expansion des Weltalls
- Hintergrundstrahlung
- Häufigkeitsverteilung der chemischen Elemente im Weltraum
- Fehlen von Sternen, die älter als 13 Milliarden Jahre alt sind.

Die Expansion des Weltalls hatte 1927 der belgische Astrophysiker und Priester George Lemaitre aus den Einsteinschen Feldgleichungen der allgemeinen

Relativitätstheorie abgeleitet. Einstein selbst nahm die Zeitabhängigkeit seiner Gleichungen nicht so ernst und diskutierte sie mit einer sog. kosmologischen Konstanten weg, ein Fehler, den er später als „größte Eselei meines Lebens" bezeichnet hat. Selbst bei Einstein war der Gedanke an ein statisches Universum so verankert, dass er die Vorstellung eines zeitabhängigen, sich entwickelnden Universums als erste Reaktion von sich wies. Experimentell wurde die Expansion des Weltalls 1929 von Edwin Hubble festgestellt. Er fand heraus, dass die Galaxien sich von uns weg bewegen und zwar umso schneller, je weiter sie von uns entfernt sind.

Es sieht fast so aus, als ob wir im Mittelpunkt stehen und alles sich von uns weg bewegt. Das ist aber ein Irrtum. Dasselbe Bild der auseinanderdriftenden Galaxien würd man von jedem anderen Punkt im Weltall auch bekommen. Es gilt stattdessen

- o Der Raum ist homogen – kein Punkt ist ausgezeichnet. Es gibt kein Zentrum und keine Peripherie
- o Der Raum ist isotrop – keine Richtung ist ausgezeichnet. Es gibt kein oben und unten, kein links und rechts, kein vorne und hinten.

Es gab also einen Anfang für Raum, Zeit und Materie. Zeit ist endlich. Die Frage: was war davor? Ist sinnlos, denn sie bezieht sich auf etwas außerhalb der Raumzeit. „Was tat Gott bevor er Himmel und Erde erschaffen hat?", „Er machte Höllen für die, die solche Geheimnisse ergründen wollen."[36]. Die Vorstellung der begrenzten Zeit macht uns Schwierigkeiten. „Da eine endliche Zeit und ein begrenzter Raum auch mit der verzweifeltesten Anstrengung nicht vorgestellt werden können, so hat man sich entschlossen, Zeit und Raum als ewig und unendlich zu 'denken', - in der Meinung offenbar, dies gelinge,

---

[36] Augustinus: Bekenntnisse, 11. Buch

wenn nicht recht gut, so doch etwas besser." [37] Tatsächlich ist alles Reale endlich. Unendlich ist nur eine Hilfskonstruktion des Menschen, der sich das Endliche nicht vorstellen kann. Alles ist endlich, alles ist begrenzt.

Die erste Zeit nach dem Urknall kann man erstaunlich gut rekonstruieren. Man unterscheidet

- Die Quark- Ära
- Die Hadronen- Ära
- Die Leptonen- Ära und
- Die Atomkernsynthese- Ära

Zu Beginn besteht das Universum aus einem dichten, heißen Plasma aus Quarks und Gluonen, Elektronen, Neutrinos und Photonen und ihre Antiteilchen. Man nennt es das Quark-Gluonen Plasma. Die Teilchen wandeln sich gegenseitig um, vor allem gibt es den großen Vernichtungsprozess von Quarks und Antiquarks. Zum Glück findet eines von einer Milliarde Quarks keinen Partner und überlebt. Wäre es nicht so gewesen, gäbe es diese materielle Welt nicht.

Am Ende der Quark- Ära haben sich Hadronen gebildet, das sind Teilchen, die aus Quarks bestehen, also Mesonen und vor allem Protonen und Neutronen (Baryonen), die Bausteine der Atomkerne. In dieser Hadronen- Ära besteht das Universum aus Photonen, Neutrinos, Elektronen, Protonen, Neutronen und ihren Antiteilchen. Dichte so niedrig, dass Neutrinos frei kommen. Auch heute noch ist das All von Neutrinos, die vom Urknall stammen, durchflutet. Unser Körper wird in jeder Sekunde von 10 Millionen Neutrinos durchdrungen. Sie durchqueren auch die Erde ohne Widerstand. Neutrinos kann man nur schwer nachweisen, weil sie mit Materie praktisch nicht reagieren. Sollte man aber

---

[37] Thomas Mann: Der Zauberberg

eines Tages die Hintergrundstrahlung der Neutrinos aufnehmen können, so sie man die Photonen-Hintergrundstrahlung gemessen hat, dann hätte man ein Bild des Universums eine Zehntelsekunde nach dem Urknall.

Es beginnt ein zweiter großer Vernichtungsprozess: Teilchen und Antiteilchen vernichten sich unter Aussendung von Photonen. Auch hier sorgt ein winziger Überschuss von Protonen und Neutronen gegenüber ihren Antiteilchen dafür, dass es diese Materie in der heutigen Form gibt.

Immer wieder werden aus den energiereichen Photonen Elektron- Positron- Paare gebildet und wieder vernichtet. Das Positron ist das Antiteilchen des Elektrons. Es hat dieselbe Masse wie das Elektron, aber eine positive Ladung. Wenn die Temperatur weiter abgesunken ist, können keine Elektron-Positron-Paare mehr erzeugt werden. In diesem zweiten großen Vernichtungsprozess zerstrahlen Elektronen und Positronen unter Aussendung von jeweils zwei Photonen. Am Ende bleiben so viele Elektronen übrig wie es Protonen gibt, das Universum ist insgesamt elektrisch neutral. Warum es genauso viele Elektronen wie Protonen gibt ist eine bisher unbeantwortete Frage.

Das Weltall ist jetzt so weit abgekühlt, dass sich Protonen und Neutronen zu Wasserstoff- und dann auch zu Helium-Atomkernen vereinigen können[38]. Dieser Prozess musste aber sehr schnell erfolgen. Protonen haben eine Lebenszeit von größer 10^{35} Jahren, sie leben also praktisch unendlich lang, aber Neutronen zerfallen im Mittel nach 11 Minuten in ein Proton, ein Elektron und ein Antineutrino. Wenn sich innerhalb dieser Zeit keine Kerne gebildet haben, sind keine Neutronen mehr vorhanden. Aber wir wissen, dass dieser Wettlauf mit der Zeit gewonnen wurde, sonst gäbe es keine Materie und

---

[38] Helium wurde zuerst im Spektrum der Sonne entdeckt. Daher auch der Name Helium, nach Helios, dem griechischen Sonnengott.

uns auch nicht. Diese Fusion geschah ungefähr 3 Minuten nach dem Urknall, was Steven Weinberg zu seinem Buchtitel veranlasst hat.[39]

In dieser Phase haben sich Protonen und Neutronen zu Wasserstoff- und dann auch zu Helium- Atomkernen vereinigt. Atomkerne mit höherer Massenzahl sind nicht stabil und zerfallen sofort wieder. Das bedeutet, dass nur die leichten Kerne, Wasserstoff, Helium und Lithium unmittelbar nach dem Urknall erzeugt wurden, die schwereren bis hin zum Eisen wurden später in den Sternen „gekocht".

Nachdem sich die Kerne gebildet haben, besteht das Universum aus Protonen (d.h. Wasserstoff-Kernen) und Heliumkernen im Verhältnis 77% zu 23% sowie aus freien Elektronen, Neutrinos und Photonen. Zahlenmäßig dominieren Neutrinos und Photonen, deshalb nennt man diese Phase auch „strahlungsdominiert". Aber die Photonen werden an den Elektronen gestreut, sodass das Weltall undurchsichtig ist wie dichter Nebel. Dieser Zustand dauert – im Vergleich zu den schnellen Ereignissen direkt nach dem Urknall – sehr lange, nämlich 370.000 Jahre. In dieser Zeit dehnt sich das Weltall weiter aus und kühlt ab. Bei etwa 3000 Kelvin (Kerzenflamme) fangen die Atomkerne die Elektronen ein und es bilden sich Atome. Dieses Ereignis gilt es festzuhalten: ca. 370.000 Jahre nach dem Urknall entstehen Atome. Gleichzeit werden die Photonen nicht mehr an den Elektronen gestreut und haben jetzt frei Bahn. Das Weltall wird durchsichtig. Es werde Licht, wie es in der Genesis heißt.

Wo ist dieses Licht? Wenn wir nachts in den Himmel schauen, ist es dunkel. Tatsächlich ist das Licht, das 370.000 Jahre nach dem Urknall das Weltall erleuchtet hat, noch immer vorhanden. Allerdings hat sich das Weltall in der Zwischenzeit ausgedehnt und die Wellenlänge des Lichts

---

[39] Steven Weinberg: Die ersten drei Minuten

stark vergrößert. Wenn damals das Licht im sichtbaren Bereich war, ist die Wellenlänge heute im Zentimeterbereich. Diese sog. Hintergrundstrahlung wurde 1948 von Gamow, Alpher und Hermann vorhergesagt und 1964 eher zufällig von Penzias und Wilson entdeckt. Sie entwickelten eine Mikrowellen- Antenne und sollten sie für die Radioastronomie optimieren. Als sie ihre Antenne ins Weltall richteten empfingen sie ein Rauschsignal, das in alle Richtungen gleich groß war. Sie wussten nicht, dass sie die Hintergrundstrahlung entdeckt hatten.

Der Satellit COBE (Cosmic Background Explorer) hat in den Jahren 1989-1993 die Hintergrundstrahlung sehr genau vermessen. Sie fanden heraus, dass die Hintergrundstrahlung das Spektrum eines schwarzen Körpers hat mit einer Temperatur von $2,726 \pm 0,01$ Kelvin. Es ist das früheste Zeugnis unserer Welt. Gleichzeitig ist es eine starke Stütze der Urknall- Hypothese.

Das Weltall dehnt sich ständig weiter aus und die Hintergrundstrahlung kühlt weiter ab. Nach etwa 40 Millionen Jahren hat sie etwa Zimmertemperatur erreicht. Die Welt besteht aus Helium- und Wasserstoffatomen; komplexere Elemente gab es noch nicht. Dieser Zustand blieb ziemlich lange erhalten, 200 – 300 Millionen Jahre passiert nichts wesentlich Neues. Man nennt deshalb diese Zeit „dunkles Zeitalter" (dark age).

Wasserstoff- und Heliumatome klumpen sich zusammen und heizen sich im Innern auf. Dem Gravitationsdruck steht der Gasdruck der aufgeheizten Atome entgegen. Damit ein Stern entstehen kann, muss der durch die Temperatur verursachte Gasdruck verringert werden. Das kann nur dadurch geschehen, dass Wärme in Form von Strahlung abgegeben wird. Im Wasserstoff und im Helium sind die Elektronen aber so stark an das Atom gebunden, dass die Atome erst oberhalb von 8000 Kelvin effizient strahlen

können. Die Temperatur war aber nicht mehr so hoch.
Deshalb konnte die Wärme nicht abgestrahlt werden. Das
bedeutet, dass aus Atomen keine Sterne entstehen können.
Aber die Natur hat eine Lösung gefunden. Atome verbinden
sich unterhalb bestimmter Temperaturen zu Molekülen. Etwa
200 – 300 Millionen Jahre nach dem Urknall bilden sich H_2-
Moleküle. Moleküle können leichter abstrahlen. Weil die
Wärme jetzt entweichen kann, drückt die Gravitation die
Gaswolken weiter zusammen. Es entstehen so hohe
Temperaturen und so hohe Dichten, dass es zu
Kernfusionsreaktionen kommt. Wasserstoff fusioniert zu
Helium und weiter zu Stickstoff und Helium fusioniert weiter zu
Kohlenstoff und Sauerstoff, Elemente, die für das spätere
Leben notwendig sind. Diese ersten Sterne, die sehr
massereich waren, leuchten in der ansonsten dunklen Welt.
Im Innern der Sterne „brühten" alle schweren Elemente bis
hinauf zum Eisen.

Eine sich zusammenballende Molekülwolke beginnt zu
rotieren. Um den Drehimpuls loszuwerden, gibt es zwei
Möglichkeiten. Entweder es bildet sich ein Doppelstern oder
es bildet sich um den Stern herum eine Materiescheibe, aus
der sich dann die Planeten formen. Es wird also Materie nach
innen und Drehimpuls nach außen transportiert. In unserem
Sonnensystem sind 90% der Masse in der Sonne konzentriert,
aber 90% des Drehimpulses ist in den Planeten. In einer
rotierenden Scheibe halten sich die nach innen gerichtete
Gravitationskraft und die nach außen gerichtete
Zentrifugalkraft. In Richtung der Rotationsachse wirkt aber nur
die Gravitation und nicht die Zentrifugalkraft. Deshalb bilden
sich aus den sich drehenden Materialansammlungen
Scheiben. Auch Galaxien sind riesige rotierende Scheiben.

Die Naturwissenschaften erforschen die Natur und
versuchen Gesetzmäßigkeiten aus ihren Befunden abzuleiten.
Welchen Bezug zu ihrem Forschungsgegenstand haben sie?
Was ist der Realismus der Naturwissenschaften?

Naturwissenschaftler sind keine naiven Realisten; sie sind zwar davon überzeugt, dass es eine reale Welt unabhängig von unserem Bewusstsein gibt und dass diese Welt strukturiert ist, aber sie ist nicht in allen Aspekten so beschaffen, wie wir sie wahrnehmen. Die Naturwissenschaften entwickeln Modelle, die sie so weit wie möglich in Übereinstimmung mit den empirischen Befunden bringt. Die Naturwissenschaften vertreten also einen modellabhängigen Realismus. Er hat große Ähnlichkeit mit dem hypothetischen Realismus von Karl Popper oder Gerhard Vollmer. Die (meistens mathematischen) Modelle sind nicht die Realität, sondern sind Konstrukte der Realität. Darin sind sich die Naturwissenschaften einig mit dem radikalen Konstruktivismus. Die Modelle sind auch nicht immer anschaulich, sie stimmen nicht immer mit unserer Alltagserfahrung überein. Das erklärt uns die evolutionäre Erkenntnistheorie: unser kognitiver Apparat ist in Auseinandersetzung mit unserer Umwelt entstanden und hat sich an sie angepasst. Er hat sich so entwickelt, dass wir uns in dieser Welt (einigermaßen) zurechtfinden. Das ist der Mesokosmos, also die Welt der mittleren Dimensionen. Für die mikroskopische Welt hat uns die Evolution nicht trainiert. Deshalb haben wir Schwierigkeiten sie zu verstehen.

Insoweit stimmt der modellhafte Realismus der Naturwissenschaften mit den modernen Erkenntnistheorien überein. In einem Punkt geht die Quantentheorie über sie hinaus. Der Experimentator in einem quantenmechanischen System ist nicht nur ein neutraler Beobachter, sondern er greift in das Geschehen ein. Durch die Messung wird das System gezwungen, aus der Superposition verschiedener Möglichkeiten in einen konkreten Zustand zu wechseln. Der Zustand vor der Messung ist ein anderer als bei der Messung. Die Messung verändert das System, es gibt keine klare Trennung zwischen Beobachter und Beobachtetem. Diese Feststellung geht über den Konstruktivismus hinaus.

Welche Eigenschaften soll ein Modell haben? Ein Modell soll

- einfach sein (Occams Rasiermesser: von mehreren Erklärungen soll man diejenige bevorzugen, die mit den einfachsten bzw. der geringsten Anzahl an Annahmen auskommt)
- mit den vorhandenen Beobachtungen übereinstimmen
- die beobachtbaren Phänomene erklären können
- möglichst viele Phänomene erklären, also möglichst umfassend sein und
- falsifizierbar im Sinne Poppers sein (Ein empirisch-wissenschaftliches System muss an der Erfahrung scheitern können)

Die Austauchteilchen können sog. „virtuelle" Zustände annehmen. Bei diesen virtuellen Zuständen sind die Erhaltungssätze kurzzeitig aufgehoben. Die virtuellen Zustände sind nicht beobachtbar.

Auch das Vakuum hat die Eigenschaft, spontan Teilchen in virtuellen Zuständen hervorzubringen. Sie heißen Vakuumfluktuationen. Ist das Weltall aus einer Vakuumfluktuation entstanden?

Halten wir fest

In diesem Abschnitt werden die philosophischen Aspekte unseres Wissens über die Materie hervorgehoben.

Die Physik leitet die Eigenschaften der Materie aus den Atomen und ihren Wechselwirkungen ab. Das ist eine Theorieentscheidung, die andere möglichen Ansätze, wie zum Beispiel die Systemtheorie ausblendet.

Im Gegensatz zur Monadentheorie von Leibniz sind die Atome der Physik weder lebendig, noch geistig. Leben, Geist und Psyche werden in die Systemeigenschaften der Materie verlegt.

Von Platon können wir lernen, dass die Wirklichkeit nur im Lichte formaler Strukturen erfassbar ist. Nach Carl Friedrich von Weizsäcker beschreibt die Quantentheorie nicht die mikroskopische Welt, sondern unser Wissen über diese Welt.

Atome können prinzipiell nicht gesehen werden. Wir sind auf (unzureichende) Modellvorstellungen angewiesen. Unser Denken in Modellen versagt beim Teilchen-Welle-Dualismus und bei der Heisenbergschen Unschärferelation.

Die Quantentheorie hat unseren Begriff von Kausalität revidiert.

Teilchen und ihre Wechselwirkung werden in der Quantentheorie gleichbehandelt.

Elementarteilchen sind ununterscheidbar. Sie haben keine Identität.

Die Quantentheorie beschreibt nicht das Faktische, sondern auch das Mögliche, ein Gedanke, den schon Aristoteles mit dem Begriff „Entelechie" thematisiert hat.

3. Leben

Wir sind Lebewesen. Wir haben einen Körper aus organischer Materie, in dem komplexe biochemische Prozesse ablaufen. Aber wir haben unseren Körper nicht in derselben Weise wie wir ein Hemd haben oder einen Kugelschreiber. Der Körper ist unzertrennlich mit uns verbunden. Wir können nicht aus unserer Haut. Wir haben nicht einen Körper, sondern wir sind unser Körper.

Viele Lebensprozesse in unserem Körper dringen nicht bis in unser Bewusstsein vor, aber einige werden auch erlebt. Wassermangel erleben wir als Durst, Energiedefizite als Mattigkeit oder Schlafbedürfnis. Die Gehirntätigkeit sind unsere Gedanken, Gefühle und Wünsche. In diesem Sinn ist es also richtig zu sagen: wir sind unser Körper.

Andererseits kann unser Körper auch medizinisch-naturwissenschaftlich untersucht werden. Der Arzt misst Puls und Blutdruck und hört die Lunge ab. Auch gibt es Körperteile, die wir ohne Probleme verlieren können, z.B. Haare, die uns der Friseur abschneidet. Körperliche Veränderungen, die sich im Laufe des Lebens einstellen, beeinträchtigen nicht die Identität eines Menschen. Das Ich-Bewusstsein bleibt auch durch tiefere Falten oder zunehmende Fettpolster dasselbe. In diesem Sinne ist es auch richtig zu sagen: wir haben einen Körper.

Der Körper hat also beide Seiten: die objektive Außenperspektive und die erlebte subjektive Innenperspektive. Manche Philosophen haben deshalb zwischen Körper und Leib unterschieden. Körper ist das was objektiv erfasst werden kann: Größe, Gewicht, Blutdruck, Temperatur usw., während Leib das ist, was ich in der Innenperspektive als zu mir gehörig erfahre.[40]

---

[40] Statt von seinem Körper spricht man heute auch von seinem „body", ein Begriff, der den Körper noch mehr äußerlich macht, indem er ihn auf das Aussehen reduziert.

Aber weder der Satz: ich habe einen Körper, noch die Aussage: Ich bin mein Körper ist ganz zufriedenstellend. Wenn man Menschen fragt: „Wer bist Du?" bekommt man selten eine Antwort, die auf den Körper verweist. Stattdessen erhält man Aussagen über die Herkunft, den Beruf, den Familienstand, die soziale Stellung, also alles Merkmale, die nichts mit dem Körper zu tun haben. Die Frage nach der Identität wird sozialpsychologisch, nicht biochemisch beantwortet. In diesem Sinne sind beide Sätze: Ich bin (habe) (m)einen Körper nur ein Teil der Antwort auf die Frage nach der Identität.

Das was die Identität eines Menschen ausmacht ist seine Seele. Sie ist die Gesamtheit der geistigen, psychischen und sozialen Eigenschaften. Aber auch die Seele beruht auf einer lebenden, biochemischen und neuronalen Basis.[41] Wenn man darüber nachdenkt, in welchem Verhältnis Geist und Körper zueinander stehen[42], muss man sich vor zwei Extremen hüten. Die eine Extremposition ist der Physikalismus: alles ist lediglich Physik und Chemie. Diese These lehnen wir ab. Geist, Psyche und Bewusstsein haben einen eigenen ontologischen Status, der nicht auf Physik und Chemie reduziert werden kann und darf. Die andere Extremposition ist der Dualismus: Geist und Körper sind zwei (im philosophischen Sinn) Substanzen, die auch getrennt voneinander existieren können. Auch von dieser Position distanzieren wir uns. Geist, Psyche und Bewusstsein sind eigene Qualitäten, die aber eines biochemischen und neuronalen Substrats bedürfen. Es gibt kein Gefühl und kein Gedanke ohne zugrundeliegende neuronale Aktivitäten, die sie erzeugen.

Wir behalten diese Feststellungen im Hintergrund wenn wir uns im Folgenden zunächst damit beschäftigen, dass wir Lebewesen sind.

---

[41] Gerhard Roth, Nicole Strüber: Wie das Gehirn die Seele macht
[42] Dieses Thema wurde in Philosophie früher unter dem Begriff Leib-Seele-Problem oder Körper-Geist-Problem behandelt. Heute ist es Teil der Philosophie des Geistes.

Ein Lebewesen wir auch als Organismus bezeichnet. Mit diesem Begriff wird hervorgehoben, dass Lebewesen hoch organisierte Systeme sind. Ihre Organisation wird nicht von außen in sie hineingetragen, Lebewesen organisieren sich selbst. Ihre Selbstorganisation umfasst Strukturierung, Regulierung und Differenzierung.

Bereits Kant hat den Begriff „Selbstorganisation" in Zusammenhang mit Lebewesen verwendete (in Abgrenzung zur Maschine): „ein Lebewesen ist ein organisiertes und sich selbst organisierendes Wesen."[43]

Selbstorganisation wird anschaulich, wenn man sich vergegenwärtigt, wie sich aus einer Tulpenzwiebel, die man in die Erde steckt, eine Pflanze entwickelt. Die Tulpe braucht dazu nur Wasser, Mineralstoffe und Licht. Alle Strukturen formt sie selbst: den Stängel, die Blätter, die Blüte.

„Selbstorganisation bedeutet (…), dass das System seine Struktur von innen her schafft, ohne dass diese Struktur ihm von außen her (…) aufgeprägt wird."[44]

„Unter Selbstorganisation wird die Entstehung von Strukturen, und damit von Ordnung und Organisation, in einem operational geschlossenen System bezeichnet. Operational geschlossen heißt ein System, wenn der Prozess der inneren Ordnungsentstehung nicht von äußeren Ursachen aufgezwungen ist, sondern von den Systemkomponenten selbst bewirkt wird."[45]

In enger Nachbarschaft zum Begriff Selbstorganisation hat der chilenische Biologe Humberto Maturana zur Charakterisierung von Lebewesen den Begriff Autopoiesis

---

[43] Kant. Kritik der Urteilskraft § 65, A288/B292
[44] Hermann Haken: Die Selbstorganisation der Information in biologischen Systemen aus der Sicht der Synergetik, in B.O. Küppers (Hrsg.) Ordnung aus dem Chaos, München 1987
[45] Historisches Wörterbuch der Philosophie

eingeführt.[46] Autopoiesis kommt von poiein = schaffen, organisieren, produzieren. Autopoiesis bedeutet also sich selbst schaffen. Poiesis stammt ursprünglich von Aristoteles und steht dort im Gegensatz zu Praxis. Unter Praxis verstanden die Griechen die Tätigkeit, die ihren Sinn in sich selbst hat. Aristoteles verwendete den Ausdruck Praxis vor allem im Zusammenhang mit der Tugend (arete). Man ist tugendhaft um der Tugend selbst willen, nicht weil man damit etwas erreichen möchte. Poiesis ist demgegenüber eine Tätigkeit, die ein Ziel hat, das außerhalb ihrer selbst liegt. Beispielsweise irgendwohin fahren, weil man dort etwas erledigen möchte.

Mit dem Begriff Autopoiesis benennt Maturana eine Tätigkeit, die ihr eigenes Werk ist, also Operationen, die die Voraussetzungen für weitere Operationen derselben Art selbst schaffen. Der Begriff Autopoiesis charakterisiert Lebewesen, kann aber auch auf psychische und soziale Systeme übertragen werden. Er wurde von Niklas Luhmann für die Systemtheorie übernommen.

Die Philosophie unterscheidet zwischen „Natura Naturata", die geschaffene Natur (diese Position wird von Platon und dem Christentum vertreten) und „Natura Naturans", die sich selbst schaffende und selbst wirkende Natur. Diese naturphilosophische Haltung vertreten Aristoteles, Kant und Schelling. „Die Natur hat ihre Realität aus sich selbst – sie ist ihr eigenes Produkt – ein aus sich selbst organisiertes und sich selbst organisierendes Ganzes."[47]

Aristoteles hat für die aus sich selbst wirkende Natur den Begriff „Entelechie" geprägt. Entelechie ist die Verwirklichung der in einem Seienden angelegten Möglichkeiten. Der Schmetterling, beispielsweise, ist die Entelechie der Raupe, Fliegen können ist die Entelechie des Schmetterlings. Eine befruchtete Eizelle, die der Wirklichkeit nach klein und rund ist, ist der Möglichkeit nach ein strukturiertes Lebewesen. In der

---

[46] Humberto Maturana, Fransico Varela: Die biologischen Wurzeln der menschlichen Erkenntnis
[47] F.W.J. Schelling: Ideen zu einer Philosophie der Natur 1797

Psychologie des Aristoteles ist die Seele die „erste Entelechie eines natürlichen, mit Lebensfähigkeit begabten Körpers".

Zur Aufrechterhaltung der internen Organisation haben Lebewesen interne Regelungsprozesse. Die Gesamtheit der Regelungen in einem Organismus, die der Aufrechterhaltung und Stabilisierung der Lebensprozesse dienen, nennt man Homöostase. Ihr Funktionsprinzip entspricht den Gesetzen der Regelungstechnik. Bei einer Abweichung von einem Gleichgewicht werden Prozesse in Gang gesetzt, die versuchen, den Gleichgewichtswert wieder herzustellen. Beispiel: Körperliche Anstrengung – Temperaturerhöhung – Schwitzen (um durch die Verdunstungskälte die Temperatur wieder zu senken).

Zu den homöostatischen Prozessen gehören das Aufsuchen von Nahrung, die Unterscheidung von essbar und nicht essbar, ihr Verzehr und ihre Verdauung. Weiterhin gehören dazu die Abwehr von Krankheitserregern durch das Immunsystem, die Regelung von Blutdruck und Herzfrequenz. Dazu kommen noch Grundreflexe, d.h. die Schreckreaktion, die Organismen bei Geräuschen oder beim Berühren zeigen, die Tropismen verschiedenster Art. Diese homöostatischen Regelungsprozesse sind, wie wir im nächsten Kapitel sehen werden, mit Gefühlen eng verbunden.

Ein Katalysator ist ein Stoff, der eine chemische Reaktion in Gang setzt ohne selbst daran beteiligt zu sein. Wenn das Ergebnis einer chemischen Reaktion bewirkt, dass die Reaktion fortgesetzt wird, dann nennt man diese Reaktion autokatalytisch. Lebensprozesse sind ihrem Wesen nach autokatalytisch. Sie haben die Fähigkeit, sich selbst fortzusetzen. Sie sind – in der Sprache Luhmanns – anschlussfähig. Jeder Lebensprozess stößt einen neuen an, der wiederum sich in einem weiteren Prozess fortsetzt. Wir spüren das, wenn wir atmen und atmen und atmen und wenn unser Herz schlägt und schlägt und schlägt. Wenn es nicht so banal klingen würde, könnte man sagen: Leben ist ein ständiges und-so-weiter.

Leben zeigt sich uns in einer Überfülle von Formen. Alles ist bis in die feinsten Details strukturiert. Bäume mit ihren Ästen, Zweigen, Blättern, Wurzeln, Rinden, weisen Muster auf, an denen jeder, der sich auskennt, die Baumart erkennen kann. Auch andere Pflanzensorten und alle Tiere weisen charakteristische Formen auf.

Wir müssen zwei Arten von Strukturen in der Natur unterscheiden, konservative und dissipative Strukturen. Die konservativen Strukturen sind Ausdruck der zugrunde liegenden Naturgesetze. Dazu gehören alle astronomischen Formen, die spiralförmigen Arme einer Galaxie, die ellipsenförmigen Planetenbahnen. Sie sind Materie gewordenes Gravitationsgesetz. Die Kugelform der Sterne wird vom Gleichgewicht zwischen der Gravitationskraft und dem Druck, der aus den Kernfusionsprozessen im Innern des Sterns besteht, gebildet. Die Kristallstrukturen vieler Festkörper sind Ausdruck der elektrostatischen Wechselwirkung zwischen den Atomen oder Molekülen, die den Kristall bilden. Die konservativen Strukturen findet man hauptsächlich in der unbelebten Natur.

Es gibt aber auch Strukturen, die sich in Selbstorganisationsprozessen in der belebten Natur bilden, das sind die sog. dissipativen Strukturen. Dazu gehören alle Formen von Pflanzen und Tiere, die Fellzeichnungen von Raubtieren, die Mustervielfalt auf Schmetterlingen und Vogelfedern, die Zebrastreifen und viele andere. Sie sind Ergebnisse von Selbststrukturierungsprozessen. Mit ihnen wollen wir uns genauer beschäftigen, weil Formenvielfalt und Selbststrukturierung Merkmale des Lebens sind.

Konservative Strukturen in der unbelebten Natur und dissipative Strukturen bei Lebewesen sollen nicht zu streng getrennt werden. Thomas Mann beschreibt in seinem Roman „Doktor Faustus" wie ein Kind in das Studierzimmer seines Vaters kommt. Es war ein kalter Tag und die Fenster waren voller Eisblumen. Der Vater weist das Kind daraufhin, dass hier ein wunderbarer Formenreichtum in der unbelebten Natur entstanden ist. Er meint, man solle die belebte und die unbelebte Natur mehr als Einheit begreifen.

"So war, was ihn beschäftigte, die Einheit der belebten und der sogenannten unbelebten Natur, Es war der Gedanke, dass wir uns an dieser versündigen, wenn wir die Grenze zwischen den beiden Gebieten allzu scharf ziehen, da sie doch in Wirklichkeit durchlässig ist, und es eigentlich keine elementare Fähigkeit gibt, die durchaus dem Lebewesen vorbehalten wäre, und die nicht der Biologe am unbelebten Modell studieren könnte"[48]

Zunächst einmal müssen wir die Frage beantworten, warum es überhaupt Strukturen in der Natur gibt. Denn Strukturen stehen (zumindest auf den ersten Blick) im Widerspruch zum 2. Hauptsatz der Thermodynamik. Dieses physikalische Grundprinzip besagt, dass ein abgeschlossenes System einem Zustand maximaler Entropie zustrebt. Entropie ist ein Maß für die Unordnung.[49] Unstrukturierte Systeme haben eine höhere Entropie, wie strukturierte. Also wird – nach dem zweiten Hauptsatz – ein System den unstrukturierten Zustand anstreben. Es dürfte also gar keine Strukturen geben. Das widerspricht der Tatsache, dass die Natur reich an Formen und Strukturen ist. Dieser Widerspruch kann aufgelöst werden, wenn man die Voraussetzung des zweiten Hauptsatzes mitberücksichtigt. Er gilt nämlich nur für abgeschlossene Systeme, also für Systeme, die keinen Austausch mit ihrer Umgebung haben. Dort gilt tatsächlich, dass sich möglichst gleichförmige, unstrukturierte Zustände einstellen. Wenn man beispielsweise ein (hochstrukturiertes) Stück Würfelzucker in eine Tasse Kaffee gibt, löst sich der Zucker auf und verteilt sich gleichmäßig auf den gesamten Kaffee. Es entsteht das, was der zweite Hauptsatz voraussagt, es bildet sich ein Zustand maximaler Unstrukturiertheit heraus.

In der belebten Natur haben wir es aber nicht mit abgeschlossenen, sondern mit offenen Systemen zu tun. Eine

---

[48] Thomas Mann: Doktor Faustus, 3. Kapitel
[49] In der Statistischen Thermodynamik ist die Entropie definiert als die Anzahl von Mikrozuständen, die einen Makrozustand hervorrufen

Pflanze braucht Licht, Mineralstoffe und Feuchtigkeit und Tiere benötigen Luft zum Atmen und Wasser und Nahrung zum Überleben. Lebewesen sind also offene Systeme. Dort wird der zweite Hauptsatz in sein Gegenteil verkehrt. In offenen Systemen können sich unter bestimmten Bedingungen Strukturen bilden.

Strukturen, die durch Selbstorganisation entstanden sind, sind dynamische, keine statischen Strukturen. Dynamische Systeme müssen sich ständig selbst erneuern, sonst hören sie auf zu existieren. Dieses ständige, prozesshafte Sich-Selbst-Aufrechterhalten ist ein Merkmal des lebenden Organismus. Lebewesen befinden sich nicht in einem statischen, sondern in einem dynamisches Gleichgewicht. Das hat schon Ludwig von Bertalanffy (1901 – 1972) in seinem 1932 erschienenen Buch „Theorie offener Systeme" festgestellt. Im Unterschied zu geschlossenen Gleichgewichtssystemen der klassischen Thermodynamik bilden sich in „offenen Systemen" – also etwa Lebewesen – sogenannte „Fließgleichgewichte" aus, die sich auch an neue Umweltbedingungen anpassen können. Offen sind Lebewesen, weil sie Licht, Luft, Wasser und Nahrung benötigen.

Struktur kommt von lat. „struere", schichten, bauen, errichten und bedeutet im Wortsinn eine schrittweise errichtete Ordnung. Bei dem Wort „Struktur" denken wir meistens sofort an räumliche Strukturen, wie z.B. Bienenwaben, Blätter oder Wolkenformationen. Es gibt aber auch zeitliche Strukturen, wie z.B. den Tag-Nacht-Rhythmus und den Herzschlag. In einer Organisationstruktur werden die Aufgaben und Verantwortungen festgelegt.

Wir wollen uns beim Begriff „Struktur" sowohl von der räumlichen Anordnung von Elementen, als auch von der zeitlichen Folge von Prozessabschnitten lösen und Strukturen charakterisieren einmal dadurch, dass sie von Prozessen erzeugt werden und dass sie zweitens Prozesse ermöglichen, aber sie gleichzeitig auch einschränken.

Prozesse bilden Strukturen und Strukturen ermöglichen Prozesse, die sie aber auch begrenzen.

Das soll am Beispiel der Sprache erläutert werden. Sprache entsteht nach Tomasello[50] aus Zeigegesten, die von Lautäußerungen begleitet wurden. Zeigegesten erlauben bereits einfache Kommunikationsstrukturen. Mit der Zeit wird das Repertoire der Zeigegesten immer größer und auch die Lautäußerungen vielfältiger, was sich auch auf die Kommunikationsstrukturen auswirkt. Schließlich gewinnen die Lautäußerungen die Oberhand und die Zeigegesten sind nur noch Illustrationen der Laute. Eine Sprache ist entstanden. Im ständigen Gebrauch wird die Sprache detaillierter und differenzierter, ihre Struktur gewinnt an Variabilität. Das ermöglicht genauere Aussagen. Die (Sprach)- Struktur wird aus (Kommunikations)- Prozessen gebildet und erlaubt neue und andere (Kommunikations)- Prozesse.

Durch die Strukturbildung wird aus der Vielzahl der möglichen Relationen eine einzelne ausgewählt. Eine Struktur besteht in der Einschränkung der im System zugelassenen Relationen.[51] Wenn man von der Unterscheidung Struktur/Prozess ausgeht, dann schränkt die Struktur die Prozessmöglichkeiten ein. Planeten in einem Sonnensystem können sich nur auf Elliptischen Bahnen bewegen. In einer strukturierten Organisation erfolgen administrative Vorgänge nur auf festgelegten Wegen.

Strukturen abstrahieren von der konkreten Qualität der Elemente. Das bedeutet, dass die Struktur erhalten bleibt, auch wenn einzelne Elemente ausgewechselt werden. In einem Organismus werden die einzelnen Zellen durch neue ersetzt, der Organismus als Ganzer bleibt erhalten. Deshalb haben Strukturen eine gewisse Eigenständigkeit und sind nicht nur Relationen ihrer Elemente.

„Sich selbst organisierende Systeme (z.B. Lebewesen oder soziale Systeme) gewinnen erst durch (einschränkende) Strukturierung so viel „innere Führung", dass sie sich selbst

---

[50] Michael Tomasello: Die Ursprünge der menschlichen Kommunikation
[51] Niklas Luhmann: Soziale Systeme, Seite 384

reproduzieren können".[52] Welche Struktur ausgewählt wird, hängt von internen und externen Einflüssen ab.

Eine Struktur muss eine gewisse Stabilität aufweisen.[53] Sie ist dann stabil, wenn kleine Veränderungen nicht zu ihrer Zerstörung führen. Wie sich konservative Systeme, z.B. Atome, Planetensysteme oder Galaxien stabilisieren, kann nur mit enormem theoretischen Aufwand vollständig verstanden werden. So kann die Stabilität eines Atoms nur mit Hilfe der Quantentheorie, die Stabilität eines Planetensystems nur mit Hilfe der allgemeinen Relativitätstheorie beschrieben werden.

„Strukturbildung ist aber auch Voraussetzung für die Beobachtung und Beschreibung eines Systems und zwar für Selbst- und Fremdbeobachtung."[54] Nur strukturierte Systeme können überhaupt beobachtet werden, weil ohne Strukturierung jedes Element beobachtet werden müsste, was die Informationsverarbeitungskapazität des beobachtenden Systems überschreiten würde. Der Beobachter eines Systems beobachtet die Struktur, weil er nur so die Informationsflut bewältigen kann.

Organismen bestehen aus Organen, die wiederum selbst differenzierte und strukturierte Systeme sind. Kant sagte dazu: „In einem solchen Produkte der Natur wird ein jeder Teil, so, wie er nur durch alle übrigen da ist, auch als um der andern und des Ganzen willen existierend, d.h. als Werkzeug (Organ) gedacht: welches aber nicht genug ist (....); sondern als ein die andern Teile (folglich jeder dem andern wechselseitig) hervorbringendes Organ, dergleichen kein Werkzeug der Kunst, sondern nur der allen Stoff zu Werkzeugen (selbst denen der Kunst) liefernden Natur sein kann: und nur dann und darum wird ein solches Produkt, als organisiertes und sich selbst organisierendes Wesen, ein Naturzweck genannt werden können."[55]

---

[52] Ebenda
[53] Enrico Coen hat in seinem Buch „Formel des Lebens" (Seite 67 ff) dafür den Begriff „Rekurrenz" verwendet
[54] Ebenda Seite 386
[55] Immanuel Kant: Kritik der Urteilskraft § 65, B 290 f.

Beispiel für Strukturbildung in der unbelebten Natur: Das Bénard- Problem.[56] Eine Flüssigkeitsschicht wird von unten beheizt. Dadurch ist die Flüssigkeit unten etwas wärmer als oben. Bei kleinen Temperaturunterschieden wird die Wärme durch Wärmeleitung nach oben transportiert. Ab einer bestimmten kritischen Temperaturdifferenz geschieht etwas Neues. Die unteren wärmeren Flüssigkeitselemente bewegen sich nach oben, die etwas kälteren nach unten. Diese Bewegung geschieht strukturiert, d.h. es bilden sich rollen- oder wabenförmige Bewegungsmuster. Ob sich rollen oder Waben bilden hängt von der Form des Gefäßes ab, in dem sich die Flüssigkeit befindet. Bei runden Gefäßen bilden sich Waben.

Bénard- Zellen sind ein typisches Beispiel von Strukturbildung in der unbelebten Natur. Durch die ständige Wärmezufuhr ist das System offen und es ist nicht im thermischen Gleichgewicht. Die Rollen oder Waben sind einige Millimeter groß, sind also von einer ganz anderen Größenordnung als die mikroskopischen Molekülbewegungen. Das bedeutet, dass Strukturen von einer langreichweitigen Ordnung charakterisiert sind.

Den Übergang von der Wärmeleitung zum Wärmetransport durch Konvektionsströme kann auch als Phasenübergang betrachtet werden. Phasen sind nicht nur die Aggregatzustände fest, flüssig und gasförmig, sondern auch Erscheinungsformen magnetisch/unmagnetisch, supraleitend/normalleitend und auch verschiedene Kristallstrukturen werden als Phasen bezeichnet. Für Phasenübergänge gilt eine bemerkenswerte Universalitäts- Hypothese, denn physikalische Systeme verhalten sich am Übergangspunkt von einer Phase in die andere sehr ähnlich. Eine Gemeinsamkeit von Phasenübergängen ist das Auftreten von langreichweitigen Fluktuationen am Phasen- übergangspunkt, d.h. auch weit voneinander entfernte

---

[56] Hermann Haken: Erfolgsgeheimnisse der Natur: Synergetik, die Lehre vom Zusammenwirken

Teilchen beeinflussen sich gegenseitig. Mit langreichweitigen Fluktuationen „erkundet" das System seine möglichen stabilen Zustände. Einer dieser Zustände gewinnt die Oberhand und dominiert das Geschehen. Auch für Strukturbildungen sind langreichweitige Korrelationen charakteristisch.

Wenn sich eine neue Struktur bildet, gibt es häufig mehrere gleichwertige Möglichkeiten. Beispielsweise können sich die Flüssigkeiten in den Bénard- Zellen entweder links- oder rechts herum drehen. Oder bei einem Magneten unterhalb der Curie- Temperatur, kann die Magnetisierung nach oben oder nach unten zeigen. Welche der beiden möglichen Zustände tatsächlich eingenommen wird, hängt von zufälligen minimalen Änderungen ab. Kleinste Einflüsse entscheiden, ob das System den einen oder den anderen Zustand einnimmt. Dieses Phänomen, das für Strukturbildungen charakteristisch ist, nennt man Bifurkation (von lat. bi = zweifach und furca = Gabel).

Die Entstehung von Strukturen aus unstrukturierten Zuständen ist mit einer Symmetriebrechung verbunden. Ungeordnete Systeme haben eine höhere Symmetrie als geordnete. Beispielsweise ist die Bénard-Flüssigkeit unterhalb der kritischen Temperaturdifferenz translationssymmetrisch, d.h. invariant gegenüber Verschiebungen. Das ändert sich bei der Bildung von Bénard-Zellen. Jetzt ist das System nicht mehr symmetrisch gegenüber beliebigen Verschiebungen, sondern nur noch gegenüber Translationen, die der Länge von 2 Bénard- Zellen entsprechen. Die Symmetrie der ungeordneten Flüssigkeit ist gebrochen.

Symmetrien spielen eine fundamentale Rolle in der Physik. Sie sind deshalb so grundlegend, weil sie mit Erhaltungssätzen verknüpft sind. Erhaltungssätze sind die Säulen, auf denen die Physik ruht. Z.B. ist die Translationssymmetrie im Raum gleichbedeutend mit dem Impulserhaltungssatz, die Translationssymmetrie in der Zeit ist identisch mit dem Energieerhaltungssatz und die Symmetrie gegenüber Rotationen entspricht dem Drehimpuls-erhaltungssatz.

Schauen wir uns ein zweites Beispiel für Strukturbildung in der belebten Natur an, die Musterbildung auf Schnecken.[57] Muscheln bestehen aus zu Kalk erstarrtem Material. Vergrößert wird ein Gehäuse nur durch Anlagern von Material am Schalenrand. Muster sind also Pigmentanlagerungen während des Wachstumsprozesses. Sie sind Protokolle des Wachstumsprozesses. Warum Schnecken Muster bilden ist unklar. Viele sind im Sand eingegraben oder mit einer Haut bedeckt und deshalb nicht sichtbar.

Am Beispiel der Musterbildung auf Muscheln werden zentrale Prinzipien der Strukturbildung in der belebten Natur deutlich, die Prinzipien Verstärkung und Wettbewerb. Die Verstärkung, als Substanz wird es von Hans Meinhard als Aktivator bezeichnet, ist ein Merkmal, das nichtlinear anwächst, wenn es nicht daran gehindert wird. Ein Beispiel ist die Größe einer Lawine, die sich überproportional vergrößert, solange der Schneevorrat reicht.

Aber Bäume wachsen bekanntlich nicht in den Himmel. Auch ein anfänglich unbegrenztes Wachstum findet irgendwann seine Grenze. Die Verstärkung wird entweder durch begrenzte Ressourcen limitiert, oder dadurch, dass im Verstärkungsprozess ein Hemmstoff mitproduziert wird. Hans Meinhardt nennt ihn Inhibitor, der dem Wachsen des verstärkenden Merkmals entgegen wirkt.

Ein Beispiel für die Limitierung durch begrenztes Wachstum ist die Kerzenflamme. Durch die Flamme schmilzt das Wachs in der Nähe des Dochtes, was der Flamme neue Nahrung liefert. Das Anwachsen der Flamme wird aber dadurch begrenzt, dass die Flamme den Sauerstoff in ihrer Nähe verbraucht und nicht schnell genug neuer Sauerstoff nachströmen kann. Es stellt sich ein dynamisches

---

[57] Hans Meinhardt: Wenn Schnecken sich in Schale werfen (The Algorithmic Beauty of Sea Shells), Springer Verlag 1997

Gleichgewicht ein, ein Fließgleichgewicht, das von der Zufuhr der beiden Ressourcen Sauerstoff und Wachs gebildet wird.

Bei der Musterbildung auf Muscheln wird die verstärkende Größe, der Aktivator, durch einen Hemmstoff, den Inhibitor, in Schach gehalten. Für die Bildung der Strukturen ist dabei entscheidend, dass die räumliche Ausdehnung von Aktivator und Inhibitor unterschiedlich sind. Der Aktivator wirkt verstärkend, aber kurzreichweitig, der Inhibitor hat auf den Aktivator eine hemmende Wirkung und ist langreichweitig. Dadurch entstehen Bereiche, in denen der Aktivator und Bereiche, in denen der Inhibitor dominiert. Wenn diese beiden Substanzen unterschiedliche Farben haben, entstehen regelmäßige räumliche Muster. Es können Streifen entstehen, wie beim Zebra oder beim Tiger, oder es können fleckenförmige Muster entstehen, wie beim Leopard.

Auch das Herauswachsen von Zweigen aus einem Ast, spiralförmig oder in einzelnen Knoten mit jeweils drei oder vier Zweigen an einer Stelle wurde von Hans Meinhardt in Computerprogrammen simuliert. Ebenso das Wachstum von Blättern oder die Struktur von Tannenzapfen.

Das anfangs nichtlineare Wachstum des Aktivators ist nichtlinear, d.h. die Zunahme ist überproportional. Aus der Mathematik nichtlinearer Gleichungen weiß man, dass in diesen Systemen kleinste (die Mathematiker nennen infinitesimal kleine) Änderungen der Anfangs- oder Randbedingungen ein völlig anderes Verhalten des Systems bewirken können. Nichtlineare Systeme sind in hohem Maße sensitiv für Variationen der äußeren Bedingungen. In der Chaostheorie ist diese Sensitivität als „Schmetterlingseffekt" bekannt.[58]

Strukturen in der belebten und unbelebten Natur sind selbstähnlich. Darunter versteht man die Eigenschaft in

---

[58] Edward Lorenz: "Does the flap of a butterfly's wings in Brazil set off a tornado in Texas?" Rede vor dem Jahreskongress der American Association for Advancement of Science in Washington am 29. Dezember 1979

anderen Maßstäben dieselben oder ähnliche Formen aufzuweisen. Die Verästelungen von Blutgefäßen und ein Flussdelta von oben betrachtet sehen ähnlich aus. Auch ein Teil eines Farnblattes und ein Farnblatt als Ganzes sind sich ähnlich. Die Selbstähnlich wird unter anderem von der fraktalen Geometrie untersucht, da fraktale Objekte eine hohe Selbstähnlichkeit aufweisen. Auch in den Sozialwissenschaften wird der Begriff Selbstähnlichkeit verwendet um grundsätzlich wiederkehrende, in sich selbst verschachtelte Strukturen zu bezeichnen.

Da der Zustand eines Systems wegen seiner Komplexität und auch weil jede Messung mit einer Messungenauigkeit behaftet ist, nie vollständig bekannt ist, kann das weitere Verhalten des Systems nie mit Sicherheit vorausgesagt werden. Nichtlineare Systeme sind zwar determiniert, aber nicht voraussagbar. Aus diesem Grund wird man das Wetter nie exakt voraussagen können. In der Entwicklung von Wetterlagen können Turbulenzen auftreten, die prinzipiell nicht berechenbar sind, weil sie auf einem nichtlinearen Verhalten beruhen und kleine Abweichungen der äußeren Bedingungen, die nie vollständig bestimmbar sind, dem System einen völlig anderen Verlauf geben können. Diese Erkenntnis ist ein Beitrag zur philosophischen Erkenntnistheorie, denn sie bestimmt eine prinzipielle Grenze der menschlichen Erkenntnisfähigkeit. Bemerkenswert daran ist, dass die „exakte" Wissenschaft Physik die Grenzen ihrer eigenen Exaktheit bestimmt.

Unter Emergenz (vom lateinischen emergere für „das Auftauchen", „das Herauskommen" oder „das Emporsteigen") ist die spontane Herausbildung von neuen Eigenschaften oder Strukturen eines Systems durch die Prozesse des Systems.[59] Man unterscheidet zwischen schwacher Emergenz und starker Emergenz. Schwache Emergenz liegt vor, wenn

---

[59] Jens Greve und Anette Schnabel: Emergenz, zur Analyse und Erklärung komplexer Strukturen

die Eigenschaften der Makroebene durch die Elemente der Mikroebene erklären lassen. Beispiel: Druck und Temperatur eines Gases. Von starker Emergenz spricht man dann, wenn sich auf der Makroebene neue Eigenschaften ausbilden, die nicht auf die Eigenschaften der Elemente reduziert werden können. Beispiel sind Strukturen in der Natur. Ein Beispiel für Emergenz sind Bewusstseinsprozesse, die sich in emergenter Weise aus den neuronalen Aktivitäten des Gehirns ergeben.

Emergente Strukturen sind unvorhersagbar. Was sich aus der Wechselwirkung der Elemente bildet, kann nicht aus ihnen erschlossen werden. Emergente Strukturen besitzen eine begrenzte Autonomie, d.h. sie haben eine gewisse Eigenständigkeit, bei gleichzeitiger vollständiger Abhängigkeit von den Eigenschaften der Elemente.

Ein Beispiel für Emergenz ist die Entstehung des Lebens aus unbelebter Materie. Das geschah vor vermutlich 3,8 bis 4,2 Mrd. Jahren. Die ältesten Lebensfossilien sind etwa 3,5 Mrd. Jahre alt. Ältere Formen des Lebens sind als Fossilien nicht erhalten. Die Entstehung des Lebens kann also nicht durch Untersuchungen von Fossilien erschlossen, sondern muss aus Experimenten und aus theoretischen Überlegungen rekonstruiert werden. Deshalb gibt es auch verschiedene Hypothesen über den Ablauf der sog. Abiogenese, der Entstehung des Lebens aus unbelebter Materie. Wir werden vermutlich nie mehr erreichen können, als Denkmodelle entwickeln, ohne mit Sicherheit sagen zu können, ob die darin beschriebenen Prozesse genauso stattgefunden haben. Teilweise werden alternative Modelle angeboten.

Im Altertum und weit in die Neuzeit hinein, herrschte die Meinung vor, dass Lebewesen ein lebendig machendes Prinzip innewohnt, das als pneuma, anima, spiritus, Lebensatem, Odem vis vitalis, élan vital (Bergson) oder als Lebenskraft bezeichnet wurde. Dieses Lebensprinzip wirkt jenseits der physikalisch-chemischen-physiologischen Erscheinungen und ist durch sie nicht zu erklären. Heute betrachtet man Leben als eine spezielle Organisationsform nichtlebender Bausteine wie Wasserstoff, Kohlenstoff und einige anderen Elemente (Sauerstoff, Stickstoff, Schwefel, Natrium, Kalium, Chlor, Eisen, Calcium, Magnesium), die sich zu großen, kettenförmigen Strukturen verbinden.

Leben lässt sich aber nicht materiell, sondern nur formal verstehen. Die Prinzipien des Lebens sind Selbstorganisation und Selbsterhaltung. Lebewesen stellen ihre Bestandteile selbst her und fügen sie „von selbst" in eine funktionelle und strukturelle Ordnung zusammen. Der Ordnungszustand wird nicht von außen aufgezwungen, sondern wird vom Organismus in einem Prozess der Selbstorganisation hervorgebracht. Der Ordnungszustand ist nicht statisch, sondern dynamisch. Thermodynamisch gesehen befinden sich Lebewesen in einem dynamischen Gleichgewicht, in einem Fließgleichgewicht (Bertalanffy).

Es gibt auch nichtlebende Systeme, die sich selbst organisieren, z.B. Kerzenflammen oder Wolken. Aber im Gegensatz zu diesen nichtlebenden Systemen können Lebewesen ihren Ordnungszustand autonom aufrechterhalten. Eine Kerzenflamme hört auf zu brennen, wenn das Wachs aufgebraucht ist, oder kein Docht mehr vorhanden ist. Auch Lebewesen sind davon abhängig, dass sie von außen mit Luft, Licht und Wasser versorgt werden. Aber im Gegensatz zu nichtlebenden Systemen sorgen Lebewesen aktiv für die Aufrechterhaltung ihres Ordnungszustandes.

Möglicherweise hat sich Leben in folgenden Stufen entwickelt: Bildung einfacher organischer Moleküle – Bildung größerer Moleküle, wie Zuckerverbindungen, Aminosäuren und Nukleinsäurebasen – Bildung von Peptiden, Vorstufen der Eiweissmoleküle und von Nukleotiden – Nukleotide verknüpfen sich zu langen Ketten, der Ribonukleinsäure (RNS), das erste Molekül, das sich vervielfältigen kann – Die Peptide verbinden sich unterschiedlichen Eiweißen RNS und Protein kooperieren: die RNS bildet den Bauplan, der die jeweilige Gestalt des Proteins bestimmt – Neben der RNS entsteht die Desoxyribonukleinsäure (DNS), die Erbsubstanz – Bildung von Lipiden (zu denen auch Fette gehören). Sie lagern sich an der Innenwand der steinernen Kammern an – Bildung von 2 unterschiedlichen Membranen.

Damit Trennung in Archaeen und Bakterien – Bildung der Zellwand und Bildung von Zellen – Bildung von Eukaryoten (Zellen mit Zellkern) – vom asexuellen Klonen zur geschlechtlicher Fortpflanzung - von Einzellern zu Vielzellern mit Zelldifferenzierung - Von der befruchteten Eizelle zum Organismus – Entstehung des Auges – Bildung von Skeletten und Panzern – der Weg vom Meer aufs Land.[60]

Aus diesen Entwicklungsschritten möchte ich einen hervorheben, der das Prinzip Selbstorganisation und Strukturbildung besonders deutlich macht: die Bildung von Zellen. Lebewesen besteht aus Zellen. Zellen sind die Bausteine des Lebens. Sie haben eine semipermeable (halbdurchlässige) Wand, die sie von ihrer Umwelt abgegrenzt. Die Zelle ist mit ihrer Umwelt durch stofflichen Austausch und Energietransport verbunden. Sie ist also offen. Gleichzeitig ist sie aber operativ geschlossen, denn alle Prozesse der Zelle geschehen nur in ihrem Innern.

Die semipermeable Membran grenzt die Zelle von der Umwelt ab. Die Abgrenzung ist aber keine vollständige Isolation. Wäre die Zelle in sich abgeschlossen ohne Verbindung zur Außenwelt würde nach dem zweiten Hauptsatz der Thermodynamik die Entropie ansteigen bis zu einer maximalen Unordnung, sodass keine Struktur im Innern entstehen könnte. Tatsächlich ist die Membran halbdurchlässig (semipermeabel), d.h. Materieteilchen einer bestimmten Art und Größe können in die Zelle eindringen. Damit sind die Voraussetzungen für Strukturbildung erfüllt: die Zelle ist operativ geschlossen, aber offen. Weil die Zelle ein System bildet, das sich gleichzeitig abtrennt und öffnet, können sich Strukturen bilden.

Die Zellmembran ist für bestimmte Stoffe durchlässig und für andere nicht. D.h. sie kann bestimmte Teilchenarten erkennen und zwischen unterschiedlichen Stoffen unterscheiden. Erkennen und unterscheiden sind Begriffe, die

---

[60] Horst Rauchfuß: Chemische Evolution und der Ursprung des Lebens

nicht der materiellen, sondern der geistigen Welt zugordnet werden. Das ist ein Hinweis dafür, dass Materie und Geist miteinander untrennbar verschränkt sind und sich nicht in voneinander getrennte Bereiche separieren lassen. Die Natur scheint sich nach dem Prinzip zu organisieren: „So wenig Außenwelt wie möglich, nur so viel Außenwelt wie unbedingt nötig."[61]

Wie die Synergetik lehrt, kann ein System nur unter der Voraussetzung operativer Geschlossenheit bei gleichzeitiger Offenheit Strukturen aufbauen. Damit macht bereits die Zelle dieses Charakteristikum des Lebens deutlich.

Lebewesen sind Produkte der Evolution. Die Evolutionstheorie von Charles Darwin ist mit so vielen empirischen Belegen untermauert, dass man nicht mehr ernsthaft an ihrer Richtigkeit zweifeln kann. Ihr Kerngedanke ist
- Organismen haben mehr Nachkommen, als unter den gegebenen Bedingungen überleben können.
- Überlebensrelevante Merkmale weisen eine gewisse Variabilität auf.
- Im Kampf der Individuen um die knappen Ressourcen, können sich Unterschiede bei der Merkmalsausprägung dergestalt auswirken, dass einige Individuen mehr Nachkommen haben als andere.
- Durch Wiederholung dieses Selektionsvorgans über viele Generationen hinweg vermehren sich die Individuen mit den vorteilhaften Merkmalen zahlenmäßig häufiger als die Individuen mit den weniger vorteilhaften Merkmalen.

Leben zeigt sich in einer riesigen Vielfalt an Tier- und Pflanzenarten. Ursache der Vielfalt in der Natur ist einerseits die zufällige Mischung der Erbanlagen (Mutation) und die gesetzmäßige Bevorzugung von der Individuen mit besserer Anpassung (Selektion). Die Evolution hat also zwei Wirkungsweisen: Mutation und Selektion bzw. Zufall und

---

[61] Hoimar von Ditfurth: Der Geist fiel nicht vom Himmel, Die Evolution unseres Bewusstseins, Seite 37

Notwendigkeit.[62] Zufall ist nicht etwas Chaotisches, sondern hat – in Verbindung mit Gesetzmäßigkeit – eine Vielfalt bildende, eine kreative Wirkung. Das ist mit einem Spiel vergleichbar. Nehmen wir ein Beispiel, das jeder kennt: Mensch ärgere dich nicht. Auch hier wirken Gesetzmäßigkeit und Zufall. Die Gesetzmäßigkeit sind die Spielregeln, der Zufall sind die Würfel. In Verbindung bewirken sie eine fast unendlich große Anzahl von Spielverläufen. Damit ein interessantes Spiel entsteht, müssen Zufall und Gesetzmäßigkeit im richtigen Mischungsverhältnis stehen. Spiele mit zu viel Zufallsanteil sind reine Glücksspiel und deshalb langweilig, Spiele mit zu viel Anteil an Gesetzmäßigkeit sind zu starr und deshalb auch nicht sehr interessant.

Durch die sexuelle Fortpflanzung werden die Erbanlagen zweier Individuen gemischt und es entsteht ein neues Lebewesen mit Eigenschaften, die nicht mit denen der Mutter und nicht mit denen des Vaters völlig übereinstimmen. Das bedeutet, dass durch die sexuelle Fortpflanzung entsteht Vielfalt. Die evolutionäre Selektion in Verbindung mit räumlicher Trennung lässt auch neue Tierarten entstehen. Auch Tierarten bilden sich in großer Vielfalt. Ein wesentliches Merkmal des Lebens ist also die ungeheuer große Vielfalt an Arten und Individuen.

Wie es zu Mutation, also zur Variabilität in den Merkmalsausprägungen der Individuen kommt, versteht man erst seit der Entdeckung und Entschlüsselung der DNA. Gene, d.h. Abschnitte der DNA oder RNA, steuern über Enzyme die Bildung von Strukturen und den Ablauf körperlicher Funktionen. Die Verbindung der Darwinschen Evolutionstheorie mit der Genetik heißt „Neodarwinismus".

Der Erklärungswert der Evolutionstheorie ist immens. Mit der Evolutionstheorie versteht man, warum Organismen gemeinsame strukturelle und funktionale Eigenschaften haben und man kann alle Lebewesen in einen gemeinsamen

---

[62] So der Titel eines Buches von Jacques Monod.

Stammbaum integrieren. Im Labor hat man die Evolution an Organismen mit schneller Generationenfolge, z.B. Bakterien, Taufliegen oder Zebrafinken experimentell untersucht und bestätigt, indem man die Tiere einem starken Selektionsdruck ausgesetzt hat. Viele kleine Abwandlungen von Merkmalen akkumulieren sich zu immer größeren Unterschieden, bis – vor allem bei räumlicher Trennung – neue Arten entstanden.

Innerhalb der Evolutionstheorie können über die genetische Drift neue Tierarten entstehen. Eine Gruppe dringt in einen neuen Lebensraum vor und gründet dort eine neue Population. Die Gene der „Gründer" stellen nur eine kleine Auswahl aus dem ursprünglichen Genpool dar. Die in der Gründer- Population eintretende Selektion geht vom reduzierten Genpool aus. So entsteht ein genetischer Flaschenhals, der zu einer neuen Tierart führen kann.

Die Art und Weise, wie Lebewesen aktuell aufgebaut sind und funktionieren bzw. wie sich das Lebewesen ontogenetische entwickelt, lässt nicht mehr alle Möglichkeiten der weiteren evolutionäre Entwicklung mit gleicher Wahrscheinlichkeit zu, sondern macht einige Abänderung wahrscheinlicher und andere unwahrscheinlich. Dadurch entstehen Trends – man nennt sie Kanalisierungen – die über mehrere Millionen Jahre andauern können.

Eine besondere Form der Kanalisierung erfährt die Evolution durch die Ontogenese, also die Entwicklung des einzelnen Lebewesens. Diese Evolution durch Abwandlung in der Ontogenese heißt Evo-Devo = Evolutionary Development Biology. Die ersten Zellteilungen der befruchteten Eizelle (Zygote), die Festlegung der späteren Körperachsen und der späteren Extremitäten werden als „Flaschenhälse der Evolution" betrachtet, denn an ihnen kann nur wenig geändert werden, ohne die Funktionen des Organismen zu gefährden.

Ein weiterer wichtiger Faktor für den Verlauf der Evolution sind Massenextinktionen, ausgelöst z.B. durch Meteoriteneinschläge oder Klimaänderung. Vermutlich haben unter diesen Großkatastrophen die Spezialisten eher zu leiden als die Generalisten, die großen Tiere mehr als die kleinen.

Das Massensterben der Dinosaurier vor mehr als 60 Millionen Jahren hat den Weg für die Säugetiere frei gemacht. D.h. wenn es diese Katastrophe nicht gegeben hätte, gäbe es den Menschen vermutlich nicht.

Man versteht die Evolution nicht richtig, wenn man aus ihr ableitet, dass in der Natur ein gnadenloser Kampf ums Dasein herrscht („life is a struggle and we have to fight") und das nur der am besten angepasste überlebt („survival oft he fittest"). Man kann sogar zu gegenteiligen Ergebnissen kommen, nämlich dass durch Abwandlung anatomischer Merkmale der „Kampf ums Dasein" geradezu vermieden wird. Das geschieht auf vielfältige Weise

- o Eroberung von Lebensräumen, die für andere verschlossen sind. Salzwasser > Süßwasser, Wasser > Land, Land > Luft, Leben in dunklen Höhlen, in der Tiefsee, in der Wüste, in Kälteregionen usw.
- o Ernährung von Stoffen, die für andere unverdaulich sind.
- o Generell: Schaffen von Biotopen.

D.h. man kann die Evolutionstheorie auch interpretieren als
- o Stabilisierende Selektion
- o Vermeiden von Konkurrenzsituationen.

Die Evolution ist nicht ein einziger Entwicklungsstrang „vom Wurm zum Menschen", sondern ist ein vielfach verzweigter, baumartiger Prozess. Der Mensch ist ein Zweig in diesem Baum. Er ist weder das Ziel der Evolution, noch ist er die „Krone der Schöpfung". Evolution ist nicht immer Höherentwicklung oder Komplexitätszunahme. Viele Organismen sind auf einer frühen Komplexitätsstufe stehengeblieben und haben sich nicht weiterentwickelt. Die zahlenmäßig häufigsten Lebewesen auf der Erde sind die Einzeller, die keine Sinnesorgane und kein Nervensystem und damit auch kein Gehirn haben. Damit soll gesagt werden, dass es keinen Zusammenhang gibt zwischen evolutivem Erfolg und Komplexität des Gehirns und des Verhaltens.

Die Evolution ist blind, ziellos. Es gibt keine zweckgerichtete Weltordnung. Der Gedanke einer Welt ohne

Ziel beunruhigt viele. „Weil wir bei uns selbst sinnloses Handeln für einen Unwert erachten, stört es uns, dass es ein Geschehen gibt, das jeden Sinnes entbehrt". (Konrad Lorenz). Einzelne Lebewesen sind wohl zweckvoll organisiert, aber die Natur insgesamt ist nicht zielgerichtet. Deshalb unterscheidet die Evolutionstheorie zwischen Teleologie und Teleonomie.

Teleonomische Strukturen (Funktionen, Verhaltensweisen) sind zwar zielgerichtet, die Zielrichtung wird aber nicht unter Vorwegnahme eines in der Zukunft liegenden Ziels im Sinne intentionalen Handelns bestimmt, sondern aus vorausgegangenen Prozessen.

Teleologie braucht ein zweckesetzendes Bewusstsein, das Pläne, Wünsche Vorstellungen in die Zukunft zu projizieren vermag und sein Handlungen danach ausrichtet.

Wenn es Zielgerichtetheit in der Welt gäbe, hätte das Konsequenzen für die Stellung des Menschen in der Welt. „Die Vorstellung einer universellen Zweckmäßigkeit bedeutet die absolute Verneinung des Menschen als eines verantwortlichen Wesens."[63]

D.h. Tier- und Pflanzenarten – auch der Mensch – sind in gewissem Maße Zufallsprodukte. Der Mensch ist in der Evolution nicht zwingend vorgesehen und unter anderen Umständen (z.B. wenn die Dinosaurier nicht ausgestorben wären) möglicherweise nicht entstanden. Es ist durchaus möglich, dass der Mensch als Art irgendwann wieder ausstirbt – eventuell durch eigenes Verschulden.

Der Mensch hat die Möglichkeit sich selbst Ziele zu setzen. Der aufgeklärte Mensch sieht darin eine Chance für seine eigene Verwirklichung aber auch eine ihm eigene Verantwortung.

---

[63] Konrad Lorenz: Der Abbau des Menschlichen" S. 22

Halten wir fest:

Lebewesen sind sich selbst organisierende Systeme. Selbstorganisation bedeutet Selbststrukturierung und Selbstregulierung.

Lebewesen sind autokatalytisch, d.h. ihre Prozesse setzen sich selbst fort.

Nur operativ geschlossene und gleichzeitig offene Systeme bilden Strukturen aus.

Prozesse bilden Strukturen und Strukturen ermöglichen neue Prozesse.

Strukturen haben gegenüber ihren Elementen eine gewisse Eigenständigkeit.

Strukturen müssen stabil sein.

Die Organe eines Lebewesens sind um der anderen und um des Ganzen willen existent. Sie bedingen sich gegenseitig.

Strukturbildungen sind emergente Hervorbringungen des Systems.

Sie können auch als Phasenübergang von einem unstrukturierten in einen strukturierten Zustand betrachtet werden. Der Phasenübergang ist durch langreichweitige Korrelationen charakterisiert.

Strukturbildungen sind mit einem Symmetriebruch verbunden. Ungeordnete Zustände haben eine höhere Symmetrie als geordnete.

Oft sind mehrere Strukturformen möglich (Bifurkation). Kleinste Änderungen in den Ausgangsbedingungen entscheidend darüber, welcher Zustand eingenommen wird.

Der Zufall spielt dabei in Kombination mit Gesetzmäßigkeit eine konstruktive Rolle.

Lebewesen befinden sich in einem fließenden, quasi stationären Gleichgewichtszustand, einem Fließgleichgewicht.

Strukturen entstehen, wenn eine verstärkende und eine hemmende Wirkung, die auch unterschiedliche Stärken und Reichweiten haben, im geeigneten Verhältnis miteinander konkurrieren.

Strukturen entstehen durch nichtlineare Wechselwirkungen. Diese sind sensitiv für Variation der äußeren Bedingungen. D.h. kleinste Änderungen können große Auswirkungen auf die Strukturen haben.

Lebewesen haben sich evolutionär, d.h. aus Mutation und Selektion, entwickelt. Selektion steht für Gesetzmäßigkeit, Mutation für Zufall.

Die Evolution ist nicht zielgerichtet.

4. Wahrnehmen

Wir wollen in diesem Abschnitt von den biologischen Lebensprozessen zu den psychischen und geistigen Fähigkeiten eines Lebewesens übergehen und beginnen mit der Wahrnehmung. Was wir aus dem letzten Kapitel herübernehmen ist die Feststellung, dass Lebewesen operativ geschlossene, aber (für Energie- und Materialtransport) offene System sind, die sich selbst organisieren und regulieren.

Gerade weil Lebewesen offene Systeme sind, d.h. von ihrer Umgebung Licht, Wasser und Nahrung aufnehmen, müssen sie in ihre Umwelt wahrnehmen, wahrnehmen in der Bedeutung von unterscheiden. Wahrnehmen ist in der Definition von Niklas Luhmann die Handhabung einer Unterscheidung.

Geistige und psychische Fähigkeiten eines Lebewesens sind also untrennbar mit den Lebensprozessen verbunden. Sie sind keine Fähigkeiten, die zu den biochemischen Prozessen noch hinzukommen, sondern Wahrnehmen ist ein Lebensprozess, der für den Organismus im wörtlichen Sinne lebensnotwendig ist. Leben ist ein erkenntnisgewinnender Prozess (Konrad Lorenz).

Pflanzen reagieren auf ihre Umwelt, obwohl sie keine gesonderten Sinnesorgane haben. Biologen nennen es Tropismus von griech. Trope = Wendung. Phototropismus ist die Reaktion einer Pflanze auf Licht (Beispiel: Sonnenblume), Skototropismus die Reaktion auf Schatten (Beispiel: Liane), Gravitropismus die Reaktion auf Gravitation (Beispiel: Wurzel) usw. Hinzu kommen weitere Tropismen, z.B. die Reaktion auf Wärme, Berührung, oder die Fähigkeit nach der Berührung den Gegenstand zu umschlingen (Haptotropismus).

Im Gegensatz zu Pflanzen können sich Tiere bewegen. Dazu brauchen sie Sinnesorgane. Bereits Einzeller sind beweglich. Z.B. bewegt sich das Bakterium E. Coli mit rotierenden Geisseln (Flagellen). E. Coli besitzt davon 6 Stück, die im und entgegen dem Urzeigersinn rotieren können, angetrieben durch einen in der Membran sitzenden Flagellen-

Motor. Sobald die Chemorezeptoren Nahrung festgestellt haben, z.b. Glucose, vereinigen sich die 6 Flagellen zu einem einzigen Flagellum und beginnen entgegen dem Uhrzeigersinn zu rotieren. Das treibt das Bakterium voran. Die Chemorezeptoren registrieren, ob sich die Konzentration der Nahrung erhöht oder nicht. Wenn sie sich erhöht, bewegt sich das Bakterium weiter, wenn nicht, lösen sich die 6 Flagellen und rotieren unabhängig voneinander im Uhrzeigersinn. Das führt dazu, dass das Bakterium für kurze Zeit „taumelt". Dann setzt die Rotation der vereinigten Flagellen wieder ein und das Bakterium bewegt sich in eine neue, zufällige Richtung. Dann beginnt das Spiel von neuem. Ein Beispiel dafür, wie Wahrnehmen nicht nur in die Lebensprozesse eingebunden ist, sondern selbst ein Lebensprozess ist.

Es gibt sie in der Tierwelt eine große Vielfalt. an Sinnesorganen. Sie sind eng an die Umwelt angepasst. Die physikalisch-physiologischen Prinzipien der Sinnesrezeptoren sind einheitlich im ganzen Tierreich, was ein weiterer Beleg für Evolutionstheorie ist.

Wozu haben wir Sinnesorgane? Wahrnehmung ist in erster Linie Orientierung in der Umwelt zum Zweck der Lebenserhaltung. Sie dient

- der Versorgung mit Nahrung,
- dem Schutz vor Feinden,
- dem Erkennen von Artgenossen,
- dem Erkennen von Sexualpartnern,
- dem Umgehen von Hindernissen,
- dem Erkennen von geeigneten Aufenthalt- und Nistplätzen.

Lebewesen nutzen viele verschiedene physikalische Phänomene, um Informationen über ihre Umwelt zu bekommen: Gravitation, Erdmagnetfeld, Licht, auch polarisiertes Licht, Sternbilder, bioelektrische Signale, Schallwellen. Aber es gibt auch physikalische Phänomene, die wir nicht wahrnehmen können, z.B. radioaktive Strahlung, Radiowellen, Röntgenstrahlung, Magnetfelder.

Schmecken und Riechen: Geruchs- und Geschmacksrezeptoren gibt es bereits bei Einzellern. Sie müssen Nahrung von giftigen Substanzen unterscheiden können. Bei diesen Tieren sind Geruch und Geschmack noch dasselbe. Erst später wird Wahrnehmung durch direkten Kontakt zu Schmecken und Distanzwahrnehmung zu Riechen. Beim Schmecken wirken chemische Substanzen auf Geschmacksrezeptoren. Sie befinden sich dort, wo Nahrung aufgenommen wird, also z.B. auf der Zunge und im Mund. Bei Schnecken sind Geschmacksrezeptoren auf den Tentakeln, bei Tintenfischen auf den Fangarmen, bei Fliegen an den Beinen. Geschmacksrezeptoren erkennen vier Geschmacksqualitäten

süß	Energielieferant
salzig	nur Kochsalz schmeckt salzig. Wird für den Flüssigkeitsgehalt der Zelle benötigt
sauer	Früchte und Beeren schmecken sauer, solange sie unreif sind
bitter	Giftig

Damit entsteht eine enge Verbindung von vegetativen Lebensvorgängen, Empfindungen und Kognition. Das biologisch Nützliche hat eine mentale Entsprechung im Geschmacksempfinden. Im monistischen Bild, das der Naturalismus vom Verhältnis Körper-Geist hat, <u>ist</u> (nicht <u>hat</u>) Geschmack eine biologische Funktion. Deshalb können wir auch nicht willentlich darüber verfügen.

Das Riechsystem ist äußerst empfindlich. Vor allem Insekten können geringste Duftkonzentrationen registrieren. Selbst Menschen, die wesentlich schlechter riechen können als Hunde oder Füchse, können mehrere tausend verschiedene Gerüche unterscheiden.

Hören: Hören ist eine Reaktion auf Schallwellen, d.h. auf periodische Dichteschwankungen in einem Medium (Luft, Wasser). Hörorgane befinden sich an den Vorderbeinen von Grillen, am Brustende und der Geflügelbasis vieler Schmetterlinge, oder am Hinterleib von Heuschrecken. Mücken besitzen mit dem sog. Johnstonschen Organ das wohl empfindlichste Hörorgan bei Insekten. Die Rezeptorfrequenz der Männchen ist genau auf da Flügelsirren der Weibchen abgestimmt, das bei 380 Hz liegt. Die männlichen Mücken „hören" also die Weibchen.

Sehen: Die Entwicklung des Auges von der Sehgrube über die „camera obscura" bis zum Wirbeltierauge ist gut erforscht. Mehr als 90% der Entstehungszeit des Wirbeltierauges konnte das Auge nicht „sehen", sondern war eine Alarmanlage und ein Orientierungsinstrument. Das Auge wurde in der Evolution vermutlich mehrmals entwickelt, aber auf einer gemeinsamen genetischen Basis.

Stäbchen und Zäpfchen sind die visuellen Rezeptoren. Stäbchen für das unbunte Hell-Dunkel- Sehen. Sie sind sehr lichtempfindlich. Zäpfchen ermöglichen das Farbsehen. Es gibt drei (bei manchen Tieren auch vier) verschiedene Zäpfchensorten. Sie können Frequenzen und damit Farben zugeordnet werden: Blau (420 nm), Grün (534 nm) und Gelb (564 nm). Die Frequenzangabe ist jeweils das Absorptionsmaximum. Die Zäpfchen sind weniger lichtempfindlich (nachts sind alle Katzen grau).

Nachtaktive Tiere haben weniger Stäbchen. Das menschliche Auge hat ca. 130 Millionen Fotorezeptoren, 90% Stäbchen. Kann man daraus ableiten, dass unsere Vorfahren nachtaktiv waren? Bei jagenden Tieren sind die Zäpfchen dicht gepackt. Bei Raubvögeln ist die Dichte der Zapfen doppelt so hoch wie beim Menschen und erreicht die Grenze der physikalisch möglichen Auflösung.

Das Wirbeltierauge umfasst einen Helligkeitsbereich von 12-13 Größenordnungen, von grellem Licht der sommerlichen Mittagssonne bis zur Dunkelheit einer mondlosen Nacht. Es lässt sich nachweisen, dass unter idealen Bedingungen noch ein einzelnes Photon, also die kleinste Lichtmenge von unserem Auge erfasst werden kann. Andererseits kann das Auge sich auch an Situationen großer Helligkeit, z.B. auf einem Schneefeld in der Sonne, anpassen, obwohl dort die Lichtintensität millionenfach höher ist als bei einem Spaziergang im Mondschein.

Die Augen und das Visuelle System im Gehirn vollbringen beeindruckende Leistungen.[64]

- Stabilisierung des Netzhautbildes aufgrund der Eigenbewegung der Augen, des Kopfes und des Körpers,
- Unterscheidung nach bedeutungsvollen Objekten und Prozessen und Abtrennung von „Hintergrund",
- Konstruktion dreidimensionaler Räumlichkeiten und Zentrierung des Wahrnehmungsraumes auf das wahrgenommene Objekt einerseits und auf die eigene Person andererseits,
- Konstruktion „bedeutungsvoller" Szenen. Wir sind „sinnproduzierende" Wesen,
- Steuerung von Blick- und Kopfbewegungen aufgrund externer Reize oder interner Aufmerksamkeitszustände.

Einige Schlangenarten haben einen Infrarotsinn. Sie können mit ihm geringe Temperaturdifferenzen wahrnehmen. Er dient ihnen der Beutelokalisierung, der Feinderkennung, dem Auffinden von Aufwärmplätzen und generell der Orientierung im Dunkeln. Die Nervenbahnen enden in den Gehirnteilen, die für Farbwahrnehmung zuständig sind. Vermutlich sehen diese Tiere die Wärmeunterschiede als Farben, ähnlich einer Wärmebildkamera. Weitere Sinne werden hier nicht ausführlich diskutiert, z.B. Gleichgewichtssinn oder Tastsinn.

Vom erkenntnistheoretischen Standpunkt aus gesehen ist zu bemerken, dass Sinnesorgane immer nur einen Ausschnitt aus der physikalischen Welt wahrnehmen. Optisch wird der Wellenlängenbereich von 400 bis 750 nm wahrgenommen, akustisch der Frequenzbereich von 20 Hz bis 20.000 Hz. Andererseits enthält unsere Wahrnehmungswelt vieles was keinerlei Entsprechungen in der Außenwelt hat. Z.B. entstehen Farben nur im Wechselspiel von Licht, Gegenstand und Auge. Es gibt sie nicht unabhängig von einem Lebewesen, das mit Augen und einem Gehirn ausgestattet ist. Ähnlichkeit ist es mit der Helligkeit. Man kann nicht sagen:

---

[64] Gerhard Roth: Wie einzigartig ist der Mensch, Kap. 10

wenn die Sonne scheint ist es hell. Der Eindruck „Helligkeit" kann nur entstehen wenn eine Sonne scheint und eine Landschaft vorhanden ist und wenn ein Auge die Landschaft sieht und ein Gehirn die Sinnesdaten des Auges verarbeitet.

Farbsehen. Das sichtbare Licht ist physikalisch ein kontinuierliches Spektrum von elektromagnetischen Wellen im Bereich von ca. 400 bis 700 nm. Das Auge teilt dieses Spektrum in verschieden Farben auf. Die Einteilung ist anthropologisch universell. Einige Farben, z.B. Gelb, erscheinen heller als andere, z.B. Blau. Auch das Phänomen der Komplementärfarben hat in der physikalischen Beschreibung keine Entsprechung. Es gibt unterschiedliche Wahrnehmungsqualitäten, z.B. werden Farben als kalt oder warm wahrgenommen. Diese Kategorisierungen liegen in der Wahrnehmung und nicht im Objekt.

Die Farbenlehre von Newton und Goethe: Eines schönen Sommertages schloss Newton alle Fensterläden und bohrte in einen der Fensterläden ein Loch mit 6 mm Durchmesser. Durch das Loch fällt Licht in Newtons dunkle Kammer und zeichnet einen ovalen Kreis auf dem Boden. Gleich hinter dem Fensterladen bringt Newton dann ein Prisma an, durch das das Licht fällt. Jetzt wird der Lichtstrahl abgelenkt und wirft ein Bild auf die gegenüberliegende Wand. Das Bild ist nicht hell, wie zuvor auf dem Boden, sondern regenbogenbunt. Es ist auch nicht rund, sondern rechteckig, ca. 5 mal so hoch wie breit. Newton registriert fünf übereinanderliegende Farben: blau – türkis – grün – gelb – rot.

Newton interpretiert dieses Ergebnis so: Sonnenlicht ist ein Gemisch von verschiedener Spektralfarben, das in einem Prisma zerlegt werden kann, weil die verschiedenen Spektralfarben unterschiedliche Brechungsindizes haben. Diese Vorstellung ist bis heute in der Physik gültig.

Goethe hatte einen völlig anderen Ansatz. Er ging von einem symmetrischen Verhältnis von Licht und Dunkelheit aus. Farben entstehen – nach seiner Auffassung – im Widerstreit von Licht und Dunkelheit. Im Reich der Optik herrscht nach Goethe eine vollständige Symmetrie zwischen

Hell und Dunkel, was bedeutet, dass es zu jedem Experiment Newtons eine Umkehrung gibt. Nach Goethe besteht nicht Licht, sondern Dunkelheit aus verschiedenen Farben.

Newton experimentierte in einem dunklen Raum. Er schickte farbloses Licht durch ein Prisma und beobachtete das austretende farbige Licht auf einem Schirm. Dieses ein- und austretende Licht war das einzige Licht im ansonsten dunklen Raum. Goethe dagegen lässt im Hellen Schatten durch ein Prisma fallen, Auch dabei entsteht ein Spektrum, aber ein ganz anderes. Es entstehen die Komplementärfarben zu Newtons Spektrum. Dieser Rollentausch funktioniert für alle optischen Experimente zur Untersuchung von Farben.

Goethe baute die Newtonschen Experimente nach, vertauschte aber die Rolle Licht und Finsternis. Wo Newton helles Licht durch das Prisma fallen ließ, tat dies Goethe mit dunklen Schatten. Das Ergebnis vereinfacht dargestellt

Spektrum Newton	**Spektrum Goethe**
Blau	Gelb
Türkis	Rot
Grün	Purpur
Gelb	Blau
Rot	Türkis

Goethes Spektrum ist insgesamt heller als das Newtons, kein Wunder, wenn man die Lichtmengen vergleicht.

Goethes Spektrum enthält Purpur, was dem Spektrum von Newton fehlt: „Hier tritt dann endlich der Purpur hervor ... diese vornehme Farbe ... fehlt dem Newton, wie er selbst gesteht, in seinem Spektrum ganz."[65] Physikalisch gibt es kein Purpur. Es müsste nahe bei Blau (kurze Wellenlänge) und rot (große Wellenlänge) liegen. Purpur gibt es nur als Mischung. Goethe glaubte natürlich nicht eine Mischung gesehen zu haben. Für ihn war Purpur eine reine Farbe. Sind die beiden Spektren, die von Newton und die von Goethe, gleichwertig?

---

[65] Johann Wolfgang von Goethe: Farbenlehre, Seite 140

Goethe war dieser Meinung: „Dieses Spektrum, über ein dunkles Bild hervorgebracht, ist ebenso gut wie ein Spektrum als jenes über das helle Bild hervorgebrachte, beide müssen immer nebeneinander gehalten, parallelisiert und zusammen erwähnt werden, wenn man sich klar machen will, worauf es ankommt. Diese beiden Tafeln, nebeneinander gestellt, recht betrachtet, recht bedacht und die Formel des verrückten Bildes dabei im rechten Sinne angesprochen, müssen den einseitigen Newtonschen Poltergeist auf immerdar verscheuchen."[66]

Wenn man die Parallele der beiden Spektren ernst nimmt, kommt man zu folgendem überraschenden Ergebnis:

Newton: Helles Sonnenlicht ist eine heterogene Mischung aus Lichtstrahlen mit unterschiedlichen Brechungsindizes. Goethe: Ein dunkler Schatten ist eine heterogene Mischung aus Finsternisstrahlen mit unterschiedlichen Brechungsindizes.

Wichtig ist dabei festzustellen, dass Goethe diese These nicht vertrat. Sie ergibt sich lediglich folgerichtig, wenn man die Parallele ernst nimmt. Was spricht gegen die Farbenlehre Goethes und speziell gegen die oben genannte These?

Erster Einwand: Finsternis kann nicht durch ein Prisma geschickt werden

Zweiter Einwand: Finsternis ist kein eigener Kausalfaktor in der Optik, sondern ist die Abwesenheit optischer Kausalfaktoren. Deshalb hat Newton seine Experimente in der Dunkelkammer durchgeführt. So konnte er unerwünscht Störfaktoren gering halten.

Goethe hat dagegen mehrfach die Meinung vertreten, dass die Dunkelkammer nicht der richtige Ort für optische Experimente ist.

„Freunde flieht die dunkle Kammer
Wo man euch das Licht verzwickt

---

[66] Johann Wolfgang von Goethe: Farbenlehre, Seite 142

Und mit kümmerlichstem Jammer
Sich verschrobenen Bilden bückt.
Wenn der Blick an heiteren Tagen
Sich zur Himmelsbläue lenkt,
Beim Siroc der Sonnenwagen
Purpurrot sich nieder senkt,
Da geb der Natur die Ehre
Froh, an Aug' und Herz gesund,
Und erkennt der Farbenkehre
Allgemeinen ewigen Grund."[67]

Wie erklärt Newton die Farbe Purpur, die im Spektrum von Goethe auftritt? Purpur entsteht, wenn alle Farben im Spektrum, außer Grün, sich addieren. Purpur ist die Komplementärfarbe zu Grün. Ebenso ergibt sich Hellrot, wenn sich alle Farben des Spektrums – außer Dunkeltürkis – addieren. Das heißt die Newtonsche Farbenlehre kann alle Farben, auch die Farben des Goethes Spektrums, erklären. Sie braucht die Hypothese von der Heterogenität der Dunkelheit nicht. Das umgekehrte gilt aber auch: Die Goethesche Farbenlehre von der Heterogenität der Dunkelheit kann alle Farben, auch die des Newtonschen Spektrums erklären. Sie bedarf der Hypothese von der Heterogenität des Lichts nicht. Vielleicht besteht der Unterschied zwischen Newton und Goethe auch darin, dass für Newton Licht und Farben etwas Objektives sind, das wissenschaftlich untersucht werden kann, für Goethe hingegen zählt allein das subjektive Erleben. Soweit die Farbenlehren von Newton und Goethe.

Unsere Sinne können uns auch täuschen. Berühmtes Beispiel ist der Stab in einem Wasserglas, der geknickt erscheint, wenn man ihn aber ganz aus dem Wasser herauszieht, ist er nicht mehr abgewinkelt, sondern gerade. Ein Lineal, da an den Stab angelegt wird, bestätigt die Geradheit des Stabes.

Was ist der Stab aber nun „wirklich"? Gerade oder geknickt? Alle unsere Wahrnehmungen sind Repräsentationen

---

[67] Johann Wolfgang von Goethe: Zahme Xenien VI

in unserem Bewusstsein. Die Gesamtheit der Repräsentationen ist unsere Wirklichkeit. In diese Repräsentationen fließen alle Sinneswahrnehmungen ein, aber auch unsere Gedanken, Erinnerungen und Erfahrungen. Gedanken sind – wie wir im übernächsten Kapitel sehen werden – geistige Bearbeitungen unserer Repräsentationen.

Wir haben von Kant gelernt, dass wir das „Ding an sich" nicht erkennen können. D.h. wir können über Dinge oder Ereignisse losgelöst von unserer Wahrnehmung und unserem Denken keine Aussage machen. Es gibt keine beobachterunabhängige Beobachtung, sagte Niklas Luhmann. Wir können also nicht entscheiden, wie der Stab im Wasserglas „wirklich" ist. Was wir lediglich tun können: wir können überprüfen, ob die verschiedenen mentalen Repräsentationen in sich konsistent sind. Der gerade Stab ist eine Hypothese, die alle unsere Konsistenzprüfungen besteht. Auch dass der Stab im Wasser geknickt erscheint, kann physikalisch erklärt werden. Schließlich überzeugt uns das angelegte Lineal: Der Stab ist gerade. Diese Erkenntnis ist, bei anfänglichen Zweifeln, jetzt für uns wahr. Wahrheit ist das Ergebnis einer Konsistenzprüfung. Absolute Wahrheit gibt es für uns nicht.

Wahrnehmung ist keine Abbildung eines Gegenstandes durch die Sinnesorgane im Gehirn, sondern die Signale der Sinnesorgane werden in vielfältiger Weise bearbeitet. Wahrnehmung ist immer auch eine Konstruktionsleistung des Gehirns. Jede Wahrnehmung ist immer eine interpretierte Wahrnehmung. Die Interpretation geschieht durch unser Denken und vor allem durch unsere Erfahrung. Alle unsere Kenntnisse und alles Wissen fließt in die Interpretation mit ein. Zu den Interpretationsleistungen des Gehirns gehört es, die verschiedenen Sinnesdaten zu einem Gegenstand zu integrieren und diesen Gegenstand nach außen zu projizieren

Die Bearbeitung kann so weit gehen, dass wir Dinge faktisch ausblenden. Ein Beispiel ist das Experiment mit den 4 Sportlern im weißen Trikot und den 4 Sportlern im schwarzen Trikot, die sich bewegten und Bälle zuwarfen. Die Sportler im weißen Trikot warfen sich untereinander einen Ball zu während sie sich bewegten und die Sportler im schwarzen Trikot taten dasselbe. Das Ganze wurde gefilmt und den Versuchsteilnehmer gezeigt, deren Aufgabe darin bestand, die Anzahl der Ballwechsel unter den weißen Sportlern zu zählen. Die meisten Versuchsteilnehmer lösten die Aufgabe und konnten die richtige Anzahl von Ballwechseln angeben. Was aber viele übersahen, war ein Schimpanse (ein als Schimpanse verkleideter Mensch), der sich auch unter den Sportlern bewegte. Er wurde von den meisten Versuchsteilnehmern einfach nicht wahrgenommen. Ein Beispiel dafür, wie selektiv wir unsere Umwelt wahrnehmen.

Unsere Sinnesorgane sind einer Flut sensorischer Informationen ausgesetzt. Um dieser Herausforderung gerecht zu werden, hat die Natur eine Reihe von Methoden zur Komplexitätsreduktion entwickelt. Eine dieser Methoden ist die Aufmerksamkeit, d.h. die Konzentration des Bewusstseins auf einen kleinen Anteil einströmender Daten, die einem Wahrnehmungssystem in der momentanen Situation relevant erscheinen. Daten, die im Augenblick nicht relevant sind, werden vernachlässigt (Beispiel siehe oben).

Wir nehmen den beobachten Gegenstand wahr, nicht unsere Beobachtung. Nochmals Luhmann: Das Gehirn unterdrückt seine Eigenleistung, um die Welt als Welt erscheinen zu lassen.[68] Wir nehmen nicht wahr, dass und wie wir wahrnehmen, sondern wir nehmen den Gegenstand wahr, den wir auf der Grundlage unsere Sinnesdaten und mit Hilfe unsere Erfahrung zu einer Einheit zusammengefügt haben.

Die Hirnforschung lehrt uns, dass wir die verschiedenen Elemente unsere Wahrnehmung in unterschiedlichen Gehirnregionen verarbeiten. Farben werden in anderen Gehirnarealen wie Flächen, diese wiederum in anderen Bereichen als Kanten repräsentiert. Es gehört zu den besonders beeindruckenden Leistungen des Gehirns, dass es in der Lage ist, diese verschiedenen Wahrnehmungselemente zu einer Einheit zu integrieren. Wir sehen einen Gegenstand

---

[68] Niklas Luhmann: Die Kunst der Gesellschaft, Seite 15

mit Flächen, Farben, Kanten und betrachten sie als Eigenschaften des Gegenstandes. Wir betrachten diese Eigenschaften nicht getrennt von Gegenstand, obwohl sie im Gehirn in jeweils eigenen Arealen vorkommen. In der Hirnforschung (z.b. von Wolf Singer) wird dieses Thema unter dem Stichwort „Bindungsproblem" behandelt. Ganz besonders hervorzuheben ist, dass die Integrationsleistung des Gehirns ohne zentrales Koordinationszentrum geschieht. Es gibt im Gehirn keine oberste Instanz, die die Leistungen der anderen Bereiche zusammenfasst und koordiniert. Unterschiedliche Gehirnregionen sind miteinander korreliert. Diesen Gedanken, der langreichweitigen Korrelation hatten wir schon bei der Strukturbildung kennengelernt (siehe Kapitel 2).

Bei Christian von Ehrenfels steht der Gedanke der Gestaltwahrnehmung im Mittelpunkt. Gestalten sind eigenständige und wahrnehmbare Qualitäten von komplexen Elementen. Nach der Gestalttheorie sind nicht einzelne Sinnesdaten, sondern Gestalten die Grundlage der Wahrnehmung. Wenn wir ein Musikstück hören, nehmen wir primär die Melodie und nicht die einzelnen Töne wahr. Das Gesicht eines Menschen erfassen wir als Ganzes und nicht in seinen Details. Später können wir uns oft nicht daran erinnern, ob der Betreffende eine Brille trug oder welche Frisur er hatte.

Eine Gestalt ist in gewisser Weise unabhängig von den einzelnen Sinnesdaten. Denn die Töne, als Elemente der Melodie können auch durch ganz andere Töne (z.B. in einer anderen Tonart) ersetzt werden, und es bliebe doch dieselbe Melodie.

Die Synergetik erklärt das Erkennen von Strukturen als einen Ordnungs-Unordnungs-Übergang vergleichbar mit der Bildung von Strukturen in der belebten und unbelebten Natur. In beiden Fällen gibt es mehrere alternative Formen, die miteinander konkurrieren und von den sich schließlich eine Struktur als stabile Form durchsetzt. Nach der Synergetik ist Gestaltwahrnehmung eine Strukturbildung.[69] D.h. wir

---

[69] Hermann Haken: Erfolgsgeheimnisse der Wahrnehmung

erkennen Strukturen in der gleichen Weise, wie Strukturen gebildet werden. Das Erkennen von Strukturen setzt ein strukturiertes System voraus.

Wir können auch Strukturen „entdecken", die dort objektiv nicht vorhanden sind. Beispiel: Sternbilder. Das bedeutet, dass der Wahrnehmungsprozess charakterisiert ist durch aktive Konstruktion. Wahrnehmung ist keine Abbildung. Strukturen und Ordnungsmuster werden im Gehirn aus dem Stimulusmaterial generiert.

Für Maturana ist das menschliche Erkennen ein biologisches Phänomen, das nicht durch das Objekt der Außenwelt, sondern durch die Struktur des erkennenden Organismus determiniert wird. Erkenntnis ist also strukturdeterminiert.[70] Das Gehirn ist ein operativ geschlossenes System. Nach Maturana funktioniert es, indem es interne Korrelationen herstellt. Bei einer Wahrnehmung wird das wahrgenommene Objekt nicht abgebildet, sondern eine Wahrnehmung ist – nach Maturana – eine Störung der internen Prozesse im Gehirn. Wahrnehmung bewirkt lediglich leichte Veränderungen der Prozesse innerhalb dieser Strukturen.

Das operational und funktional geschlossene Nervensystem kann nicht zwischen internen und externen Auslösern unterscheidet. Deshalb sind Wahrnehmung und Illusion, innerer und äußerer Reiz nicht unterscheidbar.

Subjektgebunden Erkenntnis. Menschliche Erkenntnis resultiert aus privaten Erfahrungen und ist als Leistung des Organismus grundsätzlich subjektgebunden und damit unübertragbar. „Private Erfahrung" können jedoch kommuniziert werden.

Eine Wahrnehmung ist zweifellos eine Unterscheidungsleistung. Ist sie auch eine Leistung im Sinne eines Urteils von „S ist P"? Das Bakterium E.coli kann mit Hilfe

---

[70] Humberto Maturana: Erkennen: Die Organisation und Verkörperung von Wirklichkeit

seiner chemischen Rezeptoren Konzentrationen bestimmter chemischer Stoffe unterscheiden und sich in Richtung höherer Konzentration bewegen. Fledermäuse können Objekt lokalisieren. Aber vermutlich beurteilt das Bakterium nicht die Konzentration und die Fledermaus nicht die Ultraschallwellen in einem geistigen Akt. Sondern beide folgen reflexionslos den entsprechenden Reizen. Deshalb ist weder das Bakterium noch die Fledermaus das Subjekt der Operation, die sie reflektieren und zu der sie innerlich Stellung nehmen können. Schon Aristoteles stellte fest, dass die Sinneswahrnehmung eine Leistung ohne Urteil ist.

In einigen Fällen gibt es auch beim Menschen Sinneswahrnehmungen ohne Beteiligung des Verstandes. Beispiel: allergische Reaktion. Ein Allergiker reagiert mit einem Hautausschlag. Diese Reaktion der Haut geschieht reflexartig und unmittelbar, ohne geistige Mitwirkung. Von diesen Beispielen abgesehen ist beim Menschen die Wahrnehmung immer mit Urteilen verbunden. Das bedeutet – und das ist wesentlich – Gegenstände "gibt es" nicht in der gleichen Weise für Mensch und Tier.

Wir brauchen auch unsere Erfahrung, d.h. unser Gedächtnis, um überhaupt etwas wahrnehmen zu können. Wir sehen nicht nur mit den Augen, sondern auch mit unserem Gedächtnis. Der Hirnforscher Gerhard Roth sagte einmal: Unser Gedächtnis ist unser wichtigstes Sinnesorgan.

Die Systemtheorie verallgemeinert die Wahrnehmung zu dem Begriff „Beobachten". Nach Luhmann ist Wahrnehmung die Handhabung einer Unterscheidung. In diesem Sinne nehmen bereits Einzeller auch ohne Nervensystem und ohne Gehirn wahr.

Wir nehmen nicht nur wahr, sondern wir werden auch wahrgenommen und wir nehmen wahr, dass wir wahrgenommen werden. Das erklärt einige unserer Verhaltensweisen.

Halten wir fest:

Wahrnehmen dient in erster Linie der Lebenserhaltung. Wahrnehmung ist untrennbar mit Lebensprozessen verbunden.

Die Sinneswahrnehmung erfasst die Umwelt also nur in dem Maße wie es für den Organismus lebensrelevant ist.

Wahrnehmung ist eine aktive Konstruktionsleistung, keine passive Abbildung der Umwelt im Gehirn.

Wahrnehmung ist ausschnitthaft.

Wahrnehmen ist selektiv.

Wahrnehmung ist Komplexitätsreduktion. Ein Mechanismus der Komplexitätsreduktion ist die Aufmerksamkeit.

Wahrnehmungswelt enthält vieles was keinerlei Entsprechungen in der Außenwelt hat. Z.B. entstehen Farben nur im Wechselspiel von Licht, Gegenstand und Auge.

Wir nehmen nicht einzelne Sinnesdaten wahr, sondern Strukturen (Gestalten).

Wahrnehmung ist immer schon interpretierte Wahrnehmung.

Wahrnehmen ist (beim Menschen) immer mit Urteilen verbunden, auch mit einem ästhetischen Urteil.

Wir nehmen immer auch mit unseren Lebenserfahrungen wahr. Unser wichtigstes Sinnesorgan ist das Gedächtnis.

Wahrnehmung ist eine Unterscheidungsleistung.

5. Fühlen

Gefühle haben die Funktion, „uns etwas als für uns wichtig erlebbar zu machen."[71] Sie lassen uns die Welt als besonders empfinden. Gefühle verschaffen uns eine innere Beteiligung. "Fühlen heißt, in etwas involviert sein", sagte Agnes Heller.[72]

Heiner Hastedt greift diese Definition auf und ergänzt sie: „Der Begriff des Gefühls steht für vielfältige Formen des leiblich-seelischen Involviertseins, das Besonderheit qualitativ erfahrbar macht und so Wichtigkeitsbesetzung ermöglicht."[73]

Indem Gefühle etwas als mich betreffend und für mich wichtig erfahrbar machen, fokussieren sie meine Aufmerksamkeit auf das Wichtige. Gefühle bewirken, dass wir Ziele haben, dass wir diese Ziele erstrebenswert finden und dass wir uns daranmachen, diese Ziele zu erreichen. D.h. Gefühle motivieren.

Wer nichts fühlt, ist innerlich tot. Nicht mehr fühlen zu können, macht die Depression aus. Ein schwer depressiver Mensch ist nicht traurig, denn in der Trauer fühlen wir etwas, er ist vielmehr stumpf, leer. Emotionen machen das Leben, unsere Lebendigkeit aus. Sie geben uns Orientierung in der Welt, sie teilen uns mit, was wir wovon halten, sie sind das Instrument, mit dem wir innerlich die Welt vermessen, und sie geben uns wie ein Kompass eine Richtung vor, wie wir uns verhalten wollen und sollen.

Wenn ich meine Tagesaktivitäten plane, sind es meine Gefühle, die mir etwas als wichtig oder dringlich erkennen lassen. Erst durch Gefühle wird eine Gefahr zu einer Gefahr für mich, zu meiner Gefahr. In derselben Weise werden Wünsche durch Gefühle zu meinen Wünschen. „Von daher liegt die zugegebenermaßen hoch spekulative Vermutung nahe, dass das Fühlen der eigentliche und primäre Ursprung

---

[71] Holmer Steinfath: Orientierung am Guten, Seite 117
[72] Agnes Heller: Theorie der Gefühle, Seite 19
[73] Heiner Hastedt: Gefühle, Philosophische Bemerkungen, Seite 21

von Bewusstsein (nicht Selbstbewusstsein) und Subjektivität ist."[74]

Gefühle kommen manchmal ungebeten, sie können uns erfassen, sogar überwältigen. Oft sind wir Gefühlen gegenüber in einer passiven Rolle. Das passive Erleiden steht im Gegensatz zum gewollten, aktiven Handeln. Man kann jemanden anweisen etwas zu tun, aber man kann ihm nicht sagen, er soll lieben oder hassen. Ich kann mich dazu entschließen, etwas zu tun, aber ich kann nicht beabsichtigen zornig oder eifersüchtig zu sein.

Das passive Erleiden kann bei negativen Gefühlen ein tatsächliches Leiden sein. Das griechische „pathos" und das lateinische „passio" werden deshalb treffend mit „Leidenschaften" übersetzt. Das moderne Wort „Emotion", das sich vom englischen „emotion" ableitet, hat die lateinische Wurzel „movere" = bewegen. Wir werden von Gefühlen bewegt. Ergriffen sein heißt im Lateinischen „affectus", von „afficere" = anmachen, anrühren. Von starken Gefühlen werden wir – in einem Affekt – wie von einer äußeren Macht ergriffen. Das deutsche Wort „Gefühl" kommt im 17. Jahrhundert auf und hat zunächst die neutrale Bedeutung „sich anfühlen", „erleben". Das ist wie das englische „sentiment", das parallel zu Wahrnehmen auf der einen Seite und Denken, Erinnern, vorstellen auf der anderen Seite steht. Das zumindest ist die Denkweise von David Hume (1711-1771).

Gefühle sind neben Denken, Erinnern und Vorstellen eine eigene, selbständige mentale Fähigkeit. Sie haben eine unverzichtbare Funktion für unsere Orientierung in der Welt, eine eigenständige Weise der Welterfahrung. Ihre Funktion, etwas für uns als wichtig erlebbar zu machen, kann durch Denken nicht ersetzt werden.

„ ... [man kann dazu verleitet sein] in Gefühlen eine bloße Begleiterscheinung, eine im Prinzip entbehrliche, wenn auch vielleicht schmückende und unser Leben manchmal

---

[74] Holmer Steinfath: Orientierung am Guten, Seite 121

bereichernde Färbung unseres Denkens, Wünschens und Handelns zu sehen. Nichts könnte irreführender sein. Für Wesen unserer Art sind Gefühle unersetzbar. Sie haben, so möchte ich behaupten, die Funktion, uns etwas als für uns wichtig erlebbar zu machen, und diese Funktion können weder Meinungen noch Wünsche .... übernehmen."[75]

 Zunächst soll auf einige Schwierigkeiten hingewiesen werden, mit denen eine wissenschaftliche Behandlung von Emotionen zu tun hat. Gefühle bilden keine natürliche Art. Die Grenzen zu anderen Phänomenen wie Stimmungen oder Charaktereigenschaften sind nicht klar zu ziehen. Gefühle sind subjektiv. Sie sind nur aus der Innenperspektive erfahrbar. Die für die Wissenschaft notwendig Außenperspektive ist nicht möglich. Gefühle können mit Worten nur unzureichend beschrieben werden. Da aber Wissenschaft nun einmal mit Sprache arbeitet, ist die wissenschaftliche Behandlung von Gefühlen schwierig. Auch über unsere eigenen Gefühle sind wir uns nicht immer im Klaren, d.h. auch Introspektion ist nicht immer eine verlässlich Methode. Wissenschaft ist per se rational und an Sprache gebunden. Kann man rational über Emotionen sprechen?

 Worüber reden wir, wenn wir über Gefühle reden?

 Freude – Trauer – Angst – Neid – Stolz auf Geleistetes – Einsamkeit – Schmerz – Mitleid – Verachtung – Rache – Liebeskummer – Schuldgefühl – Liebe – Schreck – Schadenfreude – Eifersucht – Empörung – Zorn – Langeweile – Scham – Enttäuschung – Dankbarkeit – Zufriedenheit – Ekel – Sehnsucht – Beleidigt sein – Hass – Wut – Glück – Überraschung – Heimweh – Bewunderung – Furcht – und viele andere.

 Durch diese Auflistung wird deutlich, wie reich und differenziert unser Gefühlsleben ist.

---

[75] Holmer Steinfath: Orientierung am Guten, Seite 117

Gefühle sind nicht leicht abzugrenzen von z.b. Körperempfindungen wie Schmerzen, Jucken, Hunger, Durst, Frieren, Schwitzen oder von

Stimmungen wie z.b. Optimismus, Niedergeschlagenheit oder Gelassenheit oder von

Charakterzügen wie z.b. Güte, Freundlichkeit, Gelassenheit oder von

Einstellungen wie z.b. Zuneigung, Abneigung.

Wissenschaftler haben versucht, Gefühle zu ordnen und zu katalogisieren.

Paul Ekmann, hat 7 Grundgefühle identifiziert, nämlich Freude, Wut, Ekel, Furcht, Verachtung, Traurigkeit und Überraschung. Diese 7 Grundgefühle sind Universalien, d.h. sie sind bei allen Menschen, überall auf der Welt in allen Kulturen zu beobachten und sie werden auch von allen Menschen in der Mimik anderer gleich interpretiert. Paul Ekman sammelte Fotos von verschiedenen Gesichtsausdrücken. Diese Fotos zeigte er Menschen verschiedener Kulturen und bat sie, sie zu deuten oder Geschichten dazu zu erzählen. Jeder erkannte diese 7 Grundgefühle.

Der Verhaltensforscher Irenäus Eibl-Eibesfeldt hat in seinen Untersuchungen die Universalität der Basisemotionen bestätigt. Sie weist auch darauf hin, dass diese Emotionen keine kulturellen, sondern evolutionsbiologische Wurzeln haben.

Später hat Ekman die Grundgefühle auf insgesamt 15 Grundgefühle erweitert: Glück/Vergnügen, Ärger, Verachtung, Zufriedenheit, Ekel, Verlegenheit, Aufgeregtheit, Furcht, Schuldgefühl, Stolz auf Erreichtes, Erleichterung, Trauer/Kummer, Befriedigung/Zufriedenheit, Sinneslust und Scham.

Die 7 (und vielleicht auch die erweiterten 15) Grundgefühle teilen wir mit den „höheren" Tieren und mit Kleinkindern. Sie sind angeboren und hatten in der Vorgeschichte eine überlebenswichtige Funktion.

Grundgefühle sind mit Mimiken und Körperhaltungen verbunden, die man nur schwer unterdrücken kann. Sie sind – zumindest nicht im ersten Augenblick – nicht mit kognitiven Leistungen verbunden. Es genügt die Wahrnehmung eines Objekts oder einer Situation. Basisgefühle sind in besonderer Weise affektiv qualifizierte direkte äußere Wahrnehmungen.

Antonio Damasio unterscheidet

- Hintergrundemotionen
- primäre Emotionen
- soziale oder sekundäre Emotionen.

Hintergrundemotionen sind zum Beispiel Optimismus oder Gelassenheit. Ähnlich wie Stimmungen wirken sie über einen längeren Zeitraum.

Primäre Emotionen sind bei Damasio die 7 Grundemotionen von Paul Ekman: Freude, Wut, Ekel, Furcht, Verachtung, Traurigkeit, Überraschung

Soziale Emotionen sind z.B. Mitgefühl, Verlegenheit, Scham, Schuldgefühl, Stolz, Eifersucht, Neid, Dankbarkeit, Bewunderung, Entrüstung, Verachtung.[76]

Es gibt auch die Unterscheidung von Emotionen und Gefühlen, die aber in der Literatur nicht einheitlich gehandhabt wird.

---

[76] Antonio Damasio: Descartes Irrtum, Fühlen, Denken und das menschliche Gehirn
Antonio Damasio: Der Spinoza-Effekt, Wie Gefühle unser Leben bestimmen
Antonio Damasio: Ich fühle, also bin ich, die Entschlüsselung des Bewusstseins

Für Richard David Precht, z.B., sind Emotionen Körperzustände, die sich irgendwie anfühlen. Angefangen vom Hunger, Durst, Müdigkeit. Dagegen ist ein Gefühl ein geistiger Bewertungsprozess, der mit körperlichen Zuständen verbunden ist. Gefühle entstehen, wenn Emotionen Vorstellungen auslösen oder umgekehrt, wenn Vorstellungen Emotionen auslösen.[77]

Für Sabine Döring dagegen sind Emotionen auf etwas in der Welt gerichtet und repräsentieren es in bestimmter Weise. Beispiele: Furcht, Ärger, Empörung, Neid, Trauer, Bewunderung, Scham, Stolz. Gefühle sind für sie Erlebnisse einer bestimmten Qualität und Intensität.[78]

Wir verzichten auf die Unterscheidung und verwenden die Begriffe Emotion und Gefühl synonym.

Emotionen sind mit Körperreaktionen verbunden. Unser Herz hüpft vor Freude, wir zittern vor Angst, wir sind kreidebleich vor Schreck, sind gelb vor Neid usw. Wir sind nervös vor einem Auftritt, werden rot im Kopf, wenn wir in Verlegenheit kommen.

Unser Sprechen über Gefühle, vom Slang bis zur Dichtung, ist mit physiologischen Beschreibungen gespickt. Beispiele:

- mir stehen die Haare zu Berge (für Entsetzen)
- er hatte die Hosen voll (für Angst haben)
- das Herz schlug ihm bis zum Hals (für aufgeregt sein)
- er wurde rot (für sich schämen)
- er wurde gelb vor Neid (neidisch sein)

Die Körperreaktionen beim Anblick der Geliebten beschreibt anschaulich die griechische Dichterin Sappho (630 – 612 v. Chr. Bis 570 v.Chr.)

„Wenn ich dich sehe, versagt mir die Stimme, meine Zunge ist gelähmt, ein feuriges Fieber läuft mir durch den Körper, es

---

[77] Richard David Precht: Liebe, ein unordentliches Gefühl
[78] Sabine Döring: Philosophie der Gefühle

schwimmt mir vor den Augen, ich kann nichts sehen, es rauscht mir in den Ohren, ich zittere am ganzen Leib..."

Irgendwann einmal im Laufe der Evolution, vermutlich mit den Wirbeltieren, reagierte das Gehirn auf eine Gefahr mit dem Ausschütten von Signalstoffen, die an das Blut abgegeben wurden und die Produktion von Hormonen in den Nebennieren anregten. Diese Ausschüttung von Signalstoffen und Hormonen diente zunächst dem Zweck, den Körper in Alarmbereitschaft zu versetzen und seine letzten Energiereserven zu mobilisieren, um der drohenden Gefahr entweder durch Angriff oder durch Flucht zu begegnen. Diese Stresssituation war mit einem Gefühl verbunden, mit dem Gefühl der Angst. Angst war also vermutlich das erste Gefühl in der Evolution.

Wenn die Gefahr überstanden war, z.B. weil der Feind besiegt wurde, ließ der Stress nach und das Gehirn belohnte sich mit dem Gefühl des Triumpfes oder der Freude. Auch wenn die Bedrohung garnicht so gefährlich war, wie ursprünglich vermutet, war das Nachlassen des Stresses mit einem Gefühl der Erleichterung verbunden.

Stress ist also eine Art Alarmanlage und ist mit dem Gefühl der Angst verbunden und der Abbau von Stress mit positiven Gefühlen wie Freude oder Erleichterung, die uns das Belohnungssystem im Gehirn vermittelt.

Ursache von Stress können Konflikte in den menschlichen Beziehungen sein oder bei Veränderungen des sozialen Beziehungsgefüges, z.B. bei Verlust des Partners. Stress kann auch hervorgerufen werden, wenn Ziele nicht erreicht werden oder wenn dringende Bedürfnisse nicht erfüllt werden. Bei Stress ist der ganze Körper involviert. Das Herz beginnt zu rasen, man bekommt feuchte Hände, die Muskulatur ist angespannt, zum Sprung bereit, die Pupillen sind weit geöffnet. Das Gehirn versucht verzweifelt nach einer Lösung. Alle Hirnregionen sind aktiv an der Lösung beteiligt.[79]

Die Stressreaktion war der erste Schritt der Natur flexibel auf Umweltveränderungen zu reagieren. Es war ein Schritt weg vom starren Programm von immer gleicher Reaktion auf denselben Reiz hin zu variabler, lösungsorientierter Reaktion. Es war ein Schritt hin zu intelligentem Verhalten, wenn man die Definition von Gerhard Roth zugrunde legt, wonach Intelligenz die Fähigkeit ist, flexibel auf Umweltveränderungen reagieren zu können. Stress ist mit dem Gefühl der Angst verbunden. Das bedeutet, dass bereits die erste Stufe in Richtung intelligentem Verhalten, mit einem Gefühl gekoppelt war.

Krankhaft kann Stress werden, wenn er nicht abgebaut werden kann, wenn er zum Dauerstress wird. Denn Stresshormone unterdrücken die körpereigenen Abwehrkräfte, sie schwächen das Immunsystem oder führen zur Unfruchtbarkeit, denn sie verringern auch die Produktion von Geschlechtshormonen. Es gibt tatsächlich Tierarten, die an den Folgen von Dauerstress ausgestorben sind.

Organismen werden durch Lebensprozesse im Gleichgewicht gehalten. Aber dieses Gleichgewicht ist nicht statisch, sondern dynamisch, ein Fließgleichgewicht, wie Ludwig von Bertalanffy es nannte. Die Kontrolle der inneren Prozesse und der Austausch mit der Umwelt erfordert Regulierungsprozesse, die Lebensvorgänge ermöglichen. Diese Regelprozesse nennt man Homöostase. Homöostase ist die Gesamtheit der Regelungen in einem Organismus, die zur Aufrechterhaltung und Stabilisierung der Lebensprozesse dienen.

Diese homöostatischen Regulierungsprozesse – so lautet die These – sind unmittelbar mit Emotionen verknüpft.

---

[79] Gerald Hüther: Biologie der Angst, Wie aus Stress Gefühle werden

Durst z.B. ist ein Gefühl, das durch Flüssigkeitsmangel im Körper ausgelöst wird. Dieses Gefühl bringt das Lebewesen dazu, nach Trinkbaren zu suchen. Wenn es etwas gefunden und getrunken hat, ist das Körpergleichgewicht wiederhergestellt. Das Durstgefühl ist also selbst Element dieses Regelkreises.

Wir betrachten den Menschen als eine Einheit von Körper, Geist und Psyche. Auch Gefühle, die üblicherweise zur Psyche gerechnet werden, haben einen körperlichen und geistigen Aspekt.

Das Stammhirn sorgt für Aufmerksamkeit, Wachheit, Orientierung. Dies steht in Verbindung mit dem ersten Schritt der Reaktion auf ein Ereignis, der Orientierungsreaktion. Das limbische System sorgt für eine Wertung auf der Ebene angenehm-unangenehm und auf der der Aktivierung. Auch die eigentlichen Emotionen werden wesentlich über das limbische System gesteuert, beispielsweise die Angst über die Amygdala, den Mandelkern. Die Großhirnrinde wird dann aktiv, wenn wir uns die Bedeutung eines Ereignisses vergegenwärtigen, wenn die schiere Emotion zu einem Gefühl wird. Das heißt, wenn man sich bewusst wird, was geschehen ist, wie man darauf reagiert und wie man weiter reagieren möchte. Wenn man etwas einordnet, ihm geistig, gedanklich eine Bedeutung verleiht.[80]

Die Großhirnrinde hat allerdings weniger Zugriff auf die limbischen Strukturen als umgekehrt. Von der Amygdala zum Beispiel gehen viele Nervenfasern in Richtung Großhirnrinde, sie versorgt unser Denken mit viel emotionaler Information. In umgekehrter Richtung sind es weniger Fasern. Furcht lässt sich leicht konditionieren, nämlich im Mandelkern, und wir reagieren heute mit einer alten Angst, die wir früher einmal gelernt haben, so sehr wir uns auch sagen, dass sie nicht nötig ist. Emotionen haben es leichter, unsere Gedanken zu bewegen, als umgekehrt.

---

[80] Gerhard Roth: Fühlen, Denken, Handeln, Wie das Gehirn unser Verhalten steuert

Gefühle sind in den neuronalen Prozessen des Gehirns auch mit bestimmten Botenstoffen (Neurotransmittern verbunden). Deshalb sagen wir auch „die Chemie stimmt", wenn sich Menschen gut verstehen.

Acetylcholin vermittelt Erregung zwischen Nerven und Muskeln, stimuliert z.b. die Schweißdrüsen, ist bei Lernvorgängen beteiligt und steht in Zusammenhang mit der Alzheimerkrankheit. Dopamin ist der Einpeitscher und Motivator unter den Neurotransmittern. Er regt u.a. auch die Durchblutung an und regelt den Hormonhaushalt. Serotonin wird auch als Glückshormon bezeichnet. Es erzeugt Wohlbefinden und Zufriedenheit, wirkt im Blutkreislauf, reguliert den Schlaf-Wach-Rhythmus und sorgt für Ausgleich bei Stress. Noradrenalin erhöht den Blutdruck.

Warum haben wir überhaupt Gefühle? Gefühle sind evolutionär sinnvoll. Sie lenken unsere Aufmerksamkeit auf etwas hin, z.B. auf eine Gefahr. Sie bewerten das Wahrgenommene und motivieren uns zum Handeln. In bestimmten Situationen können Gefühle überlebensnotwendig sein. Ohne Angst leben wir mit erhöhtem Risiko. Ohne Ekel leben wir in der Gefahr uns zu vergiften oder krank zu werden. Ohne Liebe sind wir sozial isoliert.

Gefühle haben einen phänomenalen Aspekt (Affektivität), d.h. sie fühlen sich irgendwie an. Der phänomenale Aspekt macht Gefühle zu einer eigenen mentalen Qualität. „ ... es macht Gefühle zu einer spezifischen Klasse des Mentalen". [81] Gefühle sind Erlebnisse einer gewissen Qualität und Intensität.

Dieser phänomenale Aspekt heißt in der Kognitions- und Bewusstseinsforschung Qualia (Singular: Quale, von lat. qualis „wie beschaffen"). Es ist der subjektive Erlebnisgehalt eines mentalen Zustandes.

---

[81] Holmer Steinfath: Orientierung am Guten, Seite 121

Gefühle haben einen intentionalen Aspekt. Sie sind auf etwas in der Welt gerichtet und repräsentieren es in bestimmter Weise

- Ich fürchte mich vor zähnebleckenden Hunden,
- Ich ärgere mich, wenn jemand zu einer Verabredung zu spät kommt,
- Ich beneide Menschen, die Klavier spielen können,
- Ich trauere über meinen verstorbenen Freund,
- Ich schäme mich, dass ich gestern Abend einen unanständigen Witz erzählt habe,
- Ich bin stolz über meine sportliche Leistung.

In allen diesen Fällen ist das Gefühl nicht nur ein innerer Gefühlszustand, sondern sagt etwas über das aus, worauf meine Aufmerksamkeit gerichtet ist. Diese Intentionalität hat auch einen kognitiven Gehalt, denn sie vermittelt Wissen über die Welt. Gefühle haben eine ihnen eigene Intentionalität, die nicht auf die Intentionalität der Kognition zurückgeführt werden kann.

Gefühle haben in der Regel ein Objekt:

- Wir haben vor etwas Angst
- Wir bereuen etwas getan zu haben
- Wir beneiden jemanden.

Der Zusatz „in der Regel" ist deshalb notwendig, weil es auch Gefühle ohne Objekt gibt, z.B. Müdigkeit oder Langeweile.

Das Objekt und die Ursache eines Gefühls sind manchmal nicht identisch und müssen deshalb unterschieden werden. Dieser Gedanke stammt von David Hume im 2. Buch seines Werks „Ein Traktat über die menschliche Natur". Er erläutert es am Beispiel Stolz und Niedergedrücktheit.
„Augenscheinlich haben Stolz und Niedergedrücktheit, obgleich sie einander direkt entgegengesetzt sind, dasselbe Objekt. Dieses Objekt ist das eigene Selbst." Aber nach Hume

muss man zwischen Ursache und dem Objekt von Gefühlen (Hume nennt es Affekte) unterscheiden: „zwischen der Vorstellung, die sie (die Affekte) erregt und derjenigen, auf die sie, wenn sie erregt werden, gerichtet sind." „Stolz und Niedergedrücktheit lenken, sowie sie erweckt sind, unsere Aufmerksamkeit sofort auf unser Selbst als auf ihre letztes, endgültiges Objekt." Ursache von Stolz können ganz verschiedene Dinge sein, eine Fähigkeit (Klavier spielen), eine Leistung (Firma aufbauen), ein Besitz (Haus), Familie, Kinder, sogar auf das Vaterland kann man stolz. Das Fehlen dieser Dinge kann Ursache von Niedergedrücktheit sein.[82]

Gefühle sind Urteile. Beispiele: Mein Zorn ist das Urteil, dass mir jemand Unrecht zugefügt hat. Meine Trauer ist das Urteil, dass ich einen schweren Verlust erlitten habe.

Gefühle können uns zu Erkenntnissen verhelfen. Sie können uns in die Lage versetzen etwas deutlicher oder anders zu sehen.

Beispiele: Die Trauer über den Verlust eines Menschen kann uns erstmals vor Augen führen, wie wichtig uns dieser Mensch war. Reue oder Scham können uns veranlassen, eine Handlung als falsch einzuschätzen.

Gefühle können – ebenso wie Meinungen oder Überzeugungen – Gründe zum Handeln darstellen oder Gründe rechtfertigen. Das unterstreicht den kognitiven Aspekt der Gefühle.

Wenn Gefühle einen kognitiven Aspekt haben, sind sie dann wahrheitsfähig? D.h. können Gefühle gerechtfertigt oder ungerechtfertigt, angemessen oder unangemessen, richtig oder falsch sein? „Eigentlich hat sie keinen Grund empört zu sein", „eigentlich sollte er dankbar sein". Wenn Gefühle berechtigt oder unberechtigt sein können, dann unterstreicht

---

[82] David Hume: Ein Traktat über die menschliche Natur, 2. Buch, 1.Teil, 3. Abschnitt

es den kognitiven Aspekt von Gefühlen. Denn nur Kognitionen können nach Wahrheitskriterien bewertet werden. Außerdem können Gefühle, ebenso wie Meinungen oder Überzeugungen, Gründe zum Handeln darstellen oder Gründe rechtfertigen. Wenn Emotionen einen repräsentationalen Inhalt haben, können sie richtig oder falsch, angemessen oder unangemessen sein, d.h. sie unterliegen einer Korrektheitsbedingung. Wenn das so ist, vermitteln Emotionen Wissen über die Welt. Dieses Wissen kann auch falsch sein. Meine Angst vor einer Schlange kann unberechtigt sein, weil es sich um eine harmlose Blindschleiche handelt.

Emotionen haben voluntative Aspekte. Beispiel: Die Furcht vor einem zähnefletschenden Hund ist auch mit dem Wunsch verbunden, nicht von ihm gebissen zu werden. Wünsche können Emotionen auslösen und Emotionen können Wünsche auslösen. Beispiel: Der Wunsch auf ein Wochenende am Meer löst in mir Freude aus. Platzangst lässt den Wunsch entstehen, den Raum zu verlassen. Wünsche und die damit verbundenen Emotionen sensibilisieren uns für bestimmte Aspekte in der Welt. Es gibt aber auch Emotionen ohne Wünsche. Beispiel: Ich sehe einen Film über Spanien mit Vergnügen ohne den Wunsch nach Spanien zu reisen.

Emotionen sind widerstandsfähig gegenüber dem Verstand. Sie bleiben auch dann bestehen, wenn der Verstand sie als unberechtigt oder unangemessen befunden hat. Beispiel: Höhenangst, Flugangst.

Gefühle können eine gewisse Eigenständigkeit bekommen, d.h. ich kann sie mit meinem Willen nur schwer oder garnicht beeinflussen. „Gefühle beherrschen den Verstand eher als der Verstand die Gefühle."[83]

Emotionen motivieren. Sie regen zu Aktivitäten an. Wir sind vernünftige Wesen (animal rationale), weil wir nach Gründen handeln. „Wir sind diejenigen, für die Gründe bindend sind, die

---

[83] Gerhard Roth: Fühlen, Denken, Handeln, Seite 375

der eigentümlichen Kraft des besseren Arguments unterliegen. Diese Kraft ist eine normative, ein rationales „Sollen". Vernünftig sein heißt diesen Normen, der Autorität von Gründen unterworfen sein." [84]

Gründe allein regen nicht zum Handeln an. Erst die Emotion motiviert dazu aktiv zu werden. Entweder unmittelbar oder mittelbar, indem sie ein normatives Urteil rechtfertigen.

Die Funktion der Gefühle besteht u.a. darin „… die Lücken zu füllen, die die ‚reine Vernunft' bei der Festlegung von Handeln und Überzeugungen lässt"[85]

Weil Gefühle uns anzeigen, was für uns wichtig ist, sind sie mit Wertungen verbunden. Gefühle werten ihr Objekt als angenehm oder unangenehm, erfreulich oder unerfreulich, bewundernswert oder verabscheuungswürdig.

Wie ist die Bewertung zu verstehen? Nach dem heutigen Verständnis ist ein Gefühl eine bestimmte Repräsentation der Welt, eine bestimmte Bezugnahme zur Welt. Z.B. ist Furcht die Bewertung einer Gefahr, Trauer ist die Bewertung eines Verlustes. Die Bewertung kann auch falsch sein, d.h. auch Gefühle können sich irren. Gefühle haben danach einen kognitiven Inhalt und vermitteln ihrem Träger Wissen über die Welt. Diese Theorie heißt Kognitivismus der Gefühle. Gefühle werden mit Werturteilen gleichgesetzt. Angst vor einer Schlange ist demnach gleich der Bewertung der Schlange als gefährlich. Wenn ich mich darüber ärgere, dass mein Besucher unpünktlich ist, urteile ich damit über sein Verhalten. Tatsächlich zeigen Experimente, dass man Gefühle nicht über körperliche Zustände differenzieren kann.

Gefühle haben einen direkten oder indirekten Wertungscharakter. Sie haben einen indirekten Wertungscharakter, wenn sie auf eine kognitive Wertung verweisen oder sie emotional markieren. Beispiel: Der

---

[84] Robert Brandom: Expressiver Vernunft, Seite 37
[85] Ronald de Sousa: Die Rationalität des Gefühls, Seite 319

Verstand bewertet ein Ereignis anhand moralischer Normen. Das damit verbundene moralische Gefühl ist nicht selbst eine Wertung, sondern begleitet und unterstreicht die vom Verstand vorgenommene Wertung.

Im interessanteren Fall der direkten Wertung ist die Art und Weise des affektiven Involviertseins selbst eine Wertung. Vermutlich werten wir alles was wir wahrnehmen zunächst emotional und rationalisieren diese Wertung erst später. Direkte Wertungen brauchen nicht verbalisiert zu werden und können deshalb auch schon von Kleinkindern vollzogen werden. Es gibt Untersuchungen, die gezeigt haben wollen, dass wir einen Menschen, den wir zum ersten Mal sehen, im ersten Augenblick innerhalb von Millisekunden bewerten und auch nur selten von dieser Anfangsbewertung abrücken. Diese Wertung geschieht im Gehirn in einer direkten Verbindung vom Sinnesorgan zum limbischen System, dem Sitz der Emotionen. Sie wird erst später in der Großhirnrinde bewusst. Sich wertend zu etwas zu verhalten, ist eine Grundform des Verhaltens zur Welt.

Gefühle haben eine besondere Relevanz für Werte und damit für die Ästhetik und für die Ethik. Dass Gefühle einen Wertungscharakter haben, spiegelt sich in der Sprache wieder. Viele Wertprädikate weisen auf Gefühle hin z.B. beneidenswert, beschämend, abscheulich, ärgerlich, bewundernswert, erfreulich, empörend.

Gefühle und ihre Wertungen spielen in der Ethik eine Rolle: Mitleid, Empathie, Nächstenliebe, Scham, Schuld. Es wird – im Widerspruch zu Kants Moralphilosophie – bezweifelt, dass Moralprinzipien allein ohne Einfühlungsvermögen handlungsrelevant werden können. Deshalb wirkt die Aufforderung bei einer Naturkatastrophe zu spenden, vor allem dann, wenn dazu Bilder von Menschen gezeigt werden, die durch dieses Unglück in Not geraten sind.

Ohne Emotionen wie Liebe, Respekt, Mitleid, Furcht, Unbehagen, Ablehnung, Ekel, Scham usw. weiß unsere Vernunft nicht was Gut und Böse ist.

Für Kant sind ethische Normen (kategorischer Imperativ) das Ergebnis der reinen praktischen Vernunft. Die Achtung vor dem moralischen Gesetz motiviert zum Handeln. Die Achtung ist bei Kant zwar ein Gefühl, doch „eines durch den Vernunftbegriff selbstgewirktes Gefühl und daher von Gefühlen wie Neigung oder Furcht spezifisch zu unterscheiden."[86]

Nach Schopenhauer wirken Gefühle auch mit, ethische Normen zu erstellen und ihre Gültigkeit anzuerkennen. Gefühle bewirken, dass die Einsicht in ethische Normen handlungswirksam wird. Mitleid ist nach Schopenhauer die Triebfeder für moralisches Handeln.

Die Fähigkeit, die Position eines anderen wahrzunehmen, sich in die Lage eines anderen zu versetzen mit ihm mitzufühlen, unterscheidet den Menschen nicht nur vom Tier, sondern ist auch die Grundlage moralischen Handelns.

Manche Wissenschaftler zerlegen Gefühle in die drei Komponenten

- Urteil
- Handlungsmotiv
- Körperempfinden

Beispiel: die Angst vor einer Schlange ist

- Urteil: Gefahr
- Handlungsmotiv: ich will flüchten
- Körpergefühl: weiche Knie

Aristoteles über den Zorn: „Zorn ist also ein von Schmerzen [Körperempfinden] begleitetes Trachten nach offenkundiger Vergeltung [Handlungsmotiv] wegen

---

[86] Kant: Grundlegung zur Metaphysik der Sitten

offenkundig erfolgter Geringschätzung, die uns selbst oder einem der Unsrigen zugefügt wurde [Urteil]".[87]

Emotionen sind auch Ausdruck des Selbstverständnisses, d.h. der Art und Weise, wie ich mich verstehe. Das worum ich mich sorge, was mir wichtig ist, was mir etwas bedeutet, bestimmt meine Emotionen. Emotionen sind Bestandteil komplexer Selbstverständnisse oder Selbstbilder. Man kann sogar so weit gehen und sagen: das Gefühl eines Menschen „sieht" die Welt. Emotionen haben eine Wahrnehmungs- und Erkenntnisfunktion. Meine Gefühlswelt ist nicht zu trennen von meiner Lebensgeschichte. Deshalb sind meine *Gefühle* immer auch *meine* Gefühle.

Emotionen sind konstitutiv für unsere subjektive Betrachtungsweise der Welt. Sie strukturieren unsere wahrgenommene Welt gemäß unseren Idealen, Werten, Überzeugungen usw. Emotionen sind sinnstiftende Elemente in unserem Leben. „Die Welt des Glücklichen ist eine andere als die des Unglücklichen" (Ludwig Wittgenstein).

Ekel hatte vor Urzeiten die Funktion vor verdorbenen Speisen zu schützen. Diese Schutzfunktion hatte als Ursprung das „Allesfresser-Dilemma": Menschen können sich von vielen Dingen ernähren. Das macht sie einerseits flexibel, ist aber andererseits auch gefährlich, denn unbekannte Speisen können giftig sein. Der Mensch entwickelte ein Sensorium für gefährliche Nahrung, den Ekel. Diese Abscheu ist nahezu universell, d.h. es gibt sie in allen Kulturen und richtet sich vor allem gegen organische Dinge wie Blut, Kot, Kadaver, Erbrochenem. Ekel ist angeboren oder zumindest in gewissen Grundveranlagungen vorhanden. Kleinkinder lernen erst im Alter von drei bis fünf Jahren sich zum Beispiel vor den eigenen Ausscheidungen zu ekeln und erst im Alter von ca. 5 Jahren können sie vor Ekel verzerrte Gesichter richtig deuten.

---

[87] Aristoteles: Rhetorik 1378a

Gegen ein Ekelgefühl können wir uns kaum wehren, die Mimik entgleist, der Mund verzerrt sich.

Aber das Ekelgefühl hat heute auch eine starke kulturelle Komponente. Es verrät wovor sich eine Gesellschaft fürchtet, was ihr suspekt ist, fremd erscheint und wogegen sich die zeigt uns abzugrenzen versucht. Als soziale Funktion hat der Ekel auch eine moralische Dimension. Vor allem richtig sich moralischer Ekel gegen sexuelle Praktiken, die nicht der sozialen Norm entsprechen. Vegetarier empfinden Ekel gegenüber Fleisch, wenn sie den Fleischkonsum nicht aus gesundheitlichen, sondern aus moralischen Gründen ablehnen. Die zunehmende gesellschaftliche Ächtung des Rauchens lässt in vielen Ländern Ekel gegenüber dieser Sucht wachsen.

Schamgefühl wird hervorgerufen durch Verletzung der Intimsphäre (z.B. Nacktheit) oder wenn durch unehrenhafte, unanständige oder erfolglose Handlungen sozialen Erwartungen nicht entsprochen wird. Es ist mit Körperreaktionen verbunden: Erröten, Herzklopfen oder mit körpersprachliche Gesten wie Senken des Blicks. Auch Verfehlungen anderer können peinlich sein. Man nennt es Fremdschämen, ein Begriff, der relativ neu ist.

Adam und Eva waren nackt, „aber sie schämten sich nicht voreinander". Von der Schlange verführt, aß Eva vom Baum der Erkenntnis, obwohl es von Gott verboten war, und gab auch Adam zu essen. „Da gingen beiden die Augen auf. Sie merkten auf einmal, dass sie nackt waren. Deshalb machten sie sich Lendenschurze aus zusammengehefteten Feigenblättern."[88]

Adam und Eva merkten, dass sie nackt waren, als sie vom Baum der Erkenntnis gegessen hatten. Das ist insofern interessant, als der Unterschied zwischen Mensch und Tier gerade darin gesehen wird, dass der Mensch in der Lage ist, die Perspektive eines anderen einzunehmen. Das Schamgefühl setzt voraus, dass ich mich mit den Augen eines

---

[88] Mose 2

anderen sehen kann und dass dieser Blick für mich unangenehm ist. Erst wenn dieser Perspektivenwechsel möglich ist, bildet sich das Schamgefühl. Das Essen vom Baum der Erkenntnis, von der die Bibel spricht, entspricht unter diesem Gesichtspunkt dem Übergang vom Tier zum Mensch. Für Sartre ist Scham die Anerkennung der Tatsache, dass ich so bin, wie der andere mich sieht.

Liebe gibt es in verschiedenen Formen. Bei jungen Menschen dominiert die stark sexuell geprägt Liebe. Wenn das Paar zusammenbleibt und Kinder bekommt, entsteht eine neue Art der Liebe, die zwischen Eltern und Kindern. Manche sagen die Liebe einer Mutter oder eines Vaters zum neugeborenen Kind ist die reinste Form der Liebe, denn sie ist frei von jedem Egoismus. Auch die Liebe des Kindes zu seinen Eltern ist eine eigene Art der Liebe. Das Kind kann auch zum Großvater oder zur Großmutter eine besondere Art der Liebe entwickeln. Wenn das Ehepaar älter wird, verändert sich auch die Liebe zwischen ihnen, die Sexualität lässt nach, andere Arten der Zuneigung wachsen. Schließlich gibt es auch Liebe zu anderen Menschen, die in Not sind, die Nächstenliebe.

In der antiken und mittelalterlichen Tradition wird unterschieden zwischen Eros (erotische Liebe), Philia, die Freundesliebe und Agape. Im neuen Testament ist Agape, das im Lateinischen caritas heißt, die bedingungslose, einseitige, befreiende auf andere zentrierte Liebe. Glaube, Liebe Hoffnung sind nach Paulus drei christliche Tugenden. Die Liebe ist aber die höchste unter ihnen. Papst Benedikt XVI beginnt sein Buch: Gott ist die Liebe mit den Worten: „Gott ist die Liebe, und wer in der Liebe bleibt, bleibt in Gott und Gott in ihm." In diesen Worten aus dem ersten Johannesbrief ist die Mitte des christlichen Glaubens, das christliche Gottesbild und auch das daraus folgende Bild des Menschen und seines Weges in einzigartiger Klarheit ausgesprochen."[89]

---

[89] Benedikt XVI: Gott ist die Liebe, Seite 10

Für Darwin hat Liebe eine moralische Dimension. Wenn ich jemand liebe, möchte ich dass es ihm gut geht. Deshalb ist Liebe für Darwin eine Brücke zwischen Sex und Moral. Liebe ist ein Beispiel dafür, wie aus einer ursprünglich biologischen Funktion eine Emotion und eine Beziehung zwischen Menschen entstanden ist.

Die amerikanische Psychologin Helen Fisher hat speziell die Chemie der Liebe untersucht. Sie unterscheidet drei Elemente der Liebe (Helen Fisher spricht von Systemen): Lust (Sexualität), Anziehung (Verliebtsein) und Verbundenheit (Partnerschaft). Diesen drei Elementen weist sie chemische Verbindungen zu.

Lustgefühle sind mit dem Botenstoff Dopamin verbunden, der weitere Substanzen aktiviert: Testosteron beim Mann, Östrogene bei der Frau. Auch die Nase wirkt mit: Pheronome, das sind sexuelle Lockstoffe. Der Satz: bei denen stimmt die Chemie ist in gewisser Weise richtig.

Verliebtsein hält länger an, Wochen oder sogar Monate. Wenn wir verliebt sind, erleben wir die Welt völlig neu: Die Wahrnehmung, das Denken, unser Körpergefühl, alles ist anders. Dafür verantwortlich ist das Hormon Phenylethylamin (PEA), das in die Blutbahn gepumpt wird. Weitere Botenstoffe sind Noradrenalin für die Aufregung, Dopamin für die Euphorie. Dazu kommen Endorphine und Cortisol.

Auch die Bindung hat zwei chemische Substanzen: Oxytocin und Vasopressin. Oxytocin bewirkt auch ein Gefühl der Zufriedenheit. Deshalb sprechen wir davon, dass wir sexuell befriedigt sind. Wir fühlen uns gut danach. Dafür ist Oxytocin verantwortlich. Es ist ein Wohlfühl- und ein Bindungshormon.[90]

---

[90] Helen Fisher: Warum wir lieben, die Chemie der Leidenschaft. 2005

Botenstoffe und Hormone spielen bei der Liebe eine Rolle. Aber Liebe als Hormoncocktail zu bezeichnen ist zu kurz gegriffen. Liebe hat Chemie als Basis, ohne Zweifel, ist aber mit Chemie nicht vollständig beschreibbar.

Wie ist die Liebe entstanden? Es gibt darauf die evolutionsbiologische Antwort: Die evolutionär vorteilhafte Paarbildung wurde durch ein entsprechendes Gefühl gefördert.

Eine andere Antwort auf die Frage, wie die Liebe entstanden ist, schlug der Verhaltensforscher Irenäus Eibl-Eibesfeldt in den 70er Jahren vor. Für ihn entsprang die Liebe aus der Mutter- Kind- Beziehung. Sie ist eine Folge der Brutpflege, nicht der Sexualität. Die Liebe bedient sich aber der Sexualität als zusätzlicher Attraktor. Die schönste Zeit erleben wir als Baby. Wir werden umsorgt, gefüttert, gebadet, liebkost. Wir haben einen Menschen, der ganz für uns da ist. Später wünschen wir uns diesen Zustand wieder und hoffen, ihn in der Beziehung zum Partner wiederherstellen zu können. Aus unserer kindlichen Beziehung zu den Eltern stammt unser Bedürfnis nach Bindung und Nähe.

„Die Liebe wurzelt nicht in der Sexualität, bedient sich ihrer jedoch zur sekundären Stärkung des Bandes." [91] In der gleichzeitig körperlichen und psychischen Nähe des Kleinkindes zur Mutter wird größtmögliche Verbundenheit erlebt. Im späteren Leben suchen Menschen Verbundenheit in einer vergleichbaren intimen Beziehung beim Liebespartner.

Eine dritte Antwort auf die Frage nach der Herkunft der Liebe sieht Liebe ist ein Spandrel, die englische Bezeichnung für das franz. Spandrille, ein Begriff aus der Architektur. Es bezeichnet das Feld über dem Torbogen, das keine architektonische Funktion hat und nur der Verzierung dient. Ist Liebe ein Nebenprodukt der Evolution ohne eigene Funktion?

---

[91] Irenäus Eibl-Eibesfeld: Liebe und Hass. Zur Naturgeschichte elementarer Verhaltensweisen

Richtig an diesem Gedanken ist, dass wir gedanklich trennen sollten zwischen der biologischen Funktion mit dem Gefühl Lust und der Liebe. Es gibt Sex ohne Liebe und es gibt Liebe ohne Sex. Es folgt auch nicht automatisch aus Lust Verliebtsein und aus Verliebtsein Liebe. Lust, Verliebstein und Liebe können zwar paarweise zusammen sich ereignen oder aufeinander folgen, müssen es aber nicht zwangsläufig.

Die Interpretation der Liebe als Gefühl ist immer auch eine Selbstinterpretation. Wir erleben uns in der Liebe selbst als Liebender und als der, der geliebt wird. Das schmeichelt uns. Gibt es etwas Schöneres, als von den Augen einer liebenden Frau liebevoll betrachtet zu werden? Und wir fühlen uns gut, wenn wir lieben. „Ich wäre so gern wieder einmal verliebt" sage mir neulich eine Bekannte. Sie hat dabei garnicht an einen bestimmten Mann gedacht, sondern nur an ihr Gefühl des Verliebtseins. Nicht nur ist das Gefühl ein interpretiertes Gefühl, auch der/die Geliebte wird vom Liebenden interpretiert, oft idealisiert. Der/die Geliebte ist immer etwas ganz besonderes. Meistens ist aber nur die Interpretationsleistung daran besonders. Auch kann die Interpretation des Geliebten als etwa Besonderes nicht beliebig lange aufrechterhalten werden. Wenn der Alltag kommt, wird das Überirdische plötzlich ganz irdisch.

Für den Soziologen Niklas Luhmann sind Erwartungen das Wesentliche in der Kommunikation der Liebesbeziehungen. Was erwarten wir vom Partner? Wir erwarten Aufmerksamkeit, Zuwendung und Verständnis. Und wir erwarten, dass der Partner dasselbe von uns erwartet. Intime Liebesbeziehungen bilden ein soziales System aus Erwartungen, aus weitgehend erwarteten, und damit gesellschaftlich festgeschriebenen Erwartungen. In der Soziologie nennt man das einen Code. (Ein Code ist eine Vorschrift, wie Nachrichten oder Befehle zur Übersetzung für ein Zielsystem umgewandelt werden. Beispielsweise stellt der Morsecode eine Beziehung zwischen Buchstaben und einer Abfolge kurzer und langer Tonsignale). „In diesem Sinn ist das Medium Liebe selbst kein Gefühl, sondern ein Kommunikationscode, nach dessen Regeln man Gefühle ausdrücken, bilden, simulieren, anderen unterstellen, leugnen und sich mit all dem auf Konsequenzen einstellen kann, die es hat, wenn entsprechende Kimmunikation realisiert wird." [92]

Wer zu seinem Partner sagt: „ich liebe dich", drückt nicht nur ein Gefühl aus, sondern es ist ein ganzes Bündel von Versprechungen und Erwartungen, die gesellschaftlich bedingt sind. Er verspricht, dass er sein Gefühl für zuverlässig hält und dass er für den Geliebten Sorge trägt. Dass er bereit ist, sich wie ein Liebender zu verhalten mit allem was es in den Augen anderer der Gesellschaft bedeutet.

Luhmann, der die Gesellschaft in verschiedene Systeme gegliedert sah, war der Meinung, dass der moderne Mensch es schwer hat, sich als Einheit zu erfahren. Wir sind Familienvater, üben einen Beruf aus, sind Mitglied in einem Verein, sind Steuerzahler, Wähler, Kinobesucher usw. So wie die Gesellschaft in viele einzelne Systeme zerfällt, so wird auch die Person in einzelne Rollen zerstückelt. Die Folge ist ein gesteigerter Liebeswunsch. „Es ist in der Gesellschaft mit überwiegend unpersönlichen Beziehungen schwierig geworden, den Punkt zu finden, in dem man sich selbst als Einheit erfahren und als Einheit wirken kann ... Was man als Liebe sucht, was man in Intimbeziehungen sucht, wird somit in erster Linie sein: Validierung der Selbstdarstellung."[93] (Validierung = Überprüfung und Bestätigung).

Zum gegenteiligen Ergebnis kommt die israelische Soziologin Eva Illouz. Der Geliebte wird nicht mehr als Person als Ganze erfasst, sondern nur noch einzelne Eigenschaften, wie z.B. die körperliche Attraktivität. Die Moderne Welt ist geprägt von einer dezidierten Betonung des Körpers. Die sexuelle Attraktivität ist eine eigene Kategorie. „Sexy sein" wird nicht nur zu einem zentralen Kriterium der Partnerwahl, sondern auch zur Selbstgestaltung der eigenen Persönlichkeit. „Sexualität wird zu einem Merkmal und zu einer Erfahrung, die

---

[92] Niklas Luhmann: Liebe als Passion, zur Codierung von Intimität
[93] Ebenda Seite 208

zunehmend von Fortpflanzung, Ehe, langfristiger Bindung und selbst dem Gefühlskleben abgesondert wird."

Untersuchungen haben ergeben, dass die physische Attraktivität des Partners der bedeutendste Faktor dafür ist, ob jemand gemocht wird oder nicht. Andere Eigenschaften, wie Intelligenz oder Persönlichkeitsmerkmale haben deutlich weniger Einfluss. Die Wichtigkeit der physischen Attraktivität hat mit der Medien-, Kosmetik- und Modeindustrie deutlich zugenommen. Schönheit ist zu einem Statusmerkmal geworden, d.h. zu einem Merkmal, das Status verleiht.

Diese Entwicklung zeigt zweierlei. Erstens wird die Person nicht mehr als Ganzes wahrgenommen, sondern nur ein Merkmal an ihm, die Schönheit. Zweitens wird sexuelle Attraktivität losgelöst von Bindung, Ehe, sogar vom Gefühl der Liebe eine eigenständige Kategorie. Man schaue sich Fernsehserien an, wie z.B. „Sex and the City" oder „Der Bachelor", dort kann man das alles studieren. Auch am Beispiel der Partnersuche im Internet kann die Rationalisierung der Liebe beobachtet werden. Hier herrschen in hohem Maße ausgeklügelte systematische Techniken. Es werden Logiken des kapitalistischen Marktes angewendet, die Urteil und Auswahl bestimmen.[94]

Stolz. Der evolutionäre und der kulturelle Vorteil von Gefühlen kann gut am Beispiel des Stolzes gezeigt werden. Es gibt eine sympathische und eine unsympathische Seite des Stolzes. Psychologen sprechen vom authentischen und vom überheblichen Stolz. Menschen mit einem authentischen Stolz erkennen den eigenen Wert und können ihre Leistungen richtig einschätzen. Sie wirken auf andere angenehm, zuvorkommend und emotional stabil. Ist jemand stolz auf etwas, was er nicht selbst geleistet hat, z.B. auf die Zugehörigkeit zu einer gesellschaftlichen Klasse,

---

[94] Eva Illouz: Warum Liebe weh tut

beispielsweise dem Adel, dann wirkt er aufgeplustert, ist weniger beliebt und gerät leichter in soziale Konflikte.

Stolz kann regelrecht gemessen werden. Ein Mensch mit einem authentischen Stolz hat vergleichsweise wenig Tostesteron im Blut, dafür aber einen höheren Serotoninspiegel.

Stolz ist angeboren. Allerdings vergehen vier Jahre bis Kinder erstmals Anzeichen von Stolz zeigen. Denn erst dann haben sie Selbstbewusstsein entwickelt. Stolz ist auch universal. Das kann man am Verhalten von Sportlern bei internationalen Sportveranstaltungen studieren, wenn sie in ihrer Disziplin gewonnen haben.

Wenn stolz angeboren und universal ist, welchen evolutionären Vorteil hat es dann? Ein stolzer Mensch wird von anderen als sozial höher eingestuft. Außerdem motiviert es zu weiteren Taten.

In einem psychologischen Experiment mussten Versuchspersonen eine Aufgabe lösen. Nach dem Versuch wurden die Teilnehmer, die die Aufgabe richtig gelöst hatten gelobt. In einer Vergleichsgruppe wurde den Teilnehmern nur sachlich das Ergebnis mitgeteilt. In einem zweiten Versuch wurden Teilnehmer beider Gruppen, die die Aufgabe richtig gelöst hatten, in eine Gruppe zusammengeführt. Dabei übernahmen die Teilnehmer, die zuvor gelobt wurden, wie selbstverständlich die Führungsrolle. Nach dem Test wurden die Teilnehmer befragt. Sie bewerteten fast übereinstimmen die „gelobten" Teilnehmer als sympathisch und schätzten ihre Leistung. Sie wurden als sozial höher eingeschätzt.

Die **Sehnsucht** will oft nicht ein konkretes Ziel erreichen (Prüfung bestehen), das mit einiger Anstrengung erreicht werden kann, sondern sie entwirft die Idee von einem perfekten Zustand (Villa in Italien mit Blick aufs Meer).

Auch das Unmögliche kann sich die Sehnsucht erträumen (verstorbener Partner kehrt zurück).

Die Sehnsucht ist ein gemischtes Gefühl, es ist angenehm im Wolkenkuckucksheim zu wohnen, aber auch bitter, sich einzugestehen, dass es ein Traum bleiben wird. Nahrung bekommt die Sehnsucht durch Berichte über das Leben, der Schönen, Reichen und Prominenten.

Die Sehnsucht nach einem besseren Leben kann aber auch Kräfte freisetzen, wenn es gelingt, mit den eigenen Unzulänglichkeiten zurecht zu kommen.

Die Tagträume mit utopischer (im positiven Sinn) Kraft beschreibt eindringlich Ernst Bloch in seinem Hauptwerk „Das Prinzip Hoffnung".

Das amerikanische Theaterstück „Endstation Sehnsucht" (im engl. Original A Streetcar Named Desire) von Tennessee Williams aus dem Jahre 1947, das mit Marlon Brando in der Hauptrolle zwei Jahre später verfilmt wurde, erzählt die Geschichte von Blanche DuBois, die den Verlust ihres einstmals stolzen Familienbesitzes Belle Rêve (fr. ‚Schöner Traum') erleben muss und mit ihren Sehnsüchten an der Realität scheitert.

Neid ist ein Gefühl, das keiner gern zugibt. Es gibt keine sozial akzeptierte Rechtfertigung dafür. Die einzige Todsünde, die keinen Spaß macht. Der Neid ist nur unangenehm, eine Mischung aus Minderwertigkeit und Feindseligkeit. Neid verspürt, wer erkennt, dass ein anderer einen Vorzug besitzt, den er selbst gerne hätte. Neid gilt mit gutem Grund als Auslöser zahlreicher aggressiver Verhaltensweisen.

„Der Haß ist ein aktives Mißvergnügen, der Neid ein passives; deshalb darf man sich nicht wundern, wenn der Neid so schnell in Haß übergeht." (Goethe: Maximen und Reflexionen)

Hat der Neid auch positive Seiten? Nach dem Soziologen Schöck macht der Neid das Zusammenleben möglich. Weil die Menschen von Neid wissen, sind sie bereit zu teilen.

Die Hirnforschung lehrt uns, dass Kognition und Emotion im Gehirn in unterschiedlichen Regionen verarbeitet werden.

Es handelt sich also um zwei getrennte, aber miteinander wechselwirkende mentale Funktionen. Das zeigt sich bei Personen mit Hirnschädigungen (Läsionen) im limbischen System. Sie leiden an Gefühlsarmut oder Gefühlsblindheit (Alexithymie). Das äußert sich darin, dass diese Patienten Informationen rational verarbeiten, aber nicht mehr gefühlsmäßig reagieren. Sie verzetteln sich, weil sie Wichtiges von Unwichtigem nicht mehr unterscheiden können, sie können keine Entscheidungen mehr treffen, weil sie die verschiedenen Handlungsmöglichkeiten nicht mehr bewerten können.[95]

Die Hirnforschung zeigt weiterhin, dass Emotionen immer einen unbewussten Anteil haben, was bedeutet, dass Entscheidungen ganz oder teilweise unbewusst verlaufen. Unbewusste Vorgänge sind schneller. Es gibt auch immer eine direkte, unbewusste Verbindung von emotionaler Bewertung und Verhalten. In diesem Fall reagieren wir reflexhaft. D.h. es kann passieren, dass das Unbewusste bereits emotional bewertet bevor uns ein Sachverhalt bewusst wird. Damit wird die Rationalität eingeschränkt.

Eine Entscheidung die wir treffen, ist nicht nur rational, sondern auch emotional und wird teilweise auch unbewusst vollzogen. Verstand und Gefühl bilden keinen Gegensatz. Sie brauchen einander, sie sind Partner. Der Verstand kann ohne das Gefühl nicht bewerten und nicht entscheiden. Vernunft und Gefühl stehen sich nicht in Opposition zueinander, sondern sie ergänzen und unterstützen sich.

Aber nicht alles, was zu einer Entscheidung beiträgt, ist uns bewusst, vieles geschieht im Unbewussten. Das entspricht unserer Erfahrung, dass Entscheidungen vor allem intuitiv getroffen werden. Die Rationalisierung erfolgt später.[96] Das Bauchgefühl darf dabei nicht mit einer zufälligen Eingebung oder Naivität verwechselt werden. Besonders gut funktionieren Bauchentscheidungen, wenn sie auf Fachwissen

---

[95] Antonio Damasio: Descartes' Irrtum
[96] Gerd Gigarenzer: Bauentscheidungen, Die Intelligenz des Unbewussten und die Macht der Intuition

beruhen. Dass wir nicht nur rationale Wesen sind hatte vielleicht auch Blaise Pascal im Sinn, als er schrieb: „Le cœur a ses raisons que la raison ne connaît point."[97] (Das Herz hat Gründe, die der Verstand nicht kennt).

In allen diesen Fällen ist das Gefühl nicht nur ein innerer Gefühlszustand, sondern sagt etwas über das aus, worauf meine Aufmerksamkeit gerichtet ist. Diese Intentionalität hat auch einen kognitiven Gehalt, denn sie vermittelt Wissen über die Welt. Gefühle haben eine ihnen eigene Intentionalität, die nicht auf die Intentionalität der Kognition zurückgeführt werden kann.

Der kognitive Aspekt von Gefühlen ist aber nur ein Aspekt neben anderen. Ein Gefühl darf nicht auf ein Urteil oder einen Wunsch reduziert werden. Falsch wäre zu sagen: Gefühle sind Urteil plus Wunsch und sonst nichts. Gefühle sind mit Urteilen nicht gleichzusetzen. Schließlich kann man auch emotionslos (oder nahezu emotionslos) urteilen.

Wir sollten Emotionalität und Rationalität nicht gegeneinander ausspielen. Emotionen sind nicht das Dumpfe und Undeutliche, und der Verstand nicht das Klare und Helle. Umgekehrt ist auch nicht richtig zu sagen: „man sieht nur mit dem Herzen gut."[98] Wir brauchen beides: Gefühl und Verstand. Nur im Zusammenspiel von beiden erkennen wir, was gut und richtig ist. Emotionen erweitern unseren Verstand, mit dem Verstand werden auch unsere Gefühle differenzierter.

Gefühle haben einen direkten oder indirekten Wertungscharakter. Sie haben einen indirekten Wertungscharakter, wenn sie auf eine kognitive Wertung verweisen oder sie emotional markieren. Beispiel: Der Verstand bewertet ein Ereignis anhand moralischer Normen. Das damit verbundene moralische Gefühl ist nicht selbst eine

---

[97] Blaise Pascal: Pensées
[98] Antoine de Saint-Exupéry: Der kleine Prinz

Wertung, sondern begleitet und unterstreicht die vom Verstand vorgenommene Wertung.

Im interessanteren Fall der direkten Wertung ist die Art und Weise des affektiven Involviertseins selbst eine Wertung. Vermutlich werten wir alles was wir wahrnehmen zunächst emotional und rationalisieren diese Wertung erst später. Direkte Wertungen brauchen nicht verbalisiert zu werden und können deshalb auch schon von Kleinkindern vollzogen werden. Es gibt Untersuchungen, die gezeigt haben wollen, dass wir einen Menschen, den wir zum ersten Mal sehen, im ersten Augenblick innerhalb von Millisekunden bewerten und auch nur selten von dieser Anfangsbewertung abrücken. Diese Wertung geschieht im Gehirn in einer direkten Verbindung von Sinnesorgan zum limbischen System, dem Sitz der Emotionen. Sie wird erst später in der Großhirnrinde bewusst. Sich wertend zu etwas zu verhalten, ist eine Grundform des Verhaltens zur Welt.[99]

Im Laufe der individuellen Sozialisation und der kollektiven Kulturalisierung werden die universell geteilten Basisgefühle in sog. komplexe Gefühle transformiert. Dazu gehören u.a. Stolz, Neid, Eifersucht, Empörung, ästhetische und religiöse Gefühle. Sie setzen höhere (teilweise auch sprachabhängige) kognitive Leistungen voraus und sind deshalb dem Menschen vorbehalten. Komplexe Gefühle sind mit Meinungen, Vorurteilen, Überzeugungen und der individuellen Lebenseinstellungen verbunden.

Vermutlich werden Basisgefühle von allen Menschen ähnlich erlebt, während komplexe Gefühle – ebenfalls vermutlich – individuell unterschiedlich wahrgenommen werden. Von Basisgefühlen werden wir oft überrascht, sie überwältigen uns, auch gegen unseren Willen.

Demgegenüber sind komplexe Gefühle mit Gedanken, Plänen, Urteilen und Meinungen verbunden. Weil sie mit der Lebenseinstellung zusammenhängen, werden komplexe Gefühle wie Neid, Eifersucht mehr mit dem Charakter des

---

[99] Holmer Steinfath: Orientierung am Guten, Seite 153

betreffenden Menschen in Verbindung gebracht. Wir sind an ihnen oft auch stärker willentlich beteiligt.

Die Unterscheidung Basisgefühle/komplexe Gefühle macht deutlich, dass ein Teil unserer Gefühlswelt, die Basisgefühle, in unserer biologischen Evolutionsgeschichte, die wir mit den Tieren teilen, angelegt ist. Der andere Teil, die komplexen Gefühle, ist mit kognitiven Leistungen verbunden und ist kulturell geprägt.

Gefühle haben eine soziale Dimension. Wir sind soziale Wesen. Ohne den Kontakt zu anderen verkümmern wir. Auch ein Teil unserer Gefühlwelt hat damit zu tun, dass wir Wesen sind, die in Gemeinschaft mit anderen leben.

Soziale Gefühle sind für den Menschen typisch. Sie gehen auf das zurück, was uns vom Tier unterscheidet. Es ist die Fähigkeit des Menschen, seine Aufmerksamkeit mit einem anderen teilen zu können, den anderen als seinesgleichen wahrnehmen zu können, den anderen als eine Person mit eigenen Gedanken, Gefühlen und Intentionen sehen zu können, in der Lage zu sein, die Perspektive eines anderen einnehmen und mit ihm mitzufühlen zu können. Diese Fähigkeiten bezeichnen wir, entsprechend dem englischen Fachbegriff „shared intentionality" als „geteilte Aufmerksamkeit." (Siehe Kapitel 12 Anerkennen).

Die geteilte Aufmerksamkeit unterscheidet den Menschen vom Tier. Sie hat eine Fülle von Konsequenzen und ist nicht mehr und nicht weniger als die Grundlage für unsere Zivilisation. „Das Verstehen der Artgenossen als intentionales Wesen ist eine spezifisch menschliche Fähigkeit, die entweder direkt oder indirekt viele Merkmale der menschlichen Kognition erklärt."[100] Die Fähigkeit, sich selbst aus der Perspektive des anderen wahrnehmen zu können, hat auch Auswirkungen auf unsere Gefühlswelt.

---

[100] Michael Tomasello: Die kulturelle Entwicklung des menschlichen Denkens, Seite 77

Halten wir fest:

Fühlen heißt in etwas involviert sein.

Mit Gefühlen wird etwas für uns wichtig und besonders.

Gefühle haben eine eigene, unverzichtbare Funktion für die Orientierung in der Welt.

Einige Grundgefühle sind Universalien, d.h. sie sind bei allen Menschen überall auf der Welt in allen Kulturen zu beobachten.

Möglicherweise ist Angst das erste Gefühl in der Evolution und hat die Funktion einer Alarmanlage.

Einige Gefühle sind mit Körperreaktionen verbunden.

Einige Gefühle sind unmittelbar mit homöostatischen Regelungsprozessen verbunden.

Gefühle haben einen phänomenalen Aspekt (Qualia).

Gefühle haben einen intentionalen Aspekt, d.h. sie sind auf etwas gerichtet.

Gefühle sind Urteile.

Gefühle motivieren.

Gefühle können Gründe zum Handeln darstellen oder Gründe rechtfertigen.

Gefühle haben einen voluntativen Aspekt, d.h. sie sind mit einem Wunsch verbunden.

Gefühle haben einen Wertungscharakter und spielen deshalb in der Ästhetik und in der Ethik eine Rolle.

Gefühle sind konstitutiv für unsere subjektive Betrachtungsweise der Welt, d.h. sie sind Ausdruck unseres Selbstverständnisses.

6. Denken

Was heißt Denken? Wir denken, wenn wir unsere Vorstellungen (Repräsentationen) geistig bearbeiten.

Geistig bearbeiten heißt z.B. die Ursachen eines Ereignisses ermitteln. Wir denken, wenn wir uns fragen: Wie konnte das geschehen?

Denken heißt auch die Konsequenzen und Handlungsalternativen einer Situation ermitteln und bewerten. Welche Möglichkeiten habe ich in dieser Situation? Was sind die Risiken und welche Chancen ergeben sich daraus?

Wir denken, wenn wir planen. Was ist als nächstes zu tun? Was sind die weiteren Schritte?

Wir denken insbesondere wenn wir etwas infrage stellen. Ist das richtig, was er gesagt hat? War mein Verhalten angemessen? Denken ist kritisches Denken.

Denken heißt auch, sich bewusst an etwas erinnern. Wir sind in der Lage, uns ein Erlebnis wieder ins Gedächtnis zurückzurufen und unter verschiedenen Gesichtspunkten zu betrachten.

Wir nennen denken, wenn wir etwas als etwas erkennen: das ist ein Eichelhäher, das ist eine Elster.

Denken heißt auch etwas verstehen: z.B. wie ein Motor funktioniert oder warum eine Tür klemmt.

Denken grenzt sich ab gegenüber Wahrnehmen, Fühlen und unbewusst Reagieren.

Denken ist oft mit Sprache verbunden: Begriffe bilden und sie miteinander sprachlich verknüpfen. Urteile, im Sinne der Logik: Der Schnee ist weiß, die Früchte sind reif. Über den Begriff hat Kant das Denken definiert: „Etwas sich durch Begriffe d.h. im Allgemeinen vorstellen, heißt denken".

Es gibt aber auch begriffloses Denken. Ein Schachspieler, z.B. denkt in seiner Vorstellung aber ohne Begriffe.

Denken heißt Schließen, d.h. Schlussfolgerungen ziehen. Denken ist „das innerliche, aktive Bearbeiten von eigenen Vorstellungen, Begriffen, Gefühls- und Willensregungen, Erinnerungen. Erwartungen usw. mit dem Ziel die Situation zu meistern." [101]

Denken ist mit Wahrheit verknüpft. D.h. Denken ist immer von der Frage begleitet: Ist das was ich denke, richtig? Und woher weiß ich, dass es richtig ist.

Nach Platon können wir mit den Sinnesorganen die Wahrheit nicht erkennen, sondern – falls überhaupt – nur durch Denken, vor allem dann, wenn das Denken nicht durch die Sinne getrübt wird.[102]

Auch Kant untersuchte die „reine" Vernunft, d.h. die Vernunftaussagen, denen nichts Empirisches beigemischt ist also ohne Affekte (Gefühle) oder Stimmungen z.B. Nur in der reinen Vernunft kann man – nach Kant – sichere Erkenntnis erwarten.

Die klassische griechische Philosophie unterschied zwischen dem gesicherten Wissen (episteme) und der Meinung (doxa), die subjektiv, situationsgebunden und möglicherweise fehlerhaft ist.

Für Aristoteles hat Denken die Funktion das Allgemeine zu begreifen. Darin unterscheidet es sich von der sinnlichen Wahrnehmung. Das Allgemeine kristallisiert sich aus vielen, aus der Erfahrung gewonnenen Gedanken und ist Gegenstand des Erkennens und Denkens. Mit unseren Augen sehen wir, mit unserem „Inneren Auge" „schauen" wir. Dieses innere Schauen nannten die Griechen „theoria".

Im griechischen Welt- und Menschenbild gibt es 5 Vermögen der Seele: Geist (intellektuelle Wahrnehmung =

---

[101] Schischkoff: Philosophisches Wörterbuch
[102] Platon: Phaidon 65c

Schauen), Denken (Schließen), Meinen, Vorstellen und Wahrnehmen.

Descartes verknüpfte das Denken mit dem Bewusstsein, d.h. ein wesentliches Merkmal des Denkens ist, dass wir uns dessen bewusst sind. Selbst wenn ich an allem zweifle, und auch wenn alles was ich denke falsch ist, an einem ist kein Zweifel, nämlich, dass ich denke. Es ist unmöglich zu denken ohne zu sein. Das unerschütterliche Fundament seiner Philosophie ist sein berühmter Satz: ich denke, also bin ich (je pense donc je suis, cogito ergo sum).

Nach Blaise Pascal liegt im Denken die Würde des Menschen. „L'homme est visiblement fait pur penser; c'est toute sa dignité (Der Mensch ist offensichtlich zum Denken geschaffen, das ist seine Würde)."[103] Der Mensch ist ein schwankendes Schilfrohr, aber ein denkendes (un roseau pensant). Auch die Tatsache, dass wir unfähig sind, sicher zu wissen, hebt es nicht auf.

Der englische Empirist John Locke (1632 – 1704) sieht Denken vor allem als eine mentale Funktion. "Thinking is the action not the essence of the soul." Er versteht Denken als verbindende Beschäftigung des Geistes mit ideas (Begriffe, Vorstellungen) "Ideas is the object of understanding, when a man thinks." Wie kommen Begriffe in den Geist, wo der Mensch als tabula rasa, als „emty cabinet" zur Welt kommt. Lockes Antwort ist einfach: durch experience, durch Erfahrung. Experience = Erfahrung ist zusammengesetzt aus sensation (Wahrnehmung) und reflection. Reflection ist in der Philosophie von John Locke der Oberbegriff für perception (Auffassung), thinking (Denken), doubting (Zweifeln), believing (Glauben), knowing (Wissen) und willing (Wollen).

Der schottische Philosoph, Ökonom und Historiker David Hume (1711-1776) unterscheidet Sinneseindrücke (impressions) und Ideen (ideas). Er geht von der Vorstellung

---

[103] Blaise Pascal: Pensées, 146

aus, dass alle Gedanken, so komplex sie auch sind, sich letztlich von einfachen Sinneseindrücken herleiten lassen.

„Wenn wir unsere Gedanken oder Vorstellungen – seien sie auch noch so kompliziert oder erhaben – analysieren, stellen wir stets fest, dass sie sich zu solchen einfachen Vorstellungen auflösen, die einem vorherigen Gefühl oder einer Empfindung nachgebildet sind." „When we analyse our thoughts or ideas, however compounded or sublime, we always find that they resolve themselves into such simple ideas as were copied from a precedent feeling or sentiment".

Wie kommen wir zur Erkenntnis von Ursache und Wirkung? „Ich wage es, den Satz als allgemeingültig und keine Ausnahme duldend aufzustellen, dass die Kenntnis dieser Beziehung in keinem Fall durch Denkakte a priori gewonnen wird, sondern ausschließlich aus der Erfahrung stammt, indem wir feststellen, dass gewisse Gegenstände immerdar miteinander verbunden sind." „I shall venture to affirm, as a general proposition which admits of no exception, that the knowledge of this relation is not, in any instance, attained by reasonings a priori; but arises entirely from experience, when we find, that any particular objects are constantly conjoined with each other."

Von welcher Art sind alle unsre Gedankengänge, die sich mit Tatsachen befassen? Sie beruhen auf der Beziehung von Ursache und Wirkung. Welches ist die Grundlage all unserer Gedankengänge und Schlussfolgerungen, die sich mit dieser Beziehung befassen? Antwort: die Erfahrung (experience)

Welches ist die Grundlage aller Schlüsse aus der Erfahrung? Unsere Schlüsse aus der Erfahrung gründen <u>nicht</u> im Denken oder in einer anderen Verstandestätigkeit. „Alle unsere Erfahrungsbeweise stützen sich auf Ähnlichkeiten, die wir zwischen Naturobjekten feststellen und durch die wir verleitet werden, Wirkungen ähnlich denen zu erwarten, die wir schon als Folgen solcher Objekte angetroffen haben".

„Von ähnlich erscheinenden Ursachen erwarten wir ähnliche Wirkungen. Das ist die Summe aller unserer

Erfahrungsschlüsse". „From causes which appear similar, we expect similar effects This is the sum of all experimental conclusions."[104]

Den wichtigsten Beitrag zur Erkenntnistheorie hat Immanuel Kant (1724 – 1804) geleistet. Er sieht seinen theoretischen Beitrag selbst als kopernikanische Wende. Sie besteht darin, dass „die Vernunft nur das einsieht, was sie selbst nach ihrem Entwurf hervorbringt."[105]

Kritik = Untersuchung, rein = nicht empirisch, nicht aus der Erfahrung stammend. Kritik der reinen Vernunft bedeutet: „Bestimmung sowohl der Quellen, als des Umfangs und der Grenzen derselben, alles aber aus Prinzipien." Die „Kritik der reinen Vernunft" ist die Selbstprüfung und Selbstrechtfertigung der erfahrungsunabhängigen Vernunft.

Jede Erkenntnis beginnt mit der Erfahrung. „Dass alle unsere Erkenntnis mit der Erfahrung anfange, daran ist gar kein Zweifel... Wenn aber gleich alle unsere Erkenntnis mit der Erfahrung anhebt, so entspringt sie darum doch nicht eben alle aus der Erfahrung. " „Erfahrung gibt niemals ihren Urteilen wahre oder strenge, sondern nur angenommene und komparative Allgemeinheit (durch Induktion), so dass es eigentlich heißen muss: so viel wie wir bisher wahrgenommen haben, findet sich in dieser Regel keine Ausnahme." [106]

D.h. auch für Kant beginnt – wie für Locke und Hume – jede Erkenntnis mit der Erfahrung. Aber – im Gegensatz zu Locke und Hume – gibt es für Kant auch erfahrungsunabhängige Grundlagen der Erkenntnis.

Beispiel: Kausalität = Verknüpfung zweier Ereignisse als Ursache und Wirkung. Nach Kant ist – im Gegensatz zur Auffassung von Hume (siehe oben) – die Kausalität kein

---

[104] David Hume: Traktat über die menschliche Natur, Reclam Seite 34, 43, 49, 50 und 54
[105] Immanuel Kant: Kritik der reinen Vernunft, B XIII
[106] Immanuel Kant: Kritik der reinen Vernunft, Einleitung B

Ergebnis der Erfahrung, sondern – im Gegenteil – es ist eine der Voraussetzungen um eine Erfahrung machen zu können.

Der Satz: „alles was geschieht, hat eine Ursache" ist ein metaphysischer Satz, der nicht aus der Erfahrung abgeleitet werden kann. Er stammt nicht – wie David Hume meinte – aus der (psychologischen) Gewohnheit, noch ermöglicht er eine Erkenntnis über die Erfahrung hinaus.

Wann ist eine Erkenntnis richtig? Sie ist dann richtig, wenn sie streng notwendig und uneingeschränkt allgemein ist.

Kant erforscht die vorempirisch gültigen Voraussetzung der Erkenntnis. Er unterscheidet die beiden Erkenntnisstämme Sinnlichkeit und Verstand. „Ohne Sinnlichkeit würde uns kein Gegenstand gegeben und ohne Verstand keiner Gedacht werden. Gedanken ohne Inhalt sind leer, Anschauungen ohne Begriffe sind blind".[107]

Beide Erkenntnisstämme – Sinnlichkeit und Verstand – haben erfahrungsfreie Elemente. Sinnlichkeit die reinen Anschauungsformen Raum und Zeit der Verstand die reinen Verstandesbegriffe, die Kategorien. Die Verstandeskategorien sind „Regeln für einen Verstand, dessen ganzes Vermögen im Denken besteht, d.i. in der Handlung, die Synthesis des mannigfaltigen, welches ihm anderweitig in der Anschauung gegeben worden zur Einheit der Apperception[108] zu bringen, der also für sich gar nichts erkennt, sondern nur den Stoff zum Erkenntnis, die Anschauung die ihm durch Objekte gegeben werden muss, verbindet und ordnet."[109]

Raum und Zeit sind notwendige Vorstellungen, denn wir können uns keine Gegenstände ohne Raum und Zeit vorstellen. Raum und Zeit stammen nicht aus der Erfahrung, da sie jeder äußeren bzw. inneren Anschauung zugrunde liegen. Raum und Zeit sind die apriorischen Formen unserer (äußeren) Anschauung und unseres (inneren) Befindens.

---

[107] Immanuel Kant: Kritik der reinen Vernunft, B 75
[108] Apperception = bewusste sinnliche Wahrnehmung
[109] Immanuel Kant: Kritik der reinen Vernunft, B 145

Raum und Zeit sind keine bloßen Vorstellungen („Gedankendinge"), sondern haben gegenstandskonstitutiven Rang.

Wie sind Kategorien entstanden? Kant beantwortet diese Frage nicht. Nach der transzendentalen Erkenntnistheorie sind die Anschauungsformen und Kategorien für die Erkenntnis konstitutiv. Sie machen Erkenntnis erst möglich, sie sind die Bedingung der Erkenntnis. Die Frage: Wie sind Kategorien entstanden? ist unbeantwortbar, sogar sinnlos, weil eine Antwort selbst schon ein Stück Wissen wäre, also die Kategorien voraussetzen. Die Anschauungsformen und Kategorien sind Bedingung der Erkenntnis und können empirisch nicht erforscht werden. „Wie aber diese eigentümliche Eigenschaft unserer Sinnlichkeit selbst oder die unseres Verstandes und er ihm und allem Denken zum Grunde liegenden notwendigen Apperzeption möglich sei, lässt sich nicht weiter auflösen und beantworten, weil wir ihrer zu aller Beantwortung und zu allem Denken der Gegenstände immer wieder nötig haben." [110]

Wir folgen in der Erkenntnistheorie nicht Kant, sondern nehmen einen naturalistischen Standpunkt ein. Die naturalistische Position geht davon aus, dass auch unsere geistigen Fähigkeiten einen natürlichen Ursprung haben. Dass sie eine materielle, insbesondere eine neuronale Basis besitzen, dass das Geistige mit den naturwissenschaftlichen Gesetzen kompatibel ist (was nicht bedeutet, dass das Geistige auf Physik und Chemie reduziert werden kann). Geistige Fähigkeiten sind kein Privileg des Menschen, sondern sind bei allen Lebewesen (in unterschiedlicher Ausprägung) zu beobachten. Die geistige Fähigkeiten entwickeln sich ontogenetisch (Entwicklung des einzelnen Menschen) und phylogenetisch (stammesgeschichtliche Entwicklung). Der Naturalismus berücksichtigt die Ergebnisse der Gehirnforschung und der Evolutionstheorie.

---

[110] Immanuel Kant: Prolegomina § 36

Evolutionäre Erkenntnistheorie

Wie der Name schon sagt, geht die evolutionäre Erkenntnistheorie (EE) davon aus, dass sich Lebewesen im Laufe der Evolution nach dem oben beschriebenen Mechanismus entwickelt haben. Aber nicht nur Organismen, auch einzelne Organe sind auf diese Weise entstanden. Sinnesorgane und das Gehirn haben sich so entwickelt, dass das Lebewesen sich in seiner Umwelt zurechtfindet. Damit ein Lebewesen überlebensfähig ist, müssen seine Denkstrukturen wenigstens teilweise mit den Strukturen der Realität übereinstimmen.

Die zentrale These der Evolutionären Erkenntnistheorie lautet: „Unser Erkenntnisapparat ist das Ergebnis der (biologischen) Evolution. Unsere (subjektiven) Erkenntnisstrukturen passen auf die (objektiven) Strukturen der Welt, weil sie sich in Anpassung an diese Welt herausgebildet haben. Und sie stimmen mit den realen Strukturen (teilweise) überein, weil nur eine solche Übereinstimmung das Überleben ermöglicht."[111]

Der Grundgedanke der Evolutionären Erkenntnistheorie stammt von Konrad Lorenz (1903 – 1989), der 1973 zusammen mit N. Tinbergen und K. von Frisch den Nobelpreis für Medizin bekam.[112] Er wurde weiterentwickelt von Gerhard

---

[111] Gerhard Vollmer: Was können wir wissen? Band 1 Die Natur der Erkenntnis, Stuttgart, Seite 64
[112] Konrad Lorenz: „Kants Lehre vom Apriorischen im Lichte gegenwärtiger Biologie". Blätter für deutsche Philosophie 15 (1941) 94-125, nachgedruckt in Konrad Lorenz: Das Wirkungsgefüge der Natur und das Schicksal des Menschen. Piper, München 1978, 82-109. Siehe auch: Konrad Lorenz: Die Rückseite des Spiegels, Versuch einer Naturgeschichte menschlichen Erkennens, München 1973

Vollmer (geb. 1943)[113] und Rupert Riedl[114]. Eine wohlwollende Kritikerin der EE ist Eve- Marie Engels[115], ein weniger wohlwollender Kritiker ist Günther Pöltner[116]. Der Name Evolutionäre Erkenntnistheorie leitet sich ab von „evolutionary epistemology", ein Begriff den David Campbell geprägt hat.

In seiner zentralen These (siehe oben) spricht Vollmer von objektiven Strukturen, also Menschen, Pflanzen, Gebäude, Felsen, Tiere, Wolken, Sterne, zusammen mit ihren Eigenschaften, Beziehungen, Gesetzmäßigkeiten, ihrem Verhalten usw. und er spricht von subjektiven Strukturen, das sind Wahrnehmungs- und Denkstrukturen, gedankliche Verknüpfung, Klassifikationen und Begriffe. Die subjektiven und die objektiven Strukturen passen zusammen weil sich die subjektiven Strukturen im Lauf der Evolution in Anpassung an diese Welt herausgebildet haben. Und sie stimmen mit den realen Strukturen (teilweise) überein, weil nur eine solche Übereinstimmung das Überleben ermöglicht.

Es gibt angeborene und erworbene Erkenntnisstrukturen. In der Regel liegt ein kompliziertes Zusammenspiel von biologisch vorgegebenen Dispositionen und Umweltreizen vor. Einige dieser kognitiven Strukturen sind genetisch festgelegt, die meisten aber reifen nach einem festgelegten Programm, wenn die entsprechenden Umweltreize vorhanden sind. Angeboren sind z.B. Saug-, Greif- und Schreivermögen. Lächeln, Bewegungssehen, Farbwahrnehmung usw.

---

[113] Gerhard Vollmer: Evolutionäre Erkenntnistheorie, S. Hirzel Verlag Stuttgart. 1981
Gerhard Vollmer: Was können wir wissen? Band 1 Die Natur der Erkenntnis, Stuttgart. 1985
Gerhard Vollmer: Was können wir wissen? Band 2 Die Erkenntnis der Natur, Stuttgart. 1985
[114] Rupert Riedl: Biologie der Erkenntnis, Die stammesgeschichtlichen Grundlagen der Vernunft. Parey Verlag, Berlin/Hamburg 1980
[115] Erkenntnis als Anpassung? Eine Studie zur Evolutionären Erkenntnistheorie, 1989, Seite 313
[116] Günther Pöltner: Evolutionäre Vernunft, Eine Auseinandersetzung mit der Evolutionären Erkenntnistheorie, Kohlhammer Stuttgart 1993

Angeboren sind auch die Sprachfähigkeit (Disposition Sprechen zu lernen), Objekte wiederzuerkennen, die Welt zu „objektivieren". usw.

Ein zentraler Begriff der EE ist die Passung. Passen ist zu verstehen wie ein Werkzeug zu einem Werkstück passt, wie Schraubendreher zu einer Schraube passt, wie ein Schlüssel in ein Schloss. So wie die Flügel eines Vogels an die Luft angepasst sind, so wie die Form und die Flossen eines Fisches an das Wasser angepasst sind, so wie die Hufe eines Pferdes an den Steppenboden angepasst sind, so ist das Gehirn eines Lebewesens an seine Umgebung angepasst. Die Passung ist nützlich, weil sie die Fitness des Lebewesens erhöht.

Ein Beispiel für die Passung von Sinnesorganen ist die Übereinstimmung des Empfindlichkeitsbereichs des menschlichen Auges mit dem optischen Fenster der Erdatmosphäre, in dem auch das Intensitätsmaximum der Sonnenstrahlung liegt.

Das erinnert an das Wort von Goethe: „Wär nicht das Auge sonnenhaft, wie könnten wir das Licht erblicken?"[117] Dem erwidert Konrad Lorenz naturwissenschaftlich kühl: „Nicht weil das Auge primär sonnenhaft ist, kann es die Sonne erblicken, sondern weil es sich in jahrmilliardenlanger Stammesentwicklung in einer Welt herausgebildet hat, in der eine reale Sonne schon Äonen vor dem Vorhandensein von Augen Strahlen aussandte."[118]

Die Leistungsfähigkeit der EE zeigt sich vor allem daran, dass sie die Grenzen menschlicher Erkenntnisfähigkeit bestimmen kann. Zunächst einmal ist unser Erkenntnisapparat nicht dazu da, die Welt zu erkennen. Unser Gehirn und unsere Sinnesorgane sind Überlebensorgane. Sie versetzen uns in

---

[117] Johann Wolfgang von Goethe: Farbenlehre, Einleitung, Hamburger Ausgabe, Band 13, Seite 324
  Der Gedanke stammt ursprünglich von Plotin
[118] Konrad Lorenz: Die angeborenen Formen möglicher Erfahrung, 1943

die Lage, in dieser Welt zu leben und zu überleben. Das zeigt uns auch seine Grenzen auf. Unsere Erkenntnisfähigkeit ist ausgelegt auf mittlere Dimensionen (Mesokosmos). Deshalb haben wir Schwierigkeiten, die Quantentheorie zu verstehen (Mikrokosmos) und können uns einen endlichen, aber unbegrenzten Kosmos nicht denken (Makrokosmos). Die Grenzen der menschlichen Erkenntnisfähigkeit werden bestimmt dadurch, dass der Erkenntnisapparat die Aufgaben erfolgreich löst, die wir zum Überleben brauchen und für Aufgaben ungeeignet ist, die wir zum Überleben nicht unbedingt benötigen. Der Mesokosmos ist die kognitive Nische des Menschen, analog der ökologischen Nische in der Biologie.

Die EE hat als Realitätsmodell den Hypothetischen Realismus. Alle Erkenntnis ist hypothetisch, d.h. vorläufig, fehlbar, unsicher. Es gibt eine reale Welt unabhängig von unserem Bewusstsein. Sie ist strukturiert. Wir können sie teilweise erkennen und erklären. Sie grenzt sich damit vom naiven Realismus ab, für den es eine reale Welt gibt, die so beschaffen ist wie wir sie wahrnehmen.

Die EE wurde sowohl von den Naturwissenschaften als auch von der Philosophie kritisiert. Kritik von Seiten der Naturwissenschaften:

- viele Organismen haben sich innerhalb vieler Millionen Jahre nicht angepasst, obwohl sich ihre Umwelt geändert hat.
- umgekehrt haben sich Organismen z.T. stark verändert, obwohl ihre Umwelt sich nicht geändert hat.
- Organismen gleicher Herkunft und gleicher Umgebung haben sich verschieden entwickelt, aus Gründen, die in ihrer strukturellen und funktionalen Systemeigenschaften liegen.
- Das Gehirn ist nur unspezifisch genetisch festgelegt. Die Entwicklung des Gehirns geschieht überwiegend nach selbstorganisierenden und erfahrungsabhängigen Prozessen. Die Evolution des Gehirns ist stark eigengesetzlich verlaufen, d.h. die Rolle der

Umweltselektion ist für das Gehirn nicht ausschlaggebend.[119]

Kritik von Seiten der Philosophie an der EE:

Zur Hauptthese der EE: Unsere (subjektiven) Erkenntnisstrukturen passen mit den realen Strukturen überein ist die Frage zu stellen: Wer kann eine solche Aussage machen? Um sinnvoll von einer Korrespondenz zwischen Erkenntnis und Realität sprechen zu können, müssten wir eine Außenperspektive annehmen. Diese Außenperspektive gibt es aber nicht.

Fassen wir zusammen: Unsere kognitiven Fähigkeiten sind im Laufe der Evolution durch ständige Auseinandersetzung mit der Umwelt und durch Anpassung an sie entstanden. Das erklärt ihre Möglichkeiten und Grenzen. Unsere (subjektiven) Erkenntnisstrukturen passen auf die (objektiven) Strukturen der Welt, weil sie sich in Anpassung an diese Welt herausgebildet haben.

Konstruktivismus

Zum Denken brauchen wir ein Gehirn. Deshalb ist es naheliegend zu fragen, was die Hirnforschung zum Thema Denken beizutragen hat. Die Hirnforschung widerspricht der Evolutionären Erkenntnistheorie. Es ist zwar richtig, dass sich die Sinnesorgane auf vielfältige Weise an die Umwelt angepasst haben. Das Gehirn dagegen ist unspezifisch. Seine Entwicklung geschieht überwiegend nach selbstorganisierenden Prozessen. Sie wird durch Erfahrungen beeinflusst und geprägt, verläuft aber im Wesentlichen eigengesetzlich, d.h. die Rolle der Umwelt ist vorhanden, aber nicht ausschlaggebend. Das hat erkenntnistheoretische Konsequenzen, die unter dem Namen Konstruktivismus oder Radikaler Konstruktivismus bekannt sind.

---

[119] Gerhard Roth: das Gehirn und seine Wirklichkeit

Wir wollen den Konstruktivismus aus den Eigenschaften und Funktionsweisen des Gehirns ableiten. Dazu müssen wir uns einige Gehirneigenschaften vor Augen führen.

- Das Gehirn besteht aus ca. 100 Milliarden (10^{11}) Nervenzellen (Neuronen). Die Neuronen haben untereinander ca. 100 Billionen (10^{14}) Verbindungen. Das Gehirn ist also ein ungeheuer komplexes Gebilde.
- Das Gehirn strukturiert sich selbst. D.h. es wird nicht von außen geformt und organisiert, sondern es moduliert sich selbst durch seine eigenen Operationen. Beispiel: Spracherwerb. Wenn ein Kind sprechen lernt, ist dieser Lernvorgang auch mit einer Differenzierung und Strukturierung der entsprechenden Hirnteile verbunden.
- Die Neuronen kommunizieren mit elektrischen Impulsen und chemischen Botenstoffen (Neurotransmittern). Das bedeutet, dass die Welt im Gehirn eine völlig andere ist, als außerhalb des Gehirns. Draußen sind Menschen, Häuser, Landschaften, Gegenstände usw., im Gehirn sind elektrische Impulse und chemische Reaktionen.
- Die elektrischen Signale sind unspezifisch, neutral. Man sieht einem elektrischen Impuls nicht an, ob er zu einem visuellen Eindruck, zu einem Gedanken oder zu einer Emotion gehört. Nicht der Impuls selbst, sondern nur der Ort im Gehirn bestimmt, um was für eine mentale Leistung es sich handelt. Niklas Luhmann hat diese Neutralität mit der Rolle des Geldes im Wirtschaftssystem verglichen. Genauso wie das Geld neutral ist gegenüber dem was mit ihm bezahlt wird, sind die elektrischen Impulse neutral gegenüber dem was sie repräsentieren. Der Geschmack von Schokolade ist ein Feuerwerk von elektrischen Impulsen, ebenso der Klang einer Trompete oder ein wissenschaftlicher Gedanke.
- Die elektrischen Impulse sind die „Sprache" des Gehirns. Alles was im Gehirn repräsentiert wird, muss in diese Sprache übersetzt werden. Das bedeutet, dass das Gehirn die Welt nicht abbildet, sondern sie in seine Sprache übersetzt. Die Leistung des Gehirns besteht darin, einem Feuerwerk von Impulsen Bedeutungen zuzuordnen.

- Was wir wahrnehmen, geschieht im Gehirn. Es wird aber vom Gehirn nach außen projiziert. Wenn ich einen Gegenstand wahrnehme, wird er in meinem Gehirn repräsentiert. Aber mein Gehirn verlegt die Repräsentation für mich nach außen.

Welche Konsequenzen haben diese Gehirneigenschaften für die Erkenntnistheorie? Halten wir noch einmal fest: Das Gehirn ist ein funktional geschlossenes System, das nur seine eigene „Sprache" versteht und nur mit seinen eigenen Zuständen operiert. Diese Zustände sind elektrische Impulse in den Neuronen und chemische Reaktionen zwischen Synapsen. Das Gehirn bildet die Welt nicht ab, sondern „übersetzt" sie in seine „Sprache". Die „Sprache" des Gehirns ist bedeutungsneutral. Die Signale im Gehirn bekommen die Bedeutung, die ihnen das Gehirn zuweist. Die Leistung des Gehirns besteht darin, dem jeweiligen Feuerwerk von elektrischen Impulsen und der Flut von chemischen Reaktionen die ihr entsprechende Bedeutung zuzuweisen. Das ist nicht möglich, ohne konstruktive Leistung. Das Gehirn konstruiert die Welt aus den neuronalen Aktivitäten. Wir bilden die Welt nicht ab, sondern wir formen uns aus unseren Gehirnleistungen unsere Wirklichkeit. Das ist der Kerngedanke des (radikalen) Konstruktivismus.

Der Konstruktivismus kann leicht falsch interpretiert werden. Deshalb sei vor folgenden Fehlschlüssen gewarnt:

- Konstruktivismus bedeutet nicht Solipsismus (von lat. solus allein und ipse selbst), d.h. nur das eigene Ich existiert
- Konstruktivismus bedeutet nicht Beliebigkeit. Wir können nicht nach unserem Gutdünken die Welt für uns so interpretieren, wie wir gerade wollen. Obwohl andererseits es genügend Beispiele gibt, dass Menschen in Fantasiewelten leben. Aber in der Regel werden wir von der Realität immer wieder korrigiert.

Konstruktivismus bedeutet, dass wir nur mit den Mitteln, die uns anatomisch zur Verfügung stehen – und das sind die Sinnesorgane und das Gehirn mit ihren Eigenschaften und

Funktionen – uns in der Welt zurechtfinden und orientieren. Wir haben nichts anderes. Konstruktivismus bedeutet weiter, dass die Eigenschaften unserer physiologischen Ausstattung in unsere Erkenntnis und in unser Bild von der Welt eingehen. Dieses Bild ist nicht losgelöst von aller Empirie. Die Gehirnaktivitäten sind der subjektive Anteil unserer Welterkenntnis. Konstruktivismus bedeutet drittens, dass der „subjektive" Anteil und der „objektive" Anteil nicht voneinander getrennt werden können.

Moderne Vertreter des Konstruktivismus sind Ernst von Glasersfeld (geb. 1917), Heinz von Förster (1911 – 2002) und Niklas Luhmann (1927 – 1998)[120]. Aber der Konstruktivismus – auch wenn er früher nicht so genannt wurde – hat eine lange Tradition. Auch Immanuel Kant (1724 – 1804) kann durchaus zu den Konstruktivisten gerechnet werden, ebenso wie Arthur Schopenhauer (1787 – 1860). Als Beleg soll folgendes Zitat dienen:

„Die Welt ist meine Vorstellung – dies ist eine Wahrheit, welche in Beziehung auf jedes lebende und erkennende Wesen gilt; ... Es wird ihm[121] dann deutlich und gewiss, dass er keine Sonne kennt und keine Erde; sondern immer nur ein Auge, das eine Sonne sieht, eine Hand, die eine Erde fühlt; dass die Welt, welche ihn umgibt, nur als Vorstellung da ist, d.h. durchweg nur in Beziehung auf ein anderes, das Vorstellende, welches er selbst ist." „Keine Wahrheit ist also gewisser, von allen andern unabhängiger und eines Beweises weniger bedürftig als dies, dass alles, was für die Erkenntnis daist, also diese ganze Welt, nur Objekt in Beziehung auf das

---

[120] Ernst von Glasersfeld: Der Radikale Konstruktivismus. Ideen, Ergebnisse, Probleme, Frankfurt/M, 1996
Siegfried J. Schmidt (Hrsg.): Der Diskurs des Radikalen Konstruktivismus, Frankfurt/M, 1987
Niklas Luhmann: Erkenntnis als Konstruktion, Bern 1988
[121] dem Menschen, bei dem die philosophische Besonnenheit eingetreten ist

Subjekt ist, Anschauung des Anschauenden, mit einem Wort: Vorstellung."[122]

Fassen wir zusammen: Das Gehirn bildet die Außenwelt nicht ab, sondern übersetzt die Sinneseindrücke in ihre eigene „Sprache". Dem ständigen „Feuerwerk" von elektrischen Impulsen weist das Gehirn Bedeutungen zu. Damit (re)konstruiert es die Wirklichkeit und es vollbringt damit alle kognitiven Leistungen wie Denken, Fühlen, Planen, Bewerten und Entscheiden.

Die Erkenntnistheorie von Michael Tomasello[123]

Lange bevor der Homo Sapiens die Weltbühne betrat, lange bevor es Sprache und Kultur gab, wurde der Grundstein für das menschliche Denken schon bei den letzten gemeinsamen Vorfahren von Menschen und Menschenaffen gelegt.

Menschenaffen haben die Fähigkeit der räumlichen Navigation. Sie haben eine „innere Landkarte". Sie können sich merken, wo sich welche Früchte befinden und sie können auch wieder zurückfinden, woher sie gekommen sind. Menschenaffen können Nahrung erkennen und kategorisieren. Und sie sind geschickt in der Handhabung von Werkzeugen. Nichtmenschliche Primaten operieren auf flexible, intelligente, selbstregulierte Weise. Sie haben auch Zugang zu ihren eigenen psychischen Zuständen, zumindest in instrumenteller Hinsicht. Menschenaffen haben abstrakte kognitive Repräsentationen (Modelle). Tomasello kommt zu dem

---

[122] Arthur Schopenhauer: Die Welt als Wille und Vorstellung, Erstes Buch, §1
[123] Michael Tomasello: Die kulturelle Entwicklung des menschlichen Denkens
  Michael Tomasello: Die Naturgeschichte des menschlichen Denkens

Schluss: „Menschaffen – man kann es nicht anders nennen – denken."[124]

Auf diesen Fähigkeiten konnte der Mensch aufbauen und auf dieser Grundlage das entwickeln, was den Unterschied zum Menschenaffen ausmacht: die gemeinsame Intentionalität (siehe Kapitel 12: Anerkennen).

Die gemeinsame Intentionalität ist die Fähigkeit, einen Artgenossen als eigenständiges Wesen zu betrachten mit eigenen Gedanken, Gefühlen und Wünschen, die Perspektive eines anderen einzunehmen, d.h. ein Objekt oder Ereignis aus dem Blickwinkel eines anderen zu betrachten, mit einem anderen mitzufühlen, mit einem anderen die Aufmerksamkeit zu teilen und mit ihm zu kooperieren. Gemeinsame Intentionalität bedeutet auch: ein Wir-Gefühl entstand, eine kollektive Identität, in der jeder seine individuelle Rolle und seine eigene Perspektive hat, die Gruppe sich aber auch gemeinsame Ziele steckt, die in kooperativer Weise verfolgt werden.

Vergleiche mit Menschenaffen haben ergeben, dass sich Menschen sehr viel kooperativer verhalten, wohingegen Menschenaffen größtenteils individualistisch agieren.

Für Menschen im Pleistozän war das Leben sehr hart. Es war für eine Mutter schwer, ihr Kind durchzubringen. Deshalb hatte die Gruppe größere Überlebenschancen, wenn sich auch andere Mitglieder der Gruppe an der Aufzucht der Kinder beteiligten. Menschliche Mütter sind genauso besorgt um ihr Kinder, aber sie lassen es zu – anders als Menschenaffenmütter – , dass auch andere Gruppenmitglieder die Kleinen behüten und tragen. Sarah Blaffer Hrdy belegt ihre These mit Untersuchungen an heute lebenden Jäger- und Sammlergesellschaften. Bei Hadza,

---

[124] Michael Tomasello: Die Naturgeschichte des menschlichen Denkens, Seite 47

einer Volksgruppe in Tansania, werden Kinder unter 4 Jahren zu 70% von ihren Müttern getragen, 30% von anderen Mitgliedern der Gruppe (ältere Geschwister, Großmütter, Tanten, Onkel, sogar von nicht Verwandten Stammesmitgliedern). Sarah Blaffer Hrdy hat nachgewiesen[125], dass das „cooperative breeding", also der gemeinsamen Aufzucht des Nachwuchses, eine spezifisch menschliche Eigenschaft ist mit weitreichenden Folgen. Bei den Menschenaffen zieht die Mutter ihr Kind fast vollständig alleine auf. Bei Menschen in der Jäger- und Sammler- Zeit wird die Mutter oft durch dritte unterstützt, also durch Großeltern, Tante, Onkel, ältere Geschwister usw. Nach Blaffer Hrdy war das „cooperative bredding" als sozialer Kontakt mit Kooperation und Handeln mit gemeinsamen Zielen durch monogame Partnerbeziehungen und durch unterschiedliche Formen der Nahrungssuche entstanden. Menschen haben erkannt (besser: emotional erfahren) dass Kooperation, d.h. Helfen oder Teilen zum Erfolg führt und auch ihnen selber hilft.

Im Gegensatz zu Menschenaffen sind Menschen in der Lage, gemeinsame Entscheidungen zu treffen, sich gegenseitig zu informieren und sich unter einander nützliche Dinge beizubringen. Kooperation ist ein kennzeichnendes Merkmal menschlicher Gesellschaften.[126]

Viele Kooperationen erfordern Arbeitsteilung. Menschen – im Gegensatz zu Menschenaffen – sind in der Lage, in einer Zusammenarbeit eine Rolle zu übernehmen, sie kennen ihre Rolle und die der anderen und können, falls notwendig, auch in die Rolle eines anderen wechseln. Dieses Bewusstsein verschiedene Rolle setzt eine Vogelperspektive voraus, die

---

[125]Sarah Blaffer Hrdy: Mütter und andere, Mothers and others, wie die Evolution uns zu sozialen Wesen gemacht hat.
[126] Michael Tomasello: Eine Naturgeschichte des menschlichen Denkens, Seite 61

alle Rollen, einschließlich der eigenen Gemeinsam gedanklich repräsentiert.

Die Fähigkeit zur gemeinsamen Intentionalität hat Auswirkungen auf das Selbstbild des Menschen in seiner Gemeinschaft. Er ist Individuum und Mitglied seiner Gruppe, er verfolgt mit anderen gemeinsame Ziele, aber mit individuellen Rollen. Diese doppelte Aufgabe erfordern eigene für den Menschen typische kognitive Kompetenzen.

Auch in anderer Hinsicht hat die gemeinsame Intentionalität Folgen für das Selbstverständnis. Wenn ich mich aus der Perspektive eines anderen betrachten kann, muss mich mir Sorgen um die Bewertung der anderen machen. Wie bewertet mich andere als potentielle Partner für die Zusammenarbeit? Was muss ich tun, um das Urteil der anderen positiv zu beeinflussen? Tomasello nennt das soziale Selbstbeobachtung.

Menschen haben die Fähigkeit zur Wir- Intentionalität, bei der sich zwei Individuen auf die intentionalen Zustände des jeweils anderen beziehen. Diese Fähigkeiten zur gemeinsamen Intentionalität kennzeichnen den Unterschied zum Menschenaffen und erklärt einige seiner kognitiven Fähigkeiten.

Die Individuen müssen sich vorstellen, wie ihre Gesprächspartner über ihr Denken denkt. D.h. Denken bekommt eine soziale Dimension.

Sprache entwickelt sich – nach Tomasello – aus der Zeigegeste.[127] Aus den Zeigegesten entwickelten sich ikonische Gesten, wie z.B. das nachahmen einer Handlung oder die Darstellung der Umrisse eines Objekts. Ikonische Gesten sind deshalb ein Schritt auf dem Weg zur Sprache, weil sie – wie die Sprache – symbolisch sind, einen

---

[127] Michael Tomasello: Die Ursprünge der menschlichen Kommunikation

semantischen Gehalt haben und kategorial sind. Da ikonische Gesten oft mehrdeutig sind und deshalb auch offen für unterschiedliche Interpretationen, haben sie Potential für Imagination. Kinder verwenden einen Stock, als ob es ein Pferd wäre (Steckenpferd). In diesem Zusammenhang gehört auch die Metapher. Lakoff und Johnson ist in ihrem Buch: Leben in Metaphern aufgefallen, dass wir häufig räumliche Metaphern benutzen. Beispiel: wir sind auf einem guten Weg, seine Laufbahn führt in eine Sackgasse, ich bin außer mir usw. Warum verwenden wir so häufig räumliche Metaphern? Antwort: weil wir sehr lange mit Gesten im Raum kommuniziert haben und bis heute kommunizieren.

Gesten werden auch kombiniert. Beispiel: Rühren pantomimisch darstellen und dann auf einen Topf zeigen. Möglicherweise kann durch die Kombination von Gesten die Subjekt- Prädikat- Objekt- Struktur der Sprache erklärt werden. In der Zeigegeste enthalten ist auch die Unterscheidung von Ereignis und Mitspieler. Und sie enthält bereits die Unterscheidung von geteiltem Wissen und neuer Information.

Es wird auf ein Objekt gezeigt, um sicher zu gehen, dass die Aufmerksamkeit auf dieses Objekt geteilt wird (Beispiel: Apfelbaum) um dann einen Aspekt an ihm zu bezeichnen, von dem man meint, dass er für den Gesprächspartner relevant ist (Beispiel: Äpfel sind reif). Darin angelegt ist bereits die Sprachstruktur Substantiv- Adjektiv.

Eine wesentliche kognitive Eigenschaft des Menschen ist seine Fähigkeit zum Perspektivenwechsel. Mit dieser Fähigkeit erleben wir die Welt nicht nur für uns selbst, sondern wir erfahren dieselbe Welt zumindest in einigen Aspekte auch aus einem anderen Blickwinkel. Das ist möglicherweise der Ursprung der Subjekt-Objekt-Spaltung.

Eine Anmerkung zur Unterscheidung Subjekt-Objekt. Alles was wir wahrnehmen und denken geschieht in

Repräsentationen unseres Gehirns. Auch das war außerhalb von ist, das Objektive erfahren wir über die Aktivitäten unserer Sinnesorgane und des Gehirns. Deshalb hat Luhmann die Unterscheidung subjektiv-objektiv ersetzt durch die Unterscheidung Selbstreferenz- Fremdreferenz.

Vieles deutet darauf hin, dass die Hauptfunktion des schlussfolgernden Denkens darin besteht, andere zu überzeugen, d.h. es hat einen sozial-kommunikativen Ursprung. Letztendlich ist es Kommunikation, die Ursache für gedankliche Schüsse ist.

Gesten imitieren und simulieren Handlungen außerhalb ihres üblichen Kontextes. Sie sind kategorialer Natur, das ist der erste Schritt zum Symbolgehalt der Sprache.

Gestische Mitteilungen – ebenso wie Sprache – markieren zunächst das bereits geteilte Wissen um zu erreichen, dass die Aufmerksamkeit darauf geteilt wird um dann einen Aspekt zu benennen, von dem man annehmen kann, dass er für den Gesprächspartner relevant ist. Diese Kommunikation hat die Struktur: Thema-Fokus, Thema = Hintergrund, Fokus = neue Information. Zusammen mit der Symbolisierung der unterschiedlichen Perspektiven macht die Thema-Fokus-Unterscheidung zumindest im Ansatz die Sprache propositional.

Eine moderne Gesellschaft ist gekennzeichnet durch sehr viel weiterreichende Interaktionen als frühere Stammesgesellschaften, durch komplexere gesellschaftliche Organisationen, durch verschiedene Arten kultureller Konventionen, Normen und Institutionen und durch einen gemeinsamen kulturellen Hintergrund. In einer Kulturgesellschaft wird Wissen und werden Fertigkeiten über Generationen weitergegeben und weiterentwickelt, sodass man in Analogie zur biologischen Evolution von kulturellen Evolution sprechen kann.

Die einzelnen Stämme einer Stammesgesellschaft konkurrieren miteinander und bekämpfen sich gegenseitig. Um sich anderen Stämmen gegenüber zu behaupten, mussten die Mitglieder eines Stammes sich gegenseitig unterstützen. Jeder war auf die Hilfe andere angewiesen. Das erzeugt ein Wir-Gefühl und eine Gruppenidentität, also Vorstufe einer Kultur. Gruppenidentität ist ein Gefühl der Zusammengehörigkeit bis hin zum Bewusstsein eines kollektiven Stolzes, einer kollektiven Scham und einer kollektiven Schuld.

Das Gefühl der Gruppenzugehörigkeit machte es erforderlich, dass ich die Individuen als Mitglied einer Gruppe gegenseitig erkennen. Indikatoren für Gruppenzugehörigkeit sind ein gemeinsame Sprache bis hin zu feinen Unterscheidungen verschiedener Dialekte und gemeinsamer kultureller Praktiken (Kleidung, Ernährung, Gebräuche). Die Gruppenidentität schloss auch die Vorfahren mit ein, d.h. es entstand ein Geschichtsbewusstsein.

Die Menschen in einer Kulturgemeinschaft haben einen gemeinsamen Hintergrund. Habermas nennt ihn Lebenswelt. Kommunikativ handelnde Subjekte verständigen sich für Habermas „stets im Horizont einer Lebenswelt."[128] Der von Edmund Husserl erstmals entwickelte und von Alfred Schütz in die Soziologie eingeführte Begriff der *Lebenswelt* kennzeichnet die Teilnehmerperspektive der handelnden Subjekte. Er weist nach Habermas folgende Charakteristika auf[129]: Die *Lebenswelt* „ist dem erlebenden Subjekt fraglos gegeben" und kann „gar nicht problematisch werden", sondern „allenfalls zusammenbrechen". Sie verdankt ihre Gewissheit „einem in die Intersubjektivität sprachlicher Verständigung eingebauten sozialen Apriori".

---

[128] Jürgen Habermas: Theorie des kommunikativen Handelns, Band 1 Seite 107
[129] Ebenda, Band 2 Seite 198-202

Der gemeinsame Hintergrund, die Lebenswelt, besteht aus gemeinsam geteiltem Wissen, aus vertrauten, kulturellen Praktiken und aus gemeinsamen sozialen Normen. Diese Praktiken sind aus Koordinationsproblemen heraus entstanden. Es entstehen Präzedenzfälle, die bei Wiederholung derselben Situation auf dieselbe Weise entschieden werden. Soziale Normen sind wechselseitige Erwartungen, dass Menschen sich auf bestimmte Weise verhalten. Wenn sich jemand nicht an eine soziale Norm, stellt er sich außerhalb der Gruppe. Man kann ihm nicht trauen.

Soziale Normen sind Strukturen. Sie entwickeln sich aus dem Verhalten der Menschen und geben Orientierung, indem sie das Verhalten lenken und Abweichungen erschweren. Sie bekommen den Status objektiver Tatsachen. Das ist so! Das macht man so! So verhält man sich! Wenn man etwas geschenkt bekommt, bedankt man sich. Wenn man einen Bekannten auf der Straße trifft, grüßt man ihn. Soziale Normen werden wie in Stein gemeißelte, unveränderliche, ewig gültige Regeln behandelt (und nicht wie von Menschen geschaffene Verhaltensmaßstäbe).

Halten wir fest: Denken entstand aus der Kooperation. Voraussetzung für Kooperation war die Fähigkeit zur gemeinsamen Intentionalität. Folgende Denk- und Sprachstrukturen haben sich – nach Tomasello – aus der Fähigkeit zum Perspektivenwechsel und der geilten Aufmerksamkeit entwickelt: die Subjekt-Prädikat-Objekt Struktur, die Unterscheidung Ereignis/Akteure, die Unterscheidung geteiltes Wissen/neue Information (Thema-Fokus), die Subjekt-Objekt-Spaltung, das schlussfolgernde Denken, der symbolische Charakter der Sprache, Denken mit propositionalem Inhalt. Tomasello fasst zusammen: „Das menschliche Denken ist [durch die gemeinsame Intentionalität] kollektiv, objektiv, reflexiv und normativ geworden."[130]

Denkstrukturen

Bei dem Wort „Struktur" denken wir sofort an räumliche Strukturen, wie z.b. Bienenwaben oder Blätter oder Wolkenformationen oder an zeitliche Strukturen, wie z.b. den Tag-Nacht-Rhythmus und den Herzschlag. Es gibt aber auch Strukturen ganz anderer Art, z.b. besitzt eine Organisation eine Struktur, wenn die Aufgaben und Verantwortungen festgelegt sind.

Wir verwenden den Begriff „Struktur" in dieser von räumlichen und zeitlichen Beziehungen abstrahierenden Weise. Wir gehen von der Differenz Struktur/Prozess aus und bezeichnen Struktur das was Prozesse ermöglicht, aber auch einschränkt. Um beim Beispiel des Unternehmens zu bleiben: die Organisationstruktur des Unternehmens ermöglicht die Entwicklung oder die Produktion eines Produkts, aber es schränkt die Entwicklung und Fertigung auf festgelegte Abläufe ein. „Sich selbst organisierende Systeme (z.B. Lebewesen oder soziale Systeme) gewinnen erst durch (einschränkende) Strukturierung so viel „innere Führung", dass sie sich selbst reproduzieren können".[131]

Strukturen sind Voraussetzung für Erkenntnis in einem doppelten Sinn. Nur wenn das was erkannt wir, strukturiert ist, kann es erkannt werden und nur ein strukturiertes Lebewesen kann Beobachtungs- und Denkprozesse aufbauen. „Strukturbildung ist aber auch Voraussetzung für die Beobachtung und Beschreibung eines Systems und zwar für Selbst- und Fremdbeobachtung."[132]

In diesem Sinne weist unser Denken Strukturen auf. Damit wir etwas erkennen können, muss sowohl unser

---

[130] Michael Tomasello: Eine Naturgeschichte des menschlichen Denkens, Seite 183
[131] Niklas Luhmann. Soziale Systeme
[132] Ebenda Seite 386

Erkenntnisapparat strukturiert sein als auch das Objekt der Erkenntnis Strukturen aufweisen. Nur strukturierte Systeme können überhaupt beobachtet werden, weil ohne Strukturierung jedes Element beobachtet werden müsste, was die Informationsverarbeitungskapazität des beobachtenden Systems überschreiten würde. Diese Strukturen müssen in einer strukturierten Weise erfasste und verarbeitet werden.

Aristoteles sagte, dass die menschliche Seele gewissermaßen das Seiende ist, indem sie es durch Wahrnehmung und Denken erschließt.[133] Die Seele und das Seiende stehen sich nicht als Subjekt und Objekt gegenüber, sondern sind ein und dasselbe. Nach Aristoteles sind sie deshalb ein und dasselbe, weil es eine umfassende Ordnung des Seienden gibt, zu dem sowohl die Seele, als auch das von ihr Erschlossene gehören. Wahrnehmung und Denken sind Vollzüge dieser Ordnung.

Wir verfolgen hier ebenfalls den Gedanken, dass unser Erkenntnisvermögen und das von uns Erkannte kongruente Strukturen aufweist. Wir begründen diese Kongruenz aber nicht mit der Zugehörigkeit zu einer umfassenden Ordnung, sondern damit, dass unsere Wahrnehmungs- und Denkstrukturen aus der Natur heraus entstanden sind und dass sie sich in jahrmillionenlanger Auseinandersetzung mit der Natur entwickelt haben und dass daraus erklärt werden kann, dass Wahrnehmen und Denken auf der einen und Natur auf der anderen Seite isomorph sind.

Subjekt und Objekt

Die menschliche Erkenntnis hat die Besonderheit der Subjekt- Objekt- Spaltung. Aus dem Syndrom von lebensbezogenen Empfindungen und Wahrnehmungen werden Objekte auf der einen Seite und aus den Empfindungen und Wahrnehmungen wird ein denkendes und urteilendes Subjekt auf der anderen Seite. Ein Subjekt, das

---

[133] Aristoteles: Über die Seele, 431 b

die Fähigkeit besitzt, das Wahrgenommene zu thematisieren und damit zu unterscheiden.

„Wir können pointiert sagen, dass es vor dem Akt des Urteils weder ein Subjekt, noch das von ihm kreierte Objekt gibt; erst die freie Urteilstätigkeit stiftet die polare unsichtbare Struktur von denkfähigem, freiem Ich-Subjekt und erkennbarem Objekt."[134]

Das bedeutet auch, dass es ein Objekt als solches nur in Zusammenhang mit der Erkenntnisfähigkeit des Menschen gibt. Das Universum, die Erde, Menschen, Tiere, Gegenstände usw. gibt es nicht einfach so, sondern als Bestimmung unserer Tätigkeit mit Hilfe des Denkens.

Weil zwischen Subjekt und Objekt eine Distanz aufgebaut wird und weil das Objekt als etwas betrachtet wird, das vom Subjekt unabhängig ist, kann das Objekt gewissermaßen von allen Seiten betrachtet werden und bekommt den Charakter des Perspektivischen. Das bedeutet, dass jede Aussage eine besondere Sichtweise eines bestimmten Phänomens darstellt. „Alles was gesagt werden kann, kann immer nur von einem Beobachtet aus gesagt werden, der zu einem bestimmten Zeitpunkt an einem bestimmten Ort unter einer bestimmten Differenz beobachtet." (Luhmann).

Sprachliche Symbole (Wörter, Sätze) verkörpern die unzähligen Weisen der intersubjektiven Auslegung der Welt, die in einer Kultur über einen historischen Zeitraum hinweg akkumuliert wurden.

Manchmal gibt es in diesen Situationen unterschiedliche Rollen, die von den Teilnehmern auch als unterschiedliche Rollen wahrgenommen werden. Mit der Fähigkeit zum Perspektivenwechsel, kann auch jeder die Rolle des anderen gedanklich oder faktisch einnehmen. Ohne die Fähigkeit des Menschen, die Perspektive des anderen einnehmen zu können, ist diese Eigenschaft der Sprache nicht möglich.

---

[134] Reinhard Brandt: Können Tiere denken?, Ein Beitrag zur Tierphilosophie, Seite 54

Umgekehrt wird die Sprache durch ihren Perspektivencharakter strukturiert.

Substanz und Akzidenz

Eine Denkstruktur, die auch gleichzeitig eine Sprachstruktur ist, ist die Unterscheidung Ding – Eigenschaft, die sich in der Sprache unter Subjekt – Prädikat bzw. in Substantiv und Adjektiv wiederfindet.

Substanz ist der Träger von Eigenschaften, Akzidenzien sind die Eigenschaften. Eigenschaften können sich ändern, die Substanz bleibt dabei unverändert. Z.B. ist ein Dach nach einem Regen nass, vor dem Regen war es trocken.

Die Unterscheidung von Substanz und Akzidenz wurde von Aristoteles in die Philosophie eingeführt. Er ging von zehn Akzidenzien aus: Quantität, Qualität, Relation, Zeitbestimmung, Ortsbestimmung, Tätigkeit, Leiden, Lage und Besitz. Sie bestimmen die Substanz in der Aussage.

Bei Thomas von Aquin heißt es: „Accidentis esse est inesse", also: „Für ein Akzidenz bedeutet zu sein, an etwas zu sein." In die gleiche Richtung geht sein „Accidens non est ens sed entis", also: „Ein Akzidenz ist kein Seiendes, sondern ein zu etwas Seiendem gehörendes." In der Scholastik wird die Unterscheidung Substanz/Akzidenz auch auf das Verhältnis von Seele und Körper bezogen, wobei die Seele die Substanz und der Körper die Akzidenz darstellt. Nach dem Tod bleibt die Seele erhalten, aber der Körper vermodert im Grab.

Kant kennt eine vierfache Unterscheidung von Prädikaten in Essentialia, Attributa, Modi und Relationes. Essentialia kommen dem Subjekt unmittelbar und a priori zu, Attribute mittelbar, aber noch apriori, Modi sind unmittelbare Eigenschaften, aber nicht-apriori und Relationen weder mittelbar noch a priori. Modi sind "Zustände" einer Substanz, "Relationes" ihre Beziehungen zu anderen Substanzen. Attribute sind diejenigen Prädikate, die nicht intensionaler Bestandteil des Gattungsbegriffes der Substanz sind. Insofern einem Individuum ein besonderes Attribut zukommen kann, das die anderen Mitglieder der Gattung nicht teilen, sind außer den Essentialia alle diese Eigenschaftsklassen möglicherweise Akzidenzen. Allgemein-notwendige Attribute gibt es nach Kant aber auch, gerade sie sind es, die einem Subjekt in einem synthetischen Urteil a priori zugesprochen werden.[135]

Substanz und Akzidenz hat in der Sprache die Entsprechung Substativ und Adjektiv.

Eine grundlegende „kognitive Unterscheidung, die man in natürlichen Sprachen findet, ist die Unterscheidung zwischen Ereignissen (oder Sachverhalten) und ihren Mitspielern." Eine Katze macht diese Unterscheidung vermutlich nicht, was man erkennen kann, wenn man vor ihr etwas hin und her bewegt. Sie sieht dann nur die Bewegung, nicht den, der sie verursacht.

Zur Unterscheidung Ereignis und Akteur gehört auch die Unterscheidung von „dingartig" und „prozessartig" und die Unterscheidung von „Redegegenstand – worüber wir reden und „Redefokus – was wir darüber sagen". Diese Unterscheidungen, mit der wir die Welt um uns herum strukturieren, findet sich in der Sprachstruktur wieder:

dingartig – Nomina
prozessartig – Verb.

Wenn Kinder Zwei-Wörter-Sätze bilden, dann tun sie das oft so, dass sie ein Wort für ein Ereignis (oder einen Sachverhalt) mit einem Wort für einen Beteiligten kombinieren. Beispiele: Papa weg, Mama geben.

---

[135] Immanuel Kant: Kritik der reinen Vernunft AA VIII, 226–246

Das Ganze und seine Teile

Wir nehmen Objekte als Einheit wahr: Menschen, Bäume, Häuser. Das ist deshalb bemerkenswert und erklärungsbedürftig, weil die Details eines Objekts (Form, Farbe, Kanten) im Gehirn in verschiedenen Regionen erfasst werden. Auch die Identifizierung des Objekts geschieht in einem eigenen Gehirnareal. D.h. Wahrnehmung und Interpretation eines konkreten Objekts erfordert die simultane Aktivität vieler Zellverbände. Es gibt kein Zentrum in Gehirn, in dem alle diese Detailinformationen zusammenlaufen und zu einer Einheit integriert werden. Die Wahrnehmung der Einheit eines Objekts ist das Ergebnis einer kollektiven Tätigkeit einer sehr großen Anzahl von Neuronen.

Wie wird die Einheit der Wahrnehmung und ihre Interpretation hergestellt? Diese Frage, die in der Hirnforschung als Bindungsproblem bezeichnet wird, wurde intensiv von Wolf Singer untersucht. Er hat festgestellt, dass es synchrone Oszillationen von Zellgruppen im Gehirn gibt, die mit einer Frequenz von 40 – 90 Hertz schwingen und damit eine kohärente Aktivität der unterschiedlichen Gehirnregionen erzeugen. Der Stuttgarter Physiker Hermann Haken, der Begründer der Synergetik, sieht für das Bindungsproblem denselben Mechanismus verantwortlich, der auch Strukturen in der belebten und unbelebten Natur erzeugt.

Wenn Naturwissenschaftler ein Objekt, das wir als Einheit wahrnehmen, untersuchen, zerlegen sie es in ihre Komponenten, bestimmen die Wechselwirkungen zwischen den Teilen und bauen das Ganze wieder aus den Komponenten auf. Die Physik z.B. zerlegt ihr Untersuchungsobjekt, die Materie, in Atome und die Atome wiederum in Elementarteilchen, bestimmt die Wechselwirkungen zwischen den Elementarteilchen und baut daraus die Materie, den Festkörper, die Flüssigkeit oder das Gas, auf. Die Physik hat vier Arten, wie Materie mit sich selbst wechselwirkt, identifiziert: die starke und die schwache Wechselwirkung, die elektromagnetische Wechselwirkung und die Gravitation. Im Atomkern, der aus Protonen und Neutronen besteht, die wiederum aus elementaren Quarks zusammengesetzt sind, herrscht die starke Wechselwirkung; sie hält die Kernbausteine, die Nukleonen, zusammen. Die schwache Wechselwirkung ist für den radioaktiven Zerfall verantwortlich. Im Atom, d.h. zwischen dem Atomkern und den Elektronen herrscht die elektromagnetische Wechselwirkung. Sie sorgt nicht nur für die Stabilität der Atome, sondern auch für die Bindung der Atome zu Molekülen, d.h. für alle chemischen Eigenschaften der Materie. Die Gravitation regiert im Großen, d.h. sie hält die Galaxien, Sonnensysteme, Sterne und Planten zusammen.

Ein Ganzes, das aus Teilen zusammengesetzt ist, kann kollektive Eigenschaften entwickeln, die in den Komponenten nicht angelegt sind. Das Ganze ist mehr als die Summe seiner Teile. Beispiele aus der Physik sind Druck, Temperatur oder Schallwellen in einem Gas oder Festigkeit oder elektrische Leitfähigkeit eines Festkörpers. Noch deutlicher als in der Physik ist die Entstehung von etwas Neuem in der Biologie. Ein Organismus besteht aus Zellen, aber in diesen Zellen ist die Individualität des Lebewesens nicht angelegt. Wobei es offensichtlich unterschiedliche Grade der Individualität in der Natur gibt. Ein Säugetier hat eine höhere Individualität als z.B. ein Moos, das eine Anhäufung verschiedener Moospflanzen ist, oder als ein Wurm, der, wenn er geteilt wird, als zwei Würmer weiterlebt.

Dass das Ganze mehr ist als die Summe seiner Teile hat schon Platon festgestellt: „Das Ganze aber ist doch notwendig Eins aus Vielen, dessen Teile eben die Teile sind. Denn jeder Teil muss nicht ein Teil von Vielen sein, sondern ein Teil vom Ganzen. [...] Nicht von Vielen oder Gesamten ist der Teil Teil, sondern nur von einer gewissen Idee und einem Eins, welches, aus Allen insgesamt vollkommenes Eins geworden, Ganzes genannt wird; hier von muss der Teil Teil sein."[136]

Jeder Teil eines Lebewesens gewinnt und verliert Eigenschaften, wenn er zum Teil im Organismus wird. Bei der

---

[136] Platon: Parmenides 157 c-d, übersetzt von Schleiermacher

Entwicklung einer befruchteten Eizelle zu einem Lebewesen, spezifizieren sich die einzelnen Zellen zu Haut-, Muskel- oder Organzellen. Sie übernehmen neue Funktionen, verlieren aber auch ihre Universalität, die sie in den ersten Stufen der Zellteilung noch hatten. Auch wenn ein Teil des Lebewesens aus dem Organismus ausscheidet, verliert es Fähigkeiten oder Eigenschaften. Eine abgehakte Hand kann nicht mehr schreiben. Überhaupt schreibt nicht die Hand, sondern der Mensch mit ihr.

Die Einheit geht nicht verloren, wenn einzelne Teile entfernt werden. Ein Mensch bleibt ein identifizierbares Individuum, auch wenn ihm die Haare ausfallen, er eine Zahn verliert oder wenn er abnimmt. Die Zellen erneuern sich in regelmäßigen Abständen, sodass ein Mensch – rein materiell gesehen – alle paar Jahre völlig verändert ist, er aber als Individuum in seiner eigenen Wahrnehmung und in der Wahrnehmung anderer erhalten bleibt. Natürlich gibt es auch Ausfälle von einzelnen Teilen eines Körpers, die persönlichkeitsverändernd wirken können.

Die Systemtheorie von Niklas Luhmann ersetzt die „traditionelle Differenz von Ganzem und Teil durch die Differenz von System und Umwelt. ... Systemdifferenzierung ist dann nichts anderes als die Wiederholung der Differenz von System und Umwelt innerhalb von Systemen. ... Danach besteht ein differenziertes System nicht mehr einfach aus einer gewissen Zahl von Teilen und Beziehungen zwischen Teilen; es besteht vielmehr aus einer mehr oder weniger großen Zahl von operativ verwendbaren System/Umwelt-Differenzen, die jeweils an verschiedenen Schnittstellen das Gesamtsystem als Einheit von Teilsystem und Umwelt rekonstruieren " [137]

Anders als z.B. die Physik, die sich Materie als aus Atomen aufgebaut denkt, ist in der Systemtheorie die Einheit eines Systems nicht ontisch vorgegeben, sondern wird als Einheit

---

[137] Niklas Luhmann: Soziale Systeme, Seite 22

erst durch das System konstituiert."[138] „Elemente sind Elemente nur für die Systeme, die sie als Einheit verwenden, und sie sind es nur durch diese Systeme."[139]

Zum Schluss noch ein Zitat von Goethe: „Wie alles sich zum Ganzen webt, Eins in dem andern wirkt und lebt! Wie die Himmelskräfte auf und niedersteigen und sich die goldnen Eimer reichen! Mit segenduftenden Schwingen vom Himmel durch die Erde dringen, harmonisch all das All durchklingen! Welch Schauspiel! Aber auch! Ein Schauspiel nur! Wo fass ich dich, unendliche Natur?"[140]

Kausalität

Nehmen wir an, Sie hören plötzlich einen lauten Knall. Sofort beginnt Ihr Gehirn zu arbeiten: Eine Explosion? Ein Schuss? Ein geplatzter Reifen? Wir können garnicht anders, als nach der Ursache suchen. Die Kausalität ist in unserer Natur angelegt. „Wenn unsere Vorfahren die hinter dem Gebüsch vorblitzenden schwarzen und gelben Streifen (Wirkung) einem Tiger (Ursache) zuschrieben und sich davonmachten, waren sie gut beraten. Die schnelle Entscheidung, was wohl Ursache der Beobachtung sein könnte, und die daraus folgende Aktion waren lebenserhaltend. Die diesem Verhalten zu Grunde liegende Kausalitätserwartung gehört zu den „angeborenen Lehrmeistern" (Konrad Lorenz).

Kausalität ist die Beziehung zwischen Ursache und Wirkung. Die Ursache muss zeitlich vor der Wirkung liegen. Bei gleichen Ursachen müssen – unter ansonsten gleichen Bedingungen – gleiche Wirkungen erfolgen. Beispiel: Dominosteine.

Zunächst wollen wir die Physik nach der Kausalität befragen. In der klassischen Mechanik ist sie streng erfüllt. Die

---

[138] Niklas Luhmann: Soziale Systeme, Seite 42
[139] Niklas Luhmann: Soziale Systeme, Seite 43
[140] Johann Wolfgang von Goethe: Faust 1, 447- 455

Newtonsche Grundgleichung der Mechanik „Kraft gleich Masse mal Beschleunigung" besagt, dass eine Kraft, die auf eine Masse wirkt, diese Masse mit einer genau definierten Beschleunigung in Bewegung versetzt. Das Gravitationsgesetz wirkt auf eine Masse sogar in großer Entfernung sofort, d.h. ohne Verzögerung.

In der Relativitätstheorie ist die kausale Wirkung räumlich und zeitlich begrenzt, da sich die Wirkung maximal mit Lichtgeschwindigkeit ausbreiten kann. Vergangene Ereignisse können nur wirken, wenn sie innerhalb des Vergangenheitslichtkegels liegen, die Wirkungen in der Zukunft sind durch den Zukunftslichtkegel begrenzt. Die Raumkrümmung der allgemeinen Relativitätstheorie verkompliziert das Ganze zusätzlich.

Die Quantenmechanik lehrt, dass wir auf Grund prinzipiell einschränkender Naturgesetze lediglich die Wahrscheinlichkeit von späteren Beobachtungen vorhersagen können. In der Quantenmechanik gilt die Kausalität, aber nur in einem statistischen Sinn. Physikalische Ereignisse, die mit Hilfe der Quantenmechanik beschreiben werden müssen, beispielsweise die Emission eines Lichtquants (Photon), sind nicht determiniert, aber sie sind kausal in einem statistischen Sinn. Sie sind kausal, weil – um beim genannten Beispiel zu bleiben – die Emission des Photons durch den Zustand des Elektrons in der Elektronenhülle kausal verursacht wird. Aber über den Zeitpunkt der Emission können nur statistische Aussagen gemacht werden, er ist nicht determiniert.

Die physikalischen Gesetze sind Bewegungsgleichungen und beschreiben einen zeitlichen Verlauf. Vorgänge in der Natur werden erschöpfend durch Lösung dieser Bewegungsgleichungen beschrieben. Es besteht keine Notwendigkeit Teilbereiche dieser Lösungen als Ursache und als Wirkungen zu bezeichnen. Deshalb spielt Kausalität – so seltsam es klingt – in der Physik keine große Rolle.

Aber auch in der klassischen (nicht quantenmechanisch und nicht relativistischen) Theorie vieler Teilchen gibt es Phänomene, die zwar kausal determiniert, aber nicht vorhersagbar sind: der Schmetterlingseffekt. Damit ist gemeint, dass winzige Änderungen der Anfangs- oder Randbedingungen zu einem völlig anderen Verhalten führen können. Dieses Verhalten widerspricht nicht unserer Vorstellung von Kausalität, aber er zeigt uns, dass Kausalität nicht immer bedeutet, dass wir den weiteren Verlauf des Systems kennen. Dazu gehört auch die Bifurkation. Wenn ein System zwei Zustände annehmen kann, können geringe Einflüsse das System in den einen oder den anderen Zustand bringen.

In der Philosophie wurde die Kausalität erstmals von Aristoteles detailliert behandelt. Er definierte 4 Arten von „Ursachen"[141]

- Causa materialis, Materialursache
- Causa formalis, Formursache
- Causa efficiens, Wirkursache
- Causa finalis, Zweckursache.

Beispiel: es wird ein Haus gebaut. Die Materialien, die für den Hausbau notwendig sind, Beton, Balken, Ziegel usw., sind die Materialursachen für das Haus. Der Plan des Architekten, der festlegt, wie das Haus später aussehen wird, ist die Formursache. Der Wille des Bauherrn, die Arbeit des Architekten und der Handwerker sind die Wirksache. Die Funktion, die das Haus nach Fertigstellung erfüllen können muss, die Zielvorstellungen des Bauherrn, ist die Zweckursache. Nur die Wirkursache stimmt mit unserer heutigen Vorstellung von Ursache überein. Es ist vermutlich besser, den aristotelischen Ursachenbegriff mit „Wissen über die Sache" zu umschreiben, um ihn vom heute verwendeten Begriff „Ursache" zu unterscheiden.

Die Naturwissenschaften beschreiben die Natur als nicht zielgerichtet. Wenn es regnet, fallen die Wassertropfen von den Wolken auf die Erde, aber nicht, weil sie das Ziel haben, auf der Erde anzukommen und dort die Pflanzen zu gießen,

---

[141] Aristoteles: Physik, Buch II, Kap. 3

sondern sie fallen auf den Boden, weil die Gravitation sie anzieht. Es gibt eine Wirkursache, aber keine Zweckursache. Auch die Evolution kennt keine Finalursache. Die evolutionäre Entwicklung ist auf kein Ziel hin gerichtet. Das was die Evolution hervorbringt ist zweckmäßig (die Krallen einer Katze sind beim Mäusefangen nützlich), aber nicht zielgerichtet, sie ist teleonomisch, aber nicht teleologisch.

Thomas von Aquin hat im Wesentlichen die Kategorisierung der Ursachen von Aristoteles übernommen. Er hat sie aber ergänzt durch eine erste Ursache (causa prima), nämlich Gott als der Schöpfung und erster Beweger der Welt. Es ist auch heute noch für uns schwer, die Entstehung des Universums ohne eine erste Ursache zu denken.

David Hume widerspricht der These, dass Kausalität eine notwendige Verknüpfung von Ursache und Wirkung ist. Seiner Meinung nach ist Kausalität lediglich die Gewohnheit, die uns Ursache und Wirkung als eine objektive Tatsache betrachten lässt. „Wenn aber viele gleichförmige Beispiele auftreten und demselben Gegenstand immer dasselbe Ereignis folgt, dann beginnen wir den Begriff von Ursache und Verknüpfung zu bilden Wir empfinden nun ein neues Gefühl; und dieses Gefühl ist das Urbild jener Vorstellung (von notwendiger Verknüpfung), das wir suchen." Nach Hume ist es also problematisch von mehreren Beobachten von gleichartigen Ereignisketten mittels Induktion auf ein allgemein gültiges Gesetz zu schließen.

Bei Kant gehört die Kausalität zu den Verstandeskategorien. Kant unterscheidet 4 Klassen von Verstandeskategorien: Quantität, Qualität, Relation und Modalität. Jede der 4 Klassen enthält 3 Kategorien. Die Klasse „Relation" enthält neben „Inhärenz und Subsistenz" (Substanz und Akzidens) und „Gemeinschaft" (Wechselwirkung zwischen dem Handelnden und dem Leidenden) die uns hier interessierende Kategorie Kausalität und Dependenz (Ursache und Wirkung). Die Kategorien sind zunächst im Subjekt liegenden Bedingungen, ohne die keine begriffliche Einheit einer gegebenen Anschauung möglich ist. Sie sind aber nicht nur bloße Gedankendinge, sie bilden die notwendigen Bausteine aller Gegenständlichkeit. Die Kategorien sind beides: transzendentale Voraussetzung jeder Erkenntnis und ontologische objektive Realität. Im Gegensatz zu Hume ist Kausalität bei Kant nicht etwas, das aus Beobachtungen in einem Prozess der Gewöhnung abgeleitet wird, sondern ist umgekehrt Voraussetzung dafür, dass Beobachtungen zu einer Einheit verknüpft werden können. Außerdem unterscheidet sich Kant gegenüber Hume darin, dass bei ihm die Kausalität objektive Realität besitzt.

Kausalität besteht dann, wenn von einer Ursache notwendigerweise eine bestimmte Wirkung ausgeht und wenn von einer Wirkung in eindeutiger Weise auf eine bestimmte Ursache geschlossen werden kann.

Nach David Hume stammt die Kausalität aus der Erfahrung.

„Ich wage es, den Satz als allgemeingültig und keine Ausnahme duldend aufzustellen, dass die Kenntnis dieser Beziehung in keinem Fall durch Denkakte a priori gewonnen wird, sondern ausschließlich aus der Erfahrung stammt, indem wir feststellen, dass gewisse Gegenstände immerdar miteinander verbunden sind."

Nach Kant ist die Kausalität kein Ergebnis der Erfahrung, sondern – im Gegenteil – es ist eine der Voraussetzungen um eine Erfahrung machen zu können.

Der Satz: „alles was geschieht, hat eine Ursache" ist ein metaphysischer Satz, der nicht aus der Erfahrung abgeleitet werden kann. Er stammt nicht – wie David Hume meinte – aus der (psychologischen) Gewohnheit, noch ermöglicht er eine Erkenntnis über die Erfahrung hinaus.

In unserer Alltagssprache verstehen wir Kausalität ontologisch, d.h. wenn wir einen kausalen Zusammenhang feststellen, dann „gibt es" diesen Zusammenhang für uns, Kausalität ist eine Aussage über die Welt. Aber wir müssen aufpassen, dass wir aus der Parallelität von Ereignissen nicht fälschlicherweise auf eine Ursache-Wirkung-Beziehung schließen. Schon in der Scholastik wurde davor gewarnt, einer post-hoc-Folge eine poster-hoc-Interpretation zu geben. Nicht immer, wenn auf Ereignis a Ereignis b folgt, gibt es eine kausale Beziehung zwischen a und b. Beispiel: auf Tag folgt Nacht und auf die Nacht folgt wieder Tag, aber natürlich ist die Nacht nicht die kausale Ursache des Tags und umgekehrt auch nicht. Häufig folgt auf einen Blitz ein Donner, aber der Blitz ist nicht die Ursache des Donners, sondern beide haben eine gemeinsame Ursache, nämlich die elektrostatische Entladung.

Gerhard Vollmer hat vorgeschlagen: „wann immer wir sinnvoll von Kausalität, von Ursache und Wirkung, von kausaler Beziehung sprechen, da werden wir auch den zugehörigen Energieübertrag nachweisen können."[142]

Primaten können Antezedenz-Konsequenz- Relationen (Vorausgehendes- Nachfolgendes) von Ereignissen verstehen, aber sie haben kein Verständnis von Ursache-Wirkungs- Beziehungen. Sie können deshalb auch keine Probleme lösen, bei denen das Verständnis für das allgemeine kausale Prinzip notwendig ist.

Tomasello vertritt die These, dass das einzigarte Verstehen des Menschen von Kausalität sich erst im sozialen Bereich als Verständnis für die intentionalen Akte anderer entwickelt hat. Mit dieser Hypothese wird verständlich, dass bei Naturereignissen wie z.B. einem Sturm auf dem Meer zuerst als Ursache eine Person mit einer Intention, z.B. der Meeresgott Poseidon, angenommen wurde.

Welche Vorteile hat die Fähigkeit des Menschen zur Intentionalität und Kausalität?

- o Probleme können kreativ, flexibel und vorausschauend gelöst werden.
Karl Popper sagte: wir lassen unsere Hypothesen sterben, statt dass wir selbst gefressen werden.

---

[142] Gerhard Vollmer: Was können wir wissen? Band 2: die Erkenntnis der Natur, Seite 46

- Das Verstehen des Verhaltens anderer Personen als intentionale Wesen macht neue Formen kulturellen Lernens und Soziogenese möglich.

Abstrahieren, Induktion

Wir sind in der Lage, einzelne Beobachtungen zu einem Begriff zu abstrahieren. Begriffe leisten Synthese (verschiedene Apfelsorte werden zum Begriff „Apfel" synthetisiert) und Bestimmtheit (Apfel, nicht Birne oder Banane). Ursprung der Begriffsbildung ist die Erfahrung. Der Verstand macht aus den verschiedenen Erfahrungen durch Vergleich und Abstraktion einen Begriff.

Begriffe sind Abstraktionen

- der Anschauung (Dreieck, Farbe, Blume),
- des inneren Erlebens (Freude, Ärger, Zufriedenheit) oder
- des Denkens (Recht, Freiheit, Gerechtigkeit).

Zum abstrahierenden Operator gehört auch die Bildung von Gesetzmäßigkeiten durch Induktion. Im Alltag leben wir davon, dass wir aus Beobachtungen uns Regelmäßigkeiten gebildet haben. Beispiel: wir waren zweimal in einem italienischen Restaurant essen und waren beide Male enttäuscht. Also bilden wir die Regel: dieser Italiener ist schlecht.

Philosophisch besteht das Problem, ob man aus der Beobachtung wiederholter Einzelfälle eine Gesetzmäßigkeit ableiten darf. David Hume sagt ja, Karl Popper sagt nein. Popper sagt, eine Theorie lässt sich auch mit noch so vielen Einzelbeobachtungen nicht rechtfertigen. Aber sie lässt sich falsifizieren.

Wir sind sehr schnell bereit, aus Einzelbeobachtungen verallgemeinernde Schlüsse zu ziehen. Wenn jemand, sagen wir in Hamburg zwei oder drei freundliche Menschen trifft, ist er schnell bereit zu urteilen: Hamburger sind freundliche Menschen. Das ist natürlich ein Vorurteil. Zu Recht lehnen wir

Vorurteile ab, vor allem wenn sie pauschal ganze Bevölkerungsgruppen negativ beurteilen. Wir vergessen dabei aber leicht, dass jeder eine ganze Menge Vorurteile hat und dass Vorurteile garnicht ganz zu vermeiden sind, denn sie gehören zu den Heuristiken, ohne die wir das leben in unserer komplexen Umwelt nicht meistern können. Vorurteile sind unvermeidlich, wir können ihnen nur so begegnen, dass wir alle unsere Urteile an Überzeugungen immer wieder kritisch infrage stellen.

Der österreichische Philosoph Karl Popper (1902 – 1994) hat die Frage gestellt: Ist es gerechtfertigt, aus der Beobachtung von wiederholten Einzelfällen, die uns in der Erfahrung vorliegen eine Gesetzmäßigkeit abzuleiten und daraus auf noch erfahrbare Einzelfälle zu schließen? Antwort: nein, wie groß auch immer die Zahl der vorliegenden Fälle ist

Psychologische Induktion: wir entdecken Regelmäßigkeiten und vertrauen ihnen. Wir glauben, dass noch nicht vorliegende Erwartungen den vorhergehenden entsprechen.

Lässt sich eine Theorie mit empirischen Ergebnissen rechtfertigen? Antwort: nein, eine Theorie kann nicht verifiziert werden. Aber sie kann falsifiziert werden. Eine Einzelbeobachtung kann genügen, um eine Theorie zu widerlegen. Bei mehreren mit einander konkurrierenden Theorien kann auf diese Weise falsche Theorien ausgeschlossen werden. Alle Theorien sind Hypothesen, d.h. sie sind vorläufig, zeitabhängig, möglicherweise fehlerbehaftet. Beispielsweise wurde die Newtonsche Mechanik von Einstein widerlegt.

Intentionale Attribution

Unser Gehirn ist nicht nur ständig damit beschäftigt Ursachen von Ereignissen zu ermitteln, sondern ist auch bereit, in der Ursache einen Akteur zu sehen, ihm Persönlichkeitszüge zu geben mit Absichten, Plänen und einem Willen. Es spricht vieles dafür, dass wir mit einer Anlage zur intentionalen Attribution geboren werden.

Das erklärt, warum in mythischer Zeit Naturereignissen Göttern zugeschrieben wurden, z.b. war es der griechische Gott Poseidon; der das Meer aufwühlte oder der germanische Gott Donar (weiter im Norden: Thor), der es donnern ließ. Aber auch heute noch neigen wir dazu, Ereignisse zu mentalisieren. Wenn die Stimme im Navigationssystem spricht, reagieren wir gern so, als ob hier ein lebendiger Mensch gesprochen hätte. Oder auch einem Schachprogramm weisen wir Intentionen zu („hat meine Absicht durchschaut", „greift an" usw.).

Die geistige Eigenschaft zur Kausalbildung und zur Mentalisierung erklärt den Schöpfergott. Wir können uns nicht mit dem Gedanken anfreunden, dass das Universum aus sich heraus und womöglich durch Zufall entstanden ist. Unser Geist möchte einen absichtlich handelnden Akteur am Werke sehen. Es kann nach Auffassung vor allem konservativer religiöser Kreise nicht sein, dass wir Produkte eines blinden Evolutionsgeschehens sind und nicht absichtlich und gewollt sind. Ein Gott, der die Welt erschaffen hat, kommt hier unseren Denkstrukturen entgegen.

Wir denken dualistisch

Wir nehmen die Welt mit Gegensatzpaaren wahr. Groß und klein, geeignet und ungeeignet, teuer und preiswert, gesund und ungesund usw.

Mit Gegensatzpaaren machen wir uns die Wirklichkeit zugänglich. Wichtige Gegensatzpaare sind

- Gut und Böse
- Leib und Seele
- Diesseits und Jenseits
- Subjekt und Objekt

Den Ursprung des dualistischen Denkens sieht die Naturphilosophie in der Wahrnehmung. Wie die Physiologie zeigt, ist jede Wahrnehmung eine Wahrnehmung von Differenzen. Niklas Luhmann verallgemeinert diesen Befund zu der Definition: Beobachten ist die Handhabung einer Unterscheidung.

Assoziation

Vorstellungen lösen in einer sich ausbreitenden Aktivierungskaskade andere Vorstellungen aus. Ein Wort ruft Erinnerungen wach, die wiederum Emotionen hervorrufen, die uns ihrerseits Bilder erscheinen lassen. Nach einer Theorie der Hirnforschung ist die Assoziation ein Mechanismus, der unser Gehirn davor schützt in eine Schleife zu geraten und nicht mehr herauszukommen. Ich denke Apfelkuchen, Apfelkuchen, Apfelkuchen; aber weil mir bei Apfelkuchen meine Oma einfällt, die immer so guten Apfelkuchen gebacken hat und weil ich mit der Vorstellung meiner Oma andere Kindheitserlebnisse assoziiere, bin ich aus der ursprünglichen Schleife wieder heraus.

Der englische Philosoph David Hume hat drei Prinzipien der Assoziation ermittelt: Ähnlichkeit (resemblance), Kontiguität (=angrenzend, benachbart) in Raum und Zeit und Kausalität.

Sie wurden erweitert vom englischen Philosophen William Hamilton. Assoziation tritt ein bei 1. Kontiguität in der Zeit; 2. Kontiguität im Raum; 3. Beziehung von Ursache und Wirkung, Mittel und Zweck, Ganzes und Teilen; 4. Kontrast oder Ähnlichkeit; 5. gleicher Kraft oder verschiedenen Kräften auf ein Objekt gerichtet; 6. Objekten, die Zeichen und Bezeichnetes sind; 7. Objekten, die zufällig gleichklingend benannt sind. Diese sieben Prinzipien reduziert er schließlich auf zwei: „Law of Simultaneity" und "Law of Resemblance or Affinity". "Thoughts which have once coexisted in the mind are afterwards associated".

Psychologen denken sich Vorstellungen als Knoten in einem riesigen Netzwerk, in dem jede Vorstellung mit vielen anderen Vorstellungen verbunden ist. Ursachen sind mit ihren Wirkungen verknüpft, Objekte mit ihren Eigenschaften, Objekte auch mit ihren Kategorien oder mit Objekten derselben Kategorie. Nur Teile der Assoziation sind uns bewusst, viele bleiben unbewusst.

Gesetzmäßigkeits- Heuristik

Wir suchen unwillkürlich überall nach Mustern und Gesetzmäßigkeiten, weil wir nur über sie die komplexe Umwelt erfassen können. Manchmal sehen wir auch Muster, wo gar keine sind. Beispiel: Sternbilder. Hinter der Suche nach Mustern steckt der Glaube an eine kohärente Welt, in der Regelmäßigkeiten eine Folge von Gesetzmäßigkeiten sind. Alles hat seine Ordnung, jedes Ding hat seinen Platz, jedes Ereignis hat eine Ursache und einen Zweck, nichts ist zufällig – so hätten wir die Welt gern.

Wenn ein Unternehmen seinen Umsatz gegenüber dem Vorjahr um 3 Prozent erhöht hat, muss das Gründe haben. Und wir finden auch Gründe. Wir finden auch Gründe, wenn der Umsatz um 3 Prozent gesunken ist. Die Antwort: „das war Zufall" lehnen wir ab.

Wir sind unkritisch, was die Datenlage betrifft, die einer Aussage zugrunde liegt. Auch wenn nur dürftiges empirisches Material vorliegt, glauben wir die daraus abgeleitete Schlussfolgerung bereitwillig. Wenn wir zum Beispiel aus einer großen Menge von Produkten eine Stichprobe von 5 Teilen ziehen und diese Teile prüfen, und wir stellen fest, dass eines der 5 Teile fehlerhaft ist, dann schließen wir daraus, dass 20% der Produkte schlecht sind. Hätten wir kein fehlerhaftes Teil gefunden, wären wir überzeugt, dass alle Produkte in Ordnung sind. Wir ziehen nicht in Betracht, dass beide Fälle – 0 oder 1 fehlerhaftes Teil – möglich sind.

Sinn

Ein Taxifahrer in Frankfurt unterhält sich mit seinem Kollegen. „Was glaubst du", fragt er ihn, „wen ich gestern gefahren habe?". „Wen denn?" „Habermas, den großen deutschen Philosophen Jürgen Habermas. Ich habe ihn sofort erkannt, denn ich habe ja auch mal vor vielen Jahren in Frankfurt einige Semester Philosophie studiert. Und ich dachte mir, wenn ich schon einmal, diesen bedeutenden Philosophen bei mir im Auto sitzen habe, dann frage ich ihn was". „Und was hast Du ihn gefragt?". Ich habe ihm die Frage gestellt: „Prof. Habermas, was ist der Sinn des Lebens?". „Und was soll ich Dir sagen", sagte der Taxifahrer zu seinem Kollegen, „er wusste es nicht."

Ob Habermas zu diesem Thema wirklich nichts zu sagen hatte, oder ob ihm nur die Frage des Taxifahrers lästig war, Tatsache ist, dass das Thema Sinn des Lebens in der Philosophie nur sehr spärlich behandelt wird. Die großen Philosophen umgehen diese Frage weiträumig und nur einige Autoren, die eher in der Peripherie der Philosophie arbeiten, gehen dieses Thema direkt an[143]. Das ist verwunderlich, denn die Frage nach dem Sinn müsste eigentlich im Zentrum aller Überlegungen stehen. Keiner kann etwas tun wenn er den Sinn seiner Arbeit nicht kennt. Wie können wir ein Leben leben ohne ihren Sinn zu kennen?

Wenn uns jemand fragt: „was ist der Sinn des Lebens?", würden wir vermutlich antworten: mein Leben hat einen Sinn, weil ich eine Familie habe, die mir viel bedeutet, weil ich einen Beruf habe, in dem ich mich gern engagiere, weil ich einen Freundeskreis habe, mit dem ich gerne zusammen bin, weil ich Hobbies habe, die ich gerne mache, kurz: weil ich Lebensinhalte habe, für die es sich zu leben lohnt. So oder

---

[143] Bernulf Kanitscheider: Auf der Suche nach dem Sinn, 1995
Terry Eagleton: Der Sinn des Lebens, 2010 (dieses Buch hat es immerhin auf die Spiegel- Bestsellerliste gebracht)
Jean Grondin: vom Sinn des Lebens, 2006
Robert Nozick: vom richtigen, guten und glücklichen Leben, 1991

ähnlich würden viele antworten, wenn man sie nach dem Sinn ihres Lebens fragt.

Wir empfinden dann unser Leben als mit Sinn erfüllt, wenn wir Fähigkeiten haben, die wir einsetzen können, wenn unsere Ideale, Pläne, Träume nicht nur Wunschvorstellungen geblieben sind, sondern wenn wir einiges davon auch realisieren konnten. Erst im Alter, im Rückblick, zeigt sich, ob mein Leben die Fülle hatte, die ich mir wünschte. Man kann natürlich auch seinen Lebenssinn verfehlen, wenn die Ehe gescheitert ist oder wenn man beruflich nicht erfolgreich war. Oder wenn man falsche Vorstellungen von einem sinnerfüllten Leben hat. Wenn z.B. für jemand ein Leben nur dann sinnvoll ist, wenn er berühmt wird und dieses Ziel nicht erreicht, verfehlt er sein Lebensziel. Aber er verfehlt es aus der falschen Vorstellung heraus, nur ein Promi kann ein erfülltes Leben haben.

Sinn scheint etwas mit Lebenszielen zu tun haben. Ziele und Sinn hängen sicherlich zusammen. Das Verfolgen lohnenswerter Ziele, das harte Arbeiten daran, kann als sinnvoll empfunden werden. Peter wollte unbedingt Geschäftsführer werden und ist es auch geworden. Er sieht sein Leben als sinnvoll an. Wir haben aber das Gefühl, dass mit dieser Identifikation von Ziel und Sinn, der Begriff Sinn noch nicht vollständig erfasst ist. Kann nicht ein Leben auch ohne Ziel sinn voll sein? Manchen Menschen gibt bereits die Zugehörigkeit zu einer Gruppe, durch Geburt (Beispiel: Adel) oder nachträglicher Zuordnung, einen Sinn.

Robert Nozick schreibt in seinem Buch „Vom richtigen, guten und glücklichen Leben", dass ein Leben dann sinnvoll ist, wenn es auf einen dem eigenen Leben externen Wert verweist. Mein Leben hat also dann einen Sinn, wenn ich positiv auf eine von mir unabhängige Wertequelle reagiere. Wenn jemand sich z.B. im Umweltschutz engagiert, und es tut, weil er die Natur als Wert erkennt, den es zu schützen gilt, kann dieser Mensch seine Umweltschutzaktivitäten sinnvoll finden.

Aber müssen es – wie Nozick sagt – Werte sein, die außerhalb von mir liegen? Wenn sich z.b. jemand um Aufrichtigkeit gegenüber sich selbst, seine persönliche Integrität ausbildet und Verantwortung für sein Handeln übernimmt, dann kann das als sinnvoll empfunden werden, obwohl es nicht in Verbindung zu externen Werten steht. Aber es sind Werte, die über unsere animalische Natur hinausgehen, das ausmachen, was uns als Menschen auszeichnet. Was wiederum bedeutet, dass ein Leben dann sinnvoll ist, wenn es mehr ist, als die Erfüllung natürlicher Bedürfnisse (Nahrungsaufnahme, Schlaf usw.)

Dass Sinn etwas mit Bezügen und Verweisen zu tun hat, spielt auch in der Systemtheorie von Niklas Luhmann eine Rolle, in der Sinn ein zentraler Begriff ist[144]. „Das Phänomen Sinn erscheint in der Form eines Überschusses an Verweisungen auf weitere Möglichkeiten des Erlebens und Handelns. Etwas steht im Blickpunkt, im Zentrum der Initiative, anderes wird marginal angedeutet als Horizont für ein Und-so-weiter des Erlebens und Handelns."[145] Beispiel: Jemand backt einen Kuchen. Er oder Sie erwartet Besuch und stellt sich vor, wie alle am Kaffeetisch sitzen und den selbstgebackenen Kuchen essen. In einer guten Stimmung entstehen angenehme Gespräche. Mit dieser Perspektive, oder um mit Luhmann zu sprechen, mit diesen Verweisungen auf andere Möglichkeiten, macht das Kuchen backen Sinn. Wenn der Kuchenbäcker allein bleibt und den Kuchen selbst isst, macht das Backen weniger Sinn und vielleicht macht er sich die Arbeit dann gar nicht.

Sinnlos erscheint uns das, was keine Verweise auf anderes hat. Beispiel: Jemand errichtet mitten im Wald eine Straßenlaterne. Eine solche Laterne hat keinerlei Nutzen, es stört die Tier in ihrer Nachtruhe, verbraucht unnötig Energie, hat keinerlei positive Bezüge zu irgendetwas anderem – kurz gesagt: es hat keinen Sinn.

---

[144] Niklas Luhmann: Soziale Systeme, 2. Kapitel
Niklas Luhmann: Die Gesellschaft der Gesellschaft, Seite 44 ff
[145] Niklas Luhmann: Soziale Systeme, Seite 93

Sinn hat auch eine Erkenntnisfunktion. Sinn ermöglicht uns, komplexe Sachverhalte für uns zugänglich zu machen. Machen wir uns das wieder an einem Beispiel klar. In psychologischen Versuchen wurde vor Versuchspersonen ein Schachbrett gelegt und darauf mehrere Schachfiguren positioniert. Die Versuchspersonen sollten sich merken, welche Figuren auf welchen Feldern stehen. Dann wurde das Schachbrett leer geräumt und die Probanden mussten die Stellung rekonstruieren. Bei einem Teil der Versuche waren die Figuren auf dem Brett willkürlich nach dem Zufallsprinzip auf das Brett gestellt worden, beim anderen Teil waren die Figurenaufstellungen aus einer Schachpartien entnommen. Unter den Versuchspersonen waren Schachspieler und Nicht-Schachspieler. Das Ergebnis war eindeutig. Schachspieler konnten sich Aufstellungen aus Partien deutlich besser merken als zufällig aufgestellte Figuren. Bei Nichtschachspielern gab es diesbezüglich keinen Unterschied. Die Stellung der Figuren aus einer Schachpartie hatte für Schachspieler Sinn und sie konnten die Stellung über diesen Sinn besser im Gedächtnis behalten.

Wir nutzen also Sinn um komplexe Situationen zu erfassen. Luhmann formuliert da so: „Mit Sinn wird Komplexität appräsentiert und für die Operationen psychischer oder sozialer Systeme zugänglich gemacht."[146] Appräsentieren bedeutet Mit-Vergegenwärtigen. Komplexe Sachverhalte kann man immer auf verschiedene Weisen betrachten und sich zugänglich machen. Entdeckt man in einer komplexen Situation einen Sinn, dann legt dieser Sinn bestimmte Anschlussmöglichkeiten (auch ein Luhmann-Begriff) nahe. Andere Möglichkeiten des Umgangs von Komplexitäten werden durch Sinn unwahrscheinlicher oder schwieriger oder sie werden ganz ausgeschlossen. Sinn reduziert nicht Komplexität, aber er erleichtert das Begreifen und Erleben von Komplexität und präferiert Handelsmöglichkeiten in komplexen Situationen.

---

[146] Ebenda Seite 93

Weil wir unsere Umwelt mit Hilfe der Kategorie Sinn wahrnehmen, können wir uns auch nicht in einem Detail verlieren. Weil Sinn immer daraus hinaus verweist. Wer nichts mehr anderes denken kann als Apfelkuchen, Apfelkuchen, Apfelkuchen, der denkt irgendwann einmal an die Oma, die so guten Apfelkuchen gebacken hat und schon ist er aus der Gedankenschleife heraus.

„Menschen sind sinnproduzierende, Sinnwelten aufbauende Wesen".[147] Wir können nicht anders als Welt in der Form von Sinn wahrzunehmen. „Sinn ist demnach ein Produkt der Operationen, die Sinn benutzen, und nicht etwa eine Weltqualität, die sich einer Schöpfung, einer Stiftung, einem Ursprung verdankt. Es gibt demnach keine von der Realität des faktischen Erlebens und Kommunizierens abgehobene Idealität."[148]

Sinn ist also eine Art und Weise wie Menschen Welt wahrnehmen. Einen vom Menschen unabhängigen, objektiven Sinn gibt es – nach Luhmann – nicht. Diese Meinung wird, wie man sich denken kann, nicht von allen geteilt. Der Logopäde Viktor Frankl, z.B., ist davon überzeugt: „Darüber hinaus gibt es einen allgemeinen Sinn ... einen letzten Sinn. Er ist ein Übersinn in dem Sinne, dass er über unsere rein rationales Fassungsvermögen hinausgeht ... dieser Sinn ist wissenschaftlich nicht fassbar, er entzieht sich dem Zugriff jeder Wissenschaft."[149]

Es gibt aber auch Sinnsuche ohne erkennbaren Sinn. Ein Beispiel sind die Sternbilder und die damit verknüpften Tierkreiszeichen. Die sichtbaren Sterne am Nachthimmel wurden, um sie leichter wiedererkennen zu können, zu Figuren verknüpft. Die Figuren bekamen Namen, Tierkreiszeichen. Das ist ein Beispiel dafür wie man sich selbst Strukturen schafft, um sie geistig besser zu erfassen. Soweit so gut. Problematisch wird es erst, wenn Menschen, die unter einem bestimmten Sternbild geboren werden,

---

[147] Ernst Cassirer: Versuch über den Menschen, Seite 50
[148] Niklas Luhmann: Die Gesellschaft der Gesellschaft, Band 1, S. 44
[149] V.E. Frankl: Im Anfang war der Sinn, 1982

Eigenschaften zugeschrieben werden, die in Zusammenhang stehen mit den Sternbildern (Menschen im Sternbild Waage sind ausgeglichen).

Für Objektivisten wie Viktor Frankls ist Sinn von außen vorgegeben, er kann aufgefunden und festgestellt werden. Für Subjektivisten dagegen ist Sinn nicht von vorne herein gegeben, sondern muss von jedem einzelnen für sein Leben erst geschaffen werden. Das Leben eines Subjektivisten hat nicht automatisch Sinn, sondern er muss seinem Leben erst einen Sinn geben. Er kann ihn auch verfehlen.

Für einen Objektivisten formt der Mensch den Sinn nicht selbst nach seinem Vermögen, sondern nimmt ihn an mit seiner Fähigkeit zur objektiven Erkenntnis oder er empfängt ihn von einer höheren Macht, z.B. von Gott. Über den Sinn des Lebens muss deshalb aus christlicher Perspektive vom Menschen nicht nachgedacht werden, er muss auch nicht konstruiert oder dem Leben selbst allererst abgerungen werden. Jedes Leben ist von einem gütigen Gott gewollt und deshalb wertvoll. Damit ist dem christlichen Menschen ein allgemeiner Sinnhorizont für sein Leben bereits gegeben. Nicht einzelne Handlungen mit ihren Zielen entscheiden aus christlicher Sicht den Sinn und Wert des menschlichen Lebens; Der Sinn ist dem überzeugten Christen durch Gott gegeben.

Gibt es außerhalb der Religiosität objektiv vorhandene und feststellbare Ziele? Zum Beispiel im Kosmos, in der Natur oder in der Geschichte? Fragen wir zunächst einmal nach einem möglichen Sinn im Ganzen der Welt, im Kosmos. Das Weltall besteht aus zig- Milliarden Galaxien, jede mit größenordnungsmäßig hundert- Milliarden Sternen. Unser Stern, die Sonne, wird umkreist von 8 Planeten (bis vor wenigen Jahren waren es noch neun, aber der äußerste Planet, Pluto, wurde 2006 zu einem Zwergplaneten degradiert – da warens nur noch acht). Alles geschieht nach Naturgesetzen, zwischen den Himmelskörpern wirken Gravitationskräfte, in den Sternen Kernfusionsprozesse. Hier ist kein Platz für Sinn. Genauso wenig wie ein Regentropfen, der von einer Wolke auf die Erde herunterfällt, das Ziel hat auf die Erdoberfläche zu gelangen und seinen Sinn darin sieht, Pflanzen die für sie lebenswichtige Feuchtigkeit zu bringen, genauso wenig leuchtet die Sonne deshalb, um die Erde zu erhellen und zu erwärmen und dort Leben zu ermöglichen. In der unbelebten Natur geschieht alles weil es geschieht ziellos und ohne Sinn (nicht sinnlos! – siehe unten).

Gibt es ein zielgerichtetes Wirken in der belebten Natur? Die Evolution der Tier- und Pflanzenarten scheint sich auf den ersten Blick zielgerichtet auf immer komplexere Organismen hin zu entwickeln. Das täuscht aber, es gibt zu vielen Entwicklungen auch entgegengesetzte Entwicklungen. Z.B. ist der Übergang vom Wasser auf das Land auch in umgekehrter Richtung erfolgt. Viele Biologen sind der Meinung, dass aus der Evolution keine zielgerichtete Weltordnung abgeleitet werden kann. Das beunruhigt viele. Weil wir ständig zielgerichtet denken und handeln, erscheint uns ein Geschehen, das nicht zielgerichtet ist, sinnlos.

Vieles in der Natur ist zweckmäßig, aber man darf Zielgerichtetheit und Zweckmäßigkeit nicht verwechseln. Für zweckmäßige Eigenschaften von Lebewesen gibt es viele Beispiele. Die Form eines Fisches ist zweckmäßig, weil sie dem Wasser nur wenig Widerstand entgegensetzt. Mit seinen Krallen kann die Katze ihre Beute besser festhalten, sie sind also zweckmäßig. Der Winterschlaf erlaubt Tieren den Winter mit geringem Energiebedarf zu überleben, ist für sie also zweckmäßig.

Deshalb unterscheiden Evolutionsbiologen zwischen Teleonomie und Teleologie. Teleonomische Strukturen (Funktionen oder Verhaltensweisen) sind dann zweckmäßig, wenn sie die Überlebensfähigkeit des Organismus erhöhen. Sie sind aber nicht zielgerichtet in dem Sinne, dass sie auf ein in der Zukunft liegendes Ziel hin ausgerichtet sind. Die zweckmäßigere Struktur ist durch zufällige Mutation des Erbguts entstanden, die sich in der Umgebung des Lebewesens als besser angepasst erwiesen hat.

Nach Meinung vieler Biologen kann man von einer hohen strukturellen und funktionalen Ordnung nicht auf einen

Konstrukteur schließen, wie es Vertretet des sog. „Intelligent Design" tun. Sie argumentieren: „Wenn Sie irgendwo eine Uhr finden, werden Sie auch nicht auf die Idee kommen, dieses Wunderwerk an Feinmechanik sei durch Mutation und Selektion entstanden, sondern sie werden richtigerweise feststellen, dass ein Uhrmacher diese Uhr entworfen und gefertigt hat. Um wieviel mehr muss bei einem lebenden Organismus oder sogar bei einem so wunderbaren Organ wie dem Auge auf einen planvollen Schöpfer geschlossen werden."

Die Evolutionsbiologen weisen diese Interpretation zurück. Alle Strukturen in der Natur, auch das Auge, können mit Hilfe von ziellosen, blinden Evolutionsmechanismen erklärt werden. Die Zuhilfenahme eines planenden Konstrukteurs ist nicht notwendig. Auch das Wachstum und die Vermehrung von Tieren und Pflanzen geschehen ohne äußere Unterstützung, ohne zielgerichtete externe Hilfe. Mehrmals in der Naturgeschichte wurde ein Großteil der Tierarten ausgerottet und auch heute vernichtet der Mensch durch seine Umweltbelastungen viele Tierarten. Warum sollte ein Schöpfergott sein Werk mehrfach zerstören?

Wie kommen wir überhaupt auf die Idee, dass Pflanzen und Tiere ihre Strukturen auf dieselbe Art erhalten, wie wir unsere Geräte produzieren? Wir dürfen unsere Denk- und Handlungsweisen nicht ohne weiteres auf die Natur übertragen. Wir sollten den umgekehrten Weg gehen und unsere Strukturen des Denkens und Handelns aus der Natur heraus erklären.

Richard Dawkins hat dem Bild mit der Uhr und dem Uhrmacher das Beispiel der Kieselsteine entgegengesetzt.[150] Wir sind am Strand eines Meeres, gehen der Wasserlinie entlang und beobachten, dass sich nahe am Wasser sehr viele kleine Kieselsteine und weiter vom Wasser entfernt größere Kieselsteine befinden. Hat hier ein großer Geist fein

---

[150] Richard Dawkins: Der Blinde Uhrmacher, Warum die Erkenntnisse der Evolutionstheorie zeigen, dass das Universum nicht durch Design entstanden ist, 2008

säuberlich die Steine sortiert? Nein, die Bewegung der wellen, d.h. die blinden Kräfte der Physik haben diese Ordnung geschaffen. Die Synergetik, eine interdisziplinäre Wissenschaft, die vom Stuttgarter Physiker Hermann Haken begründet wurde, hat an vielen Beispielen gezeigt, wie sich Strukturen in der belebten und unbelebten Natur bilden, ohne auf einen göttlichen Uhrmacher zurückgreifen zu müssen.

Gibt es Sinn in der Geschichte? Anders als in der unbelebten und belebten Natur, wo nur Naturkräfte und Instinkte wirken, handeln in der Geschichte Menschen, die in der Lage sind, langfristig zu planen und verschiedene Handlungsalternativen gegeneinander abzuwägen. Aber geben die kleinen und großen Aktivitäten unzähliger Menschen der Geschichte insgesamt eine Zielrichtung und einen Sinn?

Die christlichen Religionen sehen in der Geschichte einen heilsgeschichtlichen Sinnzusammenhang. Im Alten Testament greift Gott immer wieder in die Geschichte ein. Er führt in Mose sein Volk aus Ägypten, schließt am Sinai mit ihm einen Bund und lässt Propheten auftreten. Im Neuen Testament schickt Gott seinen eingeborenen Sohn in die Welt um die Menschen zu erlösen. Am Ende der Geschichte werden die Toten auferstehen und vor Gottes Gericht treten. Von der Erschaffung der Welt, vom Paradies und dem Sündenfall bis zum ewigen Heil geschieht alles nach Gottes Plan. Für Augustin erfolgt die geschichtliche Entwicklung in sechs Stufen in Analogie zu den sechs Tagen der Schöpfung und zu den 6 Stufen der menschlichen Entwicklung: Kindheit, Knabenalter, Jugend, Manneszeit, alternder Mann und Greis. Der Kindheit entspricht in der Geschichte die Zeit von Adam zu Noe, das Knabenalter entspricht die Zeit von Noe bis zum Turmbau zu Babel, die Jugend der Zeit von Abraham bis David, der Manneszeit die Zeit von David bis zur Auswanderung in das babylonische Exil, dem alternden Mann die Zeit vom Exil bis zur Ankunft Christ und dem Greisenalter die Zeit von der Verkündigung der Evangelien bis zum jüngsten Tag. Der heilsgeschichtliche Sinnzusammenhang interpretiert die Geschichte als ein einheitliches, auf eine letzte

Erfüllung hin gerichtetes Geschehen. Die Einheit, die Epochen, das Ziel sind nicht das Werk vom Menschen, sondern geschieht nach Gottes Heilsplan und Vorsehung.

Die Philosophen des deutschen Idealismus, Kant, Hegel, Fichte, sehen in der Geschichte einen vernunftgeschichtlichen Zusammenhang. Für Kant ist die Geschichte eine Entwicklung des Menschen vom rohen Naturzustand zur Vernunft. Ebenso sieht Fichte den „Zweck des Erdenlebens der menschlichen Gattung: alle seine Verhältnisse mit Freiheit nach der Vernunft einzurichten." Auch er sieht verschieden Epochen in der Geschichte vom Stand der Unschuld über den Sündenfall bis zum Reich der Vernunft. Für Hegel wird die Geschichte vom Weltgeist gelenkt, wobei Weltgeist, Vernunft und Gott ineinander übergehen. Die Geschichte ist „der vernünftige, notwendige Gang des Weltgeistes." Endzweck ist die Herrschaft der Vernunft und die Realisierung der Idee der Freiheit. Im Orient war nur einer frei, der despotische Herrscher, im antiken Griechenland und im römischen Reich waren einige frei und im germanischen-christlichen Raum gelten alle Menschen als von Natur aus frei. Für diese Philosophen des deutschen Idealismus war Vernunft nicht nur die regulative Idee der Geschichte, sondern es war ihr Wesenskern.

Moderne Historiker und Philosophen nehmen Abstand von einem zielgerichteten Sinnzusammenhang in der Geschichte. Karl Popper widmet das letzte Kapitel seines zweibändigen Werks „die offene Gesellschaft und ihre Feinde" der Frage: „Hat die Weltgeschichte einen Sinn?". Und kommt zu dem lapidaren Schluss „die Weltgeschichte hat keinen Sinn".[151] Interessant ist seine Begründung. Es kann keine universale Geschichte geben, denn Geschichtsschreibung kann immer nur unter einer bestimmten Perspektive erfolgen und auch ein Sinnzusammenhang kann nur aus dieser Perspektive festgestellt werden. Ereignisse der Vergangenheit sind keine objektive Angelegenheit, sondern müssen gedeutet werden.

---

[151] Karl Popper: Die offene Gesellschaft und ihre Feinde, Band 2, Seite 333

Z.B. sieht der Marxismus das Ziel der Geschichte in der Herstellung einer klassenlosen Gesellschaft. Er deutet die geschichtliche Entwicklung als Stufen auf dem Weg zu diesem Ziel. An diesem Beispiel wird deutlich, dass festgestellte Gesetzmäßigkeiten in der Geschichte und Ziele vom Weltbild abhängen und nur in diesem Weltbild gelten. Wir „geben" Ereignissen in der Geschichte Sinn, unabhängig von unserer Interpretation haben sie keinen objektiven Sinn.

Das Ergebnis unserer Suche nach einem objektiven Sinn ist ernüchternd. Weder im Kosmos, noch in der belebten Natur, noch in der Geschichte konnten wir einen Sinn ausmachen. Was bedeutet dieses Ergebnis für unser Leben? Zunächst einmal ist festzustellen, dass das Fehlen eines Sinns in der Welt tatsächlich Auswirkungen auf unser Leben hat und keine rein akademische Angelegenheit ist. Wir verhalten uns in einer Welt, die von einem höheren Wesen geschaffen und ihr einen Sinn gegeben wurde anders, als wenn man keinen Sinn in der objektiven Welt feststellen kann. Wenn jemand an einen Schöpfergott glaubt, dann ist die Welt für ihn gut und richtig, denn sie ist Gottes Werk. Darf er in dieser Welt etwas ändern? Jede Änderung ist eine Korrektur an dem was Gott geschaffen hat und damit eine Kritik an ihm. Darf man Häuser bauen mit Heizungen und elektrischem Licht? Wenn Gott gewollt hätte, dass wir in beheizten Häusern wohnen, hätte er sicherlich welche gebaut und wenn er gewollt hätte, dass es nachts hell ist, hätte er bestimmt nächtliche Lichtquellen geschaffen. Pfuscht ein Arzt, der einen Kranken heilt, nicht Gott ins Handwerk?

Eine Lebenshaltung, die sich daraus ergibt, ist der Fatalismus. Fatalismus sieht alles Geschehen in Natur und Gesellschaft durch das Schicksal (lateinisch fatum) unveränderlich bestimmt. Der menschliche Wille kann dem nichts entgegensetzen.

Es kann aber nicht sein, dass nur sog. „höherwertige" Tätigkeiten wie Bücher schreiben oder Regie führen als sinnvoll gelten darf und die sog. „niederen" Tätigkeiten wie Wäsche waschen oder putzen keinen Sinn haben kann. Sogar objektiv langweilige und sogar frustrierende Tätigkeiten können als sinnvoll empfunden werden. Das berühmteste Beispiel aus der griechischen Mythologie ist Sisyphos. Sisyphos' Strafe für seine Vergehen gegen die Götter bestand darin, einen Felsblock einen steilen Hang hinauf zu rollen. Kurz bevor er das Ende des Hangs erreicht hatte, entglitt ihm der Stein, und er musste wieder von vorne anfangen. „Man muss sich Sisyphos als einen glücklichen Menschen vorstellen", sage Albert Camus in seinem Essay „Der Mythos des Sisyphos".

Camus wollte mit Sisyphos die – seiner Meinung nach – absurde Situation des Menschen darstellen, deren Absurdität gerade darin liegt, dass ihr jeder Lebenssinn fehlt. Menschen, die keinen Sinn in ihrem Leben sehen, sind oft einsam, sie haben keine Arbeit, die sie befriedigt, sie werden von ihren Mitmenschen nicht anerkannt oder sie sehen für sich keine Zukunft mehr.

Halten wir fest

Nach den englischen Empiristen John Locke und David Hume stammt alle Erkenntnis aus der Erfahrung. Dagegen gibt es für Kant auch erfahrungsunabhängige Elemente der Erkenntnis. Nur dort ist für ihn sicheres Wissen möglich.

Nach der Evolutionären Erkenntnistheorie (EE) sind unsere kognitiven Fähigkeiten im Laufe der Evolution durch ständige Auseinandersetzung mit der Umwelt und durch Anpassung an sie entstanden. Das erklärt ihre Möglichkeiten und Grenzen. Unsere (subjektiven) Erkenntnisstrukturen passen auf die (objektiven) Strukturen der Welt, weil sie sich in Anpassung an diese Welt herausgebildet haben.

Die Hirnforschung vertritt eine konstruktivistische Erkenntnistheorie. Das Gehirn bildet die Außenwelt nicht ab, sondern übersetzt die Sinneseindrücke in ihre eigene „Sprache". Dem ständigen „Feuerwerk" von elektrischen Impulsen weist das Gehirn Bedeutungen zu. Damit (re)konstruiert es die Wirklichkeit und es vollbringt damit alle kognitiven Leistungen wie Denken, Fühlen, Planen, Bewerten und Entscheiden.

Für Tomasello reichen einige unserer kognitiven Fähigkeiten bis ins Tierreich zurück. Andere entwickelten sich aus der Fähigkeit des Menschen zur geteilten Aufmerksamkeit, zum Perspektivenwechsel und zur Kooperation. Diese Denkstrukturen sind nur sozial erklärbar.

Im zweiten Teil konzentrieren wir uns auf die Denkstrukturen: Subjekt-Objekt, Substanz und Akzidenz, das Ganze und seine Teile, Kausalität, Abstraktion, Induktion, Intentionale Attribution, dualistisches Denken, Assoziation, Gesetzmäßigkeits-Heuristik und Sinn. Denkstrukturen ermöglichen, ähnlich wie die Verstandeskategorien von Kant, Denken, schränken es aber auch ein.

7. Bewusstsein[152]

Wie ist es zu verstehen, dass physikalische und chemische Prozesse in den Nervenzellen des Gehirns zu etwas Geistigem werden können und wie ist es zweitens zu verstehen, dass sich dieses Gehirn ein Ich schafft, dass sich seiner selbst bewusst ist? Für Thomas Metzinger ist Bewusstsein einer der größten theoretischen Herausforderungen der Gegenwart. Die Problematik beginnt schon damit, das Problem „Bewusstsein" überhaupt erst zu fassen. Worin besteht das Rätsel Bewusstsein? Welche Art von Antwort würden wir als Lösung des Problems akzeptieren?

Um das Problem zu verdeutlichen stelle man sich vor, ein Wissenschaftler möchte einen Roboter mit Bewusstsein konstruieren. Er gibt der Maschine Sensoren, motorische Funktionen und kognitive Fähigkeiten. Aber was muss er darüber hinaus tun, damit der Roboter Bewusstsein hat? Und wie kann er feststellen, ob er wirklich Bewusstsein besitzt?

Was versteht man unter Bewusstsein?

- Bei Bewusstsein sein, im Gegensatz zu Schlafen oder Bewusstlosigkeit, also der wachbewusste Zustand eines Menschen.
- Phänomenales Bewusstsein. Wir nehmen nicht nur Sinnesreize auf, sondern erleben sie auch. Schmerzen haben und sie bewusst wahrnehmen, sich freuen und seine Freude erleben, erlebte Emotionen und Bedürfnisse.
- Gedankliches Bewusstsein. Sich bewusst über etwas Gedanken machen, sich erinnern, planen oder etwas erwarten.

---

[152] Thomas Metzinger (Hrsg.): Bewusstsein, Beiträge aus der Gegenwartsphilosophie
Thomas Metzinger: Der EGO-Tunnel, Eine neue Philosophie des Selbst: Von der Hirnforschung zur Bewusstseinsethik
Gerald M. Edelman, Giulio: Gehirn und Geist, Wie aus Materie Bewusstsein entsteht

- Bewusstsein des Selbst und seiner mentalen Zustände. Erlebnis der eigenen Identität und Kontinuität. Das bin ich und der auf dem Foto, das war ich als Schüler.
- Meinigkeit des eigenen Körpers. Das ist meine Hand, das mein Fuß.
- Verortung des Selbst und des eigenen Körpers in Raum und Zeit. Jetzt in diesem Augenblick bin ich hier in diesem Zimmer.
- Autorenschaft und Kontrolle der eigenen Handlungen. Das habe ich getan, das ist meine Meinung.
- Realitätscharakter von Erlebtem und Unterscheidung von Realität und Fantasie.

Nur Aktivitäten innerhalb der Großhirnrinde sind von Bewusstsein begleitet. Gehirnvorgänge außerhalb der Großhirnrinde – so komplex sie auch sein mögen – können nicht bewusst gemacht werden.

Das Gehirn benötigt besonders viel Stoffwechselenergie. Von dem Sauerstoff, den der Mensch benötigt, braucht das Gehirn rund 20%. Innerhalb des Gehirns ist die Großhirnrinde besonders anspruchsvoll, denn sie braucht achtmal mehr Sauerstoff, als die übrigen Gehirngewebe. Da Bewusstsein nur in der Großhirnrinde stattfindet, ist es also mit hohem Energieumsatz verbunden. Deshalb werden vom Gehirn nur diejenigen Aktivitäten bewusst durchgeführt, die so neu sind, dass das Gehirn keine fertige Antwort parat hat, oder so komplex sind, dass das Gehirn sie nicht unbewusst bewältigen kann, oder so wichtig sind, dass das Gehirn sie unbedingt bearbeitet werden muss. Alles andere versucht das Gehirn ins Unbewusste zu verschieben.

Bewusstsein tritt offenbar immer dann auf, wenn es gebraucht wird, d.h. wenn wir uns auf eine Sache konzentrieren, wenn wir vor einer neuen, unbekannten Situation stehen, wenn Routinen verlassen werden, wenn wir Neues lernen. Umgekehrt werden Routine-Tätigkeiten ins Unterbewusste verschoben.

Kann man das Thema Bewusstsein überhaupt wissenschaftliche behandeln? Wissenschaft verlangt

Objektivität, Bewusstsein kann aber nur subjektiv erfahren werden. Eine Theorie des Bewusstseins muss den phänomenalen Reichtum dieses Erlebens erfassen, muss aber gleichzeitig den wissenschaftlichen Anforderungen einer Dritte-Person-Perspektive genügen.

Beim Thema Bewusstsein geht es um uns selbst. Es ist unser eigenes Bewusstsein, das wir verstehen wollen. Bewusstsein ist immer auch mit Selbsterkenntnis verbunden. Mit dem Bewusstsein haben sich Innenwelten entwickelt. Jede dieser Bewusstseinszentren konstituiert eine eigene Perspektive auf die Welt. Eine Philosophie des Bewusstseins muss erklären, wie wir selbst solche subjektiven Universen sein können.

Bewusstseinszustände haben einen phänomenalen Gehalt. Sie fühlen sich irgendwie an. Wir erleben sie. Dieser subjektive Erlebnischarakter wird in der Philosophie des Geistes als Qualia bezeichnet. Beispiel: der Klang eines Cellos, der Geschmack von Schokolade, der Schmerz einer Wunde.

Von was sind Qualia Eigenschaften? Ist das Geschmacksempfinden von Schokolade eine Eigenschaft der Schokolade oder ist es ein Merkmal des Wahrnehmungsprozesses? Sind Qualia Gehirnzustände? Zustände der Seele oder der ganzen Person? Phänomenale Zustände sind etwas ganz anders als physikalische, chemische, biologische oder neurobiologische Zustände.[153]

Phänomenale Zustände sind transparent. Transparenz bedeutet, dass wir durch den mentalen Zustand hindurch den phänomenalen Gehalt der Zustände dem Objekt zuordnen. Es ist die Schokolade, die so schmeckt. Wir erleben nicht unsere Bewusstseinszustände, sondern wir erleben das Objekt als Wirklichkeit. Sie scheinen uns in einen direkten Kontakt zur

---

[153] Der Neurophilosoph Paul Churchland hat die Existenz von Qualia bestritten. Wenn wir etwas wahrnehmen oder fühlen, nehmen wir nicht einfach irgendeinen Inhalt einer Repräsentation wahr oder fühlen ihn, sondern die neuronale Dynamik selbst.

Welt zu bringen. Die Sinnesorgane und das Gehirn „unterdrücken ihre Eigenleistung um uns die Welt als Welt erscheinen zu lassen."[154]

Phänomenale Zustände sind immer Erfahrungen eines erlebenden Ichs. Ich bin es, der Empfindungen auf die mir eigene Art erlebe. Niemand weiß, wie es sich für mich anfühlt, wenn ich Schokolade esse. Diese Eigenschaft des Bewusstseins wird als Perspektivität bezeichnet. Es ist die Perspektive der ersten Person. Thomas Nagel schrieb 1974 den berühmten Aufsatz: Wie ist es eine Fledermaus zu sein? (What is it like to be a bat?)

Der qualitative Gehalt mentaler Zustände ist ein essentielles Merkmal dieser Zustände. Es gibt keine Schmerzen, die nicht schmerzhaft sind, man kann nicht Musik hören, ohne Hörerlebnis. Das phänomenale Erlebnis der Farbe „rot" beim Anblick einer reifen Tomate, z.B., kommt zustande durch das Zusammenwirken des Objekts (Tomate), des Lichts, der Augen und des Sehzentrums im Gehirn. Nur wenn alle diese Komponenten zusammentreffen, entsteht der Eindruck, den wir als „rot" bezeichnen. Die reife Tomate ist nicht rot an und für sich, d.h. ohne unsere Beteiligung. Ganz abgesehen davon, dass wir – nach Kant – das „Ding an sich" ohnehin nicht erkennen können.

Es ist nicht hell, wenn die Sonne scheint. Der Eindruck „Helligkeit" entsteht, wenn ein wahrnehmungsfähiges Subjekt mit Sinnesorganen, die im Spektralbereich des Lichts empfindlich sind, seine Umgebung im Sonnenlicht betrachtet und im Sehzentrum verarbeitet. Dieser phänomenale Eindruck „Helligkeit" liegt außerhalb auch einer vollständigen naturwissenschaftlichen Beschreibung des Sehvorgans. Auch die lückenlose Beschreibung der raumzeitlichen Welt durch die Physik kennt nicht den phänomenalen Gehalt von „Jetzt" oder „Hier."

Die Mannigfaltigkeit der verschiedenen subjektiven Empfindungen ist uns immer in der Einheit des erlebten

---

[154] Niklas Luhmann: Die Kunst der Gesellschaft

Augenblicks gegeben. Man nennt das die Präsenz phänomenaler Zustände. Präsenz ist das subjektiv erlebte „Jetzt", das bewusste Erleben von Gegenwart. Auch wenn wir uns an ein längst vergangenes Ereignis erinnern, erinnern wir uns jetzt in diesem Augenblick und auch Vorfreude geschieht jetzt. Alles Erleben ist gegenwärtiges Erleben.

Auch das Selbst, das erlebende Ich, ist gegenwärtig. Es ist ein allen Überlegungen vorausgehendes anwesendes Ich. Durch das durchgängige Erleben von Präsenz werden die Inhalte des Bewusstseins überhaupt erst zu realen Tatsachen. Wenn wir morgens aufwachen, präsentiert sich uns die Wirklichkeit. Die phänomenale Wirklichkeit ist die Welt in der ich lebe. In ihr bin ich und die Welt um mich herum gegenwärtig.

Die Wirklichkeit ist kein Abbild der Realität, sondern eine Konstruktion. Es ist – im Vokabular von Kant und Schopenhauer – unsere Vorstellung. Mit unseren Wahrnehmungs- und Denkstrukturen, unseren Sinnesorganen und Erfahrungen konstruieren wir die Welt in der wir leben. Konstruktion heißt nicht Beliebigkeit oder Willkür. Wir können unsere Vorstellungen nicht heute so und morgen anders konstruieren. Auch muss die Konstruktion so gestaltet sein, dass wir in der Lage sind, uns einigermaßen in der Welt zurechtzufinden. Aber die Konstruktion ist wiederum auch nicht so rigide, dass sie nicht Raum für Individualität lässt. Jeder hat seine eigene Wirklichkeit in der erlebt.

Der Raum des bewussten Erlebens besitzt eine komplexe innere Struktur

- Objektbildung. Wir integrieren phänomenale Eigenscharten zu Objekten.
- Zeiterleben: Aus inneren Biorhythmen und äußeren periodischen Änderungen wie dem Tag-Nacht-Rhythmus entsteht das Zeitbewusstsein.
- Raumerleben: Wir betten Objekte in einen Raum und setzen einzelne Objekte in diesen Raum zueinander in Beziehung.

- Kausalerleben: Wir erleben Ereignisse als Ursache anderer Ereignisse.
- Situiertheit: Das bewusste Erleben ist immer in Situationen und Kontexte eingebettet.
- Mögliche phänomenale Welten: Wir können durch Fantasie, Imagination oder auch geplante virtuelle Erlebniswelten in unserem Bewusstsein.
- Einheit des Bewusstseins: die verschiedenen Bewusstseinsinhalte werden zu einer Einheit synthetisiert.

Thomas Metzinger behauptet sogar, dass auch unser Ich konstruiert ist, unser bewusstes Selbsterleben, das was man in der Philosophie des Geistes das phänomenale Selbst nennt. Wenn das stimmt, gerät alles ins Wanken. Denn dann ist unklar, wessen Konstruktion die konstruierte Wirklichkeit ist. Wir sprechen über unsere bewussten Erlebnisse, als ob wir selbst diese Erlebnisse hätten und als ob wir in einem ganz unproblematischen Sinn Erlebnissubjekte wären.

Wir repräsentieren aber nicht nur externe Objekte, sondern auch uns selbst. Thomas Metzinger nennt es das phänomenale Selbstmodell (PSM). Lebewesen mit einem PSM können also sich selbst bewusst als eine Einheit begreifen.

Ich vermute, dass dieses phänomenale Selbstmodell das Ergebnis der Subjekt-Objekt-Spaltung ist. Es entwickelte sich im selben Prozess, in dem auch Gegenstände als externe Objekte erkannt wurden. Und es ist verbunden mit der Fähigkeit des Menschen, Andere als Wesen mit eigenen Gedanken, Gefühlen und Wünschen betrachten zu können und mit der Fähigkeit die Perspektive des anderen einnehmen zu können. Dieser Perspektivenwechsel wenn wir auch auf uns selbst an, d.h. wir betrachten uns selbst aus der Perspektiven des anderen. Und so wie wir bereit sind, den anderen als Person mit eigenen mentalen Fähigkeiten zu betrachten, so sehen wir uns selbst auch als Person. Kleinkinder erhalten ihr Ichbewusstsein auf dem Umweg über Bezugspersonen, in der Regel der Mutter.

Das phänomenale Selbstmodell PSM ist verbunden mit dem Gefühl der Meinigkeit. Ich erlebe den Arm als meinen Arm, ein Empfinden als mein Gefühl. Gibt es nicht sogar eine Art „globaler Meinigkeit, ein tiefes Ichgefühl, das damit zu tun hat, dass man den Körper als eine Ganzheit besitzt und kontrolliert."[155]

„Zuerst erzeugt unser Gehirn eine Simulation der Welt, die so perfekt ist, dass wir sie nicht als ein Bild in unserem Geist erkennen können. Dann generiert es ein inneres Bild von uns selbst als einer Ganzheit. Dieses Bild umfasst nicht nur unseren Körper und unser mentalen Zustände"[156], sondern integriert es zu einem phänomenalen Selbst.

Was ist die Funktion dieses konstruierten Ichs?

- Zuschreibungs- Ich. Es ist offenbar ein Vorteil, in die vom Gehirn konstruierte Wirklichkeit eine Instanz hineinzuversetzen, die von sich meint, die Wahrnehmungen, Gedanken, Gefühle, Erinnerungen sind ihre Zustände. Durch diese Zuschreibung zu einem Ich entsteht Identität.
- Handlungs-Ich, Willens-Ich. Die konstruierte Instanz, die sich selbst Intentionen, Absichten, zuschreibt.
- Interpretations- und Legitimations- Ich.
  Dieses bewusste Ich hat die Aufgabe, die eigenen Handlungen vor sich selbst und vor anderen zu einer plausiblen Einheit zusammenzufügen und zu rechtfertigen.

Zu den Eigentümlichkeiten dieses Ichs gehört es, dass es die Existenz des eigentlichen Produzenten, des Gehirns, unterdrückt. Das Selbstmodell ist vollständig transparent. Das Erleben des Selbst ist nur dadurch möglich, dass das PSM in unserem Gehirn fast vollständig transparent ist. Das PSM kann auch ausgeschaltet werden. Das geschieht wenn wir schlafen.

---

[155] Thomas Metzinger: Der EGO-Tunnel, Seite 19
[156] Ebenda Seite 21

Wir sind nie in direktem Kontakt mit der Umwelt, wir bewegen uns immer nur in der von uns konstruierten Wirklichkeit. „Bewusstsein ist das Erscheinen einer Welt. ... Eine einzige und einheitliche Wirklichkeit tritt in die Gegenwart." „Bewusstsein ist ein ganz besonderes Phänomen, weil es Teil der Welt ist und gleichzeitig die Welt enthält." „Das Leben ist sich seiner selbst bewusst geworden."[157]

Thomas Metzinger sieht im Bewusstsein folgende Einzelprobleme

- Das Eine-Welt-Problem
- Das Jetzt-Problem
- Das Wirklichkeits-Problem (warum wir „naive Realisten" sind)
- Das Problem der Unaussprechlichkeit
- Das Evolutionsproblem (welchen evolutionären Vorteil hat das Bewusstsein?)
- Das Wer-Problem (wer ist es, der alle diese bewussten Erlebnisse hat?)

Das Eine-Welt-Problem. Bewusstsein ist das Wissen, dass man weiß, während man weiß. Bewusstsein ist zweitens das, was verschiedene Bestandteile gleichzeitig zusammenbindet, sodass sie Teile eines umfassenden Ganzen erscheint. Was genau ist es, das in jedem einzelnen Moment all die verschiedenen Teile unseres Bewusstsein Erlebens zu einer einzigen Wirklichkeit zusammenfügt?

Aus milliardenfachen Aktivitäten de Neuronen entsteht eine langreichweitige neurodynamisch Struktur, die gleichzeitig hochgradig integriert ist und eine stark differenzierte innere Struktur besitzt.

Die Physik liefert möglicherweise ein Modell zur Erklärung dieses Phänomens. Ich übertrage dieses Modell auf die Soziologie. In einer Gesellschaft ist im Normalfall jeder mit seinem beruflichen und privaten Dingen beschäftigt. Aus

---

[157] Ebenda Seite 31

irgendeinem Grund entsteht eine zunächst leichte Unzufriedenheit, die durch Presseberichte und Talkshows verstärkt wird. Die Bevölkerung ist mehr und mehr konzentriert auf das was sich politisch ereignet. Die Stimmung wird immer erregter, alle Aufmerksamkeit ist auf das eine Thema gerichtet. Es braucht nur noch ein auslösendes Ereignis und die Menschen gehen auf die Straße. Eine Revolution beginnt. Diese kritische Situation ist dadurch gekennzeichnet, dass alle Mitglieder der Gesellschaft auch über größere Distanzen hinweg, korreliert sind. Möglicherweise ist das Bewusstsein ein Zustand langreichweitiger Korrelation der verschiedenen Bereiche des Gehirns.)

Die Einheit des Bewusstseins ist eine der größten Leistungen des Gehirns. Es gibt verschieden Formen dieser Einheit: wir nehmen Objekte mit ihren Flächen, Kanten, Farben usw. als ein Objekt wahr, wir nehmen zusammenhängende Aktionen als ein Ereignis wahr. Wir nehmen unsere Körperteile als einen, als meinen Körper wahr, wir nehmen uns selbst als Einheit, als Ich, wahr.

Dass diese verschieden Formen der Einheit des Bewusstseins Leistungen des Gehirns sind, kann man daran erkennen, dass es Läsionen (Verletzungen) des Gehirns gibt, die dazu führen, dass der Betroffenen diese entsprechende Leistung nicht erbringen kann. Es gibt z.B. Hirnverletzungen, bei denen der Patient seinen Arm nicht mehr als seinen Arm wahrnimmt.

Die Einheit des Bewusstseins ist eine dynamische selbstorganisierte emergente Struktur des menschlichen Gehirns.

Das Jetzt-Problem. Selbst eine vollständige physikalische Theorie von Raum und Zeit würde nicht das Bewusstsein von „Jetzt" und „Hier" enthalten. Alles was geschieht, geschieht jetzt in diesem Augenblick. An Vergangenes kann man sich erinnern, aber auch die Erinnerung geschieht jetzt und wenn ich einen Plan mache für die Zukunft mache ich diesen Plan jetzt in diesem Augenblick.

Da alles was geschieht, jetzt geschieht, bestehen auch alle Bedrohungen jetzt in diesem Augenblick. Nur die Gegenwart ist gefährlich. Deshalb hat die Natur uns ein Jetztbewusstsein gegeben, gewissermaßen wie eine rote Fahne: pass auf, es können Gefahren drohen.

In Situationen, in denen wir nicht genau wissen, was als Nächstes passieren wird und welche unserer Fähigkeiten (Denken, Gedächtnis, Bewegungskoordination) wir benötigen, um angemessen reagieren zu können, ist ein Jetztbewusstsein eine große Hilfe. Es ist genau die Gleichzeitigkeit der verschiedenen Gehirnmodule, für die wir das bewusste Jetzt benötigen. Wir brauchen einen Bezugsrahmen für alle unsere mentalen Fähigkeiten und dieser Bezugsrahmen ist zeitlicher Natur. Wir haben ständig ein inneres Modell der Welt, das um ein Jetzt herum organisiert ist. Ein Zeitpunkt muss als „die Wirklichkeit" markiert werden.

Neurowissenschaftler, wie z.B. Ernst Pöppel, haben herausgefunden, dass der Jetzt-Zeitpunkt in unserer Wahrnehmung kein wirklicher Punkt ist, sondern eine Dauer hat. „Die Gegenwart ist keine Messerscheide. Sie ist ein Sattelrücken mit einer gewissen ihr eigenen Breite." (William James) Diese psychologisch erlebte Gegenwart, hat eine Untergrenze von 3-5 Millisekunden, das bedeutet, dass zwei aufeinanderfolgende Töne innerhalb dieser Zeitspanne nicht als zwei Töne wahrgenommen werden. Die Gegenwartsspanne hat aber auch eine Obergrenze, die bei ca. 3 Sekunden liegt. Wer frei spricht macht oft Sprechpakete von 2-4 Sekunden. Melodien oder gesprochene Gedichtzeilen sind häufig ebenso lang. Telefonnummern, die – ausgesprochen – länger als 3 Sekunden dauern, können wir uns schlecht merken. Eine Zeitspanne von 3 Sekunden ist unsere subjektive Gegenwart.

Das Wirklichkeits-Problem. Eine Repräsentation ist dann transparent, wenn das System, das sie benutzt, sich selbst nicht als eine Repräsentation erkennen kann. Auch wenn wir ein Buch lesen, sind die gedruckten Buchstaben, Wörter und Sätze für uns transparent. Wir schauen gleichsam durch sie hindurch und sehen vor unserem geistigen Auge das wovon das Buch handelt. Aber im Gegensatz zum Bewusstsein ist das Buch nur teilweise transparent. Wir können unsere Aufmerksamkeit auch auf das gedruckte Wort richten, während uns die Gehirnaktivitäten bei allen mentalen Zuständen nicht zugänglich sind.

Weil die neuronalen Prozesse für uns vollständig transparent sind, leben wir in der Illusion, in unmittelbarem Kontakt zu unsere Umgebung zu stehen. Wir sind naive Realisten, d.h. wir glauben, dass die Welt um uns herum genauso ist, wie wir sie wahrnehmen.

Naiv klingt abwertend, ist in diesem Zusammenhang aber nicht abwertend gemeint. Naiver Realist zu sein ist lebensnotwendig. Wenn in der vorgeschichtlichen Zeit ein Bär auf einen Menschen zuging ist die unmittelbar Wahrnehmung „hier ist ein Bär" mit sofortiger Reaktion überlebenswichtig. Es ist nicht wichtig zu wissen, dass unsere Vorstellung nur ein Modell des Bären ist. Möglicherweise ist dieses Wissen nur hinderlich und wurde deshalb unterdrückt.

Das Problem der Unaussprechlichkeit. Im Bereich des sichtbaren Spektrums zwischen 430 und 650 Nanometer können wir 150 verschiedene Farbtöne unterscheiden, von denen wir aber nur 15 einzeln identifizieren können. Wenn wir z.B. zwei Karten mit nahe beieinander liegenden Grüntönen sehen, können wir sie unterscheiden, aber wenn wir sie später getrennt sehen, nicht identifizieren.

Im hörbaren Frequenzbereich können wir 1400 verschiedenen Tonhöhen unterscheiden, aber nur 80 davon später identifizieren. „Wir sind viel besser darin Wahrnehmungs-weisen zu unterscheiden, als sie zu identifizieren und sie wiederzuerkennen." Es gibt also eine gewisse Unaussprechlichkeit schon im Bereich der Sinneswahrnehmungen. Das gibt auch für die Sprache. Wir können vieles unterscheiden was wir sprachlich nicht benennen können. Z.B. können wir Weinsorten geschmacklich unterscheiden aber die Unterschiede sprachlich nicht benennen. Die Worte, di wir für sie finden: erdig, rassig oder vollmundig wirken unbeholfen. Die Unaussprechlichkeit ist ein ernstes Problem für die Wissenschaft.

Paul Churchland nannte seine Theorie eliminativer Materialismus. Er macht Ernst mit der monistischen Position, dass neuronaler Prozess und Erleben ein dasselbe sind. Die Unterscheidung von Gehirnzuständen und mentaler Zustände ist hinfällig. Unser Erleben ist der Gehirnzustand.

Das Evolutions-Problem. Warum war es überhaupt notwendig Bewusstsein zu entwickeln? Warum hat die Natur Lebewesen mit dieser Eigenschaft ausgestattet?

Eine Welt im Gehirn eines Organismus erscheinen zu lassen war eine neue, informationsverarbeitende Strategie. Indem wir die Gegenwart, die Bedrohungen und Gefahren enthalten kann, als real auszeichnen, verhindern wir, dass wir uns in unserem eigenen Erinnerungen oder Phantasien verlieren. Die Auszeichnung der Gegenwart ermöglicht es dem Lebewesen, Alternativen miteinander zu vergleichen, z.B. andere Fluchtmöglichkeiten oder sich die Beute auf andere Weise anzunähern. Die Wirklichkeitserzeugung, die Darstellung der Tatsächlichkeit, der Faktizität, schaffen einen festen Bezugspunkt: das ist der Fall davon muss ich jetzt ausgehen.

Gleichzeitig eröffnet die bewusste Repräsentation der Realität neue Möglichkeiten.

- Ziele vorgeben,
- Handlungspläne entwerfen,
- Erinnerungen abrufen,
- Verstehen des Verhaltens von Artgenossen,

Bewusste Gefühle erleben und dadurch Bedürfnisse erkennen.

Das Bewusstsein wählt das geeignete Instrument aus dem geistigen Werkzeugkasten aus. Daneben darf man aber die Vorteile nicht außer Acht lassen, die das unbewusste Ausüben von Tätigkeiten hat. Ein Hundertmeterläufer startet längst bevor der Startschuss bewusst wahrgenommen wird.

Das Wer-Problem. Das autobiografische Selbst: permanente Aufzeichnungen von Kern-Selbst-Erfahrungen gehen in das autobiografische Selbst ein. Sie werden im autobiografischen Gedächtnis prozessiert und können in explizite Vorstellungen verwandelt und durch weitere Erfahrungen modifiziert werden. Das autobiografische Selbst ermöglicht jene geistigen Vorgänge, bei denen wir uns als Beobachter und Erkennend der beobachteten Dinge erleben, als Autoren unserer Gedanken, als Akteur unserer Handlungen.

Die Entstehung des Bewusstseins ist ein weiterer Schritt in der Evolution. Mit dem Bewusstsein können Individuen für sich selbst sorgen. Das Gehirn kontrolliert sein eigenes Funktionieren. Bewusstseinszustände werden kohärent und als Einheit erlebt. Sie sind hochdifferenziert und informationsdicht. Bewusstseinszustände reduzieren Unbestimmtheit und Unsicherheit.

Das Bewusstsein ist ein Produkt der Selbstorganisation unseres Gehirns. Viele komplexe Funktionen wie Wahrnehmen, Gedächtnis, Motivation, Emotion beruhen auf räumlich verteilten, aber kooperierenden Hirnregionen, durch synchrones Feuer. Diese kollektive Anregung eines komplexen Systems kann mit Hilfe der Synergetik gut beschreiben werden. Motivation und Emotionen fördern die Synchronisation.

Wir wollen zwei Ergebnisse festhalten.

Erstens. Bewusstsein bildet sich aus Aktivitäten vieler über ganz verschiedene Gehirnregionen verteilter Neuronengruppen. Bewusstsein ist also nicht auf die Wirkung einer einzigen Gehirnregion zurückzuführen, vielmehr sind die für das Entstehen des Bewusstseins notwenigen Areale über die Großhirnrinde verteilt. Diese Neuronengruppen sind untereinander korreliert, sodass eine langreichweitige Struktur kohärenter Aktivitäten entsteht. Bewusstsein ist ein weiteres Beispiel für Strukturbildung in der Natur.
Gehirnprozesse bilden Strukturen und ermöglichen weitere Prozesse, wie z.B. sich Ziele geben, Pläne schmieden usw.

Zweitens. Bewusstsein ergibt sich aus der Subjekt-Objekt-Spaltung, aus der Fähigkeit, Andere als Person wahrnehmen zu können und aus der Fähigkeit zum Perspektivenwechsel.

8. Zeitbewusstsein

Wir gehen im Alltag ständig mit der Zeit um. Morgens klingelt der Wecker und zwingt uns aus dem Bett. Tagsüber ein Termin nach dem anderen. Wir stehen unter Zeitdruck, wenn eine Arbeit bis zu einem festen Termin fertig sein soll. Wir haben keine Zeit für etwas, was man gerne machen möchte. Wir fühlen uns gehetzt, weil wir zu viel in zu wenig Zeit zu erledigen haben. Oder wir nehmen uns bewusst Zeit für etwas oder für jemand. Wir lassen etwas sich entwickeln und geben ihm Zeit dafür.

Unser Leben wird von der Uhr diktiert. Wie ein Dirigent, der den Musikern die Einsätze gibt, so gibt uns die Uhr das Tempo vor. Die meisten Termine beginnen plus minus wenige Minuten genau. Die Bahn gilt als unpünktlich, wenn sie nach einer 5-stündigen Fahrt 5 oder 10 Minuten zu spät ankommt. Es gibt sogar einen moralischen Druck der Uhr: wir fühlen uns schuldig wenn wir zu spät kommen, und sei es auch nur wenige Minuten.

Bitte zählen Sie wie viele Uhren Sie besitzen. Berücksichtigen Sie dabei, dass jeder Computer eine Uhr hat, jedes Handy. In jedem Auto ist ein Uhr, sogar unser Herd hat eine Uhr. Viele besitzen nicht eine Armbanduhr, sondern mehrere. D.h. man kommt auf eine ordentliche Zahl, wenn man seine Uhren zählt.

Wir spüren Zeit wenn wir älter werden. Wie viel Zeit bleibt mir noch – fragen wir uns in stillen Stunden. Älter werden bedeutet auch, dass manches für immer vorbei ist. Nie mehr werden wir uns so verlieben wie mit siebzehn. Älter werden kann aber auch Druck bedeuten. Wenn jemand 40 ist und noch immer keine Karriere gemacht hat, wird er nervös. Bei einer Frau, die mit 35 noch nicht den Lebenspartner gefunden, sagt man: die Uhr tickt.

Die Zeit kann aus unterschiedlichen Perspektiven betrachtet werden. Aus physikalischer, biologischer, psychologischer, philosophischer und soziologischer Zeit.

Die psychologische Zeit

Obwohl die Uhrzeit unserem Tagesablauf die Struktur vorgibt, erleben wir Zeit subjektiv. Die erlebte Zeit hat ihre eigenen Maßstäbe, die oft nicht mit der Uhrzeit übereinstimmen. Erlebnisreiche Tage vergehen wie im Flug, langweilige Zeiten ziehen sich lange dahin. In der Erinnerung ist es umgekehrt, wichtige Tage dehnen sich wenn wir an sie denken, ereignislose Wartezeiten schrumpfen und werden schließlich ganz vergessen. Bei der Erinnerung an intensiv verlebte Stunden kann man sich an viele Details erinnern, das braucht Zeit. Es gibt aber auch das Gegenteil: Ganz intensiv erlebte Augenblicken vergehen ganz langsam. Bergsteiger die abstürzt sind, berichten, dass sich alles wie in Zeitlupe abspielte. Wartezeiten, z.B. im Stau stehen, können im Erleben unendlich lang sein. Ob langsam oder nicht, wichtig ist, dass erlebte Zeit ein anderes Maß hat als die Uhrzeit.

Die Psychologie bestätigt diese Feststellung.[158] Unsere bewusste Gegenwart ist nicht punktförmig, sondern hat eine zeitliche Ausdehnung. *„Die Gegenwart ist keine Messerschneide. Sie ist ein Sattelrücken mit einer gewissen ihr eigenen Breite, auf die wir uns gesetzt finden und von dem aus wir nach zwei Seiten in die Zeit hineinblicken."* [159] Wie lange dauert das Jetzt? Antwort: ca. 3 Sekunden. Einzelne Ereignisse werden im Gehirn zusammengefasst zu einer Wahrnehmungsgestalt von ca. 3 sec. Wer frei spricht, macht oft „Sprechpakete" von 2-4 sec. Melodien und Gedichtzeilen – gesprochen – sind ebenso lang. Telefonnummern können wir uns nur merken, wenn sie innerhalb dieser Zeitspanne aufgesagt werden können. Die Zeitspanne von 3 Sekunden ist unsere subjektive Gegenwart.

---

[158] Paul Fraisse: Psychologie der Zeit, 1985
[159] William James: Die Wahrnehmung der Zeit, 1886, abgedruckt in Walter CH. Zimmerli u. Mike Sandbothe (Hrsg.): Klassiker der modernen Zeitphilosophie, 1993

Langweile

Wie lange ist es her, dass wir für etwas viel Zeit hatten? Das Gefühl der Langeweile hatten wir zuletzt in Kindertagen. Ein Sonntagnachmittag konnte sich ewig hinziehen, vor allem wenn die Spielkameraden nicht zur Verfügung standen oder die Zeit vom 1. Advent bis zum Heiligen Abend war endlos. Das Zeitbewusstsein beim Kind muss sich erst entwickeln. Piaget, der Schweizer Psychologe hat das untersucht: Die Entwicklung des Zeitbewusstseins beim Kind. Die langen Tage der Kindheit kommen aus der Zeit als das Zeitbewusstsein schon etwas entwickelt war, aber alles noch neu war. Bei älteren Menschen ist nicht mehr viel neu.

Je älter wir werden, umso schneller vergeht die Zeit. Tage, Wochen, Monate, sogar Jahre vergehen wie im Flug. Das hat sicher damit zu tun, dass für Kinder alles neu ist und mit zunehmendem Alter immer mehr Dinge bereits bekannt sind. Das hat aber auch damit zu tun, dass wir in einer Zeit zunehmender Beschleunigung leben. Für den Soziologen Hartmut Rosa ist die Beschleunigung als ein Charakteristikum unsere Zeit.[160] Alles wird schneller und hektischer. In großen Städten bewegen sich die Menschen auf den Straßen mit der doppelten Geschwindigkeit wie in einem griechischen Dorf. Wir füllen unsere Zeit immer mehr. Nicht nur die Arbeitszeit ist dicht gepackt mit Terminen, auch die Freizeit wird oft völlig verplant. Manchen Menschen scheint es schwer zu fallen, ereignislose Tage zu erleben. Selbst Schulkinder haben bereits eine Armbanduhr und führen einen Terminkalender um ihre vielen Verpflichtungen zu organisieren.

---

[160] Hartmut Rosa: Beschleunigung, Die Veränderung der Zeitstruktur in der Moderne

Zeit in der Wirtschaft

Zeit ist Geld. Bei manchen Produkten hat nicht der Hersteller die Nase vorn, der die besten Produkte hat, sondern der als erster mit seinem Produkt auf dem Markt ist. „Time to market" ist eines der wichtigsten Kennzahlen. Im Management ist jeder in ein Zeitkorsett eingebunden. Liefertermin einhalten ist in manchen Branchen – z.B. in der Automobil- zulieferindustrie – überlebenswichtig. Das Kostbarste Gut eines Topmanagers ist Zeit. Kein Wunder dass er sparsam damit umgeht. Hartz4- Empfänger haben nichts als viel leere Zeit.

Die gesellschaftliche Zeit[161]

Die Zeit ist nicht nur eine individuelle Größe, sie ist immer auch eine gesellschaftliche Zeit. Ihrem Takt kann ich mich nicht immer entziehen. Das gilt in erster Linie für die Uhrzeit, die wie ein Dirigent alle Aktivitäten in den gleichen Rhythmus zwingt. Auch die Art und Weise wie wir Zeit wahrnehmen ist in höchstem Maße kulturabhängig und ändert sich mit den Sozialstrukturen der Gesellschaft.

Einfache, undifferenzierte Gesellschaften verfügen über eine sog. „occasionales" Zeitbewusstsein. Sie lebten – ähnlich wie kleine Kinder – fast ausschließlich im Jetzt, sie lebten in den Tag hinein und hatten wenige Erinnerungen an Vergangenes und machten sich kaum Gedanken über die Zukunft. Frühe, ständisch differenzierte Gesellschaften hatte ein zyklisches Zeitbewusstsein, das vom Tagesrhythmus und dem Wechsel der Jahreszeiten bestimmt war. Bei stärker differenzierten Gesellschaften wurde das lineare Zeitbewusstsein vorherrschend, geprägt vom Gedanken der Irreversibilität und des Fortschritts. Das christliche Weltbild hat mit seiner Heilslehre das lineare Zeitbewusstsein unterstützt.

---

[161] Norbert Elias: Über die Zeit
Armin Nassehi: Die Zeit der Gesellschaft, auf dem Weg zu einer soziologischen Theorie der Zeit

Zyklisches und lineares Zeitbewusstsein sind in einer Gesellschaft oft gleichzeitig vorhanden, auch heute noch. Aber unsere Zeit mit seinen Veränderungen, die alle Bereiche umfasst, werden die natürlichen Rhythmen, wie z.B. die Jahreszeit, nur noch ganz am Rande wahrgenommen.

Zu allen Zeiten gab es Veränderungen: Menschen wurden geboren und starben, Häuser wurden gebaut und durch Brände verwüstet. Aber in früheren Zeiten, z.B. im Mittelalter, geschahen diese Veränderungen vor einem großen, unveränderlichen Hintergrund. Heute leben wir im Bewusstsein ständiger Veränderungen ohne auf verlässlichen Konstanten zurückgreifen zu können. Im Mittelalter war der Preis für einen Laib Brot im Laufe eines Menschenlebens konstant. Heute ändern sich die Benzinpreise nicht nur täglich, sondern manchmal mehrmals am Tag. Wer in der Nähe eines Berges lebte, für den war der Berg eine konstante, verlässliche Größe. Heute wissen wir, dass auch dieser Berg einmal entstanden war, genauso wie uns bewusst ist, dass Tierarten sich im Laufe der Evolution entwickelt haben. Sogar die Erde und die Sonne sind einmal entstanden und die Fixsterne sind garnicht fix, sondern geworden.

Die Uhrzeit hat einen funktionalen Charakter, sie dient der Koordination und Synchronisation sozialer Prozesse. Ohne Uhrzeit gäbe es keine Fahrpläne und Verabredungen können nur sehr getroffen werden. Die Uhrzeit ist zu einer institutionalisierten Größe geworden mit stark normativem Charakter.

Die Uhrzeit wurde vom Individuum aber auch verinnerlicht und ist stark in seiner Persönlichkeit verwurzelt. Sie ist – wie Norbert Elias sagt – zu unserer „zweiten Natur" geworden, sie ist Bestandteil unserer Seele. Wir haben die Uhrzeit internalisiert. Wie andere gesellschaftlichen Normen ist die Uhrzeit zu einer objektiven Größe institutionalisiert und gleichzeitig im Bewusstsein des modernen Menschen internalisiert.

Bevor es allgegenwärtige Uhren gab, haben sich die Menschen an Tageszeiten, Sonnenaufgang oder

Sonnenuntergang orientiert oder im Jahresverlauf an Festtagen, Ostern, Weihnachten, Pfingsten. Der junge Bauer verabredete sich mit seiner Freundin z.b. nach dem Kühemelken, die Pacht war an Erntedank fällig. Ein geschichtliches Ereignis wurde nach der Regierungszeit eines Herrschers datiert. Heute haben wir dafür Uhrzeit, Kalender und Jahreszeiten.

Die Moderne ist in der Beschreibung der Soziologie kulturell ein Prozess der Rationalisierung, (gesellschafts)strukturell ein Prozess der Differenzierung, in Hinblick auf die Entwicklung der Persönlichkeit ein Prozess der Individualisierung, hinsichtlich des Naturverhältnisses ein Prozess der Instrumentalisierung und bezüglich der Zeitstruktur ein Prozess der Beschleunigung. Konzentrieren wir uns auf den letztgenannten Punkt: Zeitstruktur als Beschleunigung.

Es gibt die Zeitstruktur des Alltagslebens, die Koordination von Arbeit, Freizeit, Schlafen, Essen, Körperpflege usw. die täglich wiederkehren, aber immer wieder neu aufeinander abgestimmt werden müssen. Wie schaffe ich es, meine Arbeit im Büro zu erledigen, meine Tochter rechtzeitig von der Schule abzuholen, einzukaufen und abends zum Training zu gehen?

Zweitens gibt es die Zeitstruktur der Lebenszeit. Auch sie kann als Druck erlebt werden. Ich bin schon 35 und habe den Lebenspartner noch nicht gefunden. Ich bin schon 40 und habe immer noch nicht Karriere gemacht. Kann ich mir erlauben nach dem Studium ein Jahr durch die Welt zu fahren? Wann gehe ich in Rente? Fragen dieser Art behandeln die Struktur der Lebenszeit.

Drittens ist die Alltags- und Lebenszeit eingebettet in die Zeit der Epoche. Ältere Leute hört man sagen: zu meiner Zeit gab es das nicht. Die Nachkriegszeit wird eingeteilt in der 50er Jahre, in die 68er-Zeit. Für nachfolgende Jahrgänge hat man die Bezeichnung „Generation Golf" gefunden usw.

Hans Blumenberg hat einen weiteren Begriff eingeführt: die Weltzeit.[162] Das Wissen um die Endlichkeit des Lebens lässt auch die Diskrepanz zwischen der begrenzten Lebenszeit und der Weltzeit deutlich werden. Was sind die 70, 80 Jahre Lebenszeit gegenüber den 4,6 Milliarden Jahre der Erde und den 13,8 Milliarden Jahre des Universums?

In der Moderne scheinen Alltagszeit, Lebenszeit und historische Zeit auseinanderzulaufen. Sie geraten aus dem Takt und sind nicht mehr synchronisiert. Wirtschaft und Technik verändern sich so schnell, dass die Politik nicht mehr darauf regieren kann, was durch die Globalisierung noch verstärkt wird.

Vor allem aber ist die Moderne charakterisiert durch eine Zunahme der Veränderungen, d.h. durch Beschleunigung. Es gibt eine technische und eine soziale Beschleunigung.

Wir wollen mit Hartmut Rosa[163] zwischen drei Arten der technischen Beschleunigung unterscheiden

Beschleunigung des Transports: Sie ist abzulesen an der Erhöhung der Reisegeschwindigkeit in den letzten 150 Jahren. Von der Postkutsche, über die Eisenbahn, das Auto bis zum Flugzeug ist Geschwindigkeit, mit der Menschen sich bewegen, immer mehr gestiegen. Es gibt Manager, die früh morgens in die USA fliegen, dort am Flughafen in einem Hotel an einer Besprechung teilnehmen und am Nachmittag wieder zurückfliegen. New York hin und zurück an einem Tag – wenn das Kolumbus wüsste.

Beschleunigung der Informationsübermittlung: Vom Brief, der 2 Tage braucht bis zur E-Mail oder zur SMS, die praktisch sofort beim Empfänger ankommt.

Beschleunigung der Produktion: Entwicklungszeiten werden verkürzt, Stichwort: time to market.

---

[162] Hans Blumenberg: Lebenszeit und Weltzeit
[163] Hartmut Rosa: Beschleunigung, Die Veränderung der Zeitstruktur in der Moderne

Gewinner ist nicht der Beste, sondern der Schnellste. Produktionszeiten werden verkürzt, Stichwort: just-in-time. Zeit-Verschwendungen, z.b. Stillstandszeiten, werden ausfindig gemacht und eliminiert. Transportzeiten werden verringert. Produkterneuerungen, bei Software Updates genannt, folgen immer schneller aufeinander. Die Nutzungszeiten eines Produkts werden immer kürzer. Stichwort: Wegwerfgesellschaft.

Durch die technische Beschleunigung hat sich nicht nur das Verhältnis des Menschen zur Zeit, sondern auch zum Raum geändert. Durch die verringerte Reisezeit schrumpft der Raum. Stichwort: global village. Es ist nicht mehr ungewöhnlich, den Urlaub in Neuseeland zu verbringen. Ein Business-Trip ins Produktionswerk in Shanghai ist Management- Alltag.

Diese Schrumpfung des Raumes verändert auch den Weltbezug. Ein Wanderer nimmt seine Umwelt anders wahr, als ein Autofahrer. Wer fliegt sieht die Wegstrecke meist garnicht.

Soziale Beschleunigung: Wenn man Gegenwart als die Zeitspanne definiert, in der sich die Lebensbedingungen nicht grundsätzlich ändern, dann muss man feststellen, dass die Gegenwart in der moderne immer kleiner geworden ist. Der erlernte Beruf wird nicht mehr ein Leben lang ausgeübt, Der Arbeitgeber, der Wohnort, sogar der Lebenspartner wird manchmal sogar mehrfach im Laufe eines Lebens geändert.

Welche Krankenversicherung ich morgen haben werde, welchen Telefonanbieter, welche Energiegesellschaft mir den elektrischen Strom liefert, Welche Zeitung ich lese, welchen Internetprovider ich wähle, welche Suchmaschine ich benutze, alles das kann sich ändern und ändert sich auch oft.

Mit diesen vielen Änderungen, mit denen wir zurechtkommen müssen hat sich im heutigen Menschen ein Lebensgefühl eingenistet, das von Soziologen als slippery-slope bezeichnet wird. Es ist das Gefühl, sich auf einem rutschenden Abhang zu befinden. Wir befinden uns heute in einem ständigen Wandel. Es gibt keine Konstanten, keine festen Bezugsgrößen, an denen man sich wie an einem Geländer festhalten kann. Sogar das Stillstehen durch Nichthandeln und sich nicht entscheiden ist unmöglich geworden.

Dabei ist es noch gar nicht so lange her, dass Menschen ohne Uhr gelebt haben. Im Mittelalter stand man mit dem ersten Hahnenschrei auf und gingen mit den Hühnern ins Bett. Kerzen waren teuer. Man traf sich nicht um 19 Uhr, sondern nach dem Kühe melken oder nach dem Angelus- läuten. Das Jahr wurde nach Festtagen gegliedert: der 3. Sonntag nach Trinitatis. Epochen wurden nach Königen benannt: its Georgian. Die Uhr bestimmt unerbittlich unseren Tagesablauf. Nicht die Dampfmaschine, sondern die Uhr wurde zur „Schlüsseltechnik des Industriezeitalters." Erst seit dem 19. Jhd. ist die Uhr so weit verbreitet, dass praktisch jeder eine Uhr hat und Uhren allgegenwärtig sind.

Es ist ein seltsamer Widerspruch zu beobachten. Obwohl wir objektiv betrachtet mehr Zeit haben als die Menschen früherer Generationen, haben wir subjektiv weniger Zeit. Die Lebenserwartung unserer Generation ist größer geworden, wir haben mehr „freie" Zeit haben, technische Möglichkeiten wurden geschaffen um „Zeit zu sparen" (Auto, Flugzeug, Telefon). Trotzdem haben fühlen sich immer mehr Menschen gehetzt und haben das Gefühl keine Zeit zu haben.

Zeit im täglichen Leben bedeutet auch zu erfahren, dass Dinge, die geschehen sind unwiderruflich geschehen sind. Verpasste Chancen können – in bestimmten Fällen – nie wiederkommen. Wenn wir jemandem weh getan haben, können wir uns dafür entschuldigen, ungeschehen machen können wir es nicht.

Soziologisch betrachtet ist die Gegenwart ein Zeitraum der Stabilität, für welchen Erfahrungsraum und Erwartungshorizont unverändert und damit deckungsgleich sind.[164] Vergangenheit bezeichnet dann aus dieser

---

[164] Hartmut Rosa: Beschleunigung, Seite 131

Perspektive all das, was nicht mehr, Zukunft was noch nicht gilt. Soziologen charakterisieren die Postmoderne als eine Zeit der Gegenwartsschrumpfung.[165] „Mehr und mehr wird die Zeit heute nur noch durch die Differenz von Vergangenheit und Zukunft beschreiben. Das führt dazu, dass die Gesellschaft sich zwischen einer nicht mehr gültigen Vergangenheit und einer noch nicht bestimmten Zukunft findet – wie ein Jugendlicher, dem das Elternhaus keine Sicherheit und keine Maßstäbe mehr bietet."[166]

Wir leben unter den Bedingungen permanenten Wandels auf allen Gebieten. Es gibt keine Ruhepositionen, auf die wir uns zurückziehen können, es gibt keine Konstanz, keine Verlässlichkeit. Alles wir unsicher und erfordert ständige Entscheidung: Arbeitgeber, Lebenspartner, Wohnort, Geldanlage, Telefongesellschaft, usw.

Was also ist die Zeit?

Zeit ist zweifellos ein Grundbegriff. Philosophen wie Martin Heidegger (Sein und Zeit) oder Carl Friedrich von Weizsäcker (Zeit und Wissen) haben schon in ihren Buchtiteln der Zeit einen prominenten Stellenwert gegeben. Fast alle großen Philosophen haben sich mit der Zeit auseinandergesetzt: Platon, Aristoteles, Kant, Augustinus. Wissenschaften haben wichtige Beiträge zum Thema Zeit geleistet: die Physik, die Psychologie, die Soziologie. Zeit ist ein interdisziplinäres Thema.

Der Kirchenvater Augustinus hat im 11. Buch seiner „Bekenntnissen (Confessiones)" diese Frage aufgeworfen und festgestellt:

„Was ist denn die Zeit? Wer kann das leicht und schnell erklären? Wer kann das auch nur in Gedanken fassen, um es dann mit Worten zu erklären? Und doch sprechen wir in unseren Alltagsreden von nichts Vertrauterem und

---

[165] ebenda
[166] Niklas Luhmann: Die Gesellschaft der Gesellschaft, Seite 1073

Bekannterem als der Zeit. Wenn wir über die Zeit sprechen, wissen wir, was das ist; wir wissen es auch, wenn ein anderer darüber zu uns spricht. Was also ist die Zeit? (quid est ergo tempus?). Wenn niemand mich danach fragt, weiß ich es, wenn ich es jemand auf seine Frage hin erklären will, weiß ich es nicht."[167]

Was also ist die Zeit? Sobald wir über die Zeit nachdenken zerrinnt sie uns zwischen den Fingern. Wir bekommen sie nicht zu fassen. Woran liegt das? Ein Grund dafür ist die Omnipräsenz der Zeit. Zeit ist immer. Wir können nicht aus der Zeit aussteigen und sie von außen betrachten und sie nicht von der Nichtzeit unterscheiden. Etwas das wir nicht abgrenzen können, können wir nicht fassen. Ein zweiter Grund, warum wir uns mit der Zeit schwer tun, liegt darin, dass wir Zeit nicht direkt beobachten, sondern immer nur Ereignisse, Vorgänge, Prozesse. Sie ereignen sich in der Zeit, sie brauchen Zeit, aber die Zeit selbst?

Wir sagen: „Zeit vergeht", aber was vergeht, wenn Zeit vergeht.[168] Wir sagen: „die Zeit fließt", aber was fließt und gegenüber was fließt es?

Beginnen wir unsere Zeitanalyse mit einer selbstverständlichen und naheliegenden Feststellung: Zeit ist das was die Uhr anzeigt. Was ist eine Uhr? Eine Uhr ist ein kleiner Apparat, der einen periodischen Vorgang möglichst gleichmäßig wiederholt. In einer Pendeluhr schwingt der Pendel, elektronische Uhren haben einen Quarz als Taktgeber. Uhren machen also immer dasselbe und das so genau wie möglich. Sie zerteilen das was wir Zeit nennen in gleiche Abschnitte. Uhren zeigen das an, was ihrer Konstruktion als Zeitvorstellung zugrunde liegt. Es ist das Modell der gleichförmigen, homogenen Zeit, denn nur bei

---

[167] Augustinus: Bekenntnisse (Confessiones), IX Buch in der Übersetzung von Kurt Flasch
[168] Heidegger hat in seinem Hauptwerk „Sein und Zeit" die überraschende Feststellung gemacht: Warum sagen wir nicht: Die Zeit entsteht?

einer gleichförmigen Zeit macht die Aufteilung in gleiche Abschnitte Sinn.

Die Modellvorstellung, die der Uhr zugrunde liegt, ist die sog. absolute Zeit. Sie ist mit dem Namen Newton verknüpft. Isaac Newton, 1643 – 1727, hat im Jahre 1666, dem sog. „annus mirabilis" drei große wissenschaftliche Arbeiten veröffentlicht, die jede für sich ausgereicht hätte, ihn berühmt zu machen, er hat die Infinitesimalrechnung begründet (über die Urheberrechte hat er sich mit Leibniz gestritten), er hat die Gravitationstheorie entwickelt und er hat das Spektrum des Lichts erklärt. Eine vergleichbare Leistung ist dann erst wieder Einstein gelungen, der 1905 die spezielle Relativitätstheorie, die Theorie der Brownschen Bewegung und die Theorie des Photoeffekts veröffentlichte, ein zweites „annus mirabilis".

In seinem Werk *„Philosophiae Naturalis Principia Mathematica" aus dem Jahre 1687* definiert Newton die absolute Zeit

„Die absolute, wahre und mathematische Zeit verfließt an sich und vermöge ihrer Natur gleichförmig und ohne Beziehung auf irgendeinen äußeren Gegenstand." [169]

Absolut bedeutet, dass die Zeit unbeeinflussbar ist von allem was geschieht und dass ihr eine eigenständige Existenz gegenüber anderen realen Dingen zukommt, dass sie also objektive Realität besitzt. Wahr ist die Zeit, weil sie als Referenzsystem für alle Ereignisse und Prozesse dienen kann. „Mathematisch" soll ausdrücken, dass die Zeit durch eine eindimensionale Größe beschreiben werden kann. Sie verfließt – wie Newton sagt – gleichförmig, d.h. homogen in allen Phasen und ohne Beziehung auf irgendeinen äußeren Gegenstand.

Die absolute Zeit ist ein Referenzsystem, auf das alle Vorgänge bezogen werden können. Unterschiedliche, auch räumlich weit entfernte Vorgänge, können miteinander verglichen werden. Und mit der absoluten Zeit kann

---

[169] Isaac Newton: Philosophiae Naturalis Principia Mathematica, 1687

entschieden werden, ob Ereignisse gleichzeitig stattfinden, oder nicht. Die absolute Zeit hat also viele praktische Eigenschaften und dient deshalb in der Form der Uhrzeit der Koordination verschiedener sozialer Ereignisse. Wir müssen uns aber darüber im Klaren sein, dass die absolute Zeit ein gedankliches Konstrukt ist und dass wir sie weder erfahren, noch messen können. Wir können Zeit immer nur konkret mit einer Uhr, die sich an einem bestimmten Ort befindet, messen. Eine Messung in Bezug auf die absolute Zeit ist nicht möglich. Der Physiker Ernst Mach (1838 – 1916) hat die Forderung erhoben, dass in der Physik nur Begriffe verwendet werden dürfen, die eine empirische Bedeutung haben. Einstein hat diese Forderung erfüllt und sowohl die absolute Zeit, als auch den Äther aus der Physik entfernt.[170]

Auf dem Kontinent hatte der schon genannte Gottfried Wilhelm Leibniz (1646 – 1716), wie in so vielem, auch zum Thema Zeit eine andere Meinung, als sein englischer Kontrahent Newton. Für Leibniz kommt der Zeit (wie auch dem Raum) keine eigenständige Existenz zu. Raum und Zeit sind Beziehungen zwischen Körpern und Ereignissen. Bewegungen sind Relativbewegungen zwischen Körpern. Der Zeitbegriff von Leibniz nennt man relationale Zeit. Er begründete seine Ansicht mit der Feststellung, dass Veränderungen gegenüber der absoluten Zeit nicht beobachtbar sind. Ähnlich wie Verwandtschaftsverhältnisse, also z.B. A ist Vater von B, oder C ist Onkel von D, Relationen zwischen Menschen bezeichnen, bezeichnet Zeit die Relation innerhalb von Ereignissen oder gegenüber unveränderlichen Dingen. Keiner käme auf die Idee, einer Verwandtschaftsbeziehung „Vater sein" oder „Onkel sein" eine objektive Existenz zuzugestehen. Ebenso ist die Zeit eine Relation ohne eigene Realität. Leibniz ist in seiner Zeittheorie moderner als Newton, man kann ihn sogar als ein Vorgänger der Relativitätstheorie bezeichnen.

Die absolute Zeit Newtons entspricht nicht mehr dem heutigen Stand der Physik. Albert Einstein (1879 – 1955) hat

---

[170] Peter Mittelstaedt: Der Zeitbegriff in der Physik,

in seinen beiden Relativitätstheorien, der speziellen Relativitätstheorie 1905 und der allgemeinen Relativitätstheorie 1916 einen Zeit- und Raumbegriff entwickelt, der die absolute Zeit Newtons in allein Eigenschaften widerlegt. Es ist hier nicht der Ort diese beiden Theorien darzustellen. Nur die Ergebnisse werden referiert und ihre Bedeutung für den Zeitbegriff.

Nach Einstein gibt es keine absolute Zeit, d.h. es gibt kein unabhängiges Referenzsystem, auf das alle Vorgänge bezogen werden können. Jede Bewegung verlangt die Angabe eines Bezugssystems. Jede Zeitangabe ist nur für dieses Bezugssystem gültig. Alle Bezugssysteme, die sich geradlinig und gleichförmig zueinander bewegen, sind gleichberechtigt. Sie heißen nach Einstein Inertialsysteme. Die Gleichberechtigung der Inertialsysteme ist das Relativitätsprinzip. Eine zweite Voraussetzung der speziellen Relativitätstheorie ist die Konstanz der Lichtgeschwindigkeit. Sie ist das Ergebnis der Versuche von Michelson und Morley aus den Jahren 1881 und 1887 in Potsdam und Cleveland (Ohio).

Eine erste Folgerung des Relativitätsprinzips und der Konstanz der Lichtgeschwindigkeit betrifft die Gleichzeitigkeit. In der absoluten Zeit Newtons sind Ereignisse entweder gleichzeitig oder nicht gleichzeitig. In der Relativitätstheorie hängt es vom Bezugssystem ab, aus dem man zwei Ereignisse beobachtet, ob sie gleichzeitig sind oder nicht. [171]

Auch ein räumlicher Abstand, z.B. die Länge eines Gegenstandes und eine gemessene Zeitdauer sind nach Einstein abhängig vom Bezugssystem. Bewegte Körper erscheinen von einem ruhenden Bezugssystem aus gemessen, kürzer. Man nennt dieses Phänomen Längenkontraktion. Bewegte Uhren erscheinen von einem

---

[171] Es gibt umfangreiche Literatur zu den Relativitätstheorien, z.B. Peter Mittelstaedt: Der Zeitbegriff in der Physik, 1996 oder Martin Carrier: Raumzeit, 2009

ruhenden Bezugssystem aus gemessen langsamer. Diese Beobachtung heißt Zeitdilatation.

Ein drittes Ergebnis der speziellen Relativitätstheorie ist die Verknüpfung von Raum und Zeit zur vierdimensionalen Raumzeit. „Von Stund´ an sollen Raum für sich und Zeit für sich völlig zu Schatten herabsinken und nur noch eine Art Union der beiden soll Selbständigkeit bewahren."[172] Das hat die schwer verstehbare Konsequenz, dass Bereiche der vierdimensionalen Raumzeit mehr Raumcharakter, andere mehr Zeitcharakter haben. Richard Wagener hat in seiner Oper Parsifal diesen Gedanken vorweggenommen:

PARSIFAL
    Ich schreite kaum, -
    doch wähn' ich mich schon weit.
GURNEMANZ
    Du siehst, mein Sohn,
    zum Raum wird hier die Zeit. [173]

In der allgemeinen Relativitätstheorie, die eine Theorie der Gravitation ist, wird die vierdimensionale Raumzeit mit der Materie verknüpft. In der Nähe massereicher Körper, z.B. der Sonne, ist der Raum gekrümmt. Diese Krümmung ist Ursache für die Gravitation. Uhren in einem starken Gravitationsfeld gehen langsamer – relativ zu einem Bezugssystem in einem geringeren Gravitationsfeld. Die Raumzeit ist nicht unabhängig von ihrem Inhalt, d.h. von den in ihr enthaltenen Massen. Die Raumzeit wird gleichsam von der Materie „aufgespannt".

Nach den Feldgleichungen der allgemeinen Relativitätstheorie dehnt das Universum sich aus. Diese Expansion wird durch zwei Beobachtungen gestützt. Erstens durch die Entdeckung von Edwin Hubble im Jahre 1929, dass Sonnen sich umso schneller von uns entfernen, je weiter sie von uns entfernt sind. Dies kann sinnvoll nur durch eine Expansion des gesamten Raumes erklärt werden. Zweitens

---

[172] Hermann Minkowski in einem Vortrag 1908
[173] Richard Wagner: Parsifal, 2. Hälfte des 1. Aufzugs

durch die Entdeckung der Hintergrundstrahlung durch Penzias und Wilson im Jahre 1965. Diese Mikrowellenstrahlung wird wegen ihrer Homogenität als Überbleibsel eines sehr viel heißeren und sehr viel dichteren Stadiums der Entwicklungsgeschichte des Universums gedeutet. Verfolgt man die Expansion des Universums zeitlich zurück, gelangt man zu einer Singularität der Materie von unendlich hoher Dichte und Temperatur, aus der das Universum vor ca. 13,8 Milliarden Jahren in einem sog. „Urknall" hervorgegangen sein muss.

Im Urknall ist die gesamte Welt entstanden und mit ihr auch Raum und Zeit. Dabei hat man es mit der Schwierigkeit zu tun, dass der Begriff „Entstehen" die Zeit bereits voraussetzt, sodass in Zusammenhang mit der Zeit von Entstehen nur zirkulär gesprochen werden kann. Offensichtlich hat auch die Zeit nur einen begrenzten Definitionsbereich und verliert außerhalb dieses Bereichs seine Bedeutung. Augustinus erwähnt dieses Problem schon vor sechzehnhundert Jahren in seinen Bekenntnissen und stellte im elften Buches die Frage: „Was tat Gott bevor er Himmel und Erde erschaffen hat?" Die Antwort von Augustin lautete: „ich gebe nicht die Antwort, die einst jemand gegeben haben soll, der mit einem Scherz der drängenden Frage auswich: er machte Höllen für die, die solche Geheimnisse ergründen wollen."[174]

Eine unendlich lange Zeit übersteigt unser Vorstellungsvermögen, aber eine endliche Zeit bereitet dem Denken noch größere Schwierigkeiten. Nach Thomas Mann sind wir deshalb in Unendliche ausgewichen, weil wir mit dem Endlichen noch größere Schwierigkeiten haben: „Da eine endliche Zeit und ein begrenzter Raum auch mit der verzweifeltesten Anstrengung nicht vorgestellt werden können, so hat man sich entschlossen, Zeit und Raum als ewig und unendlich zu 'denken', - in der Meinung offenbar, dies gelinge, wenn nicht recht gut, so doch etwas besser."[175].

---

[174] Augustinus: Bekenntnisse, 11. Buch
[175] Thomas Mann: Der Zauberberg,

Der Urknall ist ein Grenzfall und gleichzeitig eine Singularität, bei der Begriffe ihre Gültigkeit verlieren. Ein geometrischer Vergleich mit dem Nordpol auf einer Kugel hilft vielleicht, die Besonderheit von Grenzpunkten zu verdeutlichen. Wenn man nach Norden geht, dann gibt es an jedem Punkt auf der Erdkugel alle vier Himmelsrichtungen: Süden, Norden, Westen und Osten. Wenn man aber genau auf dem Nordpol steht, gibt es nur noch Süden. Es gibt kein Norden mehr und auch Westen und Osten haben ihre Gültigkeit verloren. Der Nordpol ist ein singulärer Punkt, an dem auch vertraute Begriffe unbrauchbar werden. Ein solcher singulärer Punkt ist auch der Urknall. Er ist der Beginn von allem, auch von Raum und Zeit. Im Urknall gibt es nur Zukunft, keine Vergangenheit. Die Frage, was vor dem Urknall war, ist nicht zu beantworten, weil die Frage sinnlos ist. Der Definitionsbereich des Begriffs Zeit beginnt erst mit dem Urknall. Es gibt kein davor, nach dem man fragen könnte.

Die Zeit hat nach dem Standardmodell der Kosmologie einen Anfang[176]. Hat sie auch ein Ende? Diese Frage ist nach dem heutigen Wissensstand nicht zu beantworten. Das Weltall dehnt sich entweder immer weiter aus, dann hat die Zeit zwar einen Anfang, aber kein Ende. Oder das Weltall expandiert bis zu einem Maximum und zieht sich dann wieder zusammen. Dass ist die Zeit endlich, sie hat einen Anfang und ein Ende. Welcher der beiden Modelle zutrifft, hängt von der Gesamtmasse des Universums ab, die man aber nicht genau genug kennt. Deshalb können wir nach dem heutigen Kenntnistand nicht voraussagen, ob die Zeit auch ein Ende hat oder nicht.

In der folgenden Tabelle werden die absolute und die relative Zeit einander gegenübergestellt.

---

[176] Es gibt auch Modelle ohne Zeitanfang, z.B. Martin Bojowald: Zurück vor den Urknall, eine ganze Geschichte des Universums, 2009

Absolute Zeit (Newton)	Relative Zeit (Einstein)
Absolut in der Bedeutung von Referenzsystem für alle Bewegungen	Bewegung erfordert die Angabe eines Bezugssystems
Absolut in der Bedeutung von Objektive Realität	Keine absolute Realität, sondern Relation von Bewegungszuständen
Mathematisch, d.h. mit einer eindimensionalen Größe beschreibbar	Mit dem Raum zur 4-dimensionale Raumzeit verknüpft
Universelle Gleichzeitigkeit	Gleichzeitigkeit abhängig vom Bezugssystem
Unabhängig von anderen Größen	Mit dem Raum zur 4-dimensionalen Raumzeit und mit der darin vorhandenen Masse verknüpft
Gleichförmig, homogen	Abhängig vom Bezugssystem und vom Gravitationsfeld

Ewigkeit

Der Begriff „ewig" hat die Bedeutung von unendlich im Sinne von zeitlich unbegrenzt, aber auch von unveränderlich in der Zeit, also von zeitunabhängig. Platon (427 – 360 v.Chr.) hat seinen Zeitbegriff an der Ewigkeit festgemacht. In seinem Dialog Timaios schildert er, wie der Demiurg die Zeit geschaffen hat: *"so sann er darauf, ein bewegliches Bild der Unvergänglichkeit zu gestalten, und machte, dabei zugleich den Himmel ordnend, dasjenige, dem wir den Namen Zeit beigelegt haben, zu einem in Zahlen fortschreitenden unvergänglichen Bilde der in dem Einen verharrenden Unendlichkeit".* [177]

Die Zeit wurde also geschaffen. Sie wurde „gestaltet" als ein „bewegliches Bild der Unvergänglichkeit". Diese Zeitvorstellung entspricht Platons Ideenlehre. Die Zeit wurde – wie alles was wir als Realität wahrnehmen – nach ewigen,

---

[177] Platon: Timaios 37c, übersetzt von Friedrich Schleiermacher

unveränderlichen Ideen geschaffen. Sie ist also keine Idee, sondern sie ist das Abbild einer Idee. Die Zeit ist *„in Zahlen fortschreitend"*, ein Gedanke, der sicherlich von Pythagoras beeinfluss ist, denn Timaios war ein Schüler von Pythagoras. Die Idee, nach der die Zeit geschaffen wurde, ist die *„in dem Einen verharrenden Unendlichkeit"*, die Ewigkeit, griech. Äon. *„Verharrend"* bedeutet unveränderlich, *„in dem Einen"* ist ein Ausdruck dafür, dass Ewigkeit unteilbar ist, also nicht – wie die Zeit – in Teile zerlegt werden kann. Die „in dem Einen verharrende Unendlichkeit" wird als ewige Gegenwart interpretiert. Für Gernot Böhme[178] ist das Äon gleichzusetzen mit Lebenskraft, Lebensursprung, denn der ganze Kosmos ist nach dem Vor- und Urbild (griech: paradigma) des einen, vollkommenen und ewigen Lebewesen geschaffen.

Die Schaffung der Welt durch den Demiurg ist nicht als zeitlicher Vorgang zu betrachten, sondern als ein zeitlos ontologischer Akt. Die Zeit ist auch bei Platon ohne Anfang und unbegrenzt. Der Demiurg schuf die Zeit zyklisch und linear. Mit der Erschaffung der Zeit hat der Weltbaumeister auch „den Himmel geordnet", d.h. in den periodischen Bewegungen der Himmelskörper die zyklische Zeit geschaffen und mit „in Zahlen fortschreitenden unvergänglichen Bild" die lineare Zeit. Platon bestimmt das Maß der Zeit in Zahlen und in den Planetenbewegungen. Planeten sind „das Werkzeug der Zeit"[179]. Drehung der Erde bestimmt den Tag, der Umlauf des Mondes bestimmt den Monat, der Umlauf der Sonne bestimmt das Jahr. „Die Umläufe der übrigen Planeten haben die Menschen ... nicht begriffen ... sodass sie schier nicht wissen, dass ... der wundervolle Wechsel ihres Umherschweifens Zeit ist." [180]

Die Ewigkeit hat zwei Bedeutungen. Ewig wird verwendet im Sinne von „zeitlich unbegrenzt" oder es bedeutet „zeitlos, nicht der Zeit unterworfen". Dass die Welt ewig ist im Sinne

---

[178] Gernot Böhme: Zeit und Zahl, Studien zur Zeittheorie bei Platon, Aristoteles, Leibniz und Kant, 1974
[179] Platon: Timaios, 41e und 42d
[180] Platon: Timaios 39d

von „zeitlich unbegrenzt" war die Meinung von Heraklit: „ Diese Welt hat weder Gott noch die Menschen geschaffen, sondern sie war und ist und wird immer sein, ein ewig lebendiges Feuer, aufflammend nach Maßen und verlöschend nach Maßen"[181]. Auch für Aristoteles ist die Welt ursprungslos und unvergänglich. Sie ist nicht entstanden und nicht zerstörbar.

Anders die Bibel. „Am Anfang schuf Gott Himmel und Erde"[182]. Hier ist also eindeutig von einem Anfang die Rede. Auch das Standardmodell der Kosmogonie, die Urknallhypothese, sieht die Welt mit einem Anfang und kann ihn zeitlich präzisieren: vor ca. 13,8 Milliarden Jahren ist die Welt in einem Urknall entstanden.

Die zweite Bedeutung on ewig ist „unveränderlich, nicht der Zeit unterworfen". Hier stellt sich die grundsätzliche Frage: was in dieser Welt ist nicht der Zeit unterworfen? Für die Religionen ist Gott und die Seele ewig. In der Philosophie gibt es mehrere Beispiele für zeitlich unveränderlich. Zwei seien genannt: die Ideen Platons und das Sein bei Parmenides, das ohne Werden und Vergehen, nicht entstanden und unvergänglich ist.[183] In den Naturwissenschaften sind die Naturgesetze zeitlos gültig, in der Mathematik die mathematischen Sätze. In der Lebenswirklichkeit erfahren wir ständig Veränderungen. Sie spielen sich vor einem – im Laufe eines Menschenlebens – konstanten und unveränderlichen Hintergrund ab. Dieser konstante Hintergrund wurde im Laufe der Geschichte immer kleiner. Vor allem in den letzten 150 Jahren ist er stark geschrumpft. Alles ist entstanden, die Sterne, die Planeten, die Gebirge, seit Darwin auch die Tier und Pflanzenarten usw. Es gibt immer weniger, das dem Leben Konstanz und Halt gibt.

Aristoteles (384 – 322 v. Chr.), Schüler von Platon und Lehrer Alexanders des Großen, geht bei seiner Zeitanalyse im 4. Buch seiner Physikvorlesungen von Veränderungen aus. In

---

[181] Heraklit bei Diels/Kranz, Frg. B 30
[182] Gen 1,1
[183] Parmenides VS 28, B 8,3

Bewegungen oder Veränderungen stellen wir Zeit fest. Ist Zeit Ursache von Veränderung? Oder ist Veränderung Ursache von Zeit? Aristoteles lehrt, dass ein Prozess oder ein Vorgang nicht identisch ist mit Zeit, sondern dass Zeit „ein Moment der Veränderung"[184] ist. „Nicht Bewegung selbst ist also die Zeit, sondern das Zahlmoment an der Bewegung". Und Aristoteles kommt zu der Feststellung: „denn eben das ist Zeit: die Zahl der Veränderung hinsichtlich des davor und danach". Dabei versteht er unter Zahl nicht das womit wir zählen, sondern das was gezählt werden kann, das Zählbare. Interessant ist, dass Aristoteles – ebenso wie Platon – die Zeit mit der Zahl verknüpft, was vermutlich auf Pythagoras zurückgeht. Anderseits macht Aristoteles die Zeit – anders als Platon – nicht an der Ewigkeit fest, obwohl sie bei ihm unentstanden, anfangs- und endlos ist.

Aristoteles stellt im 4. Buch seiner „Physik" die ontologischen Frage „ob die Zeit zum Seienden oder zum Nichtseienden gehört".[185] Die Vergangenheit gibt es nicht mehr, die Zukunft noch nicht, nur das Jetzt ist. Die Zeit besteht also zum größten Teil aus Nichtseiendem und kommt deshalb kein Sein zu. Auch eine Folge von Jetzt- Punkten ergeben kein Seiendes, denn die früheren Jetzt- Punkte müssen vergangen sein.

Auch Hegel kann das Problem nicht lösen, sondern nur mit noch anschaulicheren Worten beschreiben: „Es wird das *Jetzt* gezeigt; *dieses Jetzt*. *Jetzt*, es hat schon aufgehört zu sein, indem es gezeigt wird; das *Jetzt*, das *ist*, ist ein anderes, als das gezeigte, …Das Jetzt, wie es uns gezeigt wird, ist ein *gewesenes*; und dies ist seine Wahrheit; es hat nicht die Wahrheit des Seins."[186]

Offensichtlich führt der ontologische Ansatz, die Frage, ob die Zeit ist, ob der Zeit Seinscharakter zukommt, zu einer Aporie. Zeit ist nicht, im ontologischen Sinn. Die

---

[184] Aristoteles: Physik, 4. Buch
[185] Aristoteles: Physik, 4. Buch 217b
[186] Georg Friedrich Wilhelm Hegel: Phänomenologie des Geistes, A. Bewusstsein, I Die sinnliche Gewissheit

Systemtheorie führt hier weiter. Sie geht im Gegensatz zur klassischen Philosophie nicht vom Sein aus mit der daran anschließenden Frage nach dem Wesen des Seienden, sondern sie geht von einer Differenz aus. Ausgangspunkt ist die Tätigkeit des Beobachtens, definiert als Handhabung einer Differenz. „Draw a distinction" – mache eine Unterscheidung, ist der Ausgangspunkt der Systemtheorie.[187] „An die Stelle von letzten Einheiten (Prinzipien, Gründen) tritt ein Prozessieren von Differenzen."[188]

Wir werden im Folgenden die Unterscheidung vergangen/gegenwärtig/zukünftig (die A- Reihe nach McTaggart) weiter verfolgen, indem wir die Zeittheorien von Augustinus, Kant und Husserl heranziehen. Anschließend werden wir die Unterscheidung früher/später (B- Reihe nach McTaggart) durch Diskussion der Kausalität und der Irreversibilität der Zeit genauer untersuchen.

Augustinus von Hippo, geb. 354 in Tagaste (im heutigen Algerien), gest. 430 in Annabe (ebenfalls heute Algerien), bedeutender Kirchenlehrer und Philosoph an der Epochenschwelle zwischen Antike und Mittelalter, hat das 11. Buch seiner „Confessiones (Bekenntnisse)" dem Thema Zeit gewidmet. Augustinus schreibt: *„Was ist denn die Zeit? Wer kann das leicht und schnell erklären? Wer kann das auch nur in Gedanken fassen, um es dann mit Worten zu erklären? Und doch sprechen wir in unseren Alltagsreden von nichts Vertrauterem und Bekannterem als der Zeit. Wenn wir über die Zeit sprechen, wissen wir, was das ist; wir wissen es auch, wenn ein anderer darüber zu uns spricht. Was also ist die Zeit? (quid est ergo tempus?). Wenn niemand mich danach fragt, weiß ich es, wenn ich es jemand auf seine Frage hin erklären will, weiß ich es nicht."[189]*

Wir können uns an Vergangenes erinnern und Zukünftiges planen, aber wir tun es jetzt, in diesem Augenblick. „wo sie

---

[187] Niklas Luhmann: Die Wissenschaft der Gesellschaft, Seite 73
[188] Niklas Luhmann: Die Wissenschaft der Gesellschaft, Seite 99
[189] Augustinus: Bekenntnisse (Confessiones), XI Buch in der Übersetzung von Kurt Flasch

(Vergangenes und Zukünftiges) auch sein mögen, da sind sie nicht zukünftig oder vergangen, sondern gegenwärtig"[190]. Es gibt nicht Vergangenheit, Gegenwart und Zukunft, sondern Gegenwart des Vergangenen (Erinnern), Gegenwart des Gegenwärtigen (Anschauen) und Gegenwart des Zukünftigen (Erwarten).[191]

Augustin war sich auch bewusst, dass die Zeit, die es nur in der Gegenwart gibt, nicht punktförmig ist: *„So scheint es mir denn klar, dass die Zeit nichts anderes ist als eine Art Ausdehnung, aber wessen das weiß ich nicht. Doch sollte es mich wundern, wenn es nicht der Geist selber wäre."*[192]

Augustinus hat gezeigt, dass Zeit im Bewusstsein stattfindet. Noch radikaler verlegt Kant die Zeit in die Subjektivität. Immanuel Kant (1724 – 1804) behandelt die Zeit in seiner „Kritik der reinen Vernunft" im Abschnitt „transzendentale Ästhetik". Unter Ästhetik versteht Kant die „Wissenschaft von allen Prinzipien der Sinnlichkeit a priori"[193] und unter transzendental „die vor einer Erfahrung liegenden Bedingungen der Erkenntnis". Es geht also Kant um die vor jeder Erfahrung liegenden Bedingungen der sinnlichen Wahrnehmung.

Jede Erkenntnis beginnt mit Erfahrung. Es gibt aber – nach Kant – auch erfahrungsunabhängige Grundlagen der Erkenntnis. Kant unterscheidet die beiden Erkenntnisstämme Sinnlichkeit und Verstand. „Ohne Sinnlichkeit würde uns kein Gegenstand gegeben und ohne Verstand keiner gedacht werden. Gedanken ohne Inhalt sind leer, Anschauungen ohne Begriffe sind blind". Beide Erkenntnisstämme – Sinnlichkeit und Verstand – haben erfahrungsfreie Elemente. Die erfahrungsunabhängigen Elemente der Sinnlichkeit sind die reinen Anschauungsformen Raum und Zeit, die

---

[190] ebenda
[191] Tempora sunt tria: Praesens de praeteritis (memoria), Praesens de praesentibus (contuitus), Praesens de futuris (expectation)
[192] ebenda
[193] Alle Zitate sind aus dem Kapitel „transzendentale Ästhetik" aus Immanuel Kant: Kritik der reinen Vernunft

erfahrungsunabhängigen Elemente des Verstandes sind die Kategorien.

Raum und Zeit stammen nach Kant also nicht aus der Erfahrung, da sie jeder äußeren bzw. inneren Anschauung zugrunde liegen. „Die Zeit ist kein empirischer Begriff, der irgend von einer Erfahrung abgezogen worden (B47)." „Die Zeit ist eine notwendige Vorstellung, die allen Anschauungen zum Grund liegt." Raum und Zeit sind die apriorischen Formen unserer (äußeren) Anschauung und unseres (inneren) Befindens. Sie sind keine bloßen Vorstellungen („Gedankendinge"), sondern haben gegenstandskonstitutiven Rang, d. h. sie bringen die Vorstellung überhaupt erst hervor.

Die Zeit ist für Kant also die im Subjekt liegende Voraussetzung für die Erfahrung durch die Sinne. „Die Zeit ist also lediglich eine subjektive Bedingung unserer (menschlichen) Anschauung (welche jederzeit sinnlich ist, d.i. so fern wir von Gegenständen affiziert werden), und an sich, außer dem Subjekte, nichts (B52)." Die Zeit hat für Kant also keine objektive, vom Subjekt unabhängige Realität. „Die Zeit ist nicht etwas, was für sich selbst bestünde, oder den Dingen als objektive Bestimmung anhinge, mithin übrig bliebe, wenn man von allen subjektiven Bedingungen der Anschauung derselben abstrahiert (B49)." Trotzdem hat die Zeit für Kant „empirische Realität". „Unsere Behauptungen lehren demnach *empirische Realität* der Zeit, d.i. objektive Gültigkeit in Ansehung aller Gegenstände, die jemals unseren Sinnen gegeben werden mögen (B52)." Denn wissenschaftliche Aussagen in Zusammenhang mit der Zeit können objektiv richtig und allgemein gültig sein. „Wird nun die Bedingung zum Begriffe hinzugefügt, und es heißt: alle Dinge als Erscheinungen (Gegenstände der sinnlichen Anschauung), sind in der Zeit, so hat der Grundsatz seine gute objektive Richtigkeit und Allgemeinheit a priori (B52)." Eine absolute Realität spricht Kant der Zeit aber ab. „Dagegen bestreiten wir der Zeit allen Anspruch auf absolute Realität" (B52).

Nach Kant sind Raum und Zeit Anschauungsformen der sinnlichen Wahrnehmung. Sie liegen der sinnlichen Wahrnehmung zugrunde. Sie sind nicht empirisch und können empirisch nicht untersucht werden. Die Physik, vor allem durch die Arbeiten von Alber Einstein wurden aber neue und überraschende Erkenntnisse über Raum und Zeit gewonnen. „Wenn man Kants Lehren mit den Ergebnissen der modernen Physik vergleicht, so sieht es im ersten Augenblick so aus, als sei ein zentraler Begriff der „synthetischen Urteile a priori" durch die naturwissenschaftlichen Entdeckungen unseres Jahrhunderts völlig zerstört worden. Die Relativitätstheorie hat unsere Ansichten über Raum und Zeit verändert, sie hat in der Tat ganz neue Züge von Raum und Zeit ans Licht gebracht, von denen in Kants apriorischen Formen der reinen Anschauung nichts zu sehen war."[194]

Edmund Husserl (1859 – 1938), der Begründer der philosophischen Phänomenologie hat die Entstehung des Zeitbewusstseins untersucht[195]. Wir hören eine Melodie. Gerade erklingt ein Ton. Kurz darauf erklingt der zweite Ton. Der erste Ton ist im Gedächtnis noch präsent, wird aber vom Bewusstsein als vergangener Ton wahrgenommen. Das kann nach Husserl nur mit einer speziellen Fähigkeit des Bewusstseins, des sog. Zeitbewusstseins erklärt werden. Das Bewusstsein ist für Husserl ein stetiger Fluss, der Bewusstseinsstrom (ein Begriff, der ursprünglich von William James stammt: stream of consciousness). Das Jetzt hat in diesem Bewusstseinsstrom einen besonderen Stellenwert. In ihm ist die „Urimpression gegeben. Die Urimpression ist im nächsten Augenblick vergangen und wird im Bewusstsein kontinuierlich modifiziert. Dieses allmähliche blasser werden der Urimpression, die Husserl mit einem Kometenschweif vergleicht, wird von ihm Retention genannt. Retention ist das Bewusstsein des gerade vergangenen Jetzt. Wenn wir die Melodie kennen, nehmen wir den nächsten Ton in unserem Bewusstsein schon vorweg. Dieses Bewusstsein des nächsten Augenblicks, nennt Husserl Protention. Erst in der Einheit von aktuell erklingendem, gerade gehörtem und

---

[194] Werner Heisenberg: Physik und Philosophie, Seite 127
[195] Edmund Husserl: Vorlesungen zur Phänomenologie des inneren Zeitbewusstseins, 1928, herausgegeben von Martin Heidegger unter Mitarbeit von Edith Stein.

langsam verklingendem Ton und Vorwegnahme des nächsten oder der nächsten Töne entsteht die Melodie. Das entspricht der Zeitdefinition in der Systemtheorie: „Zeit ist die Einheit der Differenz von Gegenwart, Vergangenheit und Zukunft"[196]. So wie die Melodie nur als Einheit verschiedener aufeinanderfolgender Töne verstanden werden kann, entsteht das Zeitbewusstsein in einem mit einem Gedächtnis ausgestatteten Bewusstsein im Bewusstseinsstrom vergangener, gegenwärtiger und zukünftiger Ereignisse[197].

Die biologische Zeit

Auslöser unseres Zeitbewusstseins sind auch die biologischen Rhythmen im menschlichen Körper, wie Atmung, Herzschlag, neuronale Aktivitäten und Stoffwechselvorgängen. Die wichtigsten sind die sog. circadianen(von lat. *circa*, ungefähr, und *dies*, Tag) Rhythmen, z.B. der Schlaf-/Wachzyklus. Sie werden von 2 reiskorngroßen Zentren im menschlichen Gehirn gesteuert, dem suprachiasmatischer nucleus (SCN). Sie befinden sich ca. 2 cm hinter den Augen an der Kreuzung der Sehnerven. SCN reagiert auf Licht und schüttet Melatonin aus und regelt damit Körperfunktionen wie z.B. Schlafen/Wachen, Stoffwechsel, Körpertemperatur[198].

Wir erfahren aber nicht nur die zyklische Zeit in der Natur und im eigenen Körper, sondern auch die lineare Zeit durch Ereignisse, die das Leben gravierend verändern, wie z.B. Unfall, Krankheit, Tod eines nahe stehenden Menschen. Oder wenn etwas unwiederbringlich zu Ende geht, wenn uns

---

[196] Niklas Luhmann: Temporalisierung von Komplexität in Gesellschaftsstruktur und Semantik, Studien zur Wissenssoziologie der Gesellschaft, Band 1, 1993
[197] Siehe auch Manfred Frank: Zeitbewusstsein, 1990
[198] Jürgen Zulley: Barbara Knab: Unsere innere Uhr, 2009
Peter Spork: Das Uhrwerk der Natur, Chronobiologie – Leben mit der Zeit, 2005

bewusst wird, dass wir Taten nicht wieder ungeschehen machen können und in dem wir älter werden.

Manchmal werden ganze Kulturen linearen und zyklischen Zeiten zugeordnet. So werden Naturvölker überwiegend der zyklischen Zeit, Kulturen mit einer Teleologie der linearen Zeit zugeordnet. Das Christentum z.b., mit seinen geschichtlichen Ereignissen wie der Menschwerdung Gottes und seiner Heilslehre wird der linearen Zeit zugeordnet. Häufig sind aber beide Zeitstrukturen in einer Kultur zu beobachten. Beispielsweise ist im alten Ägypten der Nil durch sein Fließen und durch seine Gerichtetheit ein Symbol für die lineare Zeit, während die jährlichen Überschwemmungen die Zeit periodisch in gleiche Abschnitte gliedern. Beiden entgegengesetzt widerstehen die Pyramiden der Vergänglichkeit.[199]

Die griechische Antike hatte für Zeit die beiden Begriffe Chronos und Kairos. Chronos ist in der griechischen Mythologie der Gott der Zeit. Chronos ist als einer der Titanen der Sohn (nicht die Tochter!) von Uranos (Himmel) und Gaia (Erde). Uranos und Gaia wiederum sind aus dem Chaos hervorgegangen, das die Bedeutung von „gähnender Leere" hat. Interessant ist, dass Chronos, das den Ablauf der Zeit und auch die Lebenszeit versinnbildlicht, aus dem Himmel und der Erde hervorgegangen ist. Auch Kairos ist ein Gott, er ist der jüngst Sohn des Zeus. Kairos ist der günstige Zeitpunkt für eine Entscheidung, die besondere Chance des rechten Augenblicks. Auch in der Bibel gibt es mehrere Stellen, die davon sprechen, dass für „die Zeit reif " oder eben nicht reif ist für ein bestimmtes Handeln. Beispiel sagt Jesus: „Gehet ihr hinauf auf dieses Fest (Laubhüttenfest); ich will noch nicht hinaufgehen auf dieses Fest, den meine Zeit ist noch nicht erfüllt."[200] Hierzu gehört auch die berühmte Stelle aus dem Prediger

---

[199] Rudolf Wendorff: Zeit und Kultur, Geschichte des Zeitbewusstseins in Europa, 3. Auflage 1985
[200] Johannes 7,8

*Ein jegliches hat seine Zeit
und alles Vorhaben unter dem Himmel hat seine Stunde:
geboren werden hat seine Zeit, sterben hat seine Zeit;
pflanzen hat seine Zeit, ausreißen was gepflanzt ist, hat seine
Zeit; töten hat seine Zeit, heilen hat seine Zeit;
abbrechen hat seine Zeit, bauen hat seine Zeit;
weinen hat seine Zeit, lachen hat seine Zeit;
klagen hat seine Zeit, tanzen hat seine Zeit;
Steine wegwerfen hat seine Zeit, Steine sammeln hat seine
Zeit; herzen hat seine Zeit, aufhören zu herzen hat seine Zeit;
suchen hat seine Zeit, verlieren hat seine Zeit;
behalten hat seine Zeit, wegwerfen hat seine Zeit;
zerreißen hat seine Zeit, zunähen hat seine Zeit;
schweigen hat seine Zeit, reden hat seine Zeit;
lieben hat seine Zeit, hassen hat seine Zeit;
Streit hat seine Zeit, Friede hat seine Zeit.
Er hat alles schön gemacht zu seiner Zeit, auch hat er die
Ewigkeit in ihr Herz gelegt;
nur dass der Mensch nicht ergründen kann das Werk, das
Gott tut, weder Anfang noch Ende*[201].

Um das Entstehen des Zeitbewusstseins im Menschen zu verstehen, müssen auch gesellschaftliche Aspekte mitberücksichtigt werden. Zeit ist ein Orientierungsmittel für soziale Abläufe, sie reguliert zwischenmenschliche Beziehungen. Vergleichbar mit der Sprache ist die Zeit ein intersubjektives Verständigungsmittel in der Gesellschaft. Menschen werden in eine Sprache hineingeboren, erlernen sie und werden von ihr geprägt. Sie sehen Sprache als etwas „das es gibt". Ebenso ist es mit der Zeit. Zeit ist ein intersubjektives Phänomen, ein „kommunizierbares, soziales Symbol"[202]. Zeit regelt nicht nur soziales Verhalten, sondern wird Bestandteil der Persönlichkeit, es bekommt den Status einer objektiven Gegebenheit. Zeit ist uns so „in Fleisch und Blut übergegangen", sie ist uns „zur zweiten Natur" geworden. Uhr, Kalender, Fahrplan, Terminkalender wurden uns zum allgegenwärtigen und unentrinnbaren Zwang. Wir haben ein

---

[201] Prediger 3.1 – 3.15
[202] Norbert Elias: Über die Zeit

Zeitgewissen, vergleichbar dem moralischen Gewissen. Den größten Teil der Menschheitsgeschichte lebten Menschen ohne Uhr und Kalender. Es gab Menschen, die nicht wussten wie alt sie sind und es nicht wissen wollten. Die Zeit ist nach Norbert Elias ein Synthesebegriff, ein Begriff von hohem Abstraktionsniveau mit dinghaftem Charakter.

Die irreversible Zeit[203]

Alles was geschieht, geschieht irreversibel von der Vergangenheit in die Zukunft. Man kann die Zeit nicht zurückdrehen. Wenn wir Milch in den Kaffee geben, verteilt sie sich über die ganze Tasse Kaffee und er wird gleichmäßig braun. Der zeitlich umgekehrte Vorgang, dass sich die Milch im Kaffee zusammenballt und in einem Tropfen konzentriert, wurde noch nie beobachtet. Wenn ein Fahrradreifen ein Loch bekommt, entweicht die Luft aus dem Reifen bis sich der Druck ausgeglichen hat. Auch hier gibt es den zeitlich umgekehrten Prozess nicht.

Irreversibilität erfahren wir schmerzlich, wenn wir einen begangenen Fehler nicht wieder ungeschehen machen können. Wir können nur in der Gegenwart handeln, und was wir tun, hat Einfluss auf die Zukunft, nicht auf die Vergangenheit. Man kann nicht zweimal in denselben Fluss steigen, hat Heraklit gesagt. Und nicht zuletzt erfahren wir Irreversibilität an uns selbst wenn wir älter werden.

Eigentlich müsste die Physik in der Lage sein, die Irreversibilität zu erklären. Aber sie tut sich schwer damit. Alle Grundgleichen der Physik, die Newtonsche Bewegungsgleichung der klassischen Mechanik, die

---

[203] Wolfgang Hauger: Nicht zweimal in denselben Fluss, Zur Unumkehrbarkeit der Zeit in der Physik, in der Blaue Reiter 5/1997 und in: Siegfried Reusch (Hrsg.): Das Rätsel Zeit, Seite 53
Wolfgang Hauger: Was also ist die Zeit? Stuttgarter Zeitung vom 29.1.1994

Einsteinschen Gleichungen der Relativitätstheorie, die Schrödinger- Gleichung der Quantentheorie oder die Maxwellschen Gleichungen der Elektrodynamik sind alle reversibel.

Carl Friedrich von Weizsäcker hat auf dieses Thema hingewiesen und versucht, mit einer Zeitlogik dieses Problem zu lösen. Die klassische Physik berücksichtigt diesen den wesentlichen Unterschied zwischen Vergangenheit und Zukunft nicht in ausreichendem Maße. „Die Gleichungen geben den qualitativen Unterschied zwischen unwiderruflichen Fakten der Vergangenheit und offenen Möglichkeiten der Zukunft nicht wieder"[204] C.F. von Weizsäcker hat dieses Defizit erkannt und sich die Aufgabe gestellt, eine Logik zu erarbeiten, der die zeitlichen Aussagen genügen. Die Vergangenheit ist die Welt des Faktischen, die Zukunft die Welt des Möglichen. Wahrheitsaussagen können nur über Gegenwärtiges und Vergangenes gemacht werden. Eine Wahrheitsaussage über Zukünftiges ist nicht möglich. Über die Zukunft kann nur als Möglichkeit gesprochen werden. Der Begriff der Möglichkeit ist die Wahrscheinlichkeit. Wahrscheinlichkeit ist ein Maß für unser Unwissen über die Zukunft. Deshalb ist die Quantentheorie, die nur Wahrscheinlichkeitsaussagen macht, die adäquate Beschreibung für zukünftige Ereignisse. Die Quantentheorie ist nach C.F. von Weizsäcker nicht primär eine Theorie der Physik, sondern eine Theorie unseres Wissens über die Natur, d.h. sie ist eine Erkenntnistheorie. So versteht sich auch der Titel seines Hauptwerks „Zeit und Wissen."[205]

Wir stehen also vor dem Problem, dass alle Grundgleichungen der Physik reversibel sind, auf der anderen Seite die Irreversibilität der Vorgänge in der Natur aber eine unbestreitbare Tatsache ist. Liegt die Lösung möglicherweise

---

[204] Carl Friedrich von Weizsäcker: Aufbau der Physik, 1985, Seite 49
[205] Carl Friedrich von Weizsäcker: Zeit und Wissen, 1992
Carl Friedrich von Weizsäcker: Die Einheit der Natur, 1974
Klaus Kornwachs: Logik der Zeit – Zeit der Logik, Eine Einführung in die Zeitphilosophie, 2001

darin, dass die Bewegung eines Teilchens reversibel, aber das Verhalten vieler Teilchen (Gas, Flüssigkeit, Festkörper) irreversibel ist? Ist Irreversibilität ein statistisches Phänomen? Ähnlich wie die Temperatur, die auch nur statistisch definiert werden kann.

Vielteilchensysteme werden in der Physik durch die Thermodynamik beschrieben. Und tatsächlich besagt der zweite Hauptsatz der Thermodynamik, dass alle Vielteilchenprozesse irreversibel ablaufen, weil ein Teil der Energie unwiederbringlich in Wärme umgewandelt wird. Die Umwandlung von Energie in Wärme ist ein dissipativer Prozess und schließt die Umkehrung aus. Ein Maß für die Energiedissipation ist die Entropie. In einer anderen Formulierung besagt der zweite Hauptsatz, dass physikalische Vielteilchenprozesse immer so ablaufen, dass die Entropie zunimmt.

Der statistischen Thermodynamik, deren Hauptvertreter Ludwig Boltzmann ist, gelang es, aus der Bewegung sehr vieler Atome die thermodynamischen Gesetzmäßigkeiten der makroskopischen Variablen wie Druck oder Temperatur abzuleiten. Auch der zweite Hauptsatz der Thermodynamik konnte auf diese Weise auf die Kinematik der Atome zurückgeführt werden. Damit scheint ein Zusammenhang hergestellt zu sein zwischen der Bewegung der Atome, also der mikroskopischen Welt, und den makroskopischen thermodynamischen Größen. Vor allem scheint die Irreversibilität hergeleitet zu sein und die Vermutung bestätigt, dass es sich dabei um ein statistisches Phänomen handelt. Das trifft aber nicht zu, denn der zweite Hauptsatz gilt nur für isolierte Systeme. Dort gibt es aber strenggenommen keine Irreversibilität. Der Beweis stammt von dem französischen Physiker Henri Poincaré und ist als Wiederkehr-Theorem bekannt geworden. Das Theorem besagt, dass jedes isolierte System aus endlich vielen Teilchen irgendwann einmal zu seinem Ausgangspunkt zurückkehren muss. Die Zeit, die vergeht, bis ein früherer Zustand sich wieder einstellt, kann für realistische Systeme extrem groß sein (man erhält leicht Werte, die das Alter des Universums um viele

Zehnerpotenzen überschreiten). Für praktische Zwecke kann also davon ausgegangen werden, dass ein System nicht wieder zu seinem Ausgangspunkt zurückkehrt, weil die Wahrscheinlichkeit dafür extrem gering ist. Aber theoretisch ausgeschlossen werden kann es nicht.

Wenn Systeme nicht mehr von der Umwelt isoliert werden, sondern wenn z.b. durch Energiezufuhr die Systeme daran gehindert werden, ins thermodynamische Gleichgewicht zu kommen oder wenn sogar Teilchenaustauch mit der Umgebung möglich ist, wenn also offene Systeme betrachtet werden, treten völlig neue Phänomene auf. Im Gegensatz zu isolierten Systemen, die sich ohne äußere Einflüsse zu einem Zustand maximaler Unordnung hin bewegen, kann es unter bestimmten Bedingungen in nicht isolierten Systemen zu Strukturbildungen kommen und es können sich neue stabile Zustände entwickeln. Diese Selbstorganisationen in Nichtgleichgewichtssystemen wurden hauptsächlich von Ilya Prigogine[206] von der Universität Brüssel und von Hermann Haken[207] von der Universität Stuttgart untersucht. Wir interessieren uns deshalb für diese Phänomene, weil erst in nichtisolierten Systemen Irreversibilität erklärt werden kann.

Zahlreiche Beispiele für Selbstorganisation finden sich in der Biologie. Nicht nur die vielfältigen Formen von Pflanzen oder Tieren, auch der Herzrhythmus und andere biologische Rhythmen im Organismus gehören dazu, ebenso wie die Schwankungen von Insektenpopulationen und vieles andere. Man kann ein Lebewesen als komplexe selbstorganisierte

---

[206] Ilya Progogine, Isabelle Stengers: Dialog mit der Natur, München 1981
Ilya Prigogine: Vom Sein zum Werden, Zeit und Komplexität in den Naturwissenschaften, München 1982
Grégoire Nicolis, Ilya Prigogine: Die Erforschung des Komplexen, München 1987
[207] Hermann Haken: Synergetik. Eine Einführung. Nichtgleichgewichts-Phasenübergänge und Selbstorganisation in Physik, Biologie und Chemie. Berlin 1981
Hermann Haken: Erfolgsgeheimnisse der Natur, Synergetik, die Lehre vom Zusammenwirken, Stuttgart 1981

Einheit auffassen. Alle Organismen sind Systeme, die sich thermodynamisch nicht im Gleichgewicht befinden. Sie werden durch Energiezufuhr in einem sog. Fließgleichgewicht gehalten, das im Gegensatz zu Gleichgewichtssystemen nicht statisch, sondern dynamisch ist. Fließgleichgewichte ermöglichen Strukturbildungen von unglaublicher Vielfalt und Schönheit. Ganz besonders schöne Beispiele für Strukturbildungen in der Natur enthält das Buch von Hans Meinhardt[208] vom Max-Planck-Institut für Virusforschung in Tübingen. Es erklärt die vielfältigen und ästhetisch reizvollen Musterbildungen auf Seemuscheln und simuliert sie mit Computerprogrammen.

Bei der Bildung von makroskopischen Strukturen hat das System oftmals die Wahl zwischen zwei verschiedenen stabilen Zuständen. Wie bei einer Weggabelung kann entweder der eine oder der andere Weg eingeschlagen werden. Diese Aufspaltung in zwei Äste heißt Bifurkation. Welche der beiden Möglichkeiten eintritt, wird durch winzige Asymmetrien entschieden. Wir haben also die Situation, dass schon geringste Ursachen das System entscheidend beeinflussen können. Am Bifurkationspunkt verliert das System seinen streng deterministischen Charakter. In vielen Systemen wurde beobachtet, dass mehrere Bifurkationen nacheinander erfolgen, bis schließlich das System in einen chaotischen Zustand übergeht[209]. Das Merkmal von chaotischen Systemen ist - ähnlich wie bei der Bifurkation -, dass sie extrem empfindlich von den Anfangsbedingungen abhängen. Lässt man ein chaotisches System unter nur minimal geänderten Bedingungen starten, erhält man ein vollständig anderes Verhalten. Auch wenn man alle nur denkbare Sorgfalt darauf verwendet, die Versuche reproduzierbar durchzuführen, es reichen schon - mathematisch gesprochen - infinitesimale Änderungen aus, um dem System einen anderen Verlauf zu geben. Dieses

---

[208] Hans Meinhardt: The Algorithmic Beauty of See Shells, Berlin, Heidelberg 1995
[209] Zur Chaostheorie siehe z.B. James Gleik: Chaos - die Ordnung des Universums, München 1988

Phänomen ist unter dem Begriff Schmetterlingseffekt bekannt geworden. Da jede Messung mit einer Unsicherheit behaftet ist, gibt es bei chaotischen Systemen keine Reproduzierbarkeit. Damit ist dem System aber auch jede Möglichkeit genommen, zu ihrem Ausgangspunkt zurückzukehren. Das aber bedeutet, dass wir es mit einem irreversiblen System zu tun haben.

Erst in offenen Systemen, die sich nicht im thermodynamischen Gleichgewicht befinden, kann Irreversibilität verstanden werden. Klassische Systeme sind streng deterministisch und reversibel. Auch durch Untersuchung von quantenmechanischen und relativistischen Einteilchensystemen kann die Irreversibilität nicht hergeleitet werden. Sogar die Betrachtung von Vielteilchensystemen, solange sie isoliert sind und sich im thermodynamischen Gleichgewicht befinden, führt nicht zu einer Erklärung des irreversiblen Verhaltens. Erst offene Systeme, die durch Energiezufuhr daran gehindert werden ins thermodynamische Gleichgewicht zu kommen, eröffnen die Möglichkeit, Irreversibilität zu verstehen. Der Grund dafür liegt in der nichtlinearen Abhängigkeit der Variablen, die für kleinste Änderungen empfindlich sind. Ein solches System ist nicht mehr streng deterministisch beschreibbar. Sein Verhalten ist irreversibel. Denn würde man die Zeitrichtung umkehren, reichen wegen der hohen Empfindlichkeit gegenüber den Anfangsbedingungen selbst quantenmechanische Unbestimmtheiten aus, um zu verhindern, dass das System wieder zum Ausgangspunkt zurückkehrt.

Es gibt aber auch noch andere Beispiele für Irreversibilitäten in der Natur. Sie seien hier nur in Stichworten aufgeführt: Wellenausbreitung, radioaktiver Zerfall, thermodynamische Prozesse, z.B. Wärmeleitung, Evolution, quantenmechanischer Messprozess, Gravitation (Sternentstehung), Expansion des Weltalls.[210]

---

[210] Roger Penrose: Computerdenken, Die Debatte um künstliche Intelligenz, Bewusstsein und die Gesetze der Physik, 2002, Kapitel 7

Kommen wir zum Schluss unserer Besprechung der Zeit zu einem ganz anderen Zugang zum Phänomen Zeit, der Zeitanalyse von Martin Heidegger[211]. Die Uhrzeit, die Weltzeit hilft uns nicht, die Zeit zu verstehen. Heidegger nennt sie Vulgärzeit und lehnt sie als seinsvergessen, als verhaftet im Man ab. Heideggers Ausgangspunkt – nicht nur der Zeitanalyse, sondern seiner frühen Philosophie in „Sein und Zeit" überhaupt - ist das Dasein, die Seinsart des Menschen in ihrer individuellen Jeweiligkeit, wie Heidegger es nennt. Das Dasein ist das reine „dass" der Existenz.

Das Dasein wird charakterisiert durch die Sorge. Dabei meint Heidegger nicht so sehr die Sorge um jemand oder etwas, wenn sich z.B. Eltern um ihre Kinder sorgen, sondern er versteht Sorge praktischen, tätigen Sinn als bestellen und pflegen von etwas, verwenden von etwas, unternehmen, durchsetzen, erkunden, befragen, betrachten, besprechen, bestimmen...[212]. Das Charakteristikum der Sorge wiederum ist das was Heidegger als „Sich-vorweg-sein" bezeichnet. Es ist das Bewusstsein der eigenen Endlichkeit und Begrenztheit des menschlichen Lebens, das Bewusstsein des Todes. „mitten im Leben sind wir von Tod umfangen" heißt es in der Bibel, für Heidegger ist das Dasein ein „Sein zum Tode". Das zweite zeitliche Charakteristikum der Sorge ist das was Heidegger als „Immer-schon-sein-bei" bezeichnet. Wir finden uns immer schon vor in einer vorgegebenen Kultur, Sprache, geschichtlichen Epoche, usw. Es ist die „Geworfenheit" Heideggers. Das dritte Zeitcharakteristikum der Sorge ist das „Sein-bei". Es ist das alltägliche, unreflektierte, Hingegebensein an die Dinge und Aufgehen in ihnen. Es sind die Alltagsaufgaben, die uns keine Zeit lassen für Reflexion und Besinnung.

Die drei Weisen der Zeitlichkeit des Daseins – Heidegger nennt sie auch die Ekstasen – sind kein nacheinander wie

---

[211] Martin Heidegger: Der Begriff der Zeit, Vortrag aus dem Jahre 1924, 1989
Martin Heidegger: Sein und Zeit: 15. Auflage 1979
[212] Martin Heidegggger: Sein und Zeit, Seite 56

Vergangenheit, Gegenwart und Zukunft, sondern müssen als Einheit verstanden werden. Zukunft muss zusammen mit der Vergangenheit gedacht werden, weil sich die Zukunft als Möglichkeiten aus der Vergangenheit ergibt. Ebenso setzt Gegenwart Vergangenheit und Zukunft voraus, indem die Gegenwart im Horizont des Um-zu erfolgt. Die Sorge als Charakteristikum des Daseins ist naturgemäß in die Zukunft gerichtet. Dasein ist nie ganz Gegenwart, sondern immer sich schon vorweg (also gerade kein carpe diem, pflücke den Tag).

Halten wir fest

Zeit ist nicht etwas, was es „gibt". Zeit erfordert ein mit einem Gedächtnis ausgestattetes Bewusstsein. Das Zeitbewusstsein stellen wir in die Mitte der Zusammenfassung. Wenn wir Kant folgen, ist Zeit eine vor jeder Erfahrung liegende Form der sinnlichen Wahrnehmung. Wenn wir davon sprechen, dass Zeit fließt, dann erklärt das Husserl mit einem Bewusstseinsstrom, der sich zusammensetzt aus dem gerade wahrgenommenen (Retention) und dem für die nahe Zukunft antizipierten (Protention). Diese beiden Elemente, die transzendentalen Formen der sinnlichen Wahrnehmung und der Bewusstseinsstrom sind die subjektiven Voraussetzungen der Zeit.

Die objektiven Voraussetzungen sind Veränderungen in unserer Umgebung. Alles ist in ständiger Bewegung. Auch ein scheinbar statisches Stück Materie besteht in seinem Innern aus sich bewegenden Molekülen. Nach der Quantentheorie kann die Schwingung eines Atoms nie auf Null gesenkt werden, es bleibt immer eine sog. Nullpunktenergie. Die Veränderung als Voraussetzung für die Zeit ist also immer gegeben. Deshalb ist die Zeitdefinition von Aristoteles: Zeit ist die Zahl der Veränderung durchaus einleuchtend.

Die Unterscheidung früher/später ist eine objektive Relation in der Natur. Wir stützen diese Aussage mit der Kausalität und er Irreversibilität. Das die Ursache immer zeitlich vor der

Wirkung erfolgen muss, ist in der Kausalität eine objektive Relation früher/später gegeben. Dasselbe gilt für die Irreversibilität. Wenn es objektive irreversible Vorgänge gibt, ist auch die zeitliche Relation früher/später objektiv.

Strenggenommen ist alles was geschieht irreversibel, die Zeit also immer linear. Die Linearität der Zeit wird uns besonders in einmaligen Ereignissen und in der Zielgerichtetheit, die einigen Abläufen innewohnt, bewusst. Es gibt aber auch Vorgänge in der Natur, die zyklisch oder quasi-zyklisch ablaufen. In der Natur sind der Tag/Nacht- Rhythmus und die Jahreszeiten die dominierenden zyklischen Prozesse. Im Organismus sind es Herzschlag, Atmung und Wachen/Schlafen.

Wir haben uns die subjektiven und objektiven Voraussetzungen für Zeitbewusstsein klar gemacht. Jetzt fragen wir: Wie nehmen wir Zeit wahr und wie erleben wir Zeit? Wir nehmen Zeit wahr als Vergangenheit/Gegenwart/Zukunft. Nach der systemtheoretischen Definition ist Zeit die Einheit der Differenz von Vergangenheit, Gegenwart und Zukunft. Augustinus hat darauf hingewiesen, dass diese drei Zeitformen nur in der Seele gegenwärtig sind. Wenn wir uns erinnern oder wenn wir etwas erwarten, tun wir es jetzt in diesem Augenblick.

Wir nehmen Zeit wahr in Form von Veränderungen. Da es unterschiedlich schnelle Veränderungen gibt und manche Veränderungen so langsam sind, dass sie gar nicht wahrgenommen werden können, werden Veränderungen vor einem (oft nur scheinbaren) unveränderlichen Hintergrund wahrgenommen. Das hat in uns den Begriff der Ewigkeit entstehen lassen. Nach Platon ist Zeit das Abbild der Ewigkeit. Ewig hat die beiden Bedeutungen „zeitlich unbegrenzt" und „zeitunabhängig". Nach dem Standardmodell der Kosmologie ist die die Zeit vor ca. 13,8 Milliarden Jahren zusammen mit dem Raum und der Materie entstanden, sie ist also endlich. Nachdem die Wissenschaften immer mehr von der Zeitlosigkeit in die Zeitlichkeit geholt haben, ist nur noch wenig Zeitloses geblieben: Naturgesetze und Mathematische Sätze.

Eng verwandt mit der Ewigkeit ist die absolute Zeit Newtons. Nach ihrem Modell sind die Uhren konstruiert. Die Uhr ist der Taktgeber des täglichen Lebens. Sie ist das Orientierungsmittel für soziale Abläufe. Mit ihr werden unterschiedliche gesellschaftliche Prozesse aufeinander abgestimmt.

Obwohl die absolute Zeit in der Form von Uhren unser tägliches Leben bestimmt, ist sie wissenschaftlich durch die spezielle und allgemeine Relativitätstheorie abgelöst. Es gibt keine absolute Zeit, nicht in Form eines objektiv Vorhandenen, noch in der Form der eines universellen Bezugssystems. Die Zeit ist relativ, d.h. Zeitangaben erfordern immer die Angabe eines Bezugssystems. Es gibt auch keine Gleichzeitigkeit als absolute Größe. Ob zwei Vorgänge gleichzeitig sind oder nicht, wird vom Bezugssystem entschieden, von dem aus die Vorgänge beobachtet werden. Zeit als Relation wurde von Leibniz schon im 17. Jrhd. vorweggenommen.

Wir erleben Zeit auch als Gegenwart. In unserem Zeitbewusstsein ist Gegenwart kein Punkt, sondern hat eine Ausdehnung. Die Größe dieser Ausdehnung hängt davon ab, ob wir sie psychologisch oder soziologische untersuchen. Tatsächlich leben wir nicht immer in der Gegenwart. Nach Heidegger ist das Wesen des Daseins die Sorge und die Sorge ist in die Zukunft gerichtet. Das Wesen des Daseins ist die Sorge und das Wesen der Sorge ist die Zeit.

9. Ästhetisch Wahrnehmen

Wir suchen gern schöne Landschaften auf, stellen Blumen in eine Vase und erfreuen uns an ihrem Anblick und an ihrem Duft. Wir pflegen unseren Garten, nicht nur weil wir darin Obst und Gemüse ernten können, sondern auch weil wir ihn schön finden. Wir hängen schöne Bilder an die Wand und hören gern Musik, die uns gefällt. Unsere Kleidung, unsere Möbel suchen wir nicht zuletzt danach aus, ob sie uns gefallen. Auch wenn wir einen Gebrauchsgegenstand kaufen, ist uns bei der Auswahl das Aussehen wichtig. Ganz besonders beurteilen wir Menschen – ob wir uns das eingestehen oder nicht – nach ihrem Aussehen.

Während also Schönheit im Alltag eine große Bedeutung hat, spielt sie ausgerechnet dort, wo man sie am meisten vermutet, nämlich in der Kunst, fast keine Rolle mehr. Wenn man sich in einer Ausstellung moderner Kunst umsieht, findet man kaum Werke, für die Schönheit ein geeignetes Kriterium ist. Möglicherweise werden schöne Kunstwerke sogar als geschmäcklerisch oder kunsthandwerklich abgelehnt. Aber immer liegt der Kunst, ob sie schön ist oder nicht, ein ästhetisches Empfinden zugrunde.

Wir wollen versuchen die Frage zu beantworten, warum wir mit der Fähigkeit ausgestattet sind, Dinge schön oder hässlich zu finden. Warum haben wir die Fähigkeit, etwas ästhetisch wahrnehmen zu können? Wir vertreten die These, dass die Fähigkeit zur ästhetischen Wahrnehmung in der Natur des Menschen angelegt ist und sich im Laufe der Evolution entwickelt hat.

Diese These verwundert auf den ersten Blick, denn wenn man Natur von Kultur unterscheidet, dann wird man den Schönheitssinn eher in der Kultur, als in der Natur ansiedeln. Und die Produkte der ästhetischen Fähigkeit, die Kunstwerke, sind in jedem Fall kulturelle und nicht natürliche Produkte.

Natürlich ist unser ästhetisches Empfinden auch kulturell beeinflusst, das wird in keiner Weise bestritten. Aber dieser kulturelle Überbau hat – so unsere These – eine evolutionsbiologische Basis mit allgemein menschlichen, genetisch verankerten Präferenzen.

Jede Gesellschaft, jede Epoche hat ihre eigene Kunst und ihre spezifische ästhetische Ausprägung. Aber es gibt auch – so wollen wir behaupten – Merkmale der ästhetischen Wahrnehmung, die kulturübergreifend, universell, allen Menschen gemeinsam sind.

Da ist zunächst die Fähigkeit der ästhetischen Wahrnehmung selbst, die Menschen zu allen Zeiten, überall auf der Welt in allen Kulturen besitzen. Überall haben Menschen sich geschmückt, haben Gebrauchsgegenstände, wie zum Beispiel Töpfe oder Krüge verziert, haben Musik gemacht, getanzt, sich Geschichten erzählt und Bilder gemalt.

Interessant in diesem Zusammenhang ist, dass wir Kunstprodukte anderer Kulturen als Kunst wahrnehmen können. Oft werden sie auch in anderen Kulturen geschätzt, z.B. werden japanische Aquarelle auch in Europa beachtet und Konzerte, z.B. der Berliner Philharmoniker, in Japan mit Beethoven-Symphonien im Programm füllen die Säle. Dieses Phänomen der kulturübergreifenden Wertschätzung ist nicht kulturell, sondern nur evolutionsbiologisch zu erklären.

Der ästhetische Sinn ist vergleichbar mit der Sprache. Selbstverständlich hat jede Gesellschaft, jede Region, jede Volksgruppe ihre eigene Sprache. Aber die Fähigkeit zu sprechen, die Disposition zur Sprache, die Fähigkeit des Kleinkindes in einem bestimmten Alter die Sprache ihrer Bezugspersonen zu erlernen, ist universell in allen Menschen angelegt.

Warum hat uns die Natur mit der Fähigkeit zur ästhetischen Wahrnehmung ausgestattet? Welchen lebensdienlichen Zweck erfüllt diese Fähigkeit? Hat sie einen Nutzen für das Überleben und das Wohlergehen der Individuen?

Eine Antwort auf diese Frage finden wir in der Sexualität. Die Natur musste dafür sorgen, dass Männlein und Weiblein zueinander finden und deshalb hat sie uns die Fähigkeit gegeben, das andere Geschlecht attraktiv zu finden. Was Männer an Frauen schön finden und Frauen an Männer ist nur wenig kulturell bedingt und tief in der Natur des Menschen verankert. Zahlreiche Untersuchungen haben gezeigt, dass die Schönheit des Körpers von verschiedenen Menschen auch in unterschiedlichen Kulturen relativ einheitlich beurteilt wird.

Die Frau des ägyptischen Pharaos Echnaton (Amenophis IV) Nofretete, deren Büste im neuen Museum in Berlin zu sehen ist, wird in der Hauptstadt als schönste Frau Berlins bezeichnet. Sie wurde aber offenbar schon vor dreieinhalb tausend Jahren von den Ägyptern als schön empfunden, wie ihr Name „die Schöne ist gekommen" sagt. Wir sind uns also in unserem Schönheitsurteil auch über 35 Jahrhunderte und über kulturelle Unterschiede hinweg einig.

Die Rubens-Frauen können nicht als Gegenargument herangezogen werden. Die fülligen Gestalten auf seinen Bildern waren wohl eine spezielle Vorliebe des Malers. Beide Ehefrauen von Peter Paul Rubens waren wohlbeleibt. Auf anderen Bildern seiner Zeit waren die Frauen schlank und in der Literatur gibt es dicke Frauen überhaupt nicht.

Der englische Sozialwissenschaftler A.H. Iliffe veröffentlichte im Jahre 1960 12 Fotos von Frauengesichtern in eine Tageszeitung und bat die Leser, die Attraktivität zu beurteilen. Der

Bild 1: Nofretete, die Frau des ägyptischen Pharaos Echnaton (Amenophis IV)

Wissenschaftler war selbst überrascht wie einheitlich die insgesamt 4355 Einsendungen die Urteile ausfielen und zwar unabhängig ob Frauen oder Männer abgestimmt haben, wie alt sie waren und welcher sozialen Schicht sie angehörten. Viele weitere Studien folgten, immer mit demselben Ergebnis: Wir beurteilen die Attraktivität von Menschen relativ einheitlich quer durch alle Kulturen, Altersstufen und anderen Unterscheidungsmerkmalen. Natürlich bleibt Raum für kulturelle Unterschiede und individuelle Vorlieben, auch der Zeitgeist prägt unseren Geschmack. Aber alle diese Faktoren bleiben klein im Vergleich zu den Gemeinsamkeiten, die uns bei der Beurteilung menschlicher Schönheit verbinden. Die Übereinstimmungen in der Beurteilung fallen noch deutlicher aus, wenn nicht Fotos, sondern Videosequenzen vorgelegt werden.

Bild 2: Blauer Pfau

Diese Ergebnisse können nur so interpretiert werden, dass unser Schönheitssinn, was den menschlichen Körper betrifft, nicht kulturell bestimmt wird, sondern tiefe evolutionsbiologische Wurzeln hat.

„Wir tragen einen von Jahrtausenden und Jahrmillionen der Evolution geformten Schönheitssinn in uns, auch wenn wir uns dieses Erbes nicht bewusst sind. Dass dieser Schönheitssinn bei jedem Menschen durch kulturelle und persönliche Erfahrungen ganz individuell modelliert und modifiziert wird, ändert nichts an der elementaren Macht, die Schönheit über uns hat."[213]

Die Frage nach dem Schönheitssinn hat bereits Darwin beschäftigt. Mit seiner Evolutionstheorie konnte er die Entwicklung der Tier- und Pflanzenarten und die Vielfalt der Lebewesen durch Variation und Selektion erklären. Darwin hat dafür den Begriff natürliche Selektion (natural selection) geprägt. Das ist allgemein bekannt. Weniger bekannt ist, dass Darwin noch eine zweite Art von Selektion, die sexuelle Selektion (sexual selection), in die Diskussion einbrachte. Damit eine Population sich erhält, müssen die Mitglieder der Gruppe nicht nur fähig sein zu überleben und sich in ihrer Umgebung zurechtzufinden, sie müssen auch einen Partner finden und mit ihm Nachwuchs zeugen und gebären. Auch dabei findet eine Selektion statt.

Wer keinen Partner findet, hat keinen Nachwuchs und seine Linie stirbt aus. Damit ein Partner gefunden wird, muss das Individuum für das andere Geschlecht attraktiv sein. Hier kommt also die Schönheit ins Spiel. Darwin erklärt die Entwicklung des ästhetischen Empfindens aus der sexuellen Selektion, d.h. aus der Partnerwahl.

Es gibt viele Vogelarten, bei denen das Männchen ein Prachtgefieder hat und das Weibchen relativ schmucklos ist. Beispiele sind: Ente, Fasan oder Pfau (siehe Bild 2). Diese Schönheit der Vogelmännchen ist natürlich nicht für den Menschen bestimmt, sondern für die Weibchen ihrer Art. Auch wissen wir nicht, wie die Vogelweibchen ihre männlichen Artgenossen sehen und ob sie über etwas verfügen, was unserem Sinn für Schönheit entspricht. Aber dass das männliche Prachtgefieder eine Wirkung auf die Weibchen ausübt, ist ganz offensichtlich.

Charles Darwin hat die Frage, warum es auffallend bunte Tiere gibt, damit beantwortet, dass Weibchen ihren Partner auswählen und dass sie solche Männchen bevorzugen, die

---

[213] Ulrich Renz: Schönheit, eine Wissenschaft für sich, Seite 188

besonders prächtig sind. Es herrscht Damenwahl bei den Tieren.

Es gibt aber auch viele Vogelarten, bei denen sich Männchen und Weibchen nicht oder fast nicht unterscheiden. Beispiel: Schwäne oder Gänse. Bei 87% aller Gänsearten sind Männchen und Weibchen gleich, bei Schwänen 100% und auch bei Enten sind 24% nicht zu unterscheiden. Diese Unterschiede hängen mit dem Beitrag des Männchens zur Brutpflege zusammen. Erpel kümmern sich nicht um die Brut; für sie ist die Angelegenheit nach dem Kopulieren zu Ende. Um die Entenküken kümmern sich die Entenmütter allein. Im Gegensatz dazu betreuen bei den Schwänen und Gänsen beide Partner das Gelege. Schwäne und Gänse gehen sogar eheähnliche Beziehungen ein, d.h. Hahn und Henne bleiben längere Zeit, manchmal ein Leben lang zusammen. Der Schwan verteidigt sein Nest mit das Wasser peitschenden Flügelschlägen und schlägt damit andere Schwäne in die Flucht. Schwäne haben klare abgegrenzte Reviere. Das weithin leuchtende Weiß der Schwäne zeigt den Artgenossen, dass das Revier besetzt ist. D.h. das bunte Gefieder der Erpel wirkt anziehend auf die Enten und das Weiß der Schwäne wirkt abstoßend auf die Rivalen. Von weitem sichtbar zu sein ist für die Schwäne kein erhöhtes Risiko, weil sie wenig natürliche Feinde haben. Ein Fuchs, z.B. hat gegen einen Schwan keine Chance.

Bei den Gänsen ist es ähnlich. Ganter und Gans bleiben ein Leben lang zusammen, einer der Gründe warum Konrad Lorenz die Graugänse erforschte. Der Ganter verteidigt die Gänseküken so heftig, dass sogar Hunde ausweichen müssen. Das Geschnatter der Gänse soll das antike Rom vor den Galliern gerettet haben.

Die Gefieder der Vögel können also folgendermaßen erklärt werden: „Unterscheiden sich Männchen und Weibchen ausgeprägt, und tragen Männchen ihr Prachtkleid nicht ein ganzes Jahr, handelt es sich um Vögel, bei denen die Weibchen allein brüten und ihre Jungen ohne Mithilfe der Männchen großziehen. Sind beide Partner mehr oder weniger schlicht und somit auch tarnend gefärbt, beteiligen sich beide Partner an der der Brut und an der Jungenaufzucht."[214]

Das Aussehen der Tiere und die Wirkung des Aussehens auf die Artgenossen sind also aufs Engste mit der Fortpflanzung verknüpft. Das kann man schon daran sehen, dass Schönheit oft mit Jugend verbunden ist. Bei vielen Tieren bilden sich die Ornamente kurz vor dem reproduktionsfähigen Alter aus, manchmal nur während der Paarungszeit und bei Kastration garnicht.

Die natürliche Selektion entwickelt in den Lebewesen die Eigenschaften, die es für das Leben und Überleben in seiner Umwelt braucht. Die sexuelle Selektion macht ein Lebewesen für das andere Geschlecht attraktiv. Bei der natürlichen Selektion formt die Umwelt den Körper, bei der sexuellen Selektion formen sich die Geschlechter gegenseitig. Wichtig ist es zu betonen, dass nicht nur unser Aussehen, sondern auch unser Verhalten in starkem Maße davon bestimmt wird, wie wir haben wollen, dass das andere Geschlecht uns sieht.

Bei fast allen Tierarten sind es die eher unauffälligen Weibchen die wählen. Die Männchen dagegen schmücken sich mit Farben und Federn, verströmen betörende Düfte oder Singen was da Zeug hält. Verschiedene Untersuchungen haben gezeigt, dass Weibchen tatsächlich nach diesen „Ornamenten" – wie Darwin es nannte – ihren Partner auswählen. Z.B. wurden die Schwanzfedern von Schwalben entweder gekappt oder künstlich verlängert. Beides hatte einen enormen Einfluss auf die Partnerwahl. Schwalbenmännchen mit längeren Schwanzfedern fanden rascher eine Partnerin und hatten mehr Jungen. Auch wenn man von den ca. 50 „Augen" in den Federn eines Pfaus nur 5 entfernt, verringert das deutlich seine Attraktivität bei den Damen. Das setzt voraus, dass Weibchen in der Tierwelt einen angeborenen Schönheitssinn haben, „a sense of beauty" nach Darwin.

---

[214] Josef Reichholf: Der Ursprung der Schönheit, Seite 49

Aber warum haben Weibchen einen Schönheitssinn, warum suchen sie ihre Partner nach Schönheitsmerkmalen aus? Auf diese Frage gibt es mehrere Antworten, die hier kurz aufgeführt werden sollen

- Die „Gute-Gene-Hypothese" des Evolutionsbiologen Donald Symons behauptet, dass Schönheit ein Fitnessindikator ist. Gutes Aussehen verheißt Gesundheit und Fruchtbarkeit.

- Der Biologe William Hamilton vertritt die These, dass Ornamente ein starkes Immunsystem signalisieren. Weibchen wählen die schönsten Männchen, weil ihre Schönheit ihnen signalisiert, dass ihre Abwehrmechanismen stark sind.

- Der Biologe Randy Thornhill machte die Entdeckung, dass Symmetrie das ausschlaggebende Schönheitskriterium ist. Er konnte das mit Versuchen an Fliegen und Vögeln zeigen, die er gezielt unsymmetrisch machte. Symmetrie ist aber mehr als nur Schönheit. Die meisten Lebewesen sind symmetrisch angelegt. Stress oder Krankheiten können aber verhindern, dass sich der Organismus voll symmetrisch entwickelt. D.h. nur Lebewesen von höchster Qualität kann sich zu einem perfekt symmetrischen Wesen entwickeln. Symmetrie zeigt damit gute Gene an.

- Vom israelischen Biologenpaar Zahavi stammt das sog. „Handicap-Prinzip". Eigentlich sind die Federn eines Witwenvogels nur hinderlich. Aber sie signalisieren: „Schau her, ich kann mir das leisten", ich habe genug Kraft auch mit diesem Hindernis mein Leben zu meistern. Wie anders sollte ein Mann zeigen, was für ein „toller Hecht" er ist. Ein Handicap muss aber auch fälschungssicher sein, damit es als wirklicher Fitnessindikator gelten kann.

Bereits Kleinkinder können ästhetisch unterscheiden, wie eine berühmt gewordene Studie der amerikanischen Entwicklungs-psychologin Judith Langlois herausfand. „Sie zeigten drei bis sechs Monate alten Säuglingen die Gesichter unterschiedlich attraktiver Studentinnen und werteten ihre Augenbewegungen aus. Vom Ergebnis war sie selbst überrascht: Die Kleinen blickten diejenigen Gesichter am längsten an, die auch von Erwachsenen als die attraktivsten angesehen worden waren. Kommen Kinder etwa mit einem Wissen auf die Welt, was schön ist und was nicht?"

Es mag sein, dass vielen der Gedanke nicht gefällt, dass der Schönheitssinn mit einer Funktion verknüpft ist. Kant, der Schönheit als „interesseloses Wohlgefallen" definiert hat, unterstützt diese Meinung. Aber Schönheit als evolutions-biologische Funktion und Schönheit als zweckfreies Gefallen muss kein Widerspruch sein. Es gibt mehrere Beispiel dafür, dass sich Fähigkeiten von ihrer ursprünglichen Funktion gelöst und ein eigenständige freie Form gefunden haben. Moralanaloges Verhalten bei Tieren, z.B., hat eine biologische Funktion, aber moralisches Verhalten, das erst mit der Freiheit der Entscheidung möglich ist, bleibt dem Menschen vorbehalten. Oder: Tiere können intelligent auf Umweltänderungen reagieren, aber das freie Spiel der Gedanken, Fantasie und die Vorstellung alternativer Handlungsmöglichkeiten beherrscht nur der Mensch. Das alles sind Beispiele dafür, dass der Übergang von der Natur zur Kultur mit einem Übergang von der Notwendigkeit zur Freiheit verbunden ist.

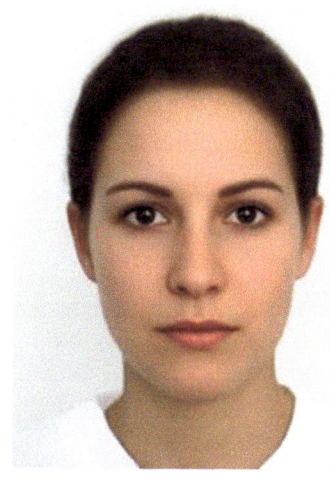

Bild 3: Prototypisches attraktives weibliches Gesicht.
www.beautycheck.de

Schönheitskriterien des menschlichen Körpers

Welche Merkmale des menschlichen Körpers und vor allem des Gesichts sind es, die von uns als schön empfunden werden? Hier ist an erster Stelle die Reinheit der Haut zu nennen. Makellose Haut ist offenbar einer der wichtigsten Schönheitsmerkmale beim menschlichen Gesicht. Sie macht vor allem Frauen für Männer attraktiv. Frauen kommen den Männern entgegen, wenn sie ein Abendkleid mit Dekolletee oder am Strand einen Bikini tragen. Darwin geht sogar soweit, dass er die fehlende Behaarung des Menschen gegenüber den anderen Primaten aus dieser sexuellen Vorliebe des Menschen für die nackte Haut erklärt. Im Laufe der menschlichen Entwicklung waren offenbar diejenigen für den Partner attraktiv, die Haut zeigen konnten, wodurch die Behaarung immer mehr abnahm. Weil das Fell auch ein Wärmeschutz ist, mussten sich die immer weniger behaarten Menschen bekleiden. Bekleidung – ein weiterer Unterschied zwischen Mensch und Tier.

Wie Untersuchungen ergeben haben, wird die reine, makellose Haut als schön empfunden. Ein zweites Schönheitskriterium ist die Symmetrie. Auch das hat schon Darwin festgestellt: „Das Auge mag Symmetrie", sagte er. Mit Symmetrie ist zunächst die Spiegelsymmetrie von linker und rechter Gesichtshälfte gemeint. Kinder malen gern symmetrische Häuser: Die Tür in der Mitte, links und rechts ein Fenster.

Aber so richtig stimmt das nicht mit der Symmetrie. Spiegelsymmetrische Gesichter wirken oft unecht und leblos, sogar kalt. Das hängt damit zusammen, dass der Gesichtsausdruck von Emotionen fast immer eine Seitenbetonung aufweist. Die Gesichter von Frauen, die allgemein als sehr schön gelten, sind oftmals nahezu, aber eben nur nahezu und nicht vollkommen symmetrisch. Eine leichte Asymmetrie gibt dem Gesicht Individualität und Lebendigkeit.

Weitere Schönheitsmerkmale des menschlichen Gesichts sind: große Augen, höhere Augenbauen, betonte

Wangenknochen, kleine Nase, grazile Kiefer- und Kinnpartie. Wenn man alle diese Merkmale in ein Bild einzeichnet kommt etwas Überaschendes zum Vorschein: es ist das Gesicht eines Kindes. Alle Menschen, vor allem aber alle Frauen, finden Babys einfach süß. Dieses, von Konrad Lorenz so genannte Kindchenschema, ist ebenfalls tief in unserer menschlichen Natur verankert. Es sorgt dafür, dass wir Kinder gegenüber weniger aggressiv sind und dass wir sie fürsorglich behandeln.

Auch das wurde wissenschaftlich bestätigt. Mischt man in ein Gesicht elektronisch Kindergesichter hinein – man nennt das „morphen" – werden die Gesichter sofort als attraktiver beurteilt. Die besten Noten erhielten Gesichter mit einem Kinderanteil von ca. 30 %.

Erwachsene Menschen mit einem reinen Kindergesicht sind trotz Kindchenschema nicht wirklich attraktiv. Es muss schon etwas Erwachsenengesicht zumindest teilweise sichtbar sein. Ein Erwachsenengesicht ist charakterisiert durch ein längeres und kräftigeres Kinn, die Wangenknochen treten hervor, die Wangen sind nicht mehr pausbackig, die Augen wirken kleiner im Vergleich zum Gesicht und die Nase größer. Das Gesicht eines Mannes muss alle diese Eigenschaften haben und darf nur wenig Kindchenschema aufweisen, ein Frauengesicht darf davon mehr enthalten. Zu einem schönen Erwachsenengesicht gehört also Reife. Beispiel für ein schönes Gesicht mit weniger Erwachsenenanteilen ist das von Brigitte Bardot und mit mehr Erwachsenenanteil das von Marlene Dietrich.

Ein weiteres wichtiges Merkmal für ein schönes Gesicht ist das was man Ausdruckszeichen nennt: ein freundliches Lächeln, weiter Pupillen und hohe Augenbrauen, alles Zeichen für Freundlichkeit. Frauen nutzen diese Ausdruckszeichen übrigens häufiger als Männer.

Generell ist Schönheit von Männern offenbar schwieriger zu beurteilen als bei Frauen. Die Bewertungen streuen stärker. Zu viel Männlichkeit – Beispiel Arnold Schwarzenegger – stößt bei manchen Frauen auf Ablehnung, zu viel Softie aber auch. Das liegt daran, dass Frauen sich sowohl einen starken Mann wünschen, aber auch einen warmherzigen und liebevollen. Damit ein Mann wirklich anziehend – nichts anderes bedeutet attraktiv – wirkt, muss er etwas haben, was mit Aussehen nichts zu tun haben: Status. Macht ist sexy. Umgekehrt beurteilen Männer mehr nach dem Aussehen, als nach dem gesellschaftlichen Rang..

Aber vollständig in Merkmale fassen kann man Schönheit nicht. Vor allem kann man ein schönes Gesicht nicht in Komponenten zerlegen. Schönheit kann nie ganz eingefasst werden. Deshalb sagen wir auch von etwas sehr Schönem es ist wunderschön.

Bereits Neugeborene können Gesichter erkennen. Das scheint eine angeborene Fähigkeit zu sein. Aber wir erkennen nicht nur ein Gesicht, wir lesen ich ihm: ist mir der andere wohlgesonnen oder nicht, ist er Freund oder Feind. In manchen Situationen kann das lebensnotwendig sein. Wir erkennen nicht nur Gesichter, wir lesen nicht nur in ihnen, wir beurteilen sie auch sofort. Das geht blitzschnell. Innerhalb von 150 Millisekunden, d.h. im ersten Augenblick, haben wir entschieden uns unser Gegenüber gefällt oder nicht. Und in den meisten Fällen wird dieses erste Urteil nicht mehr korrigiert. Der erste Eindruck ist entscheidend.

Bisher haben wir nur über das Gesicht gesprochen. Schauen wir uns jetzt den ganzen Körper an. Ein schöner „Body" spielt in unserer heutigen Gesellschaft eine sehr gro0e Rolle. Fitnessstudios, Jogging, Schlankheitskuren sind Hinweise dafür. Die Frühmenschen mussten sich Fettpolster zulegen um über den Winter zu kommen, heute sind sie hässlicher Ballast. Die Venus von Willendorf aus der Altsteinzeit (vor 25.000) Jahren hätte heute bei den Männern wenig Chancen. Im alten Ägypten wurden aber offenbar schlanke Frauen als schön empfunden. Es scheint so zu sein, dass in Zeiten, in denen die Menschen um ihr Überleben kämpfen mussten, die Frauen eher füllig waren, weil sie die von den Fettreserven in kargen Zeiten zehren konnten. Dagegen waren in Zeiten der Hochkulturen, wo die Menschen genug zu essen hatten, eher schlanke Frauen bevorzugt wurden.

Was Männer an der weiblichen Figur schätzen sind zwei gegensätzliche Reize: Jugendlichkeit und Fraulichkeit. Jugendlichkeit drückt sich aus in einer schmalen Taille, Fraulichkeit in einer breiteren Hüfte und einer vollen Brust. Das Verhältnis von Taille zu Hüfte heißt „Waist-to-Hip-Ratio", abgekürzt WHR, und sollte idealerweise den Wert 0,7 haben. Ein amerikanischer Wissenschaftler vermaß alle „Miss America" von 1920 bis in die 80er Jahre und fand WHR-Werte von 0,69-0,72. Playboy-Models liegen zwischen 0,68 und 0,71. Das Waist-to-Hip-Verhältnis scheint eine Universalie zu sein. In vielen Kulturen, allen Altersstufen, in allen sozialen Schichten werden Frauen mit einem niederen WHR- Wert als schön bewertet.

Auch die männliche Idealfigur ist eine Mischung aus erwachsenem Mann und Jüngling: breite Schultern, schmale Hüfte, die V-Form. Allerdings wird bei den Männern der WHR-Wert nicht so eindeutig mit attraktiv gleichgesetzt wie bei den Frauen. Arnold Schwarzenegger kommt nicht bei allen Frauen gleich gut an. Manche bevorzugen den mehr bubenhaften Adonis. Eines aber ist sicher: Körpergröße und knackiger Po mögen alle Frauen.

Natürlich gibt es noch mehr Merkmale, die zur Schönheit beitragen, bei Männern und bei Frauen. Bei Frauen sind das z.B. lange Beine, großer Busen, blondes Haar.

Zum Tier gehört auch alles was es herstellt, das Vogelnest, der

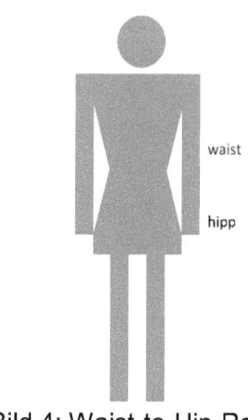

Bild 4: Waist-to-Hip-Ratio

Damm des Bibers, der Bau eines Maulwurfs. Das Tier einschließlich seiner Produkte nennt man den erweiterten Phänotyp. Dazu gehört alles was Rückschlüsse auf die (genetische) Qualität des Produzenten zulässt. Alles was zum ästhetischen Phänotyp gehört, wird ästhetische bearbeitet. Beim Menschen gehören zum erweiterten Phänotyp das Auto oder das Motorrad, die Segeljacht, die Villa.

Schöne Landschaften

Viele Formen in der Natur werden von uns als schön wahrgenommen. Deshalb ist der Gedanke naheliegend, dass unsere Vorfahren ihr ästhetisches Empfinden in ihrem ständigen Kontakt mit der Natur entwickelt haben.

Die frühen Menschen im Pleistozän waren Nomaden. Sie zogen umher und mussten sich alle paar Tage einen neuen Platz für ihr Nachtlager suchen. Der Platz musste Schutz bieten vor möglichen Feinden oder wilden Tieren, er musste aber auch einen Blick freigeben um Feinde früh erkennen zu können und er musste sich möglichst nahe am Wasser befinden.

Dieses rein auf Nützlichkeit hin orientierte Denken hat die Natur mit einem angenehmen Gefühl verknüpft: Hier ist es schön, hier möchte ich bleiben. Dieses Gefühl hat sich bis heute erhalten. Wir bevorzugen heute noch Orte an Seen oder Flüssen. Bauplätze mit Blick sind begehrt und Parklandschaften mit offenen, aber auch geschlossenen Bereichen, also Rasen aber auch Büsche und Bäume, werden über alle Kulturen hinweg von Menschen als schön empfunden.

Der amerikanische Geograph Yi Fu Tuan hat die These vertreten, dass bei der ästhetischen Beurteilung von Räumen, zwei Komponenten eine Rolle spielen: Space und Place.

Diese beiden Begriffe lassen sich am besten mit „Ort mit offener Perspektive" (space) und „Ort mit geschlossener Perspektive" (place) wiedergeben. Generell finden wir Situationen ästhetisch schön, die durch ein bestimmtes

Verhältnis von Offenheit und Abgrenzung gekennzeichnet sind. Untersuchungen haben gezeigt, dass wir Landschaften als besonders schön empfinden, die eine offene Perspektive (Strände, Felder, Wiesen) mit einer geschlossenen (Berge, Wälder) verbinden. Flächen, die nach allen Seiten offen sind, empfinden wir als wüst und leer, dichte Wälder, die keinen offenen Blick gestatten, bedrängend. Parklandschaften sind nicht ohne Grund so angelegt, dass sie offene Perspektiven, z.B. eine Wiese mit geschlossener Perspektive (Büsche, Bäume) verbinden. Dieses ästhetische Empfinden von Space und Place kann auch evolutionstheoretische erklärt werden. In der vorgeschichtlichen Zeit fühlten sich Menschen dort wohl, wo sie einen weiten Blick hatten, um mögliche Feinde frühzeitig zu erkennen, gleichzeitig aber auch Schutz und Deckung finden konnten. Space und Place stehen also auch für Freiheit und Sicherheit. Place ist der geborgenheitsstiftende Ruhepunkt, Space der Horizont, auch im übertragenen Sinn.[215]

Hohe Bergmassen wirken bedrohlich, Unübersichtliche Schluchten und dunkle Höhlen haben auf uns eine furchteinflößende Wirkung. Das zeigt schon der Name solcher Täler, z.B. Höllental oder Wolfschlucht. Weite, ebene Landschaften sind für viele ohne Reiz.

Wichtig für die positive ästhetische Empfindung von Landschaften scheint die Überschaubarkeit und damit auch Beherrschbarkeit zu sein. Ein weiter Blick mit geschütztem Rücken bietet Sicherheit und Geborgenheit. Überschaubarkeit schließt auch Strukturiertheit ein, z.B. durch einen Baumbestand, Gebüsch, Wasserläufe oder Wege. Die Menschwerdung fand in der Savanne statt, ein Landschaftstyp, den Menschen bis heute bevorzugen.

Ein weiteres ästhetisches Kriterium in Zusammenhang mit Gärten stammt von Heinrich Rombach. In einem Vortrag in SWR2 mit dem Titel „Philosophie des Gartens" unterschied er zwischen Physis und Thesis. Physis ist die willen- und ziellose

---

[215] Gábor Paál: Was ist schön?, Seite 72 f

Natur, Thesis ist das zweckorientierte, absichtsvolle Handeln. Der Gärtner schafft eine Ordnung, in der die Pflanzen gedeihen können. Gedeihen schließt sowohl eine eigenständige Entwicklung, als auch ein Wachsen in kontrollierter Form ein. Der Garten ist das Paradigma für hortensische Zustände. Es kann auch auf Kunstwerke übertragen werden. Ein gelungenes Kunstwerk zeichnet sich dadurch aus, dass es, obwohl es etwas Artifizielles ist, nicht konstruiert wirkt, sondern auf eine gewisse Weise „natürlich".

Unser ästhetisches Empfinden ist heute stark kulturell bestimmt. Aber die Basis dafür, also die Tatsache, dass wir überhaupt ein ästhetisches Empfinden haben, wurde im Pleistozän gelegt und ist bis heute, trotz aller kulturellen Überlagerungen und Veränderungen hindurch vorhanden und sichtbar. Es haben sich aber auch ästhetische Empfindungen völlig von ihrer ursprünglichen Form gelöst. Wenn wir Blumen in eine Vase stellen, dann tun wir das, weil wir die Blumen schön finden und nicht mehr weil der Boden auf dem wie wachsen uns Fruchtbarkeit verheißt. Das bedeutet auch, dass viele Empfindungen für Schönheit – im Sinne Kants – zweckfrei geworden sind. Das heißt aber nicht, dass sie nutzlose Verzierungen geworden sind. Also Nebenprodukte der Evolution ohne Zweck. Vielmehr sind es Eigenschaften, die in früheren Zeiten eine Funktion hatten, sich aber dann im Lauf der kulturellen Entwicklung von dieser Funktion gelöst haben.

Warum finden wir Musik schön?

Gehen wir noch einmal zurück zu den Tieren. Vögel machen nicht nur durch ihr Gefieder auf sich aufmerksam, sondern werben auch durch Gesang um die Gunst der Weibchen. Darwin war noch der Meinung, dass Vögel entweder einen schönen Federschmuck haben oder gut singen können, aber nicht beides zugleich. Es gibt unscheinbare Vögel, die sehr gut singen, die Nachtigall, z.B., und es gibt schöne Vögel die nicht durch ihren Gesang auffallen. Heute weiß man aber, dass es auch Vogelarten gibt, die ästhetische Mehrkämpfer sind. Auch Menschen konkurrieren mit ihrem Geschlechtsgenossen auf mehreren Feldern.

Man unterscheidet Rufe und Gesänge. Rufe sind kurz, variationsarm, strukturell einfach und haben oft eine Bedeutung, z.b. Aggression, Unterwerfungsbereitschaft, Alarm, Not. Gesänge sind reich an Variationen, zeitlich ausgedehnter als Rufe syntaktisch und melodisch komplex. Sie können in der Regel nicht gedeutet werden. Evolutionsbiologisch ist rufen und singen ein Problem. Es kostet Energie und erhöht das Risiko Opfer von Feinden zu werden.

Der Mensch ist der einzige Primat, der singt. Vielleicht kommt es daher, dass er als einziger auch alle dazu notwendigen Voraussetzungen hat. Er hat einen für Sprechen und Singen geeigneten Kehlkopf und er hat die Fähigkeit Melodien zu lernen. Die syntaktische und symbolische Sprache ist dem Menschen, genauer gesagt, dem Homo Sapiens, vorbehalten. Neandertaler konnten vermutlich nur einzelne Laute in Verbindung mit Gebärden ausstoßen.

Es gibt die Hypothese, dass die Musik älter ist als die Sprache und es gibt die gegenteilige Hypothese, dass die Musik aus der Sprache hervorgegangen ist. Der amerikanische Wissenschaftler Steven Mithen hält es für wahrscheinlicher, dass beide auf eine gemeinsame Vorgänger-Kommunikation zurück gehen, die noch keine Wörter kannte, dafür aber schon sehr musikalisch war. Das ist einerseits die sog. Babysprache, also die Sprache der Mutter mit ihrem Kleinkind. Sie hat melodische und rhythmische Merkmale. Anderseits gibt es auch heute noch vorsprachliche Laute, die sehr stark mit Gefühlen verbunden sind, z.B. „bäähh", oder „iihh", wenn uns etwas ekelt oder „oohh" , wenn wir erstaunt sind, oder „hmm" wenn uns etwas schmeckt. Diese Vorsprache vereinte beide Funktionen, die heute auf Sprache und Musik verteilt sind: Informationen austauschen einerseits – Gefühle ausdrücken und Stimmungen beeinflussen andererseits.

Diese Vorsprache war stark mit Gebärden verknüpft. Michael Tomasello ist der Meinung, dass sich die Sprache aus den Zeigegesten heraus entwickelt hat. Auch heute noch reden wir „mit den Händen". Das menschliche Gehör ist sensitiv für Tonhöhe, Rhythmen und Melodieverläufe. Das spricht für einen evolutionsbiologischen, nicht für einen kulturellen Ursprung der Musik. Auch die Tatsache, dass es in allen Kulturen überall auf der Welt Musik gibt, weist darauf hin. Musik beansprucht sehr viele Areale im Gehirn. Wir erfassen Melodie und Rhythmus, Gefühle werden angesprochen, auch der Bewegungsapparat ist beteiligt. Wenn wir musizieren, sind mehr Hirnareale aktiv als bei fast jeder anderen Tätigkeit.

Dass die Babysprache der Mutter mit ihrem Kleinkind bei der Entwicklung von Sprache und Musik eine große Rolle spielt, ist unbestritten. Man kann aber auch das Augenmerk auf die zwischenmenschliche Beziehung richten, wie Winfried Menninghaus es in seinem Buch „Wozu Kunst?" tut. Wenn eine Mutter mit ihrem Kind spricht, dann will sie dem Kind sagen: „ich bin in der Nähe, alles ist gut, du brauchst keine Angst zu haben". Sprache und Musik sind unter diesem Aspekt Ausdruck hauptsächlich einer zwischenmenschlichen Beziehung. Man kann sich auch vorstellen, dass in einer kinderreichen Familie das melodische Sprechen der Mutter mit dem Baby und das Singen von Wiegenliedern im Beisein älterer Geschwister zum gemeinsamen Singen geführt haben. Singen fördert das Zugehörigkeitsgefühl zur Familie. Musik hat eine Kohäsionsfunktion im zwischenmenschlichen Sozialverband. Das ist bis heute so, man denke an die Nationalhymne, an Soldatenlieder, Kirchenlieder oder an das Grölen von Fußballfans im Stadion. Lieder stellen eine Verbindung zur Sprache her, die natürlich auch eine soziale Funktion hat.

Es gibt eine Theorie, die auch für religiöse Gemeinschaften gilt, dass Praktiken, die den Zusammenhalt in der Gemeinschaft fördern, vor allem dann Wirkung zeigen, wenn sie aufwändig sind, wenn sie also nicht einfach und unproblematisch zu haben sind. Zu solchen aufwändigen Praktiken gehört z.B. das Spielen von Musikinstrumenten. In diesen Praktiken versichert sich die Gruppe symbolisch ihrer eigenen Werte, Fundamente und Verhaltensregeln. Deshalb werden sie ästhetisch positiv erfahren. Es ist ein erhabenes Gefühl die Nationalhymne zu hören oder gar zu singen. Gemeinsames Singen, Musizieren, tanzen sind ein hochgradig kooperative Leistung. Sie sind nicht nur Ausdruck der bereits vorhandenen sozialen Bindung, sie liefern, ja sie sind, ein kostbares soziales Bindungsmittel.

Es gibt hier Parallelen zur Religion. Religionsgemeinschaften, die von ihren Mitgliedern nichts oder wenig fordern, sind langfristig nicht erfolgreich. Dagegen haben Religionsgemeinschaften, die anstrengend sind, in kognitiver, emotionaler und ökonomischer Sicht, größere Chancen langfristig zu bestehen. Gemeinschaften, die Werte und Verhaltensweisen einüben, binden die Mitglieder an sich. Strenge Regeln helfen soziale Konflikte zu vermeiden.

Unsere These ist also, dass Lieder, gemeinsames Musizieren, Mythen, Erzählungen, Bilder die soziale Kohäsion, das Zusammengehörigkeitsgefühl fördern und stärken. Damit diese musischen Tätigkeiten als Symbole verstanden werden, sind bestimmte kognitive Fähigkeiten notwendig. Es ist die Fähigkeit zur geteilten Aufmerksamkeit (shared intentionality), die Menschen in die Lage versetzt, die Position eines anderen einzunehmen, etwas aus seiner Perspektive aus zu betrachten, mit ihm Ziele zu teilen. Es ist eine Form der sozialen Intelligenz. Paläoanthropologen vermuten, dass das Gehirn des Menschen wegen dieser sozialen Intelligenz, deutlich größer ist als das Gehirn z.B. von Schimpansen. Es ist fast schon ein Naturgesetz, dass die Größe der sozialen Gruppe und die Komplexität sozialer Organisationen positiv mit der relativen (relativ in Bezug auf die Gesamtgröße des Gehirns) Größe des Neocortex korreliert. Die Partizipation an einem gemeinsamen Glauben, ästhetisch elaborierte Riten und symbolische Objekte tragen dazu bei, dass sich die Mitglieder zur Gruppe zugehörig fühlen und dass die Gruppe verbunden ist. Auch ästhetisch erlebbare Aktivitäten, wie Singen, Musizieren, Geschichten erzählen usw. tragen dazu bei.

Kunstwerke werden wahrgenommen. Bilder und Skulpturen werden betrachtet, Musik gehört, Romane und Erzählungen gelesen. Deshalb müssen wir, wenn wir uns mit Kunst beschäftigen wollen, mit der Wahrnehmung beginnen. In Kapitel 3 haben wir uns bereits mit der Wahrnehmung beschäftigt. Deshalb können wir uns hier stichwortartige Wiederholung beschränken.

In diesem Abschnitt wollen wir die These vertreten, dass Künstler in ihren Werken – bewusst oder unbewusst – nicht nur das was sie darstellen thematisieren, sondern und vor

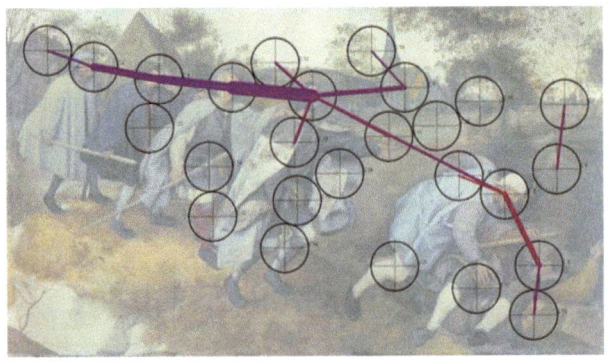

Bild 5 sakkadische Augenbewegungen beim Betrachten des Bildes „Blindensturz" von Pieter Bruegel des Älteren, 1568

allem die Art und Weise wie wir wahrnehmen. Das wollen wir an mehreren Beispielen erläutern.

These: Künstler thematisieren in ihren Werken nicht nur das was sie darstellen, sondern und vor allem die Art und Weise wie wir wahrnehmen.

Wahrnehmung ist selektiv. Selektive Wahrnehmung bedeutet unter anderem, dass das Auge bei der Betrachtung unbewegter Objekte keine fließende Bewegungen ausführt, sondern dass der Betrachter durch eine schnelle Folge von Blicksprüngen, so genannten Sakkaden, seinen Blick auf immer andere Punkte des Bildes richtet. Der Gesamteindruck eines Bildes ergibt sich demzufolge aus einer Vielzahl kleinflächiger Seheindrücke, die nacheinander stattfinden.

Die Blickfolgen werden vielfach im Verlauf der Betrachtung wiederholt. Die Sakkaden folgen weitgehend der Struktur des Bildes und kommen den Kompositionslinien nahe, d.h. die Wahrnehmung eines Bildes vollzieht die Komposition des Bildes nach. Im Bild „Blindensturz" von Pieter Bruegel (siehe Bild 5) folgt der Betrachter auffällig der für die Komposition des Bildes wichtigen Diagonalen.

Der Künstler, Pieter Bruegel, der beim Malen natürlich auch immer ein Betrachter seines Bildes ist, hat in der Komposition die Bilddiagonale besonders hervorgehoben und hat dabei die Rolle des Betrachters in das Bild hineinkomponiert. Das unterstreicht unsere These, dass Kunstwerke auch die Art und Weise wie wir sie wahrnehmen thematisieren.[216]

---

[216] Juliane Betz, Martina Engelbrecht, Christoph Klein, Raphael Rosenberg: Dem Auge auf der Spur: Eine historische und empirische Studie zur Blickbewegung beim Betrachten von Gemälden, Image 11, Jan 2010

Wahrnehmung ist dekonstruktiv und konstruktiv

Jeder Repräsentation einer Wahrnehmung im Gehirn geht ein komplexer Bearbeitungsprozess voraus. D.h. Wahrnehmung ist keine Abbildung, sondern ist immer Konstruktion, ist Interpretation. Das Gehirn verarbeitet verschiedene Aspekte des Objekts - Farbe, Form, Bewegung – in unterschiedlichen Gehirnregionen und konstruiert daraus das Objekt. Das Objekt wird im Gehirn dekonstruiert und das Kunstwerk vom Künstler konstruiert. Diese Konstruktion enthält immer auch Beiträge des Künstlers bzw. des Betrachters. Man kann sogar soweit gehen und behaupten, dass ein Bild erst durch den geistigen Prozess der Gestaltung des bildnerischen Materials zum Kunstwerk wird. Hier ein Beispiel aus der Malerei zu Beginn des 20. Jahrhunderts.

Bild 6: Juan Gris: Die Bordeaux-Flasche 1915 als Beispiel für Dekonstruktion in der Kunst

Wahrnehmung ist perspektiv

Die Entdeckung der Zentralperspektive ist ein wichtiges kulturhistorisches Ereignis. Künstler der Renaissance, Filippo Brunelleschi, Leon Battista Alberti und Piero della Francesca, entwickelten eine exakte geometrische Lösung für einen perspektivischen Bildaufbau. Der Begriff Perspektive kommt vom lat. perspicere = hindurchsehen. Von Leonardo da Vinci stammt die umfassendste Perspektivtheorie. Albrecht Dürer baute eine Zeichenmaschinen, um die Entwicklung der perspektivischen Darstellungen zu verdeutlichen. Durch die zentralperspektivische Ansicht soll die Realität dargestellt werden, die der Wahrnehmung des menschlichen Auges am nächsten kommt. Es ist von einem Standpunkt aus erstellt, den der Betrachter einnimmt. Sie berücksichtigt, dass Objekte mit zunehmender Entfernung kleiner erscheinen und dass parallel in die Tiefe führenden Linien, die Fluchtlinien, sich in einem zentralen Punkt, dem sogenannten Fluchtpunkt, scheinbar treffen, obwohl sie weiterhin parallel zueinander bleiben.

In der philosophischen Erkenntnistheorie gibt es den weit verbreiteten Gedanken, dass nur perspektivische Aussagen möglich sind. „Alles was gesagt werden kann, kann immer nur von einem Beobachter gesagt werden, der zu einem

Bild 7: Ben Willikens, Das letzte Abendmahl als Beispiel für Perspektivität in der Kunst

bestimmten Zeitpunkt an einem bestimmten Ort unter einer bestimmten Differenz beobachtet." (Niklas Luhmann). Es gibt keine beobachtungsunabhängige Welt. Das ist eine andere Form des Satzes von Kant, dass wir das „Ding an sich" nicht erkennen können. Mit der Entdeckung der Zentralperspektive ist dieser Gedanke in die Kunst eingegangen. Das was ein Bild zeigt, ist das, was vom Künstler aus dessen Perspektive wahrgenommen wird. Der Bertachter des Bildes nimmt bei seiner Beobachtung die Perspektive des Künstlers ein. Wir werden später sehen, dass die Fähigkeit zum Perspektivenwechsel eine grundlegende Eigenschaft des Menschen ist.

Wahrnehmung ist imaginativ

Die Fähigkeit zur Konstruktion ist auch immer verbunden mit der Fähigkeit zur Imagination. Imagination bedeutet Nicht-Präsentes ins Bewusstsein bringen, Vergangenes, sogar Unmögliches, Irreales. Der Surrealismus thematisiert – von der Psychoanalyse beeinflusst – das Traumhafte, Phantastische, unbewusste, sogar das Absurde. Unser Gehirn versucht, dieses Imaginierte in einen kohärenten Zusammenhang mit unseren anderen Erfahrungen zu bringen.

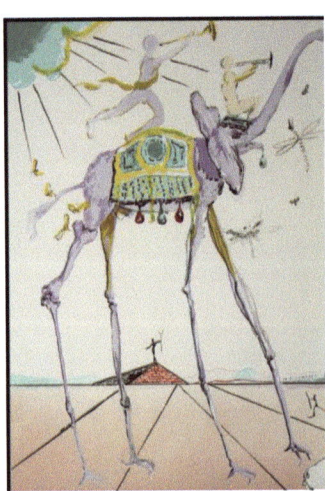

Bild 8 Salvatore Dali celestial elephant als Beispiel für konstruktive imaginierte Kunst

Wahrnehmung ist Komplexitätsreduktion.

Auf unsere Sinnesorgane strömt ständig eine riesige Menge an Informationen ein. Diese Überfülle an Sinnesreizen muss geordnet und strukturiert werden, damit wir mit ihr etwas anfangen können. Da die Komplexität unserer Umwelt höher ist als die unseres Gehirns, ist die Strukturierung der Sinnesdaten immer mit einer Komplexitätsreduktion verbunden. Unser Gehirn hat verschiedene Mechanismen entwickelt, die Komplexität zu reduzieren: Wir kategorisieren Informationen (dieses Tier ist ein Käfer), selektieren sie (ich schaue mir jetzt den Käfer an und nicht die Blumen daneben), relationieren sie, indem wir räumliche, zeitliche oder kausale Beziehungen herstellen, oder indem wir die einfach ignorieren.

Die Kunst kennt viele Möglichkeiten Komplexität zu reduzieren. Hier ein Beispiel von Pablo Picasso.

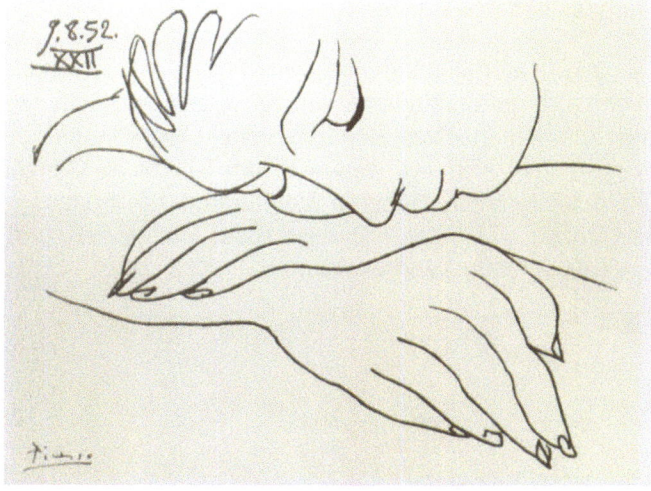

Bild 8 Pablo Picasso schlafende Frau 1952 als Beispiel für Komplexitätsreduktion

Gestaltwahrnehmung.

Zentraler Gedanke der Ästhetik von Christian von Ehrenfels ist die Gestaltwahrnehmung. Die Grundlage der Wahrnehmung sind nicht einzelne Sinnesdaten, sondern Strukturen, Gestalten. Wir nehmen z.b. beim Musikhören nicht in erster Linie einzelne Töne, sondern Melodien wahr. Wenn wir eine Person beobachten sehen wir das Gesicht als Ganzes oder seine Körperhaltung. Eine Gestalt ist in gewisser Weise unabhängig von den einzelnen Sinnesdaten. Denn die Töne, als Elemente der Melodie können auch durch ganz andere Töne (z.B. in einer anderen Tonart) ersetzt werden, und es bleibt doch dieselbe Melodie.

Nach der Gestalttheorie nimmt die Wahrnehmung nicht primär einzelne Sinnesdaten auf, die dann zu Einheiten synthetisiert werden, sondern was wir in erster Linie sehen oder hören sind Gestalten.[217] Ein Ganzes setzt sich nicht aus den Elementen zusammen, sondern das was an einem Teil dieses Ganzen geschieht, wird bestimmt von den Strukturgesetzen des Ganzen.

„Es gibt Zusammenhänge, bei denen nicht, was im Ganzen geschieht, sich daraus herleitet, wie die einzelnen Stücke sind und sich zusammensetzen, sondern umgekehrt, wo – im prägnanten Fall – sich das, was an einem Teil dieses Ganzen geschieht, bestimmt von inneren Strukturgesetzen dieses seines Ganzen. ... Gestalttheorie ist dieses, nichts mehr und nichts weniger." (Max Wertheimer)

---

[217] Christian von Ehrenfels: Die Gestalttheorie der Wahrnehmung, in Lambert Wiesing (Hrsg.): Philosophie der Wahrnehmung, Seite 189

Gestaltgesetze

Gesetz der Nähe: Elemente mit geringen Abständen zueinander werden als zusammengehörig wahrgenommen

Gesetz der Ähnlichkeit: Einander ähnliche Elemente werden eher als zusammengehörig erlebt als einander unähnliche

Gesetz der Kontinuität: Reize, die eine Fortsetzung vorangehender Reize zu sein scheinen, werden als zusammengehörig angesehen.

Gesetz der Geschlossenheit: Linien, die eine Fläche umschließen, werden unter sonst gleichen Umständen leichter als Einheit aufgefasst als diejenigen, die sich nicht zusammenschließen

Gesetz der gemeinsamen Bewegung: Zwei oder mehrere sich gleichzeitig in eine Richtung bewegende Elemente werden als eine Einheit oder Gestalt wahrgenommen

Gesetz der gemeinsamen Region: Elemente in abgegrenzten Gebieten werden als zusammengehörig empfunden.

Prägnanzgesetz: Es werden bevorzugt Strukturen wahrgenommen, die sich von anderen durch ein bestimmtes Merkmal abheben. Jede Figur wird so wahrgenommen, dass sie in einer möglichst einfachen Struktur resultiert. Bei einem Portrait versucht der Künstler das Wesentliche der dargestellten Person zu erfassen, das er dann auch prägnant darstellt.

Unterschied von Figur und Grund. Die Wahrnehmung unterscheidet zwischen einem Objekt und seinem Hintergrund. Gustav Klimt spielt im Portrait von Adele Bloch-Bauer mit dieser Gestaltwahrnehmung.

Kontrastwahrnehmung

Wir nehmen Kontraste wahr. Das hat einen physiologischen Grund.[218] Auf der Netzhaut befinden sich Stäbchen und Zapfen. Die Stäbchen sind für das Schwarz-Weiß-Sehen, die Stäbchen für das Farbsehen zuständig. Es gibt ca. 10 Millionen Zapfen und 100 Millionen Stäbchen. Sie sind nicht gleichmäßig auf der Netzhaut verteilt. In der Nähe des blinden Flecks sind sie am dichtesten.

Bild 9: Oskar Kokoschka Bildnis Auguste Forel 1910 als Beispiel für das Prägnanzgesetz

Bild 10: Gustav Klimt: Portrait von Adele Bloch- Bauer 1907 als Beispiel für Figur und Grund

Einfallendes Licht wird von den Sehzellen in elektrische Impulse von 30 – 40 mV Höhe umgewandelt. Eine Gruppe von Sinneszellen um eine Ganglienzelle bildet ein Empfangsfeld. Das Empfangsfeld besteht aus dem Zentrum und der Peripherie. Zentrum und Peripherie sind von gegensätzlicher

---

[218] Hermann Haken, Maria Haken-Krell: Erfolgsgeheimnisse der Wahrnehmung

Wirkung, d.h. sie erzeugen wechselseitig Erregung und Hemmung. Die Empfangsfelder überlappen sich.

Die Sehzellen, d.h. Stäbchen und Zapfen, geben ihre Impulse über sog. Bipolarzellen an die Ganglienzellen weiter, die wiederum ihre Signale an das Sehzentrum im Gehirn senden. Das bedeutet, dass das Gehirn nicht die Originalinformation der Sehzellen, sondern die bereits verarbeiteten Informationen der Ganglienzellen erhält. Die Netzhaut ist in gewisser Weise bereits ein Teil des Gehirns.

Die antagonistische Wirkung von Zentrum und Peripherie der Empfangszellen bewirkt, dass Kontraste, also die Unterschiede in der Helligkeit verstärkt wahrgenommen werden. Diese Fähigkeit des Sehsystems, Kontraste verstärkt wahrzunehmen, kann aber auch zu optischen Täuschungen führen. Z.B. wird eine graue Figur vor einem weißen Hintergrund dunkler wahrgenommen, als dieselbe Figur vor einem schwarzen Hintergrund. Diese Fähigkeit des Sehsystems Kontraste deutlich wahrzunehmen hat ihre Entsprechung in der Bildenden Kunst.

Hell- Dunkel- Kontrast

Das zentrale Werk über das Licht in der Malerei ist das Buch von Wolfgang Schöne „Über das Licht in der Malerei". Schöne unterschied

Bild 11: Rembrandt: Aristoteles vor der Büste des Homer 1653 als Beispiel für Hell-Dunkel-Kontrast

„Eigenlicht", das im Mittelalter dominierte und einen transzendenten Aspekt hatte und „Beleuchtungs-licht" in den Bildern der Neuzeit.[219] An die Stelle des sakral konnotierten Lichts des Mittelalters traten das natürliche und das künstliche Licht, besonders deutlich in der Kunst der niederländischen Malerei des 17. Jahrhunderts.

Farb- an sich- Kontrast
Vor allem in der expressionistischen Kunst wurden reine, d.h. ungemischte Farben übergangslos aneinandergesetzt und so ein starker Kontrast zwischen den Farben erzeugt.

Kalt-Warm-Kontrast
Unter den Kalt-Warm-Kontrast versteht man den Kontrast zwischen kalten und warmen Farben. In der Regel wird Blaugrün als die kälteste und Rotorange als die wärmste Farbe empfunden. Möglicherweise haben diese Farbempfindungen in ganz elementaren Erlebnissen wie kalt - Wasser oder Eis - Blau und warm - Feuer - Rot ihren Ursprung.

Bild 12: Franz Marc Blauschwarzer Fuchs 1911 als Beispiel für Farb- an

---

[219] Wolfgang Schöne: Über das Licht in der Malerei

Bild 13 Paul Cézanne Die Bucht von Marseille 1885 als Beispiel für Kalt-Warm-Kontrast

Komplementärkontrast

Komplementärkontrast bedeutet Gegenüberstellung komplementärer Farben wie z.B. rot-grün. Der Komplementär-Kontrast beschreibt die Wirkung zweier Farben, welche im Farbton die größte Verschiedenheit haben, da sie in Ittens Farbkreis diametral gegenüber liegen. Durch Ihre Gegensätzlichkeit steigern sich Komplementärfarben

Bild 14 Emil Nolde: Mohn 1950 als Beispiel für Komplementärkontrast

gegenseitig, d.h. sie steigern sich direkt nebeneinander platziert zu höchster Leuchtkraft, zur höchsten Farb- und Lichtwirkung. Jede Farbe voll zur Wirkung.

Form-an-sich-Kontrast

Qualitätskontrast = Gegensatz zwischen regelmäßigen und unregelmäßigen Formen.

Quantitätskontrast

= Gegensatz zwischen Formendimensionen groß-klein.

Richtungskontrast

= Gegensatz zwischen Formen unterschiedlicher Richtung

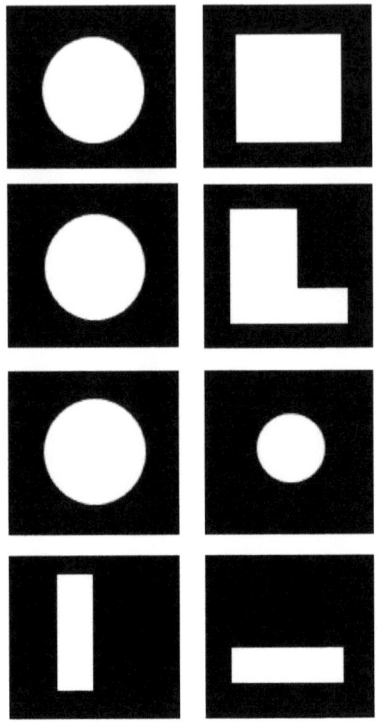

Bild 16: Beispiel für Form-an-sich-Kontrast

These: Die Art und Weise wie die Natur sich selbst strukturiert korrespondiert mit der Art und Weise wie wir wahrnehmen und wie Kunstwerke strukturell aufgebaut sind.

In Kapitel 3 „Leben" haben wir Strukturbildungen in der belebten und unbelebten Natur behandelt und wir haben die Prinzipien kennenglernt, mit denen sich Strukturen in der Natur bilden. In Kapitel 4 „Wahrnehmen" haben wir wesentliche Elemente der sinnlichen Wahrnehmung, hauptsächlich der visuellen Wahrnehmung besprochen. In diesem Kapitel sollen diese beiden Theoriekonzepte zusammengebracht werden und es soll gezeigt werden, dass zwischen Strukturbildungen in der Natur und unserer Wahrnehmung Ähnlichkeiten festzustellen sind. Dieser Gedanke mag auf den ersten Blick überraschend sein, denn was haben Strukturen bei Pflanzen und Tieren mit unserer Wahrnehmung zu tun? Wenn man sich aber vergegenwärtigt, dass wir Teil der Natur sind, dass sich unsere Fähigkeiten im Laufe der Evolution aus der Natur und in ständiger Auseinandersetzung mit der Natur gebildet haben, dass unsere vorgeschichtlichen Vorfahren über einen sehr langen Zeitraum in sehr engem Kontakt mit der Natur gelebt haben, ist dieser Gedanke vielleicht weniger befremdlich, ja sogar natürlich.

Wir gehen davon aus, dass die Welt um uns herum strukturiert ist. Aber auch unser Wahrnehmungssystem, die Sinnesorgane und das Gehirn, sind strukturiert. Nur strukturierte Systeme können beobachten und nur strukturierte Systeme können beobachtet werden, weil ohne Strukturierung jedes Element beobachtet werden müsste, was die Informationsverarbeitungskapazität des beobachtenden Systems überschreiten würde. Die Wahrnehmung sucht nach Strukturen, weil nur so das Objekt erfasst werden kann. Das ist eine Möglichkeit mit der Informationsfülle zurecht zu kommen. „Strukturbildung ist ... Voraussetzung für die

Beobachtung und Beschreibung eines Systems und zwar für Selbst- und Fremdbeobachtung."[220]

Die menschliche Wahrnehmung sucht Ordnung und findet sie auch, manchmal sogar dort, wo gar keine ist. Wenn wir eine Struktur gefunden haben, heben wir sie aus der Informationsflut heraus und machen sie für uns relevant. Das geschieht vorwiegend unbewusst und kann mit einem ästhetischen Wohlgefühl verbunden sein.

Wir haben ein großes Bedürfnis nach Regelmäßigkeit. Sie gibt uns ein Bezugssystem, das uns gestattet, etwaige Abweichungen von der Regel zu registrieren und zu verarbeiten. Die Regelmäßigkeit ist der Hintergrund, der unsere Sinne frei macht, das Unerwartete und Überraschende zu prüfen.[221]

Ordnung schafft Übersicht. Sie gibt uns das Gefühl die Dinge zu beherrschen. Jede Wissenschaft entwickelt für ihr jeweiliges Aufgabengebiet Ordnungsstrukturen, man denke an die Chemie (Periodensystem) oder an die Biologie (Carl von Linné). Wir suchen in einem gemalten Bild nach geometrischen Formen und einem Musikstück nach Melodien. Wo wir sie finden wird unser Erkenntnisstreben befriedigt und es entsteht der Eindruck, das Werk erfasst zu haben. Finden wir keine Strukturen, ist das Objekt für uns chaotisch, was mit einem Gefühl der Orientierungslosigkeit verbunden ist.

Wie wir schon festgestellt haben, können nur operativ geschlossene, aber offene Systeme dissipative Strukturen ausbilden. Operativ geschlossen bedeutet, dass alle Prozesse des Systems innerhalb des Systems ablaufen. Die Gesamtheit der Prozesse und ihre operative Geschlossenheit definiert das System und legt die Grenzen des Systems fest. Systeme sind

---

[220] Enrico Coen: Formel des Lebens Seite 386
[221] Sir Ernst H. Gombrich: Symmetrie, Wahrnehmung und künstlerische Gestaltung, in Rudolf Wille (Hrsg.) Symmetrie in Geistes- und Naturwissenschaften, Seite 100

aber auch offen, was bedeutet, dass Energie, Stoffe oder
Information dem System zugeführt wird.

Typische Beispiele für operative Geschlossenheit,
Offenheit und Strukturaufbau sind Organismen. Eine Pflanze
die wächst, baut ihre Strukturen mit ihren eigenen Prozessen
selbst auf. Sie werden nicht importiert. Die Lebensprozesse
finden nur im Innern der Pflanze statt, d.h. sie ist operativ
geschlossen. Sie ist aber, wie jedes Lebewesen, offen, weil
sie ohne Beiträge ihrer Umgebung ihre Lebensprozesse nicht
aufrechterhalten kann.

Offenheit in der Kunst

Den Gedanken der Offenheit findet sich auch in der Kunst.
Der italienische Semiotiker und Romanautor Umberto Eco hat
mit seinem Buch: Das offene Kunstwerk (opera aperta) aus
dem Jahre 1962 diesen Gedanken in die Kunsttheorie
eingeführt. Mit dem Begriff „offenes Kunstwerk" ist nicht nur
gemeint, dass ein Kunstwerk aus vielen verschiedenen
Perspektiven gesehen werden kann und unterschiedliche
Interpretationen möglich sind. Kunstwerke sind in einem viel
weiteren Sinne offen. Sie brauchen den Betrachter, Hörer,
Leser. Sie sind nicht nur passive Rezipienten, sondern
gestaltet das Kunstwerk mit. Erst durch ihre aktive Mitarbeit
werden Kunstwerke vervollständigt. Bei einem Musikstück
kommt noch der Interpret dazu. Erst im Zusammenwirken von
Komponist, Musiker und Hörer entsteht das musikalische
Werk. Was auch bedeutet, dass das Werk sich immer wieder
neu realisiert. Die Realisation entsteht in der Zusammenarbeit
von grafischer Notation, konkreter Interpretation und
Rezeption. Das Kunstwerk allein, d.h. ohne Interpret und
Hörer, ist unvollendet. Es fordert „eine freie, schöpferische

Antwort."[222] Erst Betrachter, Hörer oder Leser können die ästhetischen Qualitäten des Kunstwerks freisetzen.

Ganz besonders deutlich wird die Idee des offenen Kunstwerks im Theater. Das Drama braucht die Aufführung und damit die Interpretation. Nicht das Textbuch ist das Kunstwerk, das Kunstwerk ist Textbuch plus Dramaturgie plus Betrachten des Theaterbesuchers.

Kunstwerke sind aber nicht nur on Bezug auf den Rezipienten offen, sie können auch ihrer Herstellungskonzeption nach, offen sein. Ein Beispiel dafür sind die Plastiken des amerikanischen Bildhauers Alexander Calder (siehe Bild 34). Die Konstruktion des Mobiles erlaubt eine Überfülle von Zuständen, was bedeutet, dass das Werk selbst, auch ohne Einbeziehung des Betrachters, seiner Art nach, offen ist. Umberto Eco nennt das ein Kunstwerk „in Bewegung."

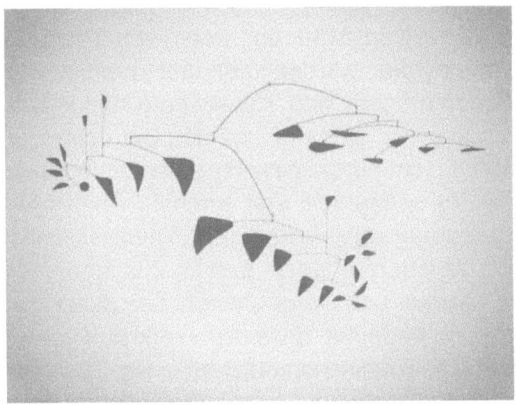

Bild 17 Mobile von Alexander Calder als Beispiel für ein Kunstwerk, das seiner Konzeption nach offen ist

---

[222] Umberto Eco: das offene Kunstwerk, Seite 31

Worauf es uns hier ankommt, ist die Korrespondenz von Natur – in diesem Fall von Lebewesen, die sich aufgrund ihrer operativen Geschlossenheit bei gleichzeitiger Offenheit selbst organisieren und strukturieren - und Kunst, hier mit dem Aspekt der Offenheit, die nach Umberto Eco zum Wesensmerkmal aller Kunstwerke gehört.

Gesetzmäßigkeit und Zufall

Die Vielfalt der Tier- und Pflanzenarten und der Formenreichtum in der Natur sind entstanden aus dem Wechselspiel von Gesetzmäßigkeit und Zufall. Die evolutionäre Entwicklung der Organismen wird nach Darwin vorangetrieben von Mutation und Selektion. Mutation, also die spontane Änderung der Erbanlagen eines Individuums, übernimmt die Rolle des Zufalls. Selektion, die Entscheidung darüber, ob eine Mutation überlebensfähig ist, hat in der Evolution die Funktion der Gesetzmäßigkeit.

Gesetzmäßigkeit und Zufall müssen in einem ausgewogenen Verhältnis zueinander stehen. Ein Zuviel an Gesetzmäßigkeit ist wie ein Kristall: starr und leblos. Ein Überschuss an Zufall ist chaotisch, amorph, unstrukturiert.

Auch die Vielfalt der Möglichkeiten in einem Spiel beruht auf dem Zusammenwirken von Gesetzmäßigkeit und Zufall. Die Spielregeln verkörpern die Gesetzmäßigkeit, der Zufall kommt – wörtlich – ins Spiel z.B. durch einen Würfel (Mensch-ärgere-Dich-nicht) oder durch das Mischen der Karten (Skat). Beim Schachspiel ist es die Unübersichtlichkeit der Positionen nach mehreren Zügen und das Unwissen über die nächsten Züge des Gegners, die den Charakter des Zufälligen haben. Auch bei einem Spiel müssen Gesetzmäßigkeit und Zufall in einem ausgewogenen Verhältnis zueinander stehen. Überwiegt der Zufall, wird das Spiel zu einem reinen Glückspiel und wird langweilig, ein Zuviel an Regeln macht das Spiel zu einem Abarbeiten von Vorgaben und ist ebenfalls ohne Reiz.

Cramer und Kaempfer vertreten die Meinung, dass Kunst im Grenzgebiet von Chaos und Ordnung entsteht.[223] Das Schöne ist eine Gratwanderung zwischen dem Geordneten und dem Chaotischen. Ein Merkmal unserer ästhetischen Wahrnehmung ist die gleichzeitige Präsenz von Wiederkennung und Überraschung.[224] Beim Hören einer Klaviersonate von Mozart ist man – auch wenn man die Sonate zum ersten Mal hört – auf vertrautem Terrain und ahnt die Fortsetzung der Tonfolgen. Aber Mozart überrascht uns immer wieder mit neuen Wendungen. Kunst präsentiert uns die Einheit der Unterscheidung von Struktur und Abweichung von der Struktur.[225] Ein Beispiel für eine ausgewogenes Verhältnis von geordnet und ungeordnet ist das Mailbild von Paul Klee. Ohne eine Ordnung, ohne Struktur ist Kunst nicht möglich. Ein

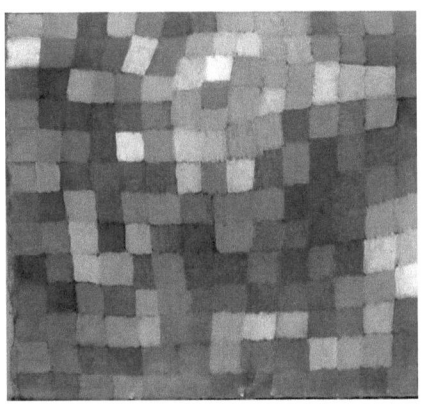

Bild 18 Paul Klee: Maibild 1925 als Beispiel für ein ausgewogenes Verhältnis von Ordnung und Unordnung

Kunstwerk braucht eine Form. Aber die makellose Ordnung ist

---

[223] Friedrich Cramer und Wolfgang Kaempfer: Die Natur der Schönheit, zur Dynamik der schönen Form, insbesondere Kap 2
[224] ebenda
[225] ebenda

es nicht, die in uns ein ästhetisches Wohlgefallen auslöst. Es sind die kleine Abweichungen von der Idealform, die uns entzücken. Aber die Abweichung braucht als Gegensatz die Ordnung um überhaupt als Abweichung wahrgenommen zu werden.

Symmetrien

Es gibt eine Vielzahl unterschiedlicher symmetrischer Formen in der Natur. Bei Blüten, z.B. findet man 4-fach Symmetrie (Beispiel Clematis, siehe Bild 39), oder 5-fach Symmetrie, (Beispiel Vergissmeinnicht (siehe Bild 38), oder 6-fach- Symmetrie (Beispiel Narzisse). Die 6-fach Symmetrie findet man auch bei Bienenwaben, Eiskristallen und beim Benzol-Ring.

Sehr viele Tierarten sind bilateral-symmetrisch gebaut. Käfer, Insekten, Vögel, Fische, Säugetiere u.a. weisen eine Spiegelsymmetrie bezüglich der Längsachse auf. Das hat natürlich funktionale Gründe: für einen Vogel, z.B., ist es vorteilhaft wenn seine beiden Flügel symmetrisch sind.

Symmetrie ist ein universelles, d.h. kultuunabhängiges Schönheitsmaß. Das zeigt sich u.a. in der Architektur. Beispielsweise sind das Taj Mahal in Indien und die Kathedrale Notre Dame in Paris beide symmetrisch konstruiert, obwohl sie in ganz verschiedenen Kulturen und zeitlich und räumlich weit voneinander entfernt (Taj Mahal 1631- 1648, Notre Dame 1163 bis 1345) errichtet wurden.

Mit Symmetrie verbunden sind Konstanz, Identität und Stabilität. Symmetrische Objekte geben dem Betrachter das Gefühl der Beständigkeit, Verlässlichkeit, Ordnung und Ruhe. Symmetrie vermittelt Balance und In-Sich-ruhen.

Die Symmetrie in der Natur ist fast nie vollkommen. Perfekte Symmetrie wirkt starr und leblos. Das sieht man deutlich am menschlichen Gesicht. Ein schönes Gesicht ist nahezu aber nie vollständig symmetrisch. Wenn man die ein Gesichtshälfte fotografisch spiegelt und mit den beiden exakt spiegelbildlichen Hälften ein neues Gesicht zusammensetzt, erscheint dieses langweilig und ausdruckslos. Kleine Abweichungen von der Symmetrie machen ein Gesicht interessant. Äußerlich sind viele Tiere bilateralsymmetrisch, aber im Innern gibt es aufgrund der Lage des Herzens, der Leber, der Galle usw. Abweichungen von der Symmetrie.

„Wir nennen ein Objekt symmetrisch, wenn wir es einer Prozedur unterwerfen können, ohne es zu ändern."[226] Eine sechseckige Figur, z.B., kann durch eine Drehung um 60° in sich selbst überführt werden. Diese allgemeine Definition erlaubt es, auch die Symmetrie eines Naturgesetzes zu erfassen. Ein Naturgesetz bleibt gültig, auch wenn die darin vorkommenden Größen einer bestimmten Transformation unterworfen werden. Beispielsweise bleibt die Newtonsche Grundgleichung der Physik, Kraft gleich Masse mal Beschleunigung, in einem Experiment erhalten, wenn der Zeitpunkt des Experiments – unter sonst gleichen Bedingungen – in die Vergangenheit oder in die Zukunft verschoben wird oder es räumlich verschoben, oder räumlich gedreht wird.

Diese Symmetrien der zeitlichen und räumlichen Translation und der räumlichen Rotation sind in folgender Weise verbunden mit Erhaltungssätzen verbunden.

Symmetrie	Erhaltungssatz
Translation in der Zeit	Energieerhaltungssatz
Translation im Raum	Impulserhaltungssatz
Rotation im Raum	Drehimpulserhaltungssatz

[226] Henning Genz: Symmetrie – Bauplan der Natur

Das bedeutet, dass Fundamente der Physik, die Erhaltungssätze, auf Symmetrien zurückzuführen sind.

Symmetrien sind aber nicht nur grundlegend für die Physik, sondern spielen auch in der Kunst eine große Rolle, sodass sie eine Brücke schlagen zwischen den Natur- und Humanwissenschaften. Symmetrien gibt es in Form von Ornamenten auf Schmuck und Gebrauchsgegenständen, wobei sich die Wiederholung der Form sicherlich die Natur als Vorbild genommen hat.

Proportionen

Proportionen von natürlichen Strukturen gehorchen oft dem goldenen Schnitt, aber auch in Kunstwerken findet sich das natürliche und gleichzeitig ästhetische Prinzip verwirklicht.

Eine Strecke ist dann nach dem goldenen Schnitt geteilt, wenn sich der größere Teil (a) zum kleineren Teil (b) so verhält wie die ganze Strecke (a+b) zur größeren (a).

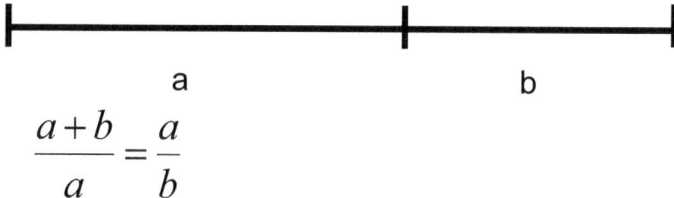

$$\frac{a+b}{a} = \frac{a}{b}$$

Der goldene Schnitt findet sich als Formprinzip in der Natur, z.B. beim Farn.

Den Goldenen Winkel erhält man, wenn man einen vollen Kreis (360°) in die beiden Teile mit 222,5° (entspricht 61,8%) und 137,5° teilt.

Der Goldene Winkel findet sich z.B. bei Blüten.

Im antiken Griechenland wurden Tempel nach dem goldenen Schnitt konstruiert, offenbar, weil dieses Zahlenverhältnis als harmonisch und ausgewogen betrachtet wurde.

Die Goldene Spirale entsteht, wenn man in aufeinanderfolgende Quadrate, deren Kantenlängen dem goldenen Schnitt entsprechen jeweils einen Viertelkreis einzeichnet. In der Natur findet man die goldene Spirale z.B. bei Schnecken.

Fibonacci-Zahlen

Der italienische Mathematiker Leonardo da Pisa, auch Fibonacci genannt entwickelte eine Zahlenfolge, die in engem Zusammenhang zum Goldenen Schnitt steht .

1, 1, 2, 3, 5, 8, 13, 21, 34, 55, 89, 144, 233, …

Die jeweils nächste Zahl in dieser Folge wird als Summe der beiden vorangehenden erhalten. Das Verhältnis zweier aufeinanderfolgender Zahlen der Fibonacci-Folge strebt gegen den Goldenen Schnitt, d.h. der Quotient zweier aufeinanderfolgenden Fibonacci- Zahlen nähert sich immer mehr dem goldenen Schnitt, je mehr man in der Zahlenfolge fortschreitet.

In der Natur finden sich die Fibonacci-Zahlen z.B. in den Körben der Sonnenblume und der Silberdistel, in Fichtenzapfen und in der Ananasfrucht. Fibonacci-Zahlen sind das Ergebnis eines rückgekoppelten Wachstum-Prozesses.

Der Schweizer Künstler Mario Merz hat in seinem Werk sich mehrfach mit den Fibonacci-Zahlen beschäftigt.

Das entspricht unserer These, dass die Art und Weise wie wir ästhetisch wahrnehmen mit der Art und Weise korrespondiert, wie die Natur Strukturen hervorbringt.

These: Die Art und Weise wie die Natur sich selbst strukturiert korrespondiert mit der Art und Weise wie wir wahrnehmen

	Natur	Kunst
Offenheit	Strukturen entstehen in offenen Systemen	Das offene Kunstwerk (Umberto Eco)
Gesetzmäßigkeit und Zufall	Die Vielfalt der Tier- und Pflanzenarten und der Formenreichtum in der Natur werden aus dem Wechselspiel von Gesetzmäßig-keit und Zufall gebildet.	Kunst entsteht im Grenzgebiet von Chaos und Ordnung entsteht. Das Schöne ist eine Gratwanderung zwischen dem Geordneten und dem Chaotischen.
	Natur	Kunst
Symmetrien	Es gibt vielfältige Symmetrien in den Strukturen der Natur	Symmetrie ist ein Schönheitskriterium nicht nur bei Gesichtern, sondern auch bei Gebäuden. Symmetrien sind verbunden mit dem Gefühl der Beständigkeit, Verlässlichkeit, Ordnung und Ruhe
Goldener Schnitt	Formprinzip in der Natur, z.B. beim Farn	Proportionen nach dem goldenen Schnitt finden sich in Gemälden, Fotografien und in der Architektur Anwendung bei Leonardo da Vinci und Albrecht Dürer
Goldener Winkel	Formprinzip in der Natur, z.B. bei Blüten	
Goldene Spirale	Formprinzip in der Natur, z.B. Schnecken	
Fibonaccizahlen	Formprinzip in der Natur, z.B. bei Sonnenblumen oder Fichtenzapfen	Werden in der Kunst thematisiert, z.B. von Mario Merz.

Ist ästhetische Wahrnehmung ein Erkenntnisvorgang?

Wir erkennen unsere Umwelt, wenn wir sie ästhetisch wahrnehmen. Schopenhauer war sogar der Meinung, dass die „ästhetische Anschauungsweise" die „tiefste und wahrste Erkenntnis vom eigentlichen Wesen der Welt"[227] ist. In der Kunst wird die Welt mit ganz anderen Augen gesehen. Die ästhetische Erkenntnis nimmt, nach Schopenhauer, an den Dingen wahr, was sie an und für sich selbst sind.

Im Gegensatz zu Schopenhauer ist für Kant ästhetische Wahrnehmung kein Erkenntnisurteil, weil sie kein Verstandesurteil ist, obwohl – wie er ausdrücklich betont – der Verstand beteiligt sein kann, sondern sie ist ein Geschmacksurteil. Der Bezug unserer Vorstellung auf das Objekt wird beim ästhetischen Urteil nicht durch den Verstand hergestellt, sondern durch die Einbildungskraft und durch das Gefühl der Lust oder der Unlust. Deshalb ist der Bestimmungsgrund des ästhetischen Urteils subjektiv.[228]

Schön ist – nach Kant – was ohne Interesse gefällt. Das Wohlgefallen, durch das das Geschmacksurteil bestimmt wird, ist ohne Interesse, wenn das Geschmacksurteil ästhetisch ist. Ich bin dann an etwas interessiert, wenn mir an seiner Existenz gelegen ist. Dann aber bin ich parteilich und mein Geschmacksurteil ist kein rein ästhetisches mehr.[229] Schon wenn mir etwas angenehm ist, liegt Interesse vor.[230] Auch wenn ich etwas gut finde (gut nicht im moralischen Sinn), bin ich interessiert. Das Nützliche ist zu etwas gut, es gefällt als Mittel. Damit ich etwas gut (gut für etwas) finde, brauche ich einen Begriff von ihm. Wenn ich z.B. sage: das ist ein gutes Messer, muss ich wissen, zu was Messer geeignet sind,

---

[227] Arthur Schopenhauer: Metaphysik des Schönen, Vorlesungen über die gesamte Philosophie, herausgegeben von Volker Spierling, Seite 39
[228] Kant: Kritik der Urteilskraft, § 1
[229] Kant: Kritik der Urteilskraft, § 2
[230] Kant: Kritik der Urteilskraft, § 3

nämlich zum Schneiden. Erst dann kann ich seine Qualität beurteilen. Um etwas schön zu finden, brauche ich keinen Begriff. Kant nennt als Beispiel Blumen. Sie bedeuten nichts und gefallen doch.[231]

Vergleich von gut, schön und angenehm.[232]

gut	Das was geschätzt wird, was dem Gegenstand einen objektiven Wert gibt. Beziehung auf das Begehrungsvermögen. Praktisches Wohlgefallen: die Existenz des Gegenstandes gefällt.
schön	Das was bloß gefällt. Ein uninteressiertes freies Wohlgefallen, kein Interesse, weder das der Sinne, noch die Vernunft zwingen den Beifall ab. Kontemplativ, indifferent in Ansehung des Daseins des Gegenstandes Ohne Begriff, kein Erkenntnisurteil
angenehm	Das was vergnügt

Wenn etwas ein Wohlgefallen ohne alles Interesse hervorruft, dann muss es einen Grund des Wohlgefallens für jedermann enthalten, denn es ist ohne Privatbedingungen. Ästhetische Urteile erheben den Anspruch auf Allgemeingültigkeit.[233] Angenehm ist rein subjektiv. Das wird auch allgemein akzeptiert. Anders beim Urteil: das ist schön. Von ihm wollen wir, dass es auch von anderen geteilt wird.[234]

Für Kant stellt sich hier natürlich die Frage, wie ein Geschmacksurteil allgemeingültig sein kann, wo es doch subjektiv ist und sich auch nicht auf Begriffe stützen kann. Er beantwortet diese Frage damit, dass in einem ästhetischen

---

[231] Kant: Kritik der Urteilskraft, § 4
[232] Kant: Kritik der Urteilskraft, § 5
[233] Kant: Kritik der Urteilskraft, § 6
[234] Kant: Kritik der Urteilskraft, § 7

Urteil nichts postuliert wird, als eine allgemeine Stimme, in Ansehung des Wohlgefallens ohne Vermittlung der Begriffe. Damit besteht die Möglichkeit eines ästhetischen Urteils, das für jedermann als gültig betrachtet werden kann.[235]

Der Philosoph Martin Seel von der Universität Frankfurt hat in seinem Buch „Die Ästhetik der Natur" die Kontemplation als Charakteristikum der ästhetischen Erfahrung detaillierter ausgearbeitet. Er bezieht sich in seinem Buch auf Naturschönheit, man kann seine Überlegungen aber auf jede andere ästhetische Erfahrung übertragen. „Die kontemplative Wahrnehmung verweilt bei den Erscheinungen, die ihr Gegenstand aufweist, sie ergeht sich in den Unterscheidungen, die sie ihrem Gegenstand abgewinnt, ohne darüber hinaus auf Deutung zu schließen. Ihre Begegnung mit den Phänomenen lässt deren Bedeutung außer Acht. Es ist die sinnfremde phänomenale Individualität eines Gegenstandes, auf die es der kontemplativen Wahrnehmung ankommt. Diese Individualität wird sichtbar, sobald von jeder Wichtigkeit und Wertigkeit der Dinge für das Erkennen oder handeln abgesehen wird."[236] „ Der schöne Naturgegenstand weist jede Sinnzuweisung ab. Er ist, wie er erscheint, und darin ist er schön. Er ist schön, weil – und solange – er für nichts anderes da ist als für die Wahrnehmung dieses Erscheinens. Zu dieser Erfahrung des Schönen gehört, dass es hier nichts zu verstehen gibt."[237]

Im Gegensatz zu Kant hat Kunst bei Adorno eine Erkenntnisfunktion. „Wohl impliziert Kunst, als eine Gestalt von Erkenntnis, Erkenntnis der Realität, und es ist keine Realität, die nicht gesellschaftlich wäre."[238] Adorno geht sogar so weit, dass Kunst das einzige Medium ist, in dem die Wahrheit über den Gesellschaftszustand zur Erkenntnis

---

[235] Kant: Kritik der Urteilskraft, § 8
[236] Martin Seel: Eine Ästhetik der Natur, Seite 39
[237] Martin Seel: Eine Ästhetik der Natur, Seite 40
[238] Adorno: Ästhetische Theorie, Seite 383

gebracht werden kann. Das höchste, was Kunst leisten kann, ist, dass sie das Wesen der Wirklichkeit zu fassen vermag. Im Bereich der Literatur ist das – nach Adorno – vor allem Kafka und Beckett gelungen. Obwohl sie in ihrem Wirken nicht die Realität spiegeln, vermitteln sie doch fundamentale soziale Erkenntnisse über Mechanismen der „verwalteten" Welt.

„Soziale Erkenntnis wird sie [die Kunst], indem sie das Wesen ergreift, nicht es beredet, bebildert, irgendwie imitiert."[239] Adorno sieht sogar in der begrifflosen Erkenntnis der Kunst einen Vorteil gegenüber den diskursiven Erkenntnisurteilen in Wissenschaft und Philosophie. Kunst lässt sich nicht auf den Begriff bringen noch lässt sie sich durch intuitives Verstehen gänzlich erfassen. Kunstwerke geben nur sich selbst kund, sie lassen nur ihr eigenes Sosein erkennen.

Für Gábor Paál, einem SWR2- Redakteur, ist ästhetische Wahrnehmung ein Erkenntnisprozess[240]. Das ästhetische Empfinden begleitet nicht nur den Erkenntnisprozess, sie färbt nicht nur Erkenntnis, sondern ist selbst wichtiger Teil davon. Wenn wir umgekehrt von der ästhetischen Erfahrung ausgehen, so stellen wir fest, dass sie nicht nur eine Affektion der Sinne ist, sondern sie ist immer auch mit kognitiven Leistungen verbunden. Ästhetisch Erfahrung ist vom Erkennen nicht zu trennen.

Gábor Paál geht von folgenden Voraussetzungen aus

- Jeder Wahrnehmungs- und Erkenntnisprozess ist tatsächlich oder zumindest potentiell ästhetisch,

- die ästhetischen Kriterien, anhand derer wir Kunst beurteilen sind nicht prinzipiell andere als die Kriterien mit denen wir Landschaften oder wissenschaftliche Theorien beurteilen.

---

[239] Adorno: Ästhetische Theorie, Seite 384
[240] Gábor Paál: Was ist schön?

Er unterscheidet zwischen elementarer Ästhetik und Erkenntnisästhetik.

Elementarer Ästhetik wirkt unmittelbar. Sinneseindrücke werden als angenehm oder unangenehm empfunden. Manche Materialien fühlen sich als schön an. Melodien können als schön empfunden werden, wir können sie immer und immer wieder hören. Sonnenschein wird als schönes Wetter, Regen und graue Wolken als schlechtes Wetter empfunden.

Erkenntnisästhetik wirkt indirekt. Sie setzt das bewusste Erleben von Unterschieden voraus.

Beispiel: frische Waldluft finden wir deshalb schön, weil sie eine belebende Wirkung auf uns ausübt. Wir erleben sie elementarästhetisch. Wenn wir dabei denken: „Waldluft ist schön im Vergleich zum Benzingestank an einer Straße", kommt eine Erkenntnisästhetik hinzu.

Zweites Beispiel: elementarästhetisch empfinden wir: eine Rose ist eine Rose ist eine Rose. Erkenntnisästhetisch ist eine Rose ein Zeichen der Zuneigung, eine Metapher für Blühen und Vergehen, eine Leistung der Pflanzenzucht.

Drittes Beispiel: ein loderndes Kaminfeuer. Sobald wir bei seinem Anblick an CO_2-Emission denken oder an daran, dass Tannenholz spritzt, Buchenholz aber nicht, kommt Erkenntnisästhetik dazu.

Die Unterscheidung Elementarästhetik/Erkenntnisästhetik hat Ähnlichkeit mit der Unterscheidung Schnelles Denken/Langsames Denken von Daniel Kahneman[241].

---

[241] Daniel Kahneman: Schnelles Denken, Langsames Denken

Gábor Paál unterscheidet 3 erkenntnis-ästhetische Kategorien: O-, S- und K-Werte.

- O-Werte. O steht für Ordnung oder Objekt
  Sie bewerten die formalen Eigenschaften von Objekten
  Klar, richtig, übersichtlich, vollständig, harmonisch, authentisch, einheitlich, symmetrisch, stimmig.
  Ästhetisch werden diese Eigenschaften aber nur dann wahrgenommen, wenn sie um ihrer selbst willen wahrgenommen werden und nicht weil sie eine Funktion erfüllen.

- S- Werte. S steht für Sympathie oder Stimmung
  Sie charakterisieren die Beziehung zum Objekt
  Das was mir persönlich wichtig ist, was mit „meiner Welt" zu tun hat, meinen Überzeugungen, Erfahrungen, Idealen.
  S-Werte schaffen eine Verbundenheit mit dem Objekt. In einer S-wertigen Beziehung empfindet das Selbst eine wie auch immer geartete Gemeinsamkeit oder Verbundenheit mit dem Objekt.

- K- Werte. K steht für Kreativität oder Komplexität.
  K- wertig ist anregend, weil es etwas Neues enthält, aber gleichzeitig einen Bezug zum Bekannten hat.
  k- wertig ist auch anregend, weil es ein bestimmtes Maß an Komplexität enthält. Ist ein Objekt oder eine Situation zu komplex, empfinden wir es als chaotisch, wir sind verwirrt. Ist es zu wenig komplex, ist es zu simpel, es wird schnell langweilig.
  K-wertig können auch Eigenschaften von Handlungen sein. Z.B. es kann schön sein, mit Freunden zusammenzusitzen und ein Glas Wein zu trinken. Oder es ist schön zu wandern, zu spielen, zu musizieren usw.

Man kann diese Kategorien auch als Qualitätskriterien auffassen, zum Beispiel zur Beurteilung einer wissenschaftlichen Abhandlung, eines journalistischen Berichts oder eines Sachbuches.

- O-Wert: übersichtlich, verlässliche Information, inhaltlich korrekt, plausibel, nachvollziehbar, begründet
- S- Wert: bedeutend, d.h. für den Leser wissenswert und relevant
- K- Wert: anregend, neu, nicht-trivial, geistig stimulierend.

Architektur

- O-Wert: Das Gebäude erfüllt seine Funktion. Es hat einen hohen Nutzwert, ist stabil, wetterfest, wärmegedämmt, usw. Allerdings sind es oft Eigenschaften, die als selbstverständlich vorausgesetzt und nicht als eigener Wert erkannt oder gar honoriert werden.
- S- Wert: Ich fühle mich in dem Gebäude „zu Hause". Stil, Helligkeit, Farben gefallen mir.
- K- Wert: Originalität und Individualität.

Menschliche Beziehungen

- O-Wert: Vertrauen, Zuverlässigkeit, Glaubwürdigkeit
- S- Wert: Verbundenheit, Sympathie, Empathie
- K-Wert: Anregung, Interesse, Neugier.

Kunst

- O-Wert: in sich stimmig, aus einem Guss, handwerklich gut
- S- Wert: berührt mich innerlich, hat für mich Bedeutung
- K- Wert: interessant.

Die Stärke dieses Bewertungssystem sehe ich darin, dass ästhetisches Empfinden nicht nur auf Wahrnehmungen begrenzt ist. Paal hat einen sehr weiten Ästhetikbegriff. Theoretiker können sich an Gedanken ästhetisch erfreuen, Mathematiker gewinnen sogar Formeln ästhetischen Reize ab, ein Abend mit Freunden bei einem Glas Wein kann als schön empfunden werden, ein Text, auch ein Fachaufsatz, kann ästhetisch wahrgenommen werden. Diese Erweiterung führt aber dazu, dass die Grenzen des Schönheitsempfindens aus den Augen verloren werden. Können Vertrauen, Zuverlässigkeit, Glaubwürdigkeit, Verbundenheit, Sympathie, noch zur Ästhetik gezählt werden?

vWarum überhaupt Kunst?

Thomas Junker gibt in seinem Buch „Die Evolution der Phantasie" darauf folgende Antwort: „Verlässliche Kommunikation, dauerhafte Wissensspeicherung, emotionales und strategisches Training, narzisstische Aufwertung und gemeinsame positive Erlebnisse machen Kunst zu einem leistungsfähigen, gemeinschaftsbildenden Mechanismus mit eigenem Selektionsvorteil."[242] Michael Tomasello hat herausgearbeitet, dass Kooperation und gemeinsame Ziele, die Fähigkeit zur geteilten Aufmerksamkeit erfordern. Thomas Junker ergänzt: „eine dieser Fähigkeiten ist die Kunst. Umgekehrt: Mit der Kunst haben die Menschen ein höchst effektives Mittel entdeckt, mit dem sich gemeinsame Werte und Handlungen erzeugen lassen."[243] Kunst fördert die Koordination und Synchronisation der divergierenden Lebensziele als Voraussetzung für eine erfolgreiche Kooperation.

In der philosophischen Ästhetik wird von mehreren Autoren bezweifelt, dass die Kunst eine Funktion hat. „Kunst ist „zweckmäßig ohne Zweck" sagt z.B. Hanno Rauterberg.[244] Für Kant ist ästhetische Wahrnehmung „ein uninteressiertes und freies Wohlgefallen."[245] Ist vielleicht Kunst keine evolutionsbiologische Anpassung, sondern eine Nebeneffekt,

---

[242] Thomas Junker: Die Evolution der Phantasie, Seite 133
[243] ebenda, Seite 138
[244] Hanno Rauterberg: Und das ist Kunst? eine Qualitätsprüfung, Seite 244
[245] Immanuel Kant: Kritik der Urteilskraft, B 15

ein Spandrel?²⁴⁶ Oder ist Kunst ein Abreagieren überflüssiger Energie. Oder ist Kunst schließlich ein selbstgewähltes „Opium des Volkes".

Auch in anderen Bereichen werden Menschen von anderen Menschen ausgewählt, z.b. bei einer Stellenbesetzung. Dort gelten ähnliche Kriterien wie bei der Partnerwahl. Insofern ist sexuelle Wahl ein Spezialfall der sozialen Wahl. Möglicherweise ist Schönheit ein Spezialfall eines allgemeinen Prinzips, des qualitativ Hochwertigen.

Verlässliche Kommunikation: Kunst ermöglicht die Verständigung über Gefühle und Wünsche, die ansonsten privat und unbewusst geblieben wären. Verlässlich, weil Kunst Ernsthaftigkeit und Authentizität signalisiert.

Kunst dient immer auch der Selbstdarstellung. Schaut mal wie gut ich Klavier spielen kann! Das ist vergleichbar mit dem bunten Federkleid männlicher Vögel oder dem Balzgesang.

Kunst – vor allem Musik – hat auch eine Gemeinsamkeit stiftende Funktion. Die Kirchengemeinde singt im Gottesdienst, unter dem Tannenbaum singt die Familie Weihnachtslieder, bei staatlichen Veranstaltungen wird die Nationalhymne gesungen, die Militärkapelle spielt Marschmusik usw. Musik kann Stimmungen erzeugen, die solidarisch wirkt. Sie bildet sozusagen den emotionalen Kitt, der die Gemeinschaft stabilisiert.

Warum singen Vögel? Der Gesang der Vögel ist nicht hauptsächlich Teil des Balzverhaltens, sondern dient der territorialen Abgrenzung und der Aufrechterhaltung sozialer

---

²⁴⁶ Der Begriff Spandrel (englisch für Spandrille) wurde von Stephen Jay Gould in die Evolutionsbiologie eingeführt. Er stammt aus der Architektur, wo er eine dekorierte Fläche zwischen einem Rundbogen und seiner rechteckigen Umrandung bezeichnet. In der Biologie bezeichnet er das Nebenprodukte einer echter Anpassung.

Bindung. Nach Emile Durkheim kann es „keine Gesellschaft geben, die nicht das Bedürfnis verspürt, in regelmäßigen Abständen die gemeinsamen Gefühle und die gemeinsamen Ideen, die ihre Einheit und ihre Persönlichkeit ausmachen, zu pflegen und zu bestätigen."

Bei Affen wird dies überwiegend durch gegenseitige Fellpflege (grooming) erreicht. Grooming ist bei Affen das, was bei Menschen das Schwätzen ist.

Kunst ist auch ein Erfahrungsspeicher. Das gilt vor allem für die Literatur, aber auch für bestimmte Formen der bildenden Kunst.

Kunst trägt auch zur emotionalen und geistigen Reifung bei. Es ist nachgewiesen, dass beim Erlernen eines Musikinstruments mehrere kognitive Fähigkeiten, die nicht in direktem Zusammenhang mit Musik stehen, mit entwickelt werden. Kant vermutet, dass „die Lust am Schönen" aus dem „freien Spiel der Erkenntnisvermögen" entsteht.[247]

Kunst hat auch einen spielerischen Charakter. „Der Mensch spielt nur, wo er in voller Bedeutung des Worts Mensch ist, und er ist nur da ganz Mensch, wo er spielt."[248] Wir sagen ja auch ein Musikinstrument spielen und im Film und auf der Theaterbühne wirken Schauspieler. Ebenso wie Kinder beim Spielen Sprache, Phantasie und Geschicklichkeit trainieren, werden auch in der künstlerischen Betätigung Kreativität, handwerkliches Können und Emotionalität geübt.

Kunstwerke sind oft aufwändig und verschwenderisch. Man denke an die Schlösser absolutistischer Könige oder an die Kathedralbauten des Mittelalters. Aber auch an die überlangen, hinderlichen Schwanzfederns eines Pfaus. Eine Erklärung dafür, warum dieser Aufwand getrieben wird, lieferte der israelische Zoologe Amotz Zahavi (geb. 1928) mit seinem

---

[247] Immanuel Kant: Kritik der Urteilskraft, B 155, B28
[248] Friedrich Schiller: sämtliche Werke, Band 5, Seite 618

„Handicap-Prinzip". Bei der Partnerwahl können Signale auch trügerisch sein. Männchen können z.b. durch eine dichte Mähne kraft vortäuschen. Indikatoren für Leistungsfähigkeit sind nur dann verlässlich, wenn sie schwierig und aufwändig sind. Insbesondere ist Luxus attraktiv, weil er einen Überschuss an Ressourcen fälschungssicher demonstriert. Wenn ein junger Mann einen Porsche fährt, statt das viele Geld in seine berufliche Zukunft zu stecken, muss er enorm viel Geld haben.

In den Stammesgemeinschaften des vorgeschichtlichen Menschen war es wichtig Gruppenmitglieder mit außergewöhnlichen Fähigkeiten zu haben, denn ihr Können, ihr Geschick und ihr Einfallsreichtum sind für das Überleben aller Mitglieder der Gruppe wichtig.

Kunst baut insofern auf biologisch angelegte Verhaltensmuster auf, als Schönheit, Außergewöhnlichkeit, Verschwendung und Luxus die genetischen Qualitäten des Herstellers bzw. Besitzers beweisen.

Kunst erweitert die Wirklichkeit. „In jedem genuinen Kunstwerk erscheint etwas, was es nicht gibt."[249] Wir haben die Fähigkeit zur Imagination, d.h. wir können nicht-Präsentes, z.B. Vergangenes ins Bewusstsein bringen, wir können für die Zukunft alternative Handlungsmöglichkeiten entwickeln und bewerten, wir können uns sogar Nichtreales ausdenken. Imaginierte Möglichkeiten werden in einen kohärenten Zusammenhang mit unseren anderen Erfahrungen gebracht.

Interessant ist auch, dass eine phantastische Welt vom Leser problemlos akzeptiert wird. In Wagners Ring treten Riesen auf und Zwerge, in Mozarts Zauberflöte hat die Flöte Zauberkraft. Niemand stört sich daran. Schon Kinder wundern sich nicht, wenn in Märchen Tiere sprechen können. Eine „künstliche Welt" schaffen, in der „wir die wirkliche hinweg"

---

[249] Th. W. Adorno: Ästhetische Theorie, Seite 127

träumen, war für Schiller die vielleicht wichtigste Aufgabe der Kunst.[250] Für Darwin war Einbildungskraft (imagination) eines der höchsten Privilegien des Menschen. Nach Ernst Bloch ist diese phantastische Welt nicht Schein, sondern es kommt in ihr etwas zum Vorschein, der Vorschein einer besseren Welt.

Kunst ist aber nicht nur Phantasie, sie ist ästhetisch bearbeitete Phantasie. Die Phantasiegebilde sind nicht nur private Tagträume, sondern sind Teil des kulturellen Erbes. Unter diesem Gesichtspunkt sind Kunstwerke ästhetische bearbeitete gemeinschaftliche Phantasien.

Es ist in einer Gemeinschaft nicht einfach, sich über unbewusste, unausgesprochene Wünsche auszutauschen. Hier hilft die Kunst. Indem sie kollektive Phantasien auf wertvolle Weise präsentiert, erleichtert sie es den Individuen, sich mit den kollektiven Themen zu beschäftigen.

Wir kennen die Gedanken und Gefühle anderer nur, wenn sie darüber sprechen. Aber über die geheimsten Sehnsüchte zu sprechen fällt schwer, selbst zu Menschen, mit denen wir sehr vertraut sind. Kunst hilft dabei, diese Schranken zu überwinden. Gefühle wie Aggression, Angst, Eigenliebe, Sexualität, werden auf der Bühne im Roman oder im Film dargestellt. Dadurch ist es möglich, sich indirekt über diese Gefühle auszutauschen. Literatur kann zur Sprache bringen, was ansonsten unausgesprochen bleibt.

Kunst als Magie. Im Kino oder in einem Konzert können wir kollektive Gefühlszustände erleben. D.h. von Kunst geht etwas aus, was früher die Magie leistete. Nach Freud hat Kunst das Erbe der Magie angetreten. „Kunst ist Magie", heißt es bei Adorno, „befreit von der Lüge Wahrheit zu sein."[251].

Kunst ist auch eine Form der Kommunikation (vgl. Luhmann). Kunst ist Teil der Kultur und Kultur ist Weitergabe

---

[250] Friedrich Schiller: Sämtliche Werke, Band 5, Seite 831
[251] Th. W. Adorno: Minima Moralia, Seite 428

von Wissen über Generationen hinweg. Kultur ist eine Art kollektives Gedächtnis. Wir unterscheiden 3 Arten von Gedächtnis

Sozial	Kollektives Gedächtnis, Kultur
Geistig, psychisch	Individuelles Gedächtnis, Lebenserfahrung, Lernen
körperlich	Gene

In den Erbinformationen sind die Erfahrungen sehr vieler Generationen gespeichert. Die Gene tragen die Vergangenheit in sich und können auf aktuelle Ereignisse nur mit den Methoden der Vergangenheit reagieren. Erbinformationen verändern sich nur sehr langsam. Die individuellen Erfahrungen sind in den Neuronen des Gehirns gespeichert. Dieses Wissen ist aktuell und kann schnell verändert werden. Aber es ist auch flüchtig. Vor allem aber müssen die Erfahrungen von jedem Individuum immer wieder neu gemacht werden.

Das kollektive Gedächtnis, das sich den Wissenschaften und in der Kunst manifestiert, wird von Generation zu Generation weitergegeben. Diese Weitergabe heißt Tradition. Das individuelle Wissen ist zu einem großen Teil kollektives Wissen. Nur ein geringer Teil ist das Ergebnis eigener geistiger Leistung. Deshalb hat Luhmann Wissen im Kommunikationssystem der Gesellschaft verortet.[252]

Nach Ernst Cassirer lebt der Mensch „nicht in einem bloß physikalischen, sondern in einem symbolischen Universum. … Statt mit den Dingen hat es der Mensch nun gleichsam mit sich selbst zu tun. So sehr hat er sich mit sprachlichen Formen, künstlerischen Bildern, mythischen Symbolen oder religiösen Riten umgeben, dass er nicht sehen und erkennen kann, ohne dass sich dieses artifizielle Medium zwischen ihn

---

[252] Niklas Luhmann: Die Wissenschaft der Gesellschaft, Kapitel 3

und die Wirklichkeit schöbe."[253] Nach Clifford Geertz ist Kultur ein Bedeutungsgewebe, in dem sich der Mensch bewegt und das er selbst gesponnen hat.

Thomas Junker widerspricht dieser These, aber nur wenn sie absolut gesetzt wird. „Lässt sich das Gefühl der Frühlingssonne auf der Haut nach einem langen, kalten Winter tatsächlich durch Symbole vermitteln?"[254] fragt er. Vieles kann direkt, biologisch bedingt wahrgenommen werden. Beispiel: Maria mit dem Jesuskind. Diese Darstellung kann als ein religiöses Symbol verstanden werden aber direkt als Fürsorge einer Mutter zu ihrem Kind, also als der in der Evolution entstandene Brutpflegeinstinkt. Vielleicht sollten wir Kunstwerke generell auf mehreren Ebenen, auf der evolutionsbiologischen, der geistig psychischen und auf der sozialen, symbolischen Ebene versuchen zu verstehen.

Was ist Kunst?

Es ist nicht möglich zu definieren, was Kunst ist. Jede Definition greift zu kurz. Sobald man glaubt ein Kriterium entdeckt zu haben, findet man sehr schnell Kunstwerke, die genau diesem Kriterium widersprechen. Nicht einmal die schlichte Forderung, dass ein Kunstwerk von einem Künstler hergestellt sein muss, gilt nicht, wie das berühmte Fontaine, ein Urinal, von Marcel Duchamp zeigt. Entscheidend ist anscheinend nur, dass das Produkt in einem Museum ausgestellt wird, um als Kunstwerk zu gelten.

Wer entscheidet dann, was Kunst ist? Nach Arthur C. Danto ist es die „Kunstwelt", die darüber befindet. Zur Kunstwelt gehören Künstler, Galeristen, Sammler, Kritiker, Kuratoren und natürlich der Museumsbesucher. Dieser

---

[253] Ernst Cassirer: Versuch über den Menschen, Einführung in eine Philosophie der Kultur, Seite 50
[254] Thomas Junker: Evolution der Phantasie, Seite 113

Kunstbegriff – was Kunst ist, entscheidet die „Kunstwelt" – hat den Vorteil, dass kein übergeordnetes, metaphysisches Prinzip herangezogen werden muss. Es besteht allerdings auch die Gefahr, dass sich Künstler nach dem Publikumsgeschmack richten.

Wir distanzieren uns von dem Kunstbegriff von Duchamp und verlangen, dass Kunstwerke innere Qualitäten haben, die nicht einfach herzustellen sind. Der Künstler muss in seinem Werk Fähigkeiten sichtbar machen, die nicht jedem mühelos gelingen. Kunstwerke sollen Werte darstellen, mit denen sich eine Gesellschaft stolz identifiziert.

Kant hat argumentiert, dass Aussagen über Kunst subjektive Geschmacksurteile sind, die auf dem Gefühl der Lust und Unlust beruhen, die beim Betrachten des Gegenstandes ausgelöst werden. Folglich kann es keine „Wissenschaft des Schönen" geben.[255] Aber, sagt Kant, ein ästhetisches Urteil ist kein „Privatgefühl". Da es einen allen Menschen zukommenden „Gemeinsinn" gibt, sind ästhetische Urteile allgemeingültig.[256]

Kunst ist ein vielfältiger Begriff. Er vereinigt Malerei, Bildhauerei, Musik, Literatur, Tanz, Architektur und vieles andere. Es gibt kein Kriterium, das allen diesen Kunstformen gemeinsam ist. Wittgenstein hat dazu den Begriff „Familienähnlichkeit" geprägt, den er am Beispiel „Spiele" erläutert.[257] Es gibt verschiedene Arten von Spielen: Kartenspiele, Brettspiele, Ballspiele usw. Für jede Art lassen sich Kriterien angeben, die für alle Spiele einer Art gelten, aber nicht auf andere Arten übertragbar sind. Ähnlich wie die Fäden eines Seils auch nicht durchgängig sind und trotzdem ein festes Seil entsteht, sind die Kriterien für die

---

[255] Immanuel Kant: Kritik der Urteilskraft, B 177
[256] Immanuel Kant: Kritik der Urteilskraft, B 3, B 67
[257] Ludwig Wittgenstein: Philosophische Untersuchungen, Seite 277

verschiedenen Spielarten auch nicht durchgehend für alle Spiele gültig, aber zusammengenommen ergeben sich doch eine übergreifende Ähnlichkeit, die Familienähnlichkeit.

Dieses Beispiel kann auf die Kunst übertragen werden. Es gibt kein gemeinsames Kriterium für alle Arten der Kunst, Literatur, bildende Kunst, Skulpturen, Musik, Tanz usw. Es gibt aber gemeinsame Kriterien der verschiedenen Kunstgattungen, die zusammengenommen einen übergreifenden Begriff von Kunst bilden.

Ein Merkmal von Kunst ist ihre mangelnde Selbstverständlichkeit. Darin unterscheidet sie sich von Gebrauchsgegenständen. Kunst ist immer mit der Frage verbunden: ist das Kunst oder nicht? „Zur Selbstverständlichkeit wurde, dass nichts, was die Kunst betrifft, mehr selbstverständlich ist, weder in ihr noch in ihrem Verhältnis zum Ganzen, nicht einmal ihr Existenzrecht."[258] Das Nachdenken über Kunst gehört zu ihr.

„Ein Kunstwerk ist nichts anderes als sich selbst und kein Begriff kann ihm gerecht werden".[259] „Kunst sperrt sich der Definition". [260]

Was macht ein Kunstwerk zu einem Kunstwerk? Warum ist eine Fotografie von Candida Höfer ein Kunstwerk, ein Urlaubsfoto aber nicht? Welche Eigenschaften an einem Bild, einer Skulptur, einem Streichquartett bewirken, dass das Objekt als Kunstwerk anerkannt wird? Wer diese Frage stellt, hat einen essentialistischen Kunstbegriff. Das Wesen (essentia) des Kunstwerks liegt in seinen Eigenschaften. Es gibt Werke, die unzweifelhaft Kunstwerke sind. Beispiele sind Dürers Selbstbildnis, Bachs Wohltemperiertes Klavier oder

---

[258] Adorno: Ästhetische Theorie, Seite 9
[259] Luhmann: Die Kunst der Gesellschaft, Seite 82
[260] Adorno: Ästhetische Theorie, Seite 11

Goethes Iphigenie. Es ist aber unmöglich, gemeinsame Eigenschaften aller dieser Werke herauszufinden. Auch innerhalb einer Kunstgattung, z.B. der Malerei, gibt es so viele unterschiedliche Werke, dass wir keine Chance haben, gemeinsamen Merkmale herauszufinden, die als Merkmale der Kunst identifiziert werden können. Das heißt auf dem essentialistischen Weg kommen wir nicht weiter. Anders ausgedrückt: Ob ein Objekt ein Kunstwerk ist oder nicht, kann nicht allein aus den Eigenschaften des Objekts abgeleitet werden.

Auch Kant vertritt diese Position. Nach ihm kann es keine objektiven Geschmacksregeln geben, welche durch Begriffe bestimmen, was schön ist. Denn es handelt sich um ein ästhetisches Urteil, d.h. um ein Gefühl des Subjekts und kein Begriff eines Objekts. Ein Prinzip des Geschmacks, welches das allgemeine Kriterium des Schönen durch bestimmte Begriffe angäbe, zu suchen, ist eine fruchtlose Bemühung, weil, was gesucht wird, unmöglich und an sich selbst widersprechend ist.[261]

Wir müssen den Rezipienten von Kunst mit einbeziehen. Ein Rezipient macht mit einem Kunstwerk eine Erfahrung. Ist es diese Erfahrung, die ihn zum Qualitätsurteil „Kunstwerk" kommen lassen? Wer die Antwort auf die Frage „Was ist Kunst?" in der Rezeption des Kunstwerks sucht, arbeitet rezeptionsästhetisch, wer sie im Werk sucht, arbeitet „werkästhetisch". Ein Vorteil der rezeptionsästhetischen Herangehensweise liegt darin, dass ästhetische Erfahrung nicht auf Kunstwerke beschränkt ist. Auch ein Gespräch, eine Wanderung, ein Essen kann ästhetisch wahrgenommen werden. Ein Objekt ist danach nicht „an sich" ein Kunstwerk, sondern wird dann zum Kunstwerk, wenn es eine bestimmte ästhetische Erfahrung ermöglicht.

---

[261] Kant: Kritik der Urteilskraft, § 17

Diese Position vertritt Nelson Goodman im 4. Kapitel seines Buches „Weisen der Welterzeugung"[262]. Nach Goodman ist ein Objekt nur dann ein Kunstwerk, wenn es in Praktiken involviert ist, die sich ästhetische Praktiken begreifen lassen. Damit ästhetische Erfahrungen möglich sind, muss das Objekt bestimmte Eigenschaften haben. Diese Eigenschaften an sich sind es aber nicht, die ein Objekt zu einem Kunstwerk machen, sondern die Eigenschaften ermöglichen einem Rezipienten Erfahrungen, die man ästhetische Erfahrungen nennen kann.

Das ästhetische Empfinden ist natürlich Voraussetzung für Kunst, ohne die Fähigkeit des Menschen Dinge ästhetisch wahrnehmen zu können, gäbe es keine Kunst. Menschen sind auch unterschiedlich stark ansprechbar für Kunstobjekte. Aber das ästhetische Empfinden des Betrachters ist zwar eine notwendige, aber keine hinreichende Bedingung dafür, ob ein Objekt ein Kunstwerk anerkannt wird oder nicht.

Aber was macht ein Objekt zu einem Kunstwerk? Die Antwort, die Arthur Danto in Anlehnung an die Institutionstheorie von George Dikie auf diese Frage gibt, lautet: Ein Kunstwerk ist ein Kandidat für Wertschätzung (a candidate for appreciation). Wertschätzung hat etwas mit Werten zu tun und Werte sind – nach Wittgenstein – nicht in der Welt, sondern etwas was wir, ähnlich wie Sinn, der Welt geben. Ein Objekt ist nicht Kunst kraft seiner hervorragenden Eigenschaften, es ist auch nicht Kunst weil wir es mit unserem geschulten ästhetischen Empfinden betrachten, ein Objekt ist Kunst, weil es wird von uns, von unserer kulturell geprägten Gesellschaft dazu gemacht. Die Frage: Was ist Kunst? Kann nur soziologisch beantwortet werden.

Schon allein das Wissen darum ob es sich bei einem Objekt um ein Kunstwerk handelt oder nicht verändert unsere Einstellung zu ihm. Es ist so ähnlich wie wenn wir einen

---

[262] Nelson Goodman: Weisen der Welterzeugung

Menschen kennenlernen und plötzlich im Gespräch erfahren, dass er Minister ist. Das verändert unsere Einstellung zu ihm schlagartig. An den Merkmalen und Eigenschaften der Person, die wir gerade kennengelernt haben, ändert sich nichts, aber unsere Wahrnehmung ist völlig anders geworden. Wir gehen durch einen Baumarkt und sehen dort Bohrmaschinen, Sägen, Schrauben und Nägel usw. Diese Dinge werden von uns anders wahrgenommen, als wenn wir in einem Museum Kunstwerke betrachten. Schon wenn wir das Museum betreten sind wir innerlich darauf eingestellt: das was du hier siehst kann möglicherweise Kunst sein.

Halten wir fest

Unser ästhetisches Empfinden hat evolutionäre Wurzeln. Sie liegen einmal in der Attraktivität des anderen Geschlechts und zum anderen in der Natur.

Künstler thematisieren in ihren Werken – bewusst oder unbewusst – nicht nur das was sie darstellen, sondern auch die Art und Weise wie wir wahrnehmen. Deshalb kann die Analyse unserer Wahrnehmungsstrukturen uns Stilrichtungen oder sogar einzelne Kunstwerke verständlich machen. Insbesondere gilt das für die Gestaltwahrnehmung, die wir an einzelnen Bildern erläutert haben.

Die Art und Weise, wie die Natur Strukturen hervorbringt korrespondiert mit Prinzipien des strukturellen Aufbaus von Kunstwerken und der Art und Weise wie wir wahrnehmen. Das haben wir an den Bespielen Gesetzmäßigkeit/Zufall, Symmetrie und Proportionen gezeigt.

Ästhetische Wahrnehmung ist auch eine Form der Erkenntnis. Ein Beispiel dafür sind die erkenntnis-ästhetischen Kategorien von Gábor Paál.

10. Glauben

Es gibt in allen Kulturen überall auf der Welt Religionen. Auch in der Geschichte gab es keine Kultur ohne religiöse Elemente. Allerdings gab und gibt es auch in allen Kulturen Menschen, die nicht an Gott glauben. Sie sind jedoch überall in der Minderzahl.

2,2 Milliarden Menschen, das entspricht 30% der Weltbevölkerung, sind Christen, hauptsächlich Katholiken, aber auch Protestanten, Anglikaner, Orthodoxe, Evangelikale, Zeugen Jehovas, Quäker u.a. Es gibt keine Organisation, die so groß und so alt ist wie die katholische Kirche. 19% der Menschen auf der Welt sind Muslime, 13% Hinduisten. 11% sind als Nicht- Religiöse, Atheisten, Agnostiker ausgewiesen. Das ist eindeutig die Minderheit.

Nach Angaben des Statistischen Bundesamts hatte die evangelische Kirche im Jahre 2015 22,3 Millionen Mitglieder. Das entspricht einem Bevölkerungsanteil von 27,1%. Die katholische Kirche hatte im gleichen Jahr 23,8 Millionen Mitglieder in Deutschland, was 28,9% der Bevölkerung entspricht. Zusammen waren 56% der Bevölkerung eingeschriebene Christen. Dieser Anteil ist rückläufig. 2011 hatten Katholiken und Protestanten zusammen noch 58% der Bevölkerung. 44% sind Angehörige anderer Konfessionen, z.B. Muslime, oder es sind Bundesbürger, die keiner Konfession angehören. Vermutlich stellen Konfessionslose die größte Gruppe in der Bevölkerung dar. Sie treten aber nur wenig in Erscheinung, weil sie nicht organisiert sind.

Konfessionszugehörigkeit und Religiosität sind aber nicht dasselbe. Das macht folgende Übersicht deutlich. Sie stammt aus umfangreichen Untersuchungen der Bertelsmann Stiftung, die in einem Buch mit dem Titel: Woran glaubt die Welt? zusammengefasst wurden. 70% der Befragten bezeichneten sich selbst als religiös. Dass 84,8% der Katholiken und 81,9% der Protestanten sich als religiös bezeichnen, ist nicht weiter verwunderlich. Dass aber auch 47,5% der Konfessionslosen religiös sind, ist schon überraschend. Nur ca. 50% der Konfessionslosen sind nach eigenen Angaben nicht religiös.

Umgekehrt bezeichnen sich 12,8% der katholischen und 15,3% der evangelischen Christen als nicht religiös. Mitglied einer Religionsgemeinschaft zu sein ist also nicht identisch mit Religiosität.

	Gesamt	Konfession		Konfessions-los
		Katholisch	Evangelisch	
Nicht-religiös	28	12,8	15,3	50,4
religiös	70	84,8	81,9	47,5
keine Angabe	2	2,4	2,8	2,1

Quelle: Bertelsmann-Stiftung: Woran glaubt die Welt? Seite 117

Nach einer Focus- Umfrage aus dem Jahr 2004 glauben 61% aller Befragten an Gott oder an ein höheres Wesen; 70% Frauen, 50% Männer. Nicht an ein höheres Wesen glauben 37%, 29% der Frauen, 46% der Männer. Der Gottesglaube hat in der Bevölkerung eine eindeutige Mehrheit.

Häufig hört man, dass sich Menschen als spirituell bezeichnen. Was ist der Unterschied von religiös und spirituell? Religiosität hängt zusammen mit bestimmten transzendenten Vorstellungen, z.B. Gottesbild, Heilsgeschichte, und mit religiösen Praktiken, Gebeten und Ritualen. Spiritualität hat zu tun mit dem Gefühl in ein größeres Ganzes eingebettet zu sein, in bestimmten Tätigkeiten aufzugehen, sich selbst zu transzendieren bis hin zu mystischen Bewusstseinszuständen.

Religiosität und Spiritualität sind nicht dasselbe. Es gibt spirituelle Menschen, die nicht religiös sind und es gibt religiöse Menschen, die noch nie eine spirituelle Erfahrung gemacht haben.

Was ist überhaupt unter religiös zu verstehen? Machen wir uns das an einem Beispiel klar. Eine gläubige Familie, Vater, Mutter, zwei Kinder, sitzen am Mittagstisch. Bevor mit dem Essen begonnen wird, spricht der Vater oder die Mutter ein Tischgebet. Ein solches Tischgebet könnte lauten: Vater segne diese Speise, uns zur Kraft und Dir zum Preise und wir danken Dir dafür. Gott wird aufgefordert das Essen zu segnen und es wird Gott für das Essen gedankt.

Mit diesem Tischgebet wird ein Bezug hergestellt zwischen dem alltäglichen Vorgang des Essens und Gott. Gott ist die Transzendenz, das Jenseitige, das was diese Welt übersteigt.

Damit haben wir eine erste Definition: religiös ist, wer sich auf eine Transzendenz bezieht.

Schauen wir uns ein zweites Beispiel an. Ein junger Mann entschließt sich, katholischer Priester zu werden. Er studiert Theologie, legt die Examen ab und wird zum Priester geweiht. Die Priesterweihe ist nach katholischem Verständnis ein Sakrament. In einem Sakrament wirkt Gott selbst. Also auch hier gibt es einen direkten Bezug zu Gott. Ein anderer junger Mann wird Ingenieur. Er studiert z.B. Maschinenbau, legt seine Examen ab und bewirbt sich um eine Stelle in einem Industrieunternehmen. Am ersten Tag wird er vom Abteilungsleiter allen Kollegen vorgestellt, er bekommt einen Schreibtisch und beginnt sich in seine neue Aufgabe einzuarbeiten.

Mit diesen beiden Beispielen will ich den Unterschied zwischen religiös und profan deutlich machen. Religiös ist eine Handlung dann, wenn mit ihr und durch sie ein Bezug zu Gott hergestellt wird.

Religiös ist ein Mensch dann, wenn er sich im Denken, Fühlen und Handeln auf Transzendentes bezieht, wer auch Weltliches im Lichte der Transzendenz sieht.

Die Transzendenz der Religiosität ist nicht nur epistemologisch (erkenntnistheoretisch) zu verstehen, d.h. es geht nicht nur darum, dass unser Verstand begrenzt ist, dass wir einen endlichen Horizont haben. Ein religiöser Mensch versteht Transzendenz ontologisch, d.h. es gibt eine jenseitige Welt, es gibt die außer- und übernatürliche Macht, Gott genannt.

Dass es diese transzendente Welt in der christlichen Vorstellung gibt, geht aus mehreren biblischen und liturgischen Texten hervor. Jesus selbst spricht von einer jenseitigen Welt, wenn er sagt: „Mein Reich ist nicht von dieser Welt"[263] und auch Paulus spricht es an: „man soll sein Herz nicht so sehr an diese Welt hängen" und schließlich heißt es in einem Kirchenlied: „Wir sind nur Gast auf Erden".

Religiös bedeutet, sich mit dieser transzendenten Macht verbunden zu fühlen, zumindest gelegentlich im Gottesdienst oder im Gebet. Diese Verbundenheit mit Gott kann mystische Züge annehmen.

Zur Religiosität gehört auch der Mythos, d.h. Erzählungen z.B. für die Erschaffung der Welt bis zu einem Heils- und Erlösungsversprechen. Religion ist eine große Erzählung.

Religiöse Menschen begründen die Moral mit der transzendenten Macht.

Religiosität ist auch oft mit Riten verbunden: Symbolisch aufgeladene Handlungen oder Gegenstände, Beispiel: Taufe, Kommunion bzw. Konfirmation, Gegenstände wie Kreuz oder Hostie.

Religion hat eine soziale Funktion, sie geschieht in einer Gemeinschaft.

Das Wort Religion kommt sprachlich von religio mit drei verschiedenen Interpretationen[264].

Religio von religere = rückbinden an Gott. Diese Interpretation ist die heute gebräuchliche. Sie stimmt überein mit der Definition: Religiös ist, wer sich auf Transzendentes

---

[263] Johannes 18,38
[264] Wilhelm Weischedel: Der Gott der Philosophen, Seite 8-9

bezieht. Die zweite Interpretation leitet Religion ab von relegere = durchgehen; religiös in diesem Sinne ist, wer immer wieder durchgeht, was zur Verehrung des Göttlichen gehört, d.h. wer die kultischen Pflichten beachtet. Diese zweite Interpretation hält Wilhelm Weischedel für die wahrscheinlichste. Eine dritte Interpretation leitet Religion von re- eligere ab. Gott, den wir verloren haben, immer wieder wählen, Religiosität als immer wieder vollzogene Wahl. Alle drei Interpretationen finden sich schon bei Augustinus und Thomas von Aquin.

Glauben ist nicht ein Für-wahr-Halten von irgendwelchen Sätzen. Religiosität ist nicht eine Ansammlung von Wissen, schon gar nicht von Dogmen. Ein religiöser Mensch glaubt nicht primär an etwas, sondern seine Religiosität ist ein selbstverständlicher Teil seines Bezugs zur Welt. Glauben hat mehr mit Vertrauen zu tun, als mit Erkenntnis. Es ist das Vertrauen von Gott angenommen und getragen zu sein. Glaube ist etwas Existenzielles und nichts Rationales. Glaube ist nicht „Erkenntnis mit geringerem Evidenzgrad". (Paul Tillich). „Wir können nicht tiefer fallen als in Gottes Hand", sagte Margot Käßmann, als sie vom Amt der Bischöfin und der EKD-Ratsvorsitzenden zurücktrat.

Vertrauen ist auch ein wichtiger Begriff beim katholischen Theologen Hans Küng. Der Mensch bringt der Wirklichkeit ein „fundamentales Vertrauen, ein Grundvertrauen", entgegen. Dieses Vertrauen kommt darin zum Ausdruck, dass er diese Wirklichkeit, „für grundsätzlich sinnvoll, wertvoll, wirklich" Und hier setzt für Küng die Gottesfrage ein: Diese Wirklichkeit, „die ein Grundvertrauen zu begründen vermag, erscheint selber in rätselhafter Weise unbegründet, als haltende selber haltlos, als sich entwickelnde selbst ziellos." Wenn Gott existierte, dann wäre die Wirklichkeit selbst letztlich nicht mehr unbegründet, haltlos und ziellos.[265]

---

[265] Hans Küng: Christ sein, Seite 62

Warum sind Menschen religiös? Zur Beantwortung dieser Frage gehen wir von einer ersten These aus:

These: Die mentalen Strukturen mit denen wir uns denkend, fühlend und handelnd die Welt erschließen, kommen einer religiösen Haltung entgegen.

Religiosität lässt sich (teilweise) erklären mit den mentalen Strukturen, mit denen wir uns orientieren, mit denen wir wahrnehmen, denken und unsere Wahrnehmungen und unsere Gedanken strukturieren.

Ein großer Teil unserer mentalen Prozesse geschehen unbewusst. Außerdem sind sie stark emotional geprägt. Möglicherweise kommt die Religiosität aus diesen unbewussten und emotionalen Teilen unseres Geistes. Die mentalen Strukturen haben sich zum Teil evolutions-biologische entwickelt und sind tief in uns verankert. Das erklärt die Universalität der Religiosität.

Bei der Auswahl der mentalen Strukturen orientieren wir uns an dem amerikanischen Psychologen Daniel Kahneman, der die Denkstrukturen des (ökonomisch handelnden) Menschen untersuchte und dafür 2002 (zusammen mit Vernon L. Smith) den Nobelpreis für Wirtschaftswissenschaften bekam. Kahneman hat Ergebnisse seiner Forschung in seinem Buch „Schnelles Denken, langsames Denken" zusammengefasst.[266] Wir gehen einige der Denkstrukturen, die Kahnemann Heuristiken genannt hat, durch.

Kausalerwartung. Beispiel: Ein Knall. Unser Gehirn beginnt sofort zu arbeiten. Eine Explosion?, ein geplatzter Reifen?, ein Pistolenschuss? Erst wenn wir die Ursache gefunden haben, lehnen wir uns entspannt zurück. Wir sind geschickt darin, aus den Wahrnehmungen kohärente kausale Geschichten zu konstruieren. Experimente haben gezeigt, dass schon sechs Monate alte Säuglinge eine Folge von Ereignissen als ein Ursache-Wirkungs- Szenario sehen. Das spricht dafür, dass Kausalität eine angeborene Leistung

---

[266] Daniel Kahneman: Schnelles Denken, langsames Denken

unseres Gehirns ist. Bei Kant ist Kausalität eine Verstandeskategorie a priori.

Intentionale Attribution. Wir haben nicht nur eine Kausalerwartung, wir bevorzugen ein intentionales Wesen als Urheber, d.h. wir wollen, dass es jemanden gibt, der das, was geschieht, so gewollt und gemacht hat. Systembedingte Mechanismen sind uns als Erklärung für eine Entwicklung weniger einleuchtend als die Annahme eines mit einer Intentionalität ausgestatteten Wesens, der dafür verantwortlich gemacht werden kann. Z.B. sind Marktentwicklungen viel zu abstrakt und unpersönlich um unser Bedürfnis nach Erklärung, sagen wir von Preiserhöhungen auf dem Mineralölmarkt, zu befriedigen. Nein, es muss die Profitgier von Unternehmer sein, die den Preis von Benzin und Diesel nach oben getrieben haben.

Das erklärt, warum in mythischer Zeit Naturereignissen Göttern zugeschrieben wurden, z.B. war es der griechische Gott Poseidon; der das Meer aufwühlte oder der germanische Gott Donar (weiter im Norden: Thor), der es donnern ließ. Aber auch heute noch neigen wir dazu, Ereignisse zu mentalisieren. Wenn die Stimme im Navigationssystem spricht, reagieren wir gern so, als ob hier ein lebendiger Mensch gesprochen hätte. Oder auch einem Schachprogramm weisen wir Intentionen zu („hat meine Absicht durchschaut", „greift an" usw.).

Unsere Kausalerwartung zusammen mit der intentionalen Attribution erklären den Schöpfergott. Wir können uns nicht mit dem Gedanken anfreunden, dass das Universum aus sich heraus und womöglich durch Zufall entstanden ist. Unser Geist möchte einen absichtlich handelnden Akteur am Werke sehen. Es kann nach Auffassung vor allem konservativer religiöser Kreise nicht sein, dass wir Produkte eines blinden Evolutionsgeschehens sind und nicht absichtlich und gewollt geschaffen wurden. Ein Gott, der die Welt erschaffen hat, kommt hier unseren Denkstrukturen entgegen.

Fähigkeit zur Imagination. Wir haben die Fähigkeit zur Imagination, d.h. wir können nicht-Präsentes, z.B.

Vergangenes ins Bewusstsein bringen, wir können für die Zukunft alternative Handlungsmöglichkeiten entwickeln und bewerten, wir können uns sogar Nichtreales ausdenken. Imaginierte Möglichkeiten werden in einen kohärenten Zusammenhang mit unseren anderen Erfahrungen gebracht. So entsteht ein religiöses Weltbild.

Diese Fähigkeit zur Imagination hat Ludwig Feuerbach in seinem Buch: Das Wesen des Christentums (1841) zur einer Religionsphilosophie ausgearbeitet. Die Religion ist die bildhafte Äußerung von Eigenschaften und „Kräften" des Menschen. Diese Kräfte sind „die ihn beseelenden, bestimmenden, beherrschenden Elemente". Und weil der Mensch diese Kräfte oder Fähigkeiten als über seine individuelle Beschränktheit hinausgehend empfindet, hypostasiert (konkretisiert er sie in die unterschiedlichen Wirkungsweisen einer Gottheit) und verabsolutiert sie, er setzt sie „aus sich hinaus" und verehrt sie „als ein andres, von ihm unterschiedenes, eignes Wesen".

Feuerbach deutet die Religion anthropologisch. *„Die Religion ist die Reflexion, die Spiegelung des menschlichen Wesens in sich selbst."* – *„Gott ist der Spiegel des Menschen."* – „Gott ist das *offenbare* Innere, das ausgesprochene Selbst des Menschen." Die religiösen Glaubensinhalte vermitteln also eine Botschaft, sie geben Aufschluss über das „Wesen" des Menschen: Wenn die Religion sagt, Gott liebe den Menschen, so bedeute das: „Das Höchste ist die Liebe des Menschen". Vielfach wird versucht, Feuerbachs Religionskritik mit dem Begriff der „Projektion" zu erläutern, den Feuerbach aber selbst nie verwendet hat.

Im selben Sinn sagte der frühe Hegel, wir sollen die Schätze, die der Mensch an den Himmel verschleudert hat, als Eigentum der Menschen wieder zurückholen. Aber welches Zeitalter wird die Kraft haben, dieses Recht geltend zu machen?

Komplexitätsreduktion (Luhmann). Die Welt ist komplex. Unser Wahrnehmungs- und Denksystem muss die Komplexität reduzieren und hat dafür verschiedene

Mechanismen entwickelt. Die komplexe Welt um uns herum können wir nur einigermaßen erfassen, wenn wir das Wahrgenommene strukturieren. Mit Strukturen und Mustern reduzieren wir die Komplexität. Ein Wirrwarr von einzelnen Sinnesdaten wird dann erfassbar, wenn wir Formen, Linien und Muster feststellen können. Manchmal sehen wir sogar Muster, die es gar nicht gibt. Beispiel: Sternbilder. Die Sterne, die wir zu einem Muster verbinden, sind in Wirklichkeit einzelne Sonnen, die nichts miteinander zu tun haben. Wir verbinden die Sterne zu einem Bild, weil wir uns so in der Vielfalt der Lichtpunkte am Sternenhimmel besser zurechtfinden können.

Die umfassendste Reduzierung von Komplexität ist Gott. Auf ihn kann alles bezogen werden, er ist der Anfang, das Ziel und die Mitte von allem. Dieser alles in sich einschließende Bezugspunkt gibt dem gläubigen Menschen Halt und Sicherheit.

Kognitive Leichtigkeit. Wir sind ständig damit beschäftigt unsere Situation zu überprüfen. Gibt es etwas Neues? Besteht eine Bedrohung? Läuft alles gut? Wir mögen es, wenn alles in Ordnung ist. Dann ist es kognitiv leicht.

Nicht kognitiv leicht ist eine Situation, die geistige Anstrengungen erfordert oder wenn Bedürfnisse unbefriedigt bleiben. Im Zustand kognitiver Leichtigkeit ist man gut gelaunt, die Situation ist in angenehmer Weise vertraut. Man glaubt was man erfährt. Wenn man nicht in einem Zustand kognitiver Leichtigkeit ist, ist man angespannt, eher argwöhnisch, fühlt sich unbehaglich und angestrengt.

Die gefühlte Mühelosigkeit des Denkens ist uns angenehm. Deshalb bewegen wir uns gern im Bereich des Vertrauten auch in gedanklicher Hinsicht.

Von der kognitiven Leichtigkeit profitieren auch Religionen. Menschen, die in einer religiösen Familie und in ihrer Kirchengemeinde aufwachsen, empfinden Religiosität als vertraute Umgebung und neigen dazu, das was im Gottesdienst gesagt wird, zu bejahen. Nicht an Gott zu glauben ist anstrengend und geschieht meistens ohne vertraute Umgebung.

Kognitive Leichtigkeit verleitet aber auch zu unkritischem Denken und zur Leichtgläubigkeit. Astrologie, Horoskope und Verschwörungstheorien sind Beispiele für Leichtgläubigkeit. Es ist schon erstaunlich was gläubige Menschen akzeptieren: Adam und Eva im Paradies, Jungfrauengeburt, Weiterleben nach dem Tod, Dreifaltigkeit, Engel, Hölle, Fegefeuer usw. Das alles zu glauben setzt ein hohes Maß an Glaubensbereitschaft voraus. Unser Hang zur kognitiven Leichtigkeit hilft dabei.

Hierarchisches und zentrumsorientiertes Denken. Zu den Mustern des menschlichen Denkens gehört die hierarchische Struktur. Es gibt keinen Staat ohne König oder Präsidenten, keine Firma ohne Vorstand oder Geschäftsführer, keinen Verein und keine Partei ohne Vorsitzenden. Die Psychologie lehrt uns, dass jede Gruppe von Menschen in kurzer Zeit einen Chef, ein Alpha-Tier, bestimmt. Es scheint ein Bedürfnis des Menschen zu sein, Hierarchien zu bilden. Möglicherweise ist Gott, als oberste Autorität, aus diesem Bedürfnis heraus entstanden. Die Wissenschaften kommen uns bei unserem Wunsch nach Hierarchie nicht entgegen. In der Chemie gibt es zwar das Periodensystem, aber keine Hierarchie der Elemente. In der Zoologie gibt es Stammbäume verschiedener Tierarten, aber keine Hierarchie. Der Zaunkönig heißt zwar König, ist aber dem Buntspecht oder der Kohlmeise nicht übergeordnet.

Wir haben auch ein Bedürfnis nach Mitte. Kein Dorf ohne Ortskern (zumindest in Europa), kein Konzern ohne Firmenzentrale. Die Astrophysik unterstützt uns nicht bei unserem Wunsch nach Mitte. Das Weltall hat kein Zentrum und keine Peripherie, es gibt kein oben und kein unten, kein links und kein rechts, kein vorne und kein hinten. Alle diese Orientierungsmerkmale sind vom Menschen gemacht. Gott nimmt in diesem, vom Menschen gemachten, Orientierungssystem eine zentrale Stellung ein. Er ist oben („Aufgefahren in den Himmel") und der Teufel ist unten

(„Abgestiegen in die Hölle"), der Mensch ist dazwischen. Gott ist die Mitte. Das wird mit jeder Dorfkirche symbolisiert.

Kontingenz. Unsere Welt ist in hohem Maße kontingent. Kontingenz bedeutet: „es ist wie es ist, es könnte aber auch anders sein". Kontingenz grenzt sich ab auf der einen Seite von unmöglich, auf der anderen Seite von so und nur so, notwendigerweise so.

Beispiele für Kontingenz

- unter anderen Umständen hatte ich auch einen anderen Beruf ergreifen können

- wenn ich mich damals anders entschieden hätte, würde ich jetzt in einer anderen Stadt wohnen

Beispiel für Nicht- Kontingenz

- wir waren für einander bestimmt

- „das hat so sein müssen"

- mit diesem Schicksalsschlag wollte mir Gott ein Zeichen setzen

Kontingenz ist uns kognitiv unsympathisch. Wir haben es gern eindeutig. Und Gott sah dass es gut war, heißt es im Schöpfungsbericht. Religion ist Kontingenz-Bewältigung (Luhmann).[267]

Unsterbliche Seele. Wie ist es zu erklären, dass Menschen an eine unsterbliche Seele glauben? Zunächst müssen wir die Frage beantworten, wie es zur Zweiteilung des Menschen in Leib und Seele kommt. Die Antwort auf diese Frage hat mit dem Begriff der Transparenz zu tun[268]. Machen wir ein Beispiel: wenn wir im Kino sitzen, sehen wir genau genommen

---

[267] Niklas Luhmann: Die Religion der Gesellschaft, Kap. 4
[268] Thomas Metzinger: Der Ego-Tunnel, Eine Philosophie des Selbst, Von der Hirnforschung zur Bewusstseinsethik

eine Leinwand und darauf Lichtflecken. Aber wir nehmen die Leinwand und die Lichtflecken normalerweise nicht wahr, sondern wir sehen das was im Film gezeigt wird: Menschen, die miteinander reden, Häuser. Landschaften usw. Die Leinwand mit den Lichtflecken ist gleichsam transparent, d.h. wir sehen durch die Leinwand hindurch das was der Film uns zeigt. Aber sie ist nicht vollständig transparent. Wenn wir wollen, können wir uns auf die Leinwand und ihre Lichtflecken konzentrieren und sie tatsächlich wahrnehmen.

Ähnlich ist es wenn wir ein Buch lesen. Wir sehen eigentlich nur Druckerschwärze auf Papier, aber wir vergessen sehr bald, dass wir nur Druckerschwärze sehen und nehmen wahr, was uns das Buch mitteilt: Sachverhalte oder Ereignisse. Auch die gedruckten Buchstaben sind transparent, aber nicht vollständig, denn wir können uns jederzeit klarmachen, dass wir eigentlich nur bedrucktes Papier vor uns haben.

Im Gegensatz zum Film oder Buch sind die Gehirnprozesse vollständig transparent. Psychische oder geistige Phänomene werden – das wissen wir von der Hirnforschung – von den Neuronen in unserem Gehirn gebildet. Aber die Aktivitäten der Nervenzellen im Gehirn sind uns nicht zugänglich. Wir sehen nicht die Neuronen und nicht das Feuerwerk, das sie erzeigen, sondern nur das was sie für uns repräsentieren. Die Transparenz ist vollkommen. Wir nehmen die Ergebnisse der Gehirntätigkeiten wahr, aber nicht das Medium, das es erzeigt. Vor allem aber haben wir keine Möglichkeit, herauszufinden, dass hinter dem was wir wahrnehmen Gehirnaktivitäten stecken. Es gehört nicht zu unserer Lebenserfahrung, dass geistige Prozesse mit unserem Gehirn zu tun haben.

Wir spüren unser Gehirn nicht, wir erfahren nicht unmittelbar unsere Gehirnaktivitäten. Umgekehrt kann ein Biologe, der die Aktivitäten der Neuronen im Gehirn erforscht, niemals auf die subjektiven Erlebnisse schließen, die diese Gehirnaktivitäten erzeugen. Die biologischen und die mentalen Prozesse im Gehirn scheinen also zwei völlig getrennten Welten anzugehören, die keine Verbindungen zueinander haben. Das macht die dualistische Auffassung plausibel.

Das dualistische Modell von Leib und Seele ist für uns phänomenologisch plausibel. Es entspricht unserem Bild, das wir von uns selbst haben. Wir sprechen z.b. von körperlichen Gebrechen und Geisteskrankheiten. Der Satz: „in einem gesunden Körper wohnt ein gesunder Geist (mens sana in corpore sano)" liegt das dualistische Modell zugrunde, ebenso wie dem Satz: „Der Geist ist willig, das Fleisch ist schwach".

Die vollständige Transparenz unterstützt das dualistische Bild von Leib und Seele. Sie kommt der Vorstellung entgegen, dass die Seele nach dem Tod weiterexistiert.

Zwei Menschen unterhalten sich. Sie führen ein Gespräch. Der eine sagt etwas, dann antwortet der andere, dann spricht wieder der erste usw. Nach einiger Zeit gehen die beiden auseinander. Das Gespräch ist beendet. Wo ist das Gespräch jetzt? Ist es, wenn es ein gutes Gespräch war, in den Gesprächehimmel gekommen und wenn es ein schlechtes Gespräch war, in die Gesprächehölle?

Wenn sie diese Frage merkwürdig finden, müssten Sie eigentlich auch die Frage, ob die Seele nach dem Tod weiterexistiert und in den Himmel oder in die Hölle kommt, ebenfalls merkwürdig finden. Denn beide Situationen sind völlig analog.

Sinn. Wenn uns jemand fragt: „was ist der Sinn des Lebens?", würden wir vermutlich antworten: mein Leben hat einen Sinn, weil ich eine Familie habe, die mir viel bedeutet, weil ich einen Beruf habe, in dem ich mich gern engagiere, weil ich einen Freundeskreis habe, mit dem ich gerne zusammen bin, weil ich Hobbies habe, die ich gerne mache, kurz: weil ich Lebensinhalte habe, für die es sich zu leben lohnt. So oder ähnlich würden sicherlich viele antworten.

Wir empfinden dann unser Leben als mit Sinn erfüllt, wenn wir Fähigkeiten haben, die wir einsetzen können, wenn unsere Ideale, Pläne, Träume nicht nur Wunschvorstellungen geblieben sind, sondern wenn wir einiges davon auch realisieren konnten. Erst im Alter, im Rückblick, zeigt sich, ob mein Leben die Fülle hatte, die ich mir wünschte. Man kann natürlich auch seinen Lebenssinn verfehlen, wenn die Ehe gescheitert ist oder wenn man beruflich nicht erfolgreich war. Oder wenn man falsche Vorstellungen von einem sinnerfüllten Leben hat. Wenn z.b. für jemand ein Leben nur dann sinnvoll ist, wenn er berühmt wird und dieses Ziel nicht erreicht, verfehlt er sein Lebensziel. Aber er verfehlt es aus der falschen Vorstellung heraus, nur ein Promi kann ein erfülltes Leben haben.

Robert Nozick schreibt in seinem Buch „Vom richtigen, guten und glücklichen Leben", dass ein Leben dann sinnvoll ist, wenn es auf einen dem eigenen Leben externen Wert verweist. Mein Leben hat also dann einen Sinn, wenn ich positiv auf eine von mir unabhängige Wertequelle reagiere. An der Stelle entsteht für einen religiösen Menschen eine Verbindung zu seinem Glauben. Religionen bieten transzendente Bezüge an verankern das individuelle Leben mit ewigen, unumstößlichen Werten. Religiöse Menschen empfinden dann etwas als sinnerfüllt, wenn es auf Gott bezogen ist.

Dass Sinn etwas mit Bezügen und Verweisen zu tun hat, spielt auch in der Systemtheorie von Niklas Luhmann eine Rolle, in der Sinn ein zentraler Begriff ist. „Das Phänomen Sinn erscheint in der Form eines Überschusses an Verweisungen auf weitere Möglichkeiten des Erlebens und Handelns"[269]. Dieser Überschuss ist für einen religiösen Menschen das Übernatürliche.

Sinn hat auch eine Erkenntnisfunktion. Sinn ermöglicht uns, komplexe Sachverhalte für uns zugänglich zu machen. Wir nutzen also Sinn um komplexe Situationen zu erfassen. Luhmann formuliert da so: „Mit Sinn wird Komplexität appräsentiert und für die Operationen psychischer oder

---

[269] Niklas Luhmann: Soziale Systeme, 2. Kapitel
Niklas Luhmann: Die Gesellschaft der Gesellschaft, Seite 44 ff

sozialer Systeme zugänglich gemacht."[270] Appräsentieren bedeutet Mit-Vergegenwärtigen. Komplexe Sachverhalte kann man immer auf verschiedene Weisen betrachten und sich zugänglich machen. Entdeckt man in einer komplexen Situation einen Sinn, dann legt dieser Sinn bestimmte Anschlussmöglichkeiten (auch ein Luhmann-Begriff) nahe. Andere Möglichkeiten des Umgangs von Komplexitäten werden durch Sinn unwahrscheinlicher oder schwieriger oder sie werden ganz ausgeschlossen. Sinn reduziert nicht Komplexität, aber er erleichtert das Begreifen und Erleben von Komplexität und präferiert Handelsmöglichkeiten in komplexen Situationen.

Wir haben jetzt mehrfach Luhmann zitiert, aber die Systemtheorie von Luhmann unterscheidet sich in einem wesentlichen Punkt vom religiös erlebten Sinn. Bei Luhmann ist Sinn eine Erkenntniskategorie, eine Art und Weise wie wir die Welt wahrnehmen. Sinn ist bei Luhmann etwas, was Menschen verwenden, um sich die Welt zugänglich zu machen. „Menschen sind sinnproduzierende, Sinnwelten aufbauende Wesen".[271] Im christlichen Weltbild dagegen erhält die Welt durch Gott einen Sinn. Er hat die Welt erschaffen, er erlöst uns von unseren Sünden, er gibt dem Menschen das ewige Leben. Erst wenn wir ein Leben in Gott führen, erhält unser Leben einen Sinn. Ganz anders Luhmann: „Sinn ist ein Produkt der Operationen, die Sinn benutzen, und nicht etwa eine Weltqualität, die sich einer Schöpfung, einer Stiftung, einem Ursprung verdankt. Es gibt demnach keine von der Realität des faktischen Erlebens und Kommunizierens abgehobene Idealität."[272]

Einen vom Menschen unabhängigen, objektiven Sinn gibt es – nach Luhmann – nicht. Diese Meinung wird, wie man sich denken kann, von religiösen Menschen nicht geteilt. Auch der Logopäde Viktor Frankl, ist anderer Meinung. „Darüber hinaus

---

[270] Ebenda Seite 93
[271] Ernst Cassirer: Versuch über den Menschen, Seite 50
[272] Niklas Luhmann: Die Gesellschaft der Gesellschaft, Band 1, Seite 44

gibt es einen allgemeinen Sinn ... einen letzten Sinn. Er ist ein Übersinn in dem Sinne, dass er über unsere rein rationales Fassungsvermögen hinausgeht ... dieser Sinn ist wissenschaftlich nicht fassbar, er entzieht sich dem Zugriff jeder Wissenschaft."[273]

Religiösen Menschen ist Sinn von außen vorgegeben, er kann aufgefunden und festgestellt werden. Für nicht religiöse Menschen dagegen ist Sinn nicht von vorne herein gegeben, sondern muss von jedem einzelnen für sein Leben erst geschaffen werden. Sein Leben hat nicht automatisch Sinn, jeder muss seinem Leben erst einen Sinn geben. Er kann ihn auch verfehlen. Für Gläubige formt der Mensch den Sinn nicht selbst nach seinem Vermögen, sondern er empfängt ihn von einer höheren Macht, von Gott. Über den Sinn des Lebens muss deshalb aus christlicher Perspektive vom Menschen nicht nachgedacht werden, er muss auch nicht konstruiert oder dem Leben selbst allererst abgerungen werden. Jedes Leben ist von einem gütigen Gott gewollt und deshalb wertvoll. Damit ist dem christlichen Menschen ein allgemeiner Sinnhorizont für sein Leben bereits gegeben. Nicht einzelne Handlungen mit ihren Zielen entscheiden aus christlicher Sicht den Sinn und Wert des menschlichen Lebens; Sinn ist dem überzeugten Christen durch Gott gegeben.

Die christlichen Religionen sehen in der Geschichte einen heilsgeschichtlichen Sinnzusammenhang. Im Alten Testament greift Gott immer wieder in die Geschichte ein. Er führt in Moses sein Volk aus Ägypten, schließt am Sinai mit ihm einen Bund und lässt Propheten auftreten. Im Neuen Testament schickt Gott seinen eingeborenen Sohn in die Welt, um die Menschen zu erlösen. Am Ende der Geschichte werden die Toten auferstehen und vor Gottes Gericht treten. Von der Erschaffung der Welt, vom Paradies und dem Sündenfall bis zum ewigen Heil geschieht alles nach Gottes Plan. Für Augustin erfolgt die geschichtliche Entwicklung in sechs Stufen in Analogie zu den sechs Tagen der Schöpfung und zu den 6 Stufen der menschlichen Entwicklung: Kindheit,

---

[273] V.E. Frankl: Im Anfang war der Sinn, 1982

Knabenalter, Jugend, Manneszeit, alternder Mann und Greis. Der Kindheit entspricht in der Geschichte die Zeit von Adam zu Noah, das Knabenalter entspricht die Zeit von Noah bis zum Turmbau zu Babel, die Jugend der Zeit von Abraham bis David, der Manneszeit die Zeit von David bis zur Auswanderung in das babylonische Exil, dem alternden Mann die Zeit vom Exil bis zur Ankunft Christ und dem Greisenalter die Zeit von der Verkündigung der Evangelien bis zum jüngsten Tag. Der heilsgeschichtliche Sinnzusammenhang interpretiert die Geschichte als ein einheitliches, auf eine letzte Erfüllung hin gerichtetes Geschehen. Die Einheit, die Epochen, das Ziel sind nicht das Werk vom Menschen, sondern geschieht nach Gottes Heilsplan und Vorsehung.

Die Philosophen des deutschen Idealismus, Kant, Hegel, Fichte, sehen in der Geschichte einen vernunftgeschichtlichen Zusammenhang. Für Kant ist die Geschichte eine Entwicklung des Menschen vom rohen Naturzustand zur Vernunft. Ebenso sieht Fichte den „Zweck des Erdenlebens der menschlichen Gattung: alle seine Verhältnisse mit Freiheit nach der Vernunft einzurichten." Auch er sieht verschiedene Epochen in der Geschichte vom Stand der Unschuld über den Sündenfall bis zum Reich der Vernunft. Für Hegel wird die Geschichte vom Weltgeist gelenkt, wobei Weltgeist, Vernunft und Gott ineinander übergehen. Die Geschichte ist „der vernünftige, notwendige Gang des Weltgeistes." Endzweck ist die Herrschaft der Vernunft und die Realisierung der Idee der Freiheit. Im Orient war nur einer frei, der despotische Herrscher, im antiken Griechenland und im römischen Reich waren einige frei und im germanischen-christlichen Raum gelten alle Menschen als von Natur aus frei. Für diese Philosophen des deutschen Idealismus war Vernunft nicht nur die regulative Idee der Geschichte, sondern es war ihr Wesenskern.

Moderne Historiker und Philosophen nehmen Abstand von einem zielgerichteten Sinnzusammenhang in der Geschichte. Karl Popper widmet das letzte Kapitel seines zweibändigen Werks „die offene Gesellschaft und ihre Feinde" der Frage: „Hat die Weltgeschichte einen Sinn?". Und kommt zu dem lapidaren Schluss „die Weltgeschichte hat keinen Sinn".[274] Interessant ist seine Begründung. Es kann keine universale Geschichte geben, denn Geschichtsschreibung kann immer nur unter einer bestimmten Perspektive erfolgen und auch ein Sinnzusammenhang kann nur aus dieser Perspektive festgestellt werden. Ereignisse der Vergangenheit sind keine objektive Angelegenheit, sondern müssen gedeutet werden. Z.B. sieht der Marxismus das Ziel der Geschichte in der Herstellung einer klassenlosen Gesellschaft. Er deutet die geschichtliche Entwicklung als Stufen auf dem Weg zu diesem Ziel. An diesem Beispiel wird deutlich, dass festgestellte Gesetzmäßigkeiten in der Geschichte und Ziele vom Weltbild abhängen und nur in diesem Weltbild gelten. Wir „geben" Ereignissen in der Geschichte Sinn, unabhängig von unserer Interpretation haben sie keinen objektiven Sinn.

Religiosität als soziales Phänomen. Religiosität kann ohne den gesellschaftlichen Aspekt nicht vollständig verstanden werden. Sie ereignet sich gesellschaftlich. Die Gläubigen versammeln sich in Kirchen (Moschen, Synagogen) zum Gottesdienst, sie singen, beten und bekennen ihren Glauben. Religion erschöpft sich nicht im persönlichen Glauben, sondern braucht die Gemeinschaft mit Gleichgesinnten.

Gottesdienste sind stark ritualisiert. Im religiösen Ritual tritt der Mensch in Verbindung zu Gott. Er nimmt durch ein starkes emotionales Erleben an der jenseitigen Welt teil. Gläubige bitten im Gottesdienst Gott um Hilfe oder bekennen ihre Loyalität, in dem sie ihn loben und preisen („großer Gott, wir loben dich, Herr wir preisen deine Stärke.")

Rituale spielen im Leben eines Menschen generell eine große Rolle, nicht nur im religiösen Bereich. Auch Kinder brauchen Rituale, z.B. die Gute-Nacht-Geschichten vor dem Schlafengehen. Profane Rituale sind z.B. Geburtstagsfeiern, Volksfest, Silvester usw.

---

[274] Karl Popper: Die offene Gesellschaft und ihre Feinde, Band 2, Seite 333

Rituale sind geregelte Abläufe mit unterschiedlichen Rollen. Manche Rituale verlangen nach einem bestimmten Ort, oder es sind besondere Objekte notwendig, z.B. geweihtes Wasser bei der Taufe. Rituale haben ein sog. Skript, also einen genau festgelegten Ablaufplan. Ihre Sprache ist oft formelhaft, z.b. in der kath. Kirche bei der Wandlung.

Rituale erfordern ein koordiniertes Handeln, zu dem jeder seinen Beitrag leisten muss. Das schafft Verbindungen zwischen den Gruppenmitgliedern. Eine Gruppe, in der Rituale praktiziert werden, hat Überlebensvorteile, sodass sich die Fähigkeit und Neigung zu rituellen Handlungen in den Erbanlagen verfestigt. Viele Rituale haben Wirkungen in der Gesellschaft. Die Hochzeit macht aus einem Paar ein Ehepaar, der Initiationsritus macht aus einem Jugendlichen einen Mann.

Im religiösen Ritual gehört das Übernatürliche zu den Akteuren. Beispielsweise wird nach der christlichen Lehre der Bund der Ehe durch Gott geschlossen, d.h. Gott ist mit einbezogen.

Junge Menschen lernen zuerst Rituale, bevor sie sich unanschauliche Gedanken über Götter aneignen. Vermutlich sind Rituale nicht aus einem Glauben erwachsen, sondern umgekehrt: die Vorstellung eines Gottes (oder vieler Götter) entsteht aus dem Praktizieren von Ritualen. Ähnlich wie die Sprache aus Zeigegesten entstand (nach Tomasello), sind möglicherweise Religionen aus rituellen Handlungen, z.B. Tänzen, entstanden. Mit der Gottesvorstellung gab man dem Ritual einen Sinn. Auch heute noch ist für viele religiöse Menschen der Gottesdienst mit seinen Gebeten und Gesängen ihr eigentlicher Glaube und weniger die Gottesvorstellung dahinter. Das ist vergleichbar mit dem Entstehen von moralischem Handeln, das vermutlich auch erst einmal aus dem sozialen Miteinander entstand und erst später wurden die darin liegenden Maximen, als ethische Normen formuliert und mit Gott in Verbindung gebracht.

Zu Ritualen gehören auch ganz praktische Dinge, wie Waschungen, die in der Religion überhöht wurden. Die

Überhöhung ist die Reinheit, nicht in einem praktischen, sondern in einem moralischen Sinn.

Auch Opfer sind rituelle Handlungen, z.b. werden Tiere geopfert, um Krankheiten abzuwehren, gute Ernten zu bekommen, Regen heraufzubeschwören usw. Tieropfer spielten z.b. im Judentum in vorchristlicher Zeit eine große Rolle. Natürlich ist den Gläubigen nicht entgangen, dass die Götter die Opfer nicht bekommen. Sie weichen aus, indem sie behaupten, Götter verlangen nach dem Geruch des Fleisches oder sie nehmen den Rauch auf, oder sie essen die Seele des Opfertieres. Gläubige wissen auch, dass der Erfolg nicht nur vom Opfer, sondern hauptsächlich von ihrem Beitrag abhängt: „Hilf dir selbst, dann hilf dir Gott."

Manche Rituale, z.B. die Hochzeit, werden feierlich zelebriert in einem Kreis von Verwandten und Freunden. Eine Hochzeit ist auch ein soziales Ereignis, denn es ändert den Status der Beteiligten. Verheiratete stehen als Sexualpartner nicht mehr zur Verfügung. Das Brautpaar legt sein Eheversprechen nicht nur vor sich selbst ab, sondern auch vor der Gemeinschaft, d.h. vor allen, die sie kennen.

Das Zusammenleben der Menschen erfordert Rücksichtnahme und Hilfsbereitschaft. Die Religionen unterstützen moralisches Verhalten indem sie ethische Normen an die göttliche Autorität binden. Ist der Glaube in einer Gemeinschaft erst einmal etabliert, gibt es soziale Mechanismen, die ihn stützen. Die Stabilisierung der Religion in der Gesellschaft und insgesamt die gesellschaftliche Ordnung werden dadurch erreicht, dass Menschen einer Gruppe zugehören wollen. Auch religiöse Rituale stärken den Zusammenhalt in einer Gruppe und erleichtern die Durchsetzung bestimmter Lebensregeln, wie z.B. Fasten- oder Keuschheitsgebote. Die Verpflichtung zu einer bestimmten Lebensweise ist überzeugender, wenn sie sich auf den Glauben stützt, dass die Gebote von einem Gott angeordnet wurden, als wenn es sich nur um simple Vereinbarungen handelt.

Aber die stabilisierende Funktion der Religion hat auch negative Seiten. Menschen können nicht nur motiviert, sie können auch manipuliert werden. Gruppensolidarität schützt und stärkt die Gemeinschaft, aber Gruppen haben auch die Tendenz sich nach außen abzugrenzen, Feindbilder aufzubauen, gegenüber Mitglieder anderer Gruppen intolerant zu sein bis hin zur Fremdenfeindlichkeit und Kriegen.

Religion könnte ein Faktor sein um den reziproken Altruismus zu stabilisieren, um Trittbrettfahrer abzuschrecken. Die Wirkung von religiösen Ritualen ist umso größer, je radikaler er praktiziert wird. Denn in dem Maße, in dem der „Aufwand" für den einzelnen steigt, sinkt seine Neigung sein Engagement nur vorzutäuschen. Der Fachbegriff dafür lautet: „costly-to-fake-principle", im Deutschen „kostspielige Signale". Trittbrettfahrer werden abgewehrt, weil sie nicht vortäuschen können.

Die religiöse Gemeinschaft hat für die Gläubigen nicht nur eine integrative Funktion, sie übt auch eine Kontrolle aus. In der klassischen Soziologie wird das als „Institutionalisierung als Voraussetzung für soziale Kontrolle" umschrieben.

Luhmann ist nicht der Meinung, dass Religion in einer Gesellschaft eine integrierende Funktion hat. „Die alte These, die Religion diene der gesellschaftlichen Integration dürfte sich nicht halten lassen. Eher könnte, ..., das Gegenteil gelten: dass die Religion selbst auf ein hohes Maß an gesellschaftlicher Integration angewiesen ist."[275]

Ein Fundament des Westens (Europa + Amerika) ist der Monotheismus. Unsere Geschichte wurde lange Zeit geprägt vom Dualismus Kirche- Staat. „So gebet dem Kaiser, was des Kaisers ist und Gott was Gottes ist".[276]

---

[275] Niklas Luhmann: Die Religion der Gesellschaft, Seite 125
[276] Jesus auf die Frage, ob es erlaubt ist, Steuern zu zahlen; Matthäus 22, 15-22; Markus 12, 13-17; Lukas 20, 22-26

Carl Schmitt: Alle prägnanten Begriffe der modernen Staatslehre sind säkulare theologische Begriffe

Jan Assmann: Alle prägnanten Begriffe der Theologie sind theologisierte, politische Begriffe

Die Menschenwürde ist der säkularisierte Begriff für den Menschen als Ebenbild Gottes. Anderseits waren die beiden großen christlichen Kirchen bis ins 20. Jrhd. hinein gegen die Menschenrechte. Die Pflicht zur Hilfeleistung ist die säkularisierte Umsetzung der christlichen Nächstenliebe. Anderseits waren die christlichen Kirchen immer auch Bewahrer (auch der ungerechten) gesellschaftlichen Ordnung. „Jeder soll in dem Stand bleiben, in den ihm der Ruf Gottes getroffen hat."[277]

Kann ein Staat vollständig säkular sein? Der Staats- und Verwaltungsrechtler Ernst-Wolfgang Böckenförde, geb. 1930, der auch Richter am Bundesverfassungsgericht war, sagte dazu: „Der freiheitliche, säkularisierte Staat lebt von Voraussetzungen, die er selbst nicht garantieren kann." Z.B. ist der Staat auf die Solidarität der Bürger angewiesen, die er selbst nicht herbeiführen kann. Jürgen Habermas griff diese Gedanken auf: „ ... liberale Ordnungen (sind) auf die Solidarität ihrer Staatsbürger angewiesen – und deren Quellen könnten infolge einer „entgleisenden" Säkularisierung der Gesellschaft im ganzen versiegen."[278]

Religion und existenzielle Fragen

In existenzieller Not findet der Mensch Halt in der Gottesvorstellung. Sie gibt ihm Orientierung und Führung („Der Herr führe und geleite mich.")

Glaube kann Trost spenden. Trost ist eine Zuwendung an einen Menschen, der trauert oder der einen körperlichen oder

---

277 Korinther 7, 20.24
278 Jürgen Habermas, Joseph Ratzinger: Dialektik der Säkularisierung,
Über Vernunft und Religion, Seite 16 f

seelischen Scherz erlitten hat. Durch die Trostworte soll der Schmerz oder die Traurigkeit gelindert werden. Der Getröstete soll spüren, dass er in seinem Leid nicht allein gelassen ist. „Selig sind, die da Leid tragen; denn sie sollen getröstet werden."[279]

Glaube kann Ängste mildern. Andererseits schaffen Religionen auch Ängste, Beispiel Hölle, Fegefeuer.

Glaube kann das Sterben erträglicher machen. Andererseits nimmt der Glaube an eine Existenz nach dem Tod den Tod nicht ernst.

Glaube kann Schuld nehmen. Andererseits: Schuld kann nur der vergeben, gegenüber dem wir schuldig geworden sind.

Sigmund Freud: Religion – ein infantile Illusion?

Kleinkinder erfahren ihre Eltern als übermächtig und gut. Diese Erfahrung wird später auf einen allmächtigen und gütigen Gott übertragen.

Religiöse Vorstellungen sind nicht Niederschläge der Erfahrung oder Endresultate des Denkens, sondern Illusionen, Erfüllungen der ältesten, stärksten, dringendsten Wünsche der Menschheit. Illusion heißt nicht – Freud betont das – Irrtum im erkenntnistheoretischen Sinn; Religion ist nicht notwendig illusorisch im Sinne von unrealistisch. Illusion ist von dem Bedürfnis Wunscherfüllung motiviert.

Doch alle diese Wünsche sind infantile Wünsche: begründet in den nie ganz überwundenen Konflikten mit dem Vater. (Vaterkomplex). Die Wünsche des kindlich hilflosen Menschen nach Schutz vor den Gefahren des Lebens usw.

---

[279] Matthäus 5.4

Alternativen zur Religiosität

Die Alternative zur Religiosität ist sicherlich nicht das, was von kirchlicher Seite manchmal zu hören ist, dass ohne Religion nur noch der blanke Materialismus regiert, nur noch Egoismus ohne Solidarität und ohne Moral. Es gibt viele Menschen, die ein nicht religiöses Leben führen und gleichwohl verantwortungsvoll handeln und ethische Normen kennen und befolgen und ein reiches geistiges und emotionales Leben führen. Auch ein nichtreligiöser Mensch kann ein guter Familienvater bzw. eine gute Mutter sein, ein tüchtiger Fachmann in seinem Beruf, seinen Mitarbeitern ein guter Vorgesetzter und seinen Kollegen ein guter Kollege. Wir dürfen aber auch nicht vorschnell einem nichtreligiösen Leben das Wort reden, ohne dabei zu bedenken, welche Risiken in einem vollständig säkularen Staat (den es de facto nicht gibt) stecken und ohne zu fragen, ob ein Mensch, der sich entschließt, nicht religiös zu leben, nicht etwas aus seinem Leben eliminiert, was er im tiefsten Innern braucht?

Woran kann sich ein nicht religiöser Mensch orientieren? Er kann sich orientieren an den Natur- und Geisteswissenschaften, an der Philosophie, an Literatur und Kunst. Das ist ein reiches Angebot. Ist es vollständig? Wissenschaften können sicherlich fachspezifische Fragen gut beantworten. Haben sie auch Antworten auf existenzielle Fragen? „Wir fühlen, dass selbst wenn alle möglichen wissenschaftlichen Fragen beantwortet sind, unsere Lebensprobleme noch gar nicht berührt sind"[280] sagte Wittgenstein in seinem „Tractatus".

Gibt es Wahrheiten, die außerhalb der gerade genannten Disziplinen liegen? Nehmen wir ein Beispiel: Ein mir nahestehender Mensch stirbt. Ich beschäftige mich mit seinem Tod medizinisch, mit meiner Trauer psychologisch, mit einem Verlustgefühl soziologisch. Ich lese Gedicht, die den Tod thematisieren, ich höre eine Passion. Gibt es etwas, was damit nicht erreicht wird, das nur ein religiöser Mensch erfährt,

---

[280] Ludwig Wittgenstein: Tractatus logico-philosophicus, 6.52

der an eine Existenz nach dem Tod glaubt? Der Mathematiker und Philosoph Alfred North Whitehead bejaht diese Frage. Er spricht in diesem Zusammenhang vom „Trugschluss der unzutreffenden Konkretheit. Es gibt Aspekte der Wirklichkeiten, die man einfach ignoriert, solange das Denken auf [wissenschaftliche] Kategorien beschränkt bleibt".[281]

Der kritische Rationalismus mit seinen Hauptvertretern Karl Popper und Hans Albert lehrt uns, dass es keinen archimedischen Punkt gibt, keinen unbezweifelbaren Bezugspunkt, an dem wir unsere Überlegungen festmachen können. Keine Aussage kann letztbegründet werden. Wer sich an den Wissenschaften und an der Philosophie orientiert, muss sich mit diesem fehlenden letzten Bezug abfinden. Demgegenüber muss man aber auch fragen: ist der vermeintliche Besitz sicheren Wissens nicht bereits Fundamentalismus?

Ein nichtreligiöser Mensch kann sich nicht auf eine Offenbarung berufen. Er hat keine „frohe Botschaft", die ihm Gewissheit gibt. Er kann sich nur auf die Wissenschaften verlassen und damit schließlich auf die Vernunft. Aber die Vernunft hat Grenzen.

Unsere Vernunft hat Grenzen z.B. dadurch, dass alles Mentale auch eine neuronale Basis braucht. Sie ist an physikalisch-chemisch-biologische Prozesse gebunden. Wir können nur mit den Mitteln denken und fühlen, die uns die Natur zur Verfügung gestellt hat. Außerdem haben sich in der evolutionären Entwicklung nur die Erkenntnisfähigkeit herausgebildet, die wir zum Überleben brauchen. Was übrigens religiöse Menschen leicht übersehen ist, dass auch Aussagen über Gott, dass auch Frömmigkeit und Beten biologischen Grenzen unterworfen sind. Auch die vier Evangelien, die Gottes Offenbarung darstellen, wurden von den endlichen Gehirnen der vier Evangelisten geschrieben.

Die Grenzen der Wahrnehmung sind relativ leicht auszumachen, z.B. im begrenzten Frequenzbereich von

---

[281] Alfred North Whitehead: Prozess und Realität, Seite 39

Augen und Ohren. Was nicht so leicht bestimmt werden kann, sind die Grenzen der Vernunft. Kant hat uns eine Grenze der Vernunft gezeigt, indem er feststellte, dass wir das „Ding an sich" nicht erkennen können. Oder wie Luhmann dasselbe etwas moderner sagt: „Es gibt keine beobachterunabhängige Beobachtung". Eine weitere Grenze der Vernunft ist die Sprache. „Die Grenzen meiner Sprache bedeuten die Grenzen meiner Welt"[282] sagte Wittgenstein. Die Grammatik unserer Spreche und die Struktur unseres Denkens sind eng miteinander verbunden. Wir werfen die Sprache wie ein Tuch über die Dinge und sehen dann Falten des Tuches, die wir für Strukturen des Gegenstandes halten.

Anfang des 19. Jahrhunderts wurde mit der Säkularisierung Kirche und Staat getrennt, die christlichen Kirchen teilweise enteignet und in ihrer Bedeutung zurückgedrängt. Wir müssen uns fragen: Ging mit der Säkularisierung etwas verloren? Fehlt einem Leben ohne Gott etwas? Die Welt der Geister und Naturkräfte ist vielleicht mit gutem Grund passé. Wurde aber nicht auch etwas abgeschafft, was wir in unserem tiefsten Inneren brauchen?

Der Philosoph Charles Taylor erläutert in seinem Buch „Ein säkulares Zeitalter", dass die Säkularisierung dem Menschen eine größere Vielfalt von Möglichkeiten eröffnete. Uns steht eine Überfülle von Informationen und Handlungsoptionen zur Verfügung, wir können immer mehr lernen und erfahren, wir haben immer mehr Möglichkeiten der Betätigung, beruflich, wie privat. Das führt zu etwas, was Taylor Fragilität nennt.[283] Darunter versteht er Brüche, Risse, Verwerfungen. Sie bringen Menschen immer weiter auseinander und sind verbunden mit Ängsten, Enttäuschungen, einem Gefühl der Leere verbunden. Unsere Handlungen, Zielen, Leistungen fehlt es an Gewicht, Dichte und Substanz, an einer tiefen Resonanz, die nach unserem Gefühl vorhanden sein sollte.

---

[282] Ludwig Wittgenstein: Tractatus logico-philosophicus, 5.6
[283] Charles Taylor: Ein säkulares Zeitalter

Der Soziologe Max Weber hat den Begriff der „Entzauberung" geprägt. Durch die Säkularisierung wurde die Welt entzaubert. Er schrieb im Jahre 1909: „Ich bin zwar religiös absolut unmusikalisch ... aber ich bin ... weder antireligiös, noch irreligiös. Ich empfinde mich auch in dieser Hinsicht als ein Krüppel, als einen verstümmelten Menschen".[284]

Ohne Gott sind wir ganz auf uns allen gestellt und auf unseren Verstand auf unser Verantwortungsgefühl und auf unser Urteilsvermögen angewiesen. Ein nichtreligiöser Mensch kann sich an den Natur- und Sozialwissenschaften, an Philosophie und Literatur orientieren. Fehlt dann noch etwas?

Für religiöse Menschen ist Gott die Antwort auf alle grundsätzlichen Fragen, auf die Frage nach dem Woher und Wohin, nach der Begründung der Moral, nach Bedeutung und Sinn. Was sie nicht akzeptieren ist, dass es auch ohne Gott Sinn geben kann, dass auch ohne Transzendenz etwas Bedeutung haben kann und das auch nichtreligiöse Menschen moralisch handeln können. Gott löst nicht alle Probleme, machen Probleme entstehen überhaupt erst mit dem Glauben. Und Gott selbst ist eine kryptische unverständliche Lösung.

Gott

Bei der Erschaffung der Welt hat Gott verschiedene Unterscheidungen vorgenommen: Himmel und Erde, Licht und Finsternis, festes Land und Wasser usw. Mit dem Aussprechen der Unterscheidung waren sie auch geschaffen: es werde Licht und es ward Licht.[285] Sprechen und Tun, Symbol und Ereignis, Sprache und Sein waren noch ein und dasselbe.

Gott hat alle Unterscheidungen getroffen und steht selbst über allen Unterscheidungen. Gott ist nicht die Transzendenz

---

[284] Zitiert nach Gert Scobel: Der Ausweg aus dem Fliegenglas, Seite 47
[285] Genesis 1.1

oder in der Transzendenz, sondern er ist die Einheit von Immanenz und Transzendenz. Deshalb kann auch nicht gefragt werden, ob er im Diesseits oder im Jenseits ist, er ist ihre Einheit. Gott ist nicht das Sein, sondern ist die Einheit von Sein und nichts. Deshalb kann auch nicht gefragt werden, ob Gott existiert, sondern er umfasst beides, Existenz und Nichtexistenz. Vielleicht hat das Dietrich Bonhoeffer gemeint als er sagte: „Ein Gott den es gibt, gibt es nicht." Im weiteren Verlauf des Textes heißt es: „Gott ist kein Seiendes neben anderen Seienden, sondern die Bedingung der Möglichkeit allen Seins. Er kann nicht mit dem Geschaffenen unter einen Seinsbegriff gefasst werden".

Nikolaus von Kues (1401-1464) hat den Gedanken von Gott als der Einheit aller Unterscheidungen bereits vor 600 Jahren vorgedacht. Gott ist das schlechthin Einfache, aber auch die Mannigfaltigkeit. Das Eine, die Quelle der gesamten empirisch feststellbaren Vielheit in der Welt ist zugleich das Viele. Gott ist die Einheit, die in allem erscheint und alles umfasst. In ihm fallen alle Gegensätze zusammen – coincidentia oppositorum. Der Mensch ist in seinen Denkkategorien befangen und kann diese Einheit nicht erkennen, sondern sich ihr nur auf einseitige Weise nähern. Die unendliche Einheit veranschaulicht Nikolaus von Kues mit dem Beispiel einer unendlichen Geraden und eines Kreises. Im Endlichen sind diese beiden geometrischen Formen gegensätzlich. Wenn aber der Radius des Kreises größer wird und schließlich unendlich groß wird, fallen Gerade und Kreis zusammen. In Gott sind alle Gegensätze aufgehoben. Wenn das richtig ist, was ist dann der Unterschied zwischen Gott und keinem Gott?

Halten wir fest

Wir sind ausgegangen von der These, dass unsere mentalen Strukturen, mit denen wir uns denkend, fühlend und handelnd die Welt erschließen, einer religiösen Haltung entgegen kommen. Wir haben folgende mentalen Strukturen ausgemacht

- Kausalerwartung
- Intentionale Attribution
- Fähigkeit zur Imagination
- Komplexitätsreduktion
- Kognitive Leichtigkeit
- Hierarchisches und zentrumsorientiertes Denken
- Kontingenz
- Sinn

Alle diese mentalen Strukturen, die tief im Menschen verankert sind, begünstigen religiöse Vorstellungen. Außerdem hatten wir Transparenz als Ursache für den Leib-Seele-Dualismus und für den Glauben an ein Leben nach dem Tod ausgemacht, was auch zur Bestand vieler Religionen gehört.

Religiosität ist auch ein soziales Phänomen, d.h. sie braucht die Gemeinschaft Gleichgesinnter.

Die Religiosität in der Gemeinschaft ist stark ritualisiert

Möglicherweise ist die Religiosität aus religiösen Ritualen entstanden und nicht umgekehrt

Religionen stabilisieren die gesellschaftliche Ordnung

Zentrale Begriffe des modernen Staates sind säkularisierte theologische Begriffe

Die Religionen geben Antwort auf existentielle Fragen, aber diese Antworten haben alle auch eine Negativseite.

Einem Leben ohne Religiosität, ohne Gottesbezug ist möglich.

11. Frei sein

Ist unser Wille wirklich frei? Die Beantwortung dieser Frage ist deshalb so wichtig, weil sie mit unserem Menschenbild zu tun hat. Unserer Vorstellung vom erwachsenen Menschen ist das eines selbständig und eigenverantwortlich entscheidenden und handelnden Bürgers. Wenn wir dem Menschen seine Willensfreiheit nehmen, rauben wir ihm ein wesentliches Stück seines Menschseins.

In den Jahren 2003 und 2004 fand eine heftige Diskussion über die Willensfreiheit statt. Sie wurde hauptsächlich in der FAZ ausgetragen.[286] Fast jede Woche erschien ein Artikel zu diesem Thema. An der Diskussion beteiligten sich Philosophen, Hirnforscher, Soziologen und auffallend viele Juristen. Das hat seinen Grund. Die Willensfreiheit rührt an den Kern der Rechtsprechung, die von einem eigenverantwortlichen schuldfähigen Bürger ausgeht. Die Ausnahmen sind klar geregelt in § 20 StGB und § 104 BGB.

Nach § 20 StGB ist nur der schuldunfähig, der „ bei Begehung der Tat wegen einer krankhaften seelischen Störung, wegen einer tiefgreifenden Bewusstseinsstörung oder wegen Schwachsinns oder einer schweren anderen seelischen Abartigkeit unfähig ist, das Unrecht der Tat einzusehen oder nach dieser Einsicht zu handeln." In § 104 BGB wird die freie Willensbestimmung durch „Bewusstlosigkeit oder krankhafter Störung der Geistestätigkeit" eingeschränkt bzw. dauerhaft oder vorübergehend als unmöglich erklärt.

---

[286] Die FAZ- Artikel sind erschienen in Christian Geyer Hrsg.): Hirnforschung und Willensfreiheit, zur Deutung der neuesten Experimente

Unser Bild vom eigenverantwortlichen, mit einem freien Willen begabten Menschen wurde in Frage gestellt durch Experimente des amerikanischen Neurologen Benjamin Libet in den 80er Jahren (1983 und 1985). Libet ermittelte das sog. Bereitschaftspotential, ein elektrischer Impuls in Gehirnregionen, die mit Handlungsvorbereitung und Handlungskontrolle zu tun haben. Es ist ein starker Impuls, weil er durch synchrone Aktivitäten vieler Neuronen in dieser Gehirnregion erzeugt und verstärkt wird. Das Bereitschaftspotential gliedert sich in das sog. symmetrische Bereitschaftspotential, das die Handlungsintention wiederspiegelt und das sog. lateralisierte Bereitschaftspotential, das die geplante Bewegung vorbereitet und auslöst.

Libet entwickelte ein Verfahren zur Bestimmung des Zeitpunkts, an dem die Versuchsperson die Entscheidung trifft, eine Bewegung auszuführen. Die Versuchsperson musste sich im Augenblick der Entscheidung merken, an welcher Stelle sich ein rotierender Zeiger befand (der Zeiger drehte sich alle 2,5 sec einmal um die Achse). Das überraschende Ergebnis von Libets Experimenten war, dass das Bereitschaftspotential 350 – 550 ms (minimal 150, maximal 1025 ms) dem Willensentschluss vorausging. In keinem Fall waren die Ereignisse zeitgleich oder war das Bereitschaftspotential später als der Entschluss. Das bedeutet, dass die Handlung durch das nicht bewusstseinsfähige Bereitschaftspotential und nicht durch den bewussten Willensakt eingeleitet wird.

Diese Versuche von Benjamin Libet wurden mehrfach von anderen Forschungsgruppen auch in anderen Variationen wiederholt. Um den Zeitpunkt zu ermitteln, wann die Versuchsperson sich entscheidet, wurde zum Beispiel der sog. P300- Impuls gemessen. Dieser Impuls tritt auf, sobald ein Ereignis als überraschend oder unerwartet wahrgenommen wird oder wenn ein deutlicher Wechsel geistiger Aktivitäten erfolgt. Es spricht also einiges dafür, dass dieser Impuls eintritt, sobald eine Versuchsperson eine Entscheidung trifft. Diese Methode macht den rotierenden Zeiger, der in den Versuchen von Libet stark kritisiert wurde, überflüssig. Aber auch diese und viele weitere Versuchsmethoden brachten prinzipiell kein anderes Ergebnis. Wenn ein Mensch sich entscheidet, hat sein Gehirn bereits vorgearbeitet. Der Willensakt ist eindeutig nach der Gehirnaktivität.

Sind wir also gar nicht frei in unseren Entscheidungen, sondern vollziehen, was unser Gehirn bereits entschieden hat?

Die Versuche von Benjamin Libet und anderen wurden auch durch Magnetoresonanztomografie (MRT) - Aufnahmen bestätigt. Die grünen Bereiche markieren Felder mit noch unbewussten Handlungsabsichten, in den roten Bereichen wird die Handlung gerade umgesetzt.

Viele alltägliche Redewendungen leugnen Freiheit, z.B. wenn ein Ehepaar sagt: „wir waren für einander bestimmt". Oder: „das hat so kommen müssen." Oder: diese Krankheit hat er bekommen, damit er einsieht, dass er bisher zu viel gearbeitet hat." Oder „diesen Schicksalsschlag hat er bekommen, damit er nicht zu übermütig wird". Dahinter steckt die Grundsatzfrage: ist diese Welt kontingent? Kontingent bedeutet, dass etwas so ist wie es ist, es aber auch anders sein könnte. Es grenzt sich ab auf der einen Seite zu unmöglich und auf der anderen Seite zu „so und nur so". D.h. alles was möglich ist, aber so dass es auch auf andere Weise möglich sein könnte, ist kontingent.

Die Versuche von Libet und anderen wurden heftig kritisiert. Jürgen Habermas, z.B., wirft den Neurologen vor, sie würden eine Handlung, die er als eine komplexe Verkettung von Intentionen und Überlegungen, Motiven und Zielen sieht, auf einige Millisekunde zusammenpressen und aus jedem

Kontext herauslösen. Die Handlung, z.b. im Experiment den rechten Arm herauszustrecken, ist eigentlich keine Handlung, weil der Kontext zu Gründen fehlt. Es ist ein Unterschied, ob ich einem Experiment „einfach so" meinen rechten Arm austrecke, oder ob ich als Fahrradfahrer anzeige, dass ich rechts abbiegen will. (Interessant ist, dass umgekehrt die Hirnforschung der Philosophie vorwirft, die Handlung auf Grund – Handlung zu verkürzen, und im Detail zeigt, dass das Treffen einer Entscheidung mit anschließender Einleitung einer Handlung ein sehr viel komplexerer Vorgang ist).

„Normalerweise sind Handlung das Ergebnis einer komplexen Verkettung von Intentionen und Überlegungen, die Ziele und alternative Mittel im Lichte von Gelegenheiten, Ressourcen und Hindernissen abwägen. Ein Design, das die Planung, Entscheidung und Ausführung einer Körperbewegung zeitlich eng zusammenpresst und aus jedem Kontext von weiterreichenden Zielen und begründeten Alternativen herauslöst, kann nur Artefakte erfassen, denen genau das fehlt, was Handlungen implizit erst zu freien Handlungen macht: der interne Zusammenhang mit Gründen."[287]

Habermas lehnt auch die Determination einer Entscheidung durch ein neuronales Geschehen ab. „Sehr wohl würde mich aber die Determination meiner Entscheidung durch ein neuronales Geschehen stören, an dem ich nicht mehr als Stellung nehmende Person beteiligt bin: Es wäre *nicht mehr meine* Entscheidung." [288]

---

[287] Jürgen Habermas: Freiheit und Determination, Deutsche Zeitschrift für Philosophie, Heft 6 (2004), 871-890, abgedruckt in Jürgen Habermas: Zwischen Naturalismus und Religion, Philosophische Aufsätze (2005), Seite 155-186, hier Seite 159
[288] Jürgen Habermas, ebenda Seite 166

Die Frage nach der Willensfreiheit ist Teil des sog. Geist- Körper- Problems, d.h. des Verhältnisses von Körper und Gehirn auf der einen Seite und Psyche und Geist auf der anderen Seite. Unser Körper ist ein Organismus mit biologischen und chemischen Prozessen, die nach Naturgesetzen ablaufen. Anderseits erfahren wir uns als freie Menschen, die in der Regel zwischen mehreren Handlungsalternativen frei wählen können. Und weil wir in unserer Entscheidung frei sind, können wir bei Fehlverhalten auch zur Verantwortung gezogen werden.

Als mit einem Geist ausgestattete Wesen können wir zwischen Handlungsalternativen entscheiden und wir glauben fest daran, dass wir in unserer Entscheidung wirklich frei sind. In der physikalischen Welt gibt es keine Entscheidung. Alles geschieht wie es geschieht. Regentropfen fallen aus der Wolke wenn sie schwer genug geworden sind und nicht dann wenn sie sich entschieden haben nach unten zu fallen.

Die Welt scheint also zweigeteilt zu sein. Eine gesetzmäßige, bedingte, physische Welt steht einer Welt gegenüber mit Handlungsoptionen, zwischen denen wir frei entscheiden können. Die Trennungslinie zwischen diesen beiden Welten verläuft mitten durch uns hindurch.

Wir sind Teil der Natur und gleichzeitig fühlen wir uns frei und verantwortlich. Passen diese Gegensätze zusammen? Müssen wir diese Zweiteilung als Tatsache akzeptieren?

Zum Verhältnis Körper- Geist gibt es zwei grundsätzliche Positionen, den Dualismus und den Monismus. Der Dualismus geht von zwei verschiedenen Substanzen aus, die auch unabhängig voneinander existieren können. Der Dualismus entspricht unserer unmittelbaren Erfahrung. Er hat aber das Problem, die Wechselwirkung zwischen Geist und Körper erklären zu müssen. Denn dass es Wechselwirkungen in beide Richtungen gibt ist offensichtlich.

Ein weiteres Problem des Dualismus ist die kausale Geschlossenheit der materiellen Welt. Enden die physikalischen Gesetze, die für den Körper gelten an der Grenze zum Geist? Ist der Energieerhaltungssatz verletzt, wenn der Geist auf den Körper einwirkt?

Die Alternative zum Dualismus ist der Monismus. Geist und Körper sind eine Substanz. Das hat den Vorteil, dass nicht mehr erklärt werden muss wie Geist und Körper miteinander wechselwirken. Das Leib- Seele- Problem ist für den Monismus gelöst in dem Sinne, dass es gar nicht mehr existiert und die kausale Geschlossenheit ist auch kein Problem mehr. Stattdessen muss der Monismus erklären, wie ein und dieselbe Substanz aus zwei so unterschiedlichen Perspektiven wahrgenommen werden kann. Das Feuerwerk der Neuronenaktivitäten, beschrieben aus der Perspektive der 3. Person wird in der Perspektive der 1. Person als Schmerz, als Geschmack von Schokolade oder als Klang einer Trompete oder als ein Gedanke wahrgenommen.

Die großen Philosophen haben sich vielfältig mit dem Begriff der Willensfreiheit auseinander gesetzt. Ein Beispiel aus der Philosophiegeschichte möchte ich herausgreifen: Immanuel Kant (1724 – 1804). In seiner Kritik der reinen Vernunft befasst sich Kant mit den Antinomien, d.h. mit den Aussagen, die dem reinen Verstand einleuchten, aber auch ihr Gegenteil scheint richtig zu sein. Antinomien definiert Kant als „Widerstreit der Gesetze."[289]

Kant bestimmt vier Antinomien

- Ursprung der Welt
- Teilbarkeit der Materie
- Determiniertheit und Freiheit
- Existenz Gottes

---

[289] Imanuel Kant: Kritik der reinen Vernunft B 434

Wir wollen uns hier nur mit der dritten Antinomie beschäftigen, mit dem Widerspruch von Determiniertheit und Freiheit. In den Worten Kants lautet die Antinomie:

„Die Kausalität nach Gesetzen der Natur ist nicht die einzige, aus welcher die Erscheinungen der Welt insgesamt abgeleitet werden können. Es ist noch eine Kausalität durch Freiheit zur Erklärung derselben anzunehmen notwendig." [290]
„Es ist keine Freiheit, sondern alles in der Welt geschieht lediglich nach Gesetzen der Natur." [291]

Der Widerspruch entsteht nach Kant nur dann, wenn man versucht, Freiheit als empirischen Begriff aufzufassen, was aber – nach Kant – unzulässig ist.

Nach Kant gibt es also zwei Welten, die intelligible und die empirische Welt. Jede dieser Welten hat eigene Gesetze, ihre eigene Kausalität. Kants Lehre ist also ein Dualismus.

Schauen wir uns das Problem genauer an. In der physikalischen Welt gibt es Ursachen, die Wirkungen hervorrufen. Dieser kausale Zusammenhang ist vollständig determiniert und läuft nach Naturgesetzen ab. Alles geschieht wie es geschieht. Es sei noch angemerkt, dass auch in der physikalischen Welt nicht alles vollständig determiniert ist. So sind in der Quantentheorie nur Wahrscheinlichkeitsaussagen möglich, und auch klassische Vielteilchensysteme mit nichtlinearen Wechselwirkungen sind nicht vollständig vorhersagbar, Stichwort: Schmetterlingseffekt. Aber wir wollen diese Kausalitätslücke, die uns die Physik offenhält, nicht zur Erklärung der Willensfreiheit nutzen, wie es Karl Popper getan hat.

---

[290] Ebenda B 472
[291] Ebenda B 473

In der Welt des Geistes handelt ein Mensch. Eine Handlung ist kein bloßes Geschehen, nichts was einfach nur passiert, sondern es ist der bewusste Vollzug eines absichtsvollen Willens.

Handeln setzt einen freien Willen voraus. Ein Wille bildet sich heraus, nachdem Gründe überlegt und bewertet wurden. Eine Handlung kann man nur verstehen, wenn man die Gründe kennt, die zu dieser Handlung geführt haben. Eine freie, selbstbestimmte Person handelt nach Gründen und orientiert sich an Gründen. „Wir sind diejenigen, für die Gründe bindend sind, die der eigentümlichen Kraft des besseren Arguments unterliegen"[292] Frei entscheiden, bedeutet, dass der Handelnde seinen Willen durch Gründe bindet. Der Wille wird von Gründen bestimmt, im Gegensatz zu determiniert im naturgesetzlichen Bereich.

Naturprozesse geschehen nach Naturgesetzen. Handeln geschieht nach Normen. Soziale Normen regeln das Sozialverhalten. Sie sind gesellschaftlich und kulturell bedingt und daher von Gesellschaft zu Gesellschaft verschieden und unterliegen aber immer dem sozialen Wandel. Normen sind (äußerliche) Erwartungen der Gesellschaft an das Verhalten von Individuen in unterschiedlicher Verbindlichkeit.

Normen können Verhaltensregeln sein wie z.B. dass man grüßt wenn man einen Bekannten trifft, dass man sich zum Geburtstag gratuliert und sogar etwas schenkt usw. Es können aber auch ethische Normen sein, z.B. Du sollst nicht töten.

Was ist eine Handlung? Wir müssen Handlung von dem unterscheiden, was wir nur erleiden, was uns zustößt, was mit uns geschieht. Wenn wir z.B. erkältet sind und niesen müssen, oder wenn wir stolpern fühlen wir uns nicht als

---

[292] Robert B. Brandom: Expressive Vernunft, Seite 37

Akteure, sondern wir erleiden etwas, es geschieht etwas mit uns, was wir nicht selbst versursacht haben.

Eine Handlung ist von einer inneren Erfahrung begleitet, der Urheber der Handlung, der Täter zu sein. Diese Urheberschaft ist mit dem Gefühl verbunden die Handlung zu verstehen, sie erklären und interpretieren zu können, einen Sinn in ihr zu sehen. Ein Ereignis empfinden wir nur dann als eine Handlung, wenn wir der Urheber dieses Ereignisses sind, wenn wir das Ereignis verursacht haben und unser Wille, der Auslöser dafür war und wenn das Ereignis verstehen können und einen Sinn für uns ergibt.

Damit sich ein Wille entwickelt, muss ein Wunsch vorhanden sein. Gewolltes ist Gewünschtes und was sich zu wollen lohnt, ist wünschenswert. Aber nicht jeder Wunsch ist ein Wille. Es gibt auch Dinge, die kann man nicht wollen, sondern nur wünschen. Z.B. dass die deutsche Fußball-Nationalmannschaft Weltmeister wird, kann ich nicht wirklich wollen, aber ich kann es mir wünschen.

Ein Wunsch wird nur dann ein Wille, wenn er in mir etwas in Bewegung setzt, wenn er handlungswirksam wird. Und ich muss einigermaßen eine Vorstellung davon haben, wie ich meinen Wunsch in die Tat umsetze. Aber natürlich sind dem Willen Grenzen gesetzt. Einmal durch das, was die Wirklichkeit zulässt und was nicht. Zweitens durch die Begrenztheit unserer Fähigkeiten, wobei es nicht auf die objektiven Fähigkeiten, sondern auf die vermeintlichen Fähigkeiten ankommt. Gibt es auch einen Willen ohne Tun?

Auch etwas zu unterlassen kann eine willentliche Handlung (Z.B. nicht zu rauchen ist für einen Raucher eine große Willensanstrengung, obwohl man eigentlich nichts tut, sondern nur etwas unterlässt). Oder man kann wollen, dass etwas der Fall ist. Z.B. kann ich wollen, dass der Krach im Nachbarhaus endlich aufhört.

Welchen Willen ich entwickle hängt auch von den äußeren Umständen ab, in denen ich lebe. Wenn ich vor 100 Jahren gelebt hätte, hätte ich nicht Programmierer, Pilot, Filmemacher oder Marketingmanager werden können. Die Welt mit ihren Angeboten legt fest, was ich wollen kann. Aber es hängt auch von mir ab. Von meinem bisherigen Lebenslauf, meiner Ausbildung, meinen Charaktermerkmalen usw. Wenn es nicht von meiner Persönlichkeit abhängen würde, könnte ich auch nicht sagen, das ist mein Wille.

Zur Beantwortung der Frage: „was eine freie Entscheidung?", nähert man sich am besten von der Negation aus. Eine Entscheidung ist dann nicht frei, wenn sie von außen erzwungen ist (jemand steht mit einer Pistole vor mir und fordert: „Machen Sie den Tresor auf!"). Es gibt aber auch innere Zwänge, z.B. den Waschzwang, zu denen auch Suchtverhalten gehört (Drogenabhängigkeit) oder Ängste (z.B. Flugangst).

Wenn ein Mensch ohne innere und äußere Zwänge entscheidet, wenn seine Entscheidung also von ihm selbst ausgeht, ist er autonom. Von der Wortbedeutung her macht sich ein autonom handelnder Mensch seine Gesetze (griech. Nomos) selbst (griech. auto). Er ist selbstbestimmt, weil er der Urheber seiner Entscheidungen ist. Eine Entscheidung ohne Autonomie ist nicht selbst-, sondern fremdbestimmt, eine zufällige Entscheidung ist nicht selbst-, sondern unbestimmt.

Eine freie, selbstbestimmte Entscheidung wird von einer Person getroffen. Deshalb kann man auch eine Person für die Entscheidung verantwortlich machen. Damit die Person freie, selbstbestimmte Entscheidungen treffen kann, muss sie die Fähigkeiten besitzen, die Folgen ihrer Entscheidung abschätzen zu können. Weiterhin muss die Person Selbstbewusstsein (im philosophischen Sinn) haben, d.h. sie muss die Fähigkeit haben, die Entscheidung als ihre eigene Entscheidung zu betrachten.

Zu einer freien Entscheidung gehören personale Präferenzen, d.h. Überzeugungen, Wünsche, Charaktermerkmale. Ohne diese Präferenzen wäre die Person nicht die, die sie ist und die Entscheidung nicht ihre Entscheidung. Wenn wir einen Menschen und seine Präferenzen gut kennen und uns berichtet wird, was er gesagt oder getan hat, sagen wir: das ist typisch für ihn; so denkt und handelt er.

Es kommt – in Bezug auf die Diskussion um die Willensfreiheit – nicht darauf an, ob sich jemand aufgrund von bestimmten Präferenzen entscheidet und welche es sind, denn es gibt keine Entscheidung ohne Präferenzen. Es kommt darauf an, ob jemand eine Präferenz aufgeben kann. Er ist dann frei, wenn er im Zweifelsfall auch gegen seine Präferenzen handeln kann.

Kann eine Entscheidung auch dann frei sein, wenn es keine Handlungsalternativen gibt? Ja, auch wenn wir nur eine Möglichkeit zu handeln für uns sehen, kann unsere Entscheidung frei sein. Als Marin Luther beim Wormser Reichstag 1521 den berühmten Satz sagte: „Hier stehe ich, ich kann nicht anders, Gott helfe mir, Amen" sah er für sich keine andere Möglichkeit. Trotzdem würden wir ihm seine Freiheit nicht absprechen wollen. Denn er wäre sicherlich in der Lage gewesen auch anders zu handeln. Aber dann hätte er seine Überzeugungen aufgeben müssen.

Nehmen wir an, wir hätten einen unbedingt freien Wille? Ein unbedingt freier Wille hängt von nichts ab. Es ist völlig losgelöst von der Person die eine Entscheidung trifft, von ihrer Lebensgeschichte, ihrer Persönlichkeit, ihren Gedanken, Wertvorstellungen usw. Es wäre ein Wille ohne Zusammenhang zu dem was eine Person ausmacht. Es wäre gar nicht Ihr Wille. Es wäre ein Wille, der irgendwie aus dem Vakuum kommt und über die Person hereinbricht. Einen solchen Willen müsste man als einen völlig fremden Willen erleben. Ein solcher unbedingter Wille würden wir als etwas

Fremdes erleben, das uns zustößt. Er hat damit dieselben Merkmale wie ein fremder Wille.

So paradox es klingt, aber mit einem unbedingten Willen sind wir unfrei.

Unser Handeln wäre für uns selbst und für andere unverständlich und unberechenbar. Es hätte den Charakter des Zufälligen. Ein Mensch spricht und agiert so, dass es für ihn typisch ist. Seine Persönlichkeit wird in dem was er sagt und tut sichtbar. D.h. sein Wille und sein Tun sind von seiner Biografie, seinen Charaktereigenschaften, seinen Wertvorstellungen usw. abhängig und dadurch eben nicht unbedingt. „Freiheit ist nicht nur mit Bedingtheit verträglich; sie verlangt Bedingtheit und wäre ohne sie nicht denkbar".[293]

Warum ist die Vorstellung, dass eine Handlung nur dann frei ist, wenn sie nicht determiniert ist, so plausibel? Wir machen die Erfahrung, dass die eigenen Motive nicht als Determinanten betrachtet werden, sofern sie miteinander harmonieren. Außerdem sind uns – wie schon gesagt – viele Motive nicht zugänglich, weil sie unbewusst wirken. Deshalb entsteht der Eindruck, dass unsere Entscheidungen überhaupt nicht bestimmt sind – außer durch unseren Willen. Man nennt das in der Psychologie die Indeterminismustäuschung.

Diese Täuschung wird noch unterstützt durch den offenen Ausgang vieler Entscheidungen. Ich weiß jetzt noch nicht, wohin ich im Sommer in Urlaub fahre. Da ich jedes Jahr an einem anderen Ort Urlaub mache, ich mich also jedes Jahr anders entscheide, erhöht es mein Gefühl in meiner Entscheidung frei und nicht determiniert zu sein. Hinzu kommt das Gefühl bei äußeren Einflüssen determiniert, bei meinem eigenen Willen aber nicht determiniert zu sein, vor allem wenn

---

[293] Peter Bieri: Das Handwerk der Freiheit, Seite 166

die äußeren Einflüsse meinen Interessen entgegenstehen oder sie beschränken. Diese Meinung ist aber falsch.

Wenn ich selbst keine Determinanten bemerke, kann ich nicht davon ausgehen, dass es keine gibt. Alle Entscheidungen sind determiniert, durch bekannte oder unbekannte Motive und durch Gehirnaktivitäten. Was auch zum Gefühl der Freiheit beiträgt, ist unsere Vorstellung, dass auf das Wollen direkt das Tun folgt. Dabei übersehen wir aber, dass zwischen dem Wollen und dem Tun komplexe Prozesse der Umsetzung von Willensvorstellungen bis hin zur Aktivierung von Muskeln stattfinden. Außerdem gibt es automatisierte Vorgänge, z.B. Gehen oder Autofahren, d.h. Aktivitäten, die ohne bewusstes Wollen. Manchmal schreiben wir Unbewusstem nachträglich unser Wollen zu.

Auch die Selbstzuschreibung einer Willenshandlung, also das Gefühl, dass „ich es bin, der das gerade getan hat", erfordert – wie die Hirnforschung herausgefunden hat – komplexe neurobiologische Aktivitäten. Zum Gefühl der Freiheit gehört auch, mehrere Optionen zu haben über die wir autonom verfügen können. Ich kann heute Abend ins Kino gehen, oder ein Buch lesen, oder Fernsehen oder Sport treiben. Ich fühle mich frei, für eine dieser Möglichkeiten zu entscheiden (Seltsamerweise tun wir dann doch immer dasselbe). Ich habe Hunger und habe nur ein Gericht zu Hause, das ich auch nicht besonders mag. Dann wähle ich diese Option wider- willig, d.h. gegen meinen Willen. Sich frei fühlen bedeutet, realisierbare Handlungsoptionen zu haben.

Ein weiteres wichtiges Element der Freiheit ist die innere Übereinstimmung mit meinen Handlungsmotiven. Beispiel: ich sitze seit 3 Stunden an meinen Schreibtisch und arbeite intensiv. Jetzt habe ich den Wunsch nach einer Tasse Kaffee. Diesen Wunsch ist berechtigt. Es spricht nichts dagegen. Ich kann voll und ganz mit meinem Wunsch nach einem Kaffee innerlich übereinstimmen und fühle mich deshalb frei in meiner Entscheidung. Wenn wir jetzt aber annehmen, ich habe schon mehrere Tassen Kaffee getrunken und ich weiß, dass zu viel Kaffee meinem Magen nicht gut tun, dann fühle ich mich nicht ganz frei, wenn ich trotzdem eine weitere Tasse Kaffee trinke. Außerdem sollten wir bedenken, dass der Wunsch nach einer Tasse Kaffee auch vom Körper kommt, der Auslöser also nicht der Geist ist, der nach Gründen handelt, sondern der Körper unsere Willensentscheidung beeinflusst. Es ist kein Widerspruch, wenn wir uns auch bei dieser Bedingung frei fühlen.

Wir sind bisher vor allem der philosophischen Argumentation gefolgt. Im Mittelpunkt stand die Feststellung, dass wir dann einen freien Willen haben, wenn wir nach Gründen entscheiden.

Wir wollen jetzt aber auch Ergebnisse der Hirnforschung mitberücksichtigen. Was geschieht im Gehirn, wenn wir Entscheidungen treffen? Wie Entscheidungen in unserem Gehirn getroffen werden, ist von der Hirnforschung detailliert untersucht worden.[294] Wir fassen es hier kurz zusammen:

Beim Auftauchen von Wünschen, Absichten und Plänen wird die Großhirnrinde durch die Amygdala und das limbische System angeregt. Die Amygdala ist zuständig für die Entstehung und Steuerung von Emotionen, auch für die Stressregulation.

Abwägen und Bewerten geschieht in einem Kreisprozess zwischen Großhirnrinde und limbischem System. Das Abwägen der eigenen Wünsche und Handlungspläne geschieht anhand emotionaler und sozial-ethischer Kriterien. Wenn die Entscheidung bewusst (d.h. in der Großhirnrinde) getroffen ist, wird die Handlung eingeleitet. Das geschieht im

---

[294] Gerhard Roth: Persönlichkeit, Entscheidung und Verhalten; warum es so schwierig ist, sich und andere zu ändern.

supplementär- motorischen Areal, die für die Muskelansteuerung zuständig ist.

Der Hippocampus enthält das Erlebnis- und Wissensgedächtnis. Im Zusammenwirken registriert die Amygdala das Aufregende, während der Hippocampus die Details hinzufügt. Das mesolimbische System registriert Belohnungen und schüttet Endorphine aus.

Daraus können wir folgende Erkenntnisse gewinnen:

Entscheidungen werden nicht von einem obersten Steuerungszentrum aus getroffen. Es handelt sich um ein multi- zentrales Geschehen.

- Entscheidungen sind ein Zusammenwirken bewusster corticaler (in der Großhirnrinde angesiedelter) und unbewusster lokaler Areale außerhalb der Großhirnrinde.
- Auch scheinbar noch so rationale Entscheidungen sind emotional gefärbt. Einige unbewusste emotionale Konditionierungen geschehen in sehr frühen Lebensphasen, in denen Bewusstsein noch nicht ausgebildet ist.
- Entscheidungen brauchen Zeit. Das limbische System, der Hauptsitz der unbewussten Emotionen, erhält Informationen, z.B. von den Sinnesorganen, früher als das Großhirn.

Wo ist der Sitz der Gefühle? Im Körper? Uns hüpft das Herz vor Freude, uns zittern die Hände und schlottern die Knie, wir werden rot vor Scham oder wir werden kreidebleich vor Entsetzten oder gelb vor Neid. In früheren Kulturen wurden Gefühle in verschiedenen Körperteilen angesiedelt, vor allem im Herz und im Bauch. Wir sprechen auch heute noch vom Bauchgefühl.

Die Hirnforschung sagt aber etwas anderes. „Gefühle entstehen ausschließlich im Gehirn."[295] Zunächst unbewusst in Zentren des limbischen Systems. Sie werden erst dann bewusst, wenn sie von dort in die Großhirnrinde dringen. Das Gehirn projiziert die Gefühle in den Körper zurück. Ein Kribbeln im Bauch geschieht im entsprechenden Körperschema im Gehirn, dort wo der Bauch repräsentiert ist.

Maxwell R. Bennett und Peter M.S. Hacker knüpfen in ihrem Buch „Die philosophischen Grundlagen der Neurowissenschaften" an Aristoteles an. Ihre Kernthese ist: Der Geist ist weder eine vom Gehirn getrennte bzw. unabhängige Substanz, sie lehnen also den Dualismus ab, noch ist Geist und Bewusstsein eine mit dem Gehirn identische Substanz, sie lehnen also auch den Monismus ab. Geist und Bewusstsein sind Fähigkeiten der Person als Ganzer nicht eines Teils der Person, also nicht des Gehirns. Die Fähigkeit von Schweinsteiger, Fußball spielen und Tore schießen zu können, ist nicht eine Fähigkeit der Beine dieses Sportlers, sondern eine Fähigkeit der ganzen Person. Unter diesem Gesichtspunkt ist die Frage, wie die Fähigkeit Fußball spielen zu können mit den Beinen interagiert ebenso unsinnig wie die Frage, ob die Fähigkeit Tore schießen zu können, nach dem Tod des Fußballspielers weiterlebt oder nicht.

Der Mensch verfügt über eine Vielzahl an psychischen und geistigen Fähigkeiten, die zur Anwendung kommen, wenn wir wahrnehmen, denken, etwas wollen, Pläne schmieden, Entscheidungen treffen, usw. Diese Fähigkeiten sind Attribute des Menschen, nicht seiner Teile – insbesondere nicht des Gehirns, können aber auch nicht losgelöst vom Menschen als eigenständige Entität existieren. Der Mensch ist eine psychophysische Einheit, nicht ein Körper, in den der Geist eingehaucht wurde, nicht ein Gehirn, das den Körper steuert. Bennett und Hacker nennen es einen mereologischer

---

[295] Ebenda Seite 144

Fehlschluss, einem Körperteil, z.B. dem Gehirn psychische oder geistige Eigenschaften zuzuschreiben. (Mereologie, von griech. meros = Teil, befasst sich mit dem Verhältnis von Teil und Ganzem.)[296]

Wie ist die Person eines Menschen begrifflich zu fassen, also das, was das „Wesen" eines Menschen ausmacht, was ihn unverwechselbar macht? Die wohl älteste Charakterisierung eines Menschen wird Hippokrates zugeschrieben (ca. 400 v.Chr.). Er definierte 4 Temperamente

o Choleriker, gelbe Galle, reizbar
o Melancholiker, schwarze Galle, traurig,
o Phlegmatiker, Schleim, passiv
o Sanguiniker, Blut, heiter, aktiv

Den 4 Temperamenten wurden Körpersäfte zugeschrieben, ein Zeichen dafür, dass die Charaktere durch Körpereigenschaften realisiert werden müssen.

Eine moderne Charakterisierung der Persönlichkeit wurde von J. Asendorf in seinem Standardwerk „Psychologie der Persönlichkeit" vorgenommen. Um das Temperament als Kern der Persönlichkeit gruppieren sich 5 Grundfaktoren („big 5")

o Extraversion
o Verträglichkeit
o Gewissenhaftigkeit
o Neutrozismus
o Offenheit

Das Temperament ist hochgradig genetisch bedingt, die Grundfaktoren der Persönlichkeit sind teils genetisch, teils kulturell bedingt, teils bilden sie sich im Laufe der Hirnentwicklung.

---

[296] Maxwell R. Bennett und Peter M.S. Hacker: Die philosophischen Grundlagen der Neurowissenschaften

Extraversion	
still, reserviert, scheu, zurückgezogen	gesprächig, bestimmt, aktiv, energisch, offen, dominant, enthusiastisch, sozial, abenteuerlustig

Verträglichkeit	
Kalt, unfreundlich, streitsüchtig, hartherzig, grausam, undankbar, knickrig	mitfühlend, nett, bewundernd, herzlich, weichherzig, warm, großzügig, vertrauensvoll, hilfsbereit, nachsichtig, freundlich, kooperativ, feinfühlig

Gewissenhaftigkeit	
sorglos, unordentlich, leichtsinnig, unverantwortlich, unzuverlässig, vergesslich	organisiert, sorgfältig, planend, effektiv, verantwortlich, zuverlässig, genau, praktisch, vorsichtig, überlegt, gewissenhaft

Neurotizismus	
stabil, ruhig, zufrieden	gespannt, ängstlich nervös, launisch, besorgt, empfindlich, reizbar, furchtsam, sich selbst bemitleidend, instabil, mutlos, verzagt,

Offenheit	
Gewöhnlich, einseitig interessiert, einfach, ohne Tiefgang, unintelligent	Breit interessiert, einfallsreich, phantasievoll, intelligent, originell, wissbegierig, intellektuell, künstlerisch, gescheit, erfinderisch, geistreich, weise

Wie ist die Persönlichkeit im Gehirn verankert? Das vegetativ- affektive Verhalten regelt zunächst einmal die vegetativen Funktionen wie z.b. Stoffwechsel, Temperatur, Hormonausschüttung, Wachen und Schlafen. Aber es regelt auch affektives Verhalten wie Aggression, Dominanzverhalten, Flucht und Erstarren usw. Diesen Teil des Gehirns, den wir mit vielen Tieren gemeinsam haben, entwickelt sich sehr früh schon ab der 7. Schwangerschaftswoche.

Die Amygdala und das limbische System verknüpfen Ereignisse mit Gefühlen (Angst, Freude). Diese beiden Faktoren sind die unbewusste Grundlage der Persönlichkeit.

Im rechten Teil des Großhirns wird das eigene und das soziale Verhalten gesteuert, dort befinden sich auch die bewussten Gefühle. Im rechten Teil sind Verstand, Sprache und Symbole wie z.B. die Schrift verankert.

Welchen Einfluss nehmen diese 4 Ebenen der Persönlichkeit auf die Willenshandlungen?

- Spontan-affektive Entscheidungen („aus dem Bauch heraus") mit stark unbewussten Anteilen. Hier dominiert die unterste Ebene. Sie treten in Situationen auf, die stark emotional belastet sind. Diese Entscheidungen sind sehr wenig selbst bestimmt.
- Individuell-egoistische Entscheidungen, die auf emotionalen Konditionierungen beruhen. Sie sind von starken Handlungsmotiven getrieben und Lust-Unlust-motiviert. Charakteristisch für kindliches
Verhalten Teile bewusst – teils unbewusst.
- emotional-sozial-rationale Entscheidungen
Die Konsequenzen des Handelns werden bewusst, mindestens halbbewusst, erwogen. Konventionen und Normen sind von Bedeutung. Die Entscheidungen auf dieser Ebene können selbstbewusst sein.

Das Ich als Subjekt geistiger und emotionaler Zustände ist der Kern menschlichen Wesens und der Träger der

Menschenwürde. Das Ich ist der Verursacher des Handelns (mit Ausnahme von Reflexen und Affekthandlungen). Dieses abendländische Menschenbild ist die Grundlage unseres Gesellschafts- und Rechtssystems. David Hume (1711 – 1776) hat festgestellt, dass das Ich nicht erfahrbar ist. Empfindungen und Denken sind nach Hume Inhalte von Vorstellungen, deren Objekte wahrgenommen und im Denken verknüpft werden. Sie besitzen aber kein zugrunde liegendes Subjekt. Die heutigen Neurowissenschaften bestätigen Hume insofern als das Ich ein Bündel unterschiedlicher Zustände ist. Diese sind u.a.[297]

- Das Körper- Ich
- Das Verortungs- Ich
- Das perspektivische Ich
- Das Ich als Erlebnis- Subjekt
- Das Autorenschafts- Ich und Kontroll- Ich
- Das autobiografische Ich
- Das selbstreflexive Ich
- Das ethische Ich (das Gewissen)

Das Ich ist nicht der große Steuermann, für den es sich selbst hält. Denn wir tun Dinge, die wir nicht gewollt haben, wir werden von Gefühlen überwältigt, wir haben Gedanken und Gefühle, die sich als „Einflüsterungen" des Unbewussten herausstellen. Andererseits ist das Ich kein Epiphänomen, also kein wirkungsloses Nebenprodukt des Gehirns. Warum sollte ein Ich entstanden sein, das dann völlig wirkungslos bleibt?

Zu den Eigentümlichkeiten dieses Ichs gehört es, dass es die Existenz des eigentlichen Produzenten, des Gehirns, unterdrückt.

Das Selbstmodell ist vollständig transparent. Vollständige Transparenz bedeutet, dass wir uns des Mediums das unser

---

[297] Gerhard Roth: Persönlichkeit, Entscheidung und Verhalten; warum es so schwierig ist, sich und andere zu ändern, Seite 72 f

Modell erzeigt, nicht bewusst sind. Wir sehen nicht die Neuronen und nicht das Feuerwerk, das sie erzeigen, sondern nur das was sie für uns repräsentieren. Ein im Gehirn bewusstes Weltmodell ist genau dann transparent, wenn das System keine Möglichkeit hat, herauszufinden, dass es ein Modell ist.

Wir haben deshalb den Eindruck, wir nehmen die Umwelt direkt mit unseren Sinnesorganen wahr. Unsere Sehwelt liegt erlebnismäßig direkt vor uns. In dieser konstruierten Welt wirkt unser Wille direkt auf unsere Motorik. Auch unser Körper wird nicht direkt wahrgenommen, sondern ist konstruiert. Was beim Körper hinzukommt, ist das Gefühl der „Meinigkeit". Ich erlebe die Körperteile als „meine Hand", „mein Fuß" usw. „ … alle irgend vorhandenen Objekte, ja sogar den eigenen Leib … nur als Vorstellung zu betrachten, bloße Vorstellung zu nennen."

Kommen wir zur Willensfreiheit zurück. Eine freie, selbstbestimmte Person handelt nach Gründen und orientiert sich an Gründen. Frei entscheiden, bedeutet, dass der Handelnde seinen Willen durch Gründe bindet. Eine Entscheidung ist aber nicht nur rational, sondern auch emotional, sie ist nicht nur bewusst, sondern auch unbewusst.

Fühlen, Denken, Entscheiden und Handeln setzt ein einigermaßen gut funktionierendes Gehirn voraus. Alle psychischen und geistigen Prozesse sind neuronal realisiert, auch Gründe, Entscheidungen und Handeln.

In der philosophischen Position wird die Bindung an Gründe nicht als Einschränkung der Freiheit betrachtet, im Gegenteil, nach Gründen zu handeln ist die Voraussetzung für freie Entscheidungen. Jedoch wird von der Philosophie die Determination durch neuronale Prozesse als Freiheitsbeschränkung abgelehnt. Das beweisen folgende Zitate: „Sehr wohl würde mich aber die Determination meiner Entscheidung durch ein neuronales Geschehen stören, an dem ich nicht mehr als Stellung nehmende Person beteiligt bin: Es wäre *nicht mehr meine* Entscheidung." [298]

„Eine vollständige Determination von Ursachen lässt keinen Platz für die Wirksamkeit von Gründen." Und: „kausale Erklärungen, die nicht auf die betreffenden Gründe Bezug nehmen, (stehen) in einem Konflikt mit der Erklärung über Gründe." [299] Diese Aussagen sind aus einer monistischen Position heraus nicht aufrechtzuhalten. Wenn neuronale und psychisch-geistige Prozesse ein und dasselbe sind, die nur aus unterschiedlichen Positionen verschieden betrachtet werden, muss eine Bindung an Gründe die Determination durch neuronale Prozesse nicht ausschließen.

Anders als Kant bei der Diskussion der 4. Antinomie (Determinismus und Freiheit) gesagt hat, hört die Kausalität nicht auf, wo Biochemie endet und Geist beginnt. Geistige Vorgänge sind mit Naturvorgängen kompatibel.

Wir haben weiterhin gesehen, dass die Person als Ganze denkt, entscheidet, plant und nicht das Gehirn als Organ. Das ist richtig. Richtig ist aber auch, dass auch die Persönlichkeit im Gehirn realisiert ist. Wenn wir sagen, das Verhalten des Menschen wird von seiner Persönlichkeit bestimmt, dann meinen wir damit auch, dass sein Verhalten in gewissem Sinne vorhersagbar ist. Wenn wir jemand gut kennen, dann können wir einigermaßen voraussagen, wie er sich in einer bestimmten Situation verhalten wird. Das hat nichts mit Determination zu tun, sondern eher mit Vertrautheit und Verlässlichkeit. Wir sagen ja auch, ich kann mich blind auf ihn verlassen und meinen damit, dass dieser andere in einer bestimmten Situation zuverlässig das und das tun wird. Ein

---

[298] Jürgen Habermas (2005) Seite 166
[299] Julian Nida-Rümelin: Ursachen und Gründe.

blindes Verlassen auf einen anderen setzt aber eine große Vertrautheit voraus.

Wie gesagt, darf die Verlässlichkeit nicht mit Determination verwechselt werden. Wir sind keine Automaten. Das Verhalten eines Menschen ist nie vollständig vorhersagbar. Selbst meine eigenen Entscheidungen kann ich nicht vollständig vorhersagen. Unser Verhalten ist immer gleichzeitig determiniert und offen. Das gilt für alle hinreichend komplexen Systeme – und ein Gehirn ist das wohl komplexeste System auf so kleinem Raum. Die Gleichzeitigkeit von Determination und Offenheit gilt nicht nur für geistige und psychische, sondern auch für rein physikalische Systeme. Das Wetter z.B. ist prinzipiell nicht vorhersagbar. Prinzipiell bedeutet, dass auch genauere Messungen und größere Computer daran nichts ändern können.

Aber Vorsicht! Damit soll nicht gesagt werden, dass die Unvorhersehbarkeit in der Quantenmechanik und in der nichtlinearen Thermodynamik die Ursache der Willensfreiheit sind. Willensfreiheit kann nicht auf Zufall beruhen. Es soll damit gesagt werden, dass Determiniertheit und Unvorhersehbarkeit kein Widerspruch sind.

Willensfreiheit ist Handeln aufgrund von Motiven und Zielen, die einer Person zugeschrieben werden können. In dem Maße, wie bei einer Entscheidung eigene Motive eine Rolle spielen, ist es meine Entscheidung. Wir fühlen uns dann in unserem Willen frei, wenn wir der Urheber unserer Entscheidungen sind. Wir haben aber auch gesehen, dass unser Wille auf einem multi-zentristischen Entscheidungsnetzwerk beruht, was bedeutet, dass es nicht eine Zentrale gibt, die Entscheidungen trifft, sondern es ist ein Zusammenwirken mehrerer Gehirnregionen. Entscheidungen werden teilweise bewusst, teilweise unbewusst getroffen, sie sind – auch wenn sie scheinbar rein rational sind – auch immer emotional gefärbt und sie sind manchmal egoistische und manchmal ethisch.

Ein Entscheidungsprozess benötigt Zeit. Sowohl bewusste als auch unbewusste Vorgänge gehören zum Entscheidungsprozess. Oft sind die unbewussten Vorgänge im Gehirn schneller als die bewussten. Das erklärt die Messungen von Benjamin Libet. Es gibt tatsächlich Gehirnvorgänge, die sich zeitlich vor einer bewussten Entscheidung ereignen. Das heißt aber nicht, dass die Entscheidung schon feststeht, bevor sie bewusst wird. Wir haben immer auch die Möglichkeit, uns unsere Entscheidungen bewusst zu machen. Zum bewussten Teil meiner Entscheidung gehört, dass ich eventuell vorhandene ungute Emotionen zurückdrängen und ethischen Motiven den Vorzug geben kann.

Damit ist die Willensfreiheit gerettet! Die Willensfreiheit wird aber nicht dadurch gerettet, dass Geist und Materie getrennt werden und ein freier Wille nur für den geistigen Teil gilt. Wir beziehen die neuronalen Prozesse nicht nur mit ein, wir betrachten Geist und Gehirn als eine Einheit, die aus verschiedenen Perspektiven unterschiedlich wahrgenommen wird.

Willensfreiheit ist kein Widerspruch zu den neuronalen Prozessen, sondern Willensfreiheit setzt im Gegenteil ein einigermaßen zuverlässig und gesetzmäßig funktionierendes Gehirn voraus. Das Gehirn ist die Grundlage und die notwendige Voraussetzung aller geistigen Phänomene. Es gibt also keinen Konflikt zwischen unserer Natur und unserem Menschenbild, dessen wesentliches Element das selbstbewusste, frei handelnde, verantwortliche Individuum ist. Die Hirnforschung stellt dieses Menschenbild nicht infrage, sondern konkretisiert die Verbindung von Geist und Gehirn.

Freiheit

Axel Honneth unterscheidet 3 Arten von Freiheit: negative, reflexive und soziale Freiheit.[300]

Negative Freiheit.
„Die Freiheit des Menschen bedeutet genau genommen das Fehlen von Widerstand" (Thomas Hobbes: Leviathan, Seite 163). Nach Hobbes besteht Freiheit darin, nicht durch äußere Widerstände daran gehindert zu werden, selbstgesetzte Ziele zu realisieren. Frei ist, wer nicht daran gehindert ist, Dinge, die er tun kann, seinem Willen entsprechend auszuführen. Mit Widerstände sind äußere Widerstände gemeint. Innere Widerstände, wie das Fehlen von Fähigkeiten, Ängste oder Willensschwäche sind keine Einschränkungen der Freiheit. Bürger der früheren DDR waren willens und fähig ins Ausland zu reisen, aber sie wurden vom Staat daran gehindert.

Zur negativen Freiheit gehört auch, dass der pure, ungestörte Akt des Entscheidens ausreicht, um eine daraus resultierende Handlung als „frei" zu qualifizieren. Jede Handlung darf „frei" genannt werden, solange sie nur als Ausdruck der Selbstwahl begriffen werden kann. Auch die Realisierung sehr eigenwilliger Lebensziele ist frei, solange sie die Freiheit aller anderen Mitbürger nicht beeinträchtigt. Schon wenn verlangt wird, man solle sich an einem vernünftigen Lebensplan halten, wird das als Einschränkung der Freiheit verstanden.

Reflexive Freiheit
Um frei sein zu können, muss der Mensch in der Lage sein, eigene Entscheidungen zu treffen. Im Gegensatz zur negativen Freiheit, die keine äußeren Einschränkungen und Zwänge zulässt, besitzt der Mensch dann eine reflexive Freiheit, wenn er in der Lage ist, sich so auf sich selbst zu

---

[300] Axel Honneth: Das Recht der Freiheit, Abschnitt A

beziehen, dass er sich in seinem Handeln nur von eigenen Absichten leiten lässt.

Die reflexive Freiheit (Isaiah Berlin nennt sie positive Freiheit) kann als Autonomie des Menschen, oder als seine Selbstverwirklichung interpretiert werden. Autonomie muss bereits dann infrage gestellt werden, wenn Begierden, Laster, Triebe, die Oberhand gewinnen. Ein Süchtiger ist nicht frei.

Freiheit bedeutet nicht Beliebigkeit in der Entscheidung, nicht sprunghaftes Wechseln der Ziele, sondern Festhalten an sich selbst gesetzten Zwecken. Sobald ein Mensch das in der Welt verwirklicht, was sein Wille und nicht seine Begierden ihm auferlegt, vermag er sich als freies Wesen zu empfinden.[301]

Aber was ist der Wille? Auch für Kant ist Freiheit Selbstgesetzgebung. Aber ihm kommt es auf die Selbstbestimmung an. Es müssen echte, authentische Wünsche sein, die den Willen bestimmen. Und die selbsterlassenen Gesetze bewirken nur dann Freiheit, wenn sie sich einer Einsicht in die richtigen, also vernünftigen Gründe verdanken. Das Wollen vernünftiger Wesen bedeutet auch, nicht seinen Neigungen nachzugeben. Schon die Tatsache, dass er das kann, zeigt, dass er Mensch zur Freiheit befähigt ist. Vernünftig sind Gründe dann, wenn sie verallgemeinerbar sind, d.h. wenn auch andere vernünftige Wesen ihnen folgen können. Das ist bereits der kategorische Imperativ: Handle so, dass die Maxime deines Handelns ein allgemeines Gesetz werden kann. In unserem Zusammenhang ist besonders wichtig, dass in der Verallgemeinerbarkeit zugleich eine universelle Achtung zum Ausdruck kommt. Indem ich mich frage, ob die von mir auserkorene Handlungsmaxime die Zustimmung anderer Menschen finden könnte, respektiere ich sie dadurch in ihrer

---

[301] ebenda Seite 61

Vernünftigkeit und behandle sie als Zwecke in sich selbst. In einer anderen Formulierung des Kategorischen Imperativs sagt Kant: „Dass du die Menschheit, sowohl in deiner Person, als in der Person eines jeden anderen jederzeit zugleich als Zweck, niemals bloß als Mittel brauchest."[302]

Der Mensch ist also genau darin frei, dass er sein Handeln an den moralischen Gesetzen orientiert, die er sich selbst gegeben hat. Mit der Idee der Freiheit ist Autonomie verbunden und damit auch Sittlichkeit. Es ist für Kant geradezu eine moralische Pflicht, alle anderen Subjekte in derselben Weise als autonom zu behandeln, wie wir es von ihnen uns selbst gegenüber erwarten.

Die reflexive Freiheit verlangt Aufrichtigkeit. Der eigene, authentische Wille muss sich in einem längeren Prozess der Reflexion erst entwickeln. Der Selbstgesetzgebung muss eine Selbstfindung vorausgehen. Die reflexiven Leistungen, die nötig sind, um individuelle Freiheit zu praktizieren, sind das Ergebnis eines Sozialisationsprozesses. Nach Freud sind moralische Normen internalisierte Elternregeln.

Karl-Otto Apel und Jürgen Habermas haben das metaphysische Element in Kants Ethik in eine Sozialtheorie reformuliert. Der Einzelne begreift sich als Teilnehmer einer Kommunikationsgemeinschaft, in dem jeder den anderen als autonome Person respektieren muss. Die monologische Ethik Kants wird so intersubjektiv.

Harry Frankfurt hat bemerkt, dass ein Mensch noch nicht frei ist, wenn sein Handeln aus einem Wunsch heraus geschieht.[303] Er muss diesen Wunsch noch einmal von einer höheren Warte aus betrachten und zu ihm Stellung beziehen, indem es ihn akzeptiert, verwirft oder bekräftigt. Es muss ein

---

[302] Immanuel Kant: Grundlegung der Metaphysik der Sitten
[303] Harry Frankfurt. Willensfreiheit und der Begriff der Person, in Freiheit und Selbstbestimmung, Seite 65-83

besonderer Akt der Identifikation mit dem Wunsch dazu kommen, um ihn als wirklich frei zu empfinden.

Soziale Freiheit
Das intersubjektive Zusammenwirken eröffnet Freiheitsräume. Der Einzelne ist, um seinem Willen zu entwickeln, auf Gesprächspartner angewiesen. Die negative Freiheit findet ihre Grenze darin, dass die „Inhalte" des Handels selbst nicht als frei begriffen werden können. Die reflexive Freiheit ist zwar inhaltlich frei, weil selbstbestimmt, tritt aber einer Wirklichkeit gegenüber, die als heteronom erfahren wird. (siehe Hegel: Grundlinien der Philosophie des Rechts, Einleitung)

Die Freiheit eines Menschen ist eine reflexive Leistung des Individuums, insofern als ein Akt der Selbstgesetzgebung oder der Bestimmung der eigenen Wünsche vollzogen werden muss. Ich bin nur frei, wenn ich mein Handeln an autonom gesetzten Zielen oder an authentisch erschlossenen Wünschen orientiere. Was aber fehlt, ist die Realisierung der Ziele in einem sozialen Raum. Um auch dort Freiheit zu ermöglichen, müssen auch die sozialen Interaktionen frei von Heteronomie und Zwängen sein. Hegel selbst spricht in § 7 seiner Rechtsphilosophie, dass Freundschaft und Liebe Beispiele für Freiheit im sozialen Raum sind. In diesen Beziehungen ist der Mensch nicht bestimmt. Indem er den Anderen als anders betrachtet, hat er dann erst sein Selbstgefühl. Im Bei-sich-selbst-Sein im Anderen (in der Formulierung Hegels) ist der Schlüssel zur Konzeption der Freiheit enthalten.

Die wechselseitige Anerkennung[304] ist der zentrale Begriff für die Freiheit in den sozialen Beziehungen. Wechselseitige Anerkennung setzt voraus: die eigenen Ziele für den anderen verständlich zu artikulieren, die Äußerungen des anderen angemessen verstehen und sich gegenseitig als Person annehmen. Erst in der Spiegelung in andern erkennen wir uns

---

[304] Siehe Axel Honneth: Der Kampf um Anerkennung

selbst. Das meint Hegel mit seiner Formulierung „Bei-sich-Selbst-sein im Anderen."

Nicht nur in Liebe und Freundschaft, auch die Ökonomie verlangt von den Marktteilnehmern wechselseitige Anerkennung. Hegel begreift die Gesellschaft seiner Zeit als ein geschichtetes Verhältnis von Anerkennungsverhältnissen. Die gegenseitige Anerkennung ermöglicht die Verwirklichung komplementärer Zielsetzungen. In der Kooperation wissen sich die Subjekte reziprok in der Ergänzungsbedürftigkeit ihres Wesens voneinander anerkannt. Marx verfolgt in seinem ganzen Werk den Gedanken, dass die reflexive Freiheit des Einzelnen erst dort wirklich zum Zuge kommt, wo er in Ergänzung durch die Selbstverwirklichung der anderen zur eignen, produktiver Selbstverwirklichung gelangt. „Der Mensch kann zu sich und seinesgleichen ein dauerndes Verhältnis nur indirekt festhalten, er muss sich auf einem Umwege, sich entäußernd, wiederfinden."[305]

Nicht alle gesellschaftlichen Institutionen verkörpern Freiheit, sondern nur diejenigen, die Anerkennungsbeziehungen ermöglichen.

---

[305] Arnold Gehlen: Über die Geburt der Freiheit aus der Entfremdung, Seite 378

Halten wir fest

Ein erwachsener Mensch entscheidet selbständig und eigenverantwortlich. Auch die Rechtsprechung geht von einem autonomen schuldfähigen Bürger aus.

Die Willensfreiheit wurde infrage gestellt durch Experimente des Hirnforschers Benjamin Libet, die eine Diskussion über die Willensfreiheit ausgelöst haben.

Im Verhältnis von Körper und Geist gibt es zwei grundsätzliche Positionen: den Dualismus und den Monismus. Der Naturalismus ist monistisch.

In der materiellen Welt gibt es Ursachen, die naturgesetzlich determinierte Wirkungen hervorbringen. In der geistigen Welt handelt der Mensch frei, indem er sich von Gründen leiten lässt.

Es gibt keinen unbedingt freien Willen. Er ist immer bestimmt von der Lebenserfahrung, Wertvorstellungen, Wünschen usw. „Freiheit ist nicht nur mit Bedingtheit verträglich, sie verlangt Bedingtheit und wäre ohne sie nicht denkbar." (Peter Bieri)

Der Hirnforscher Gerhard Roth zeigt detailliert, was im Gehirn geschieht wenn wir uns entscheiden. Er begegnet auch dem Argument, dass eine Entscheidung von der Person als Ganzer und nicht nur vom Gehirn allein, indem er auch die Persönlichkeit im Gehirn verankert.

Wir fühlen uns frei, wenn wir uns als Urheber unserer Entscheidungen fühlen. Sowohl die Gründe, als auch die Motive und Ziele sind neuronal fundiert. Die neuronalen Prozesse im Gehirn benötigen Zeit. Es kann deshalb auch geschehen, dass unbewusste Gehirnvorgänge zeitlich früher sind als die bewussten. Das heißt aber nicht, dass Entscheidungen schon feststehen, bevor sie uns bewusst werden. Wir haben immer die Möglichkeit, uns bewusst auch gegen ungute Emotionen zu entscheiden.

12. Anerkennen

Wir sind Individuen und soziale Wesen. Ein soziales Wesen sein heißt nicht nur, dass wir als Individuen zu anderen Menschen Beziehungen haben, sondern das heißt, dass es zu unserem Wesen gehört, in Gemeinschaften zu leben. Menschen, die ohne Kontakte aufwachsen, können sich nicht zu einer Persönlichkeit entwickeln, sie verkümmern psychisch und geistig. Kaspar Hauser war ein bemitleidenswertes Beispiel dafür. Das Leben in einer sozialen Gruppe ist natürlich keine Besonderheit des Menschen. Alle Primaten, insbesondere unsere nächsten Verwandten im Tierreich, die Schimpansen, leben in Gruppen. Schon in diesem Sinn gehört es zu unserer Natur sozial zu sein.

Aber das was den Menschen als soziales Wesen auszeichnet, was ihn als Mensch charakterisiert und was ihn von den Tieren unterscheidet ist eine besondere Form der zwischenmenschlichen Beziehungen, die gegenseitige Anerkennung.

Unter gegenseitiger Anerkennung verstehen wird die Fähigkeiten

- andere Menschen als Person wahrzunehmen können, als ein Wesen mit eigenen Gedanken, Gefühlen und Wünschen (diese Fähigkeit wird im Englischen als „theory of mind" bezeichnet),
- die Perspektive eines anderen Menschen einnehmen zu können, d.h. etwas aus seinem Blickwinkel heraus betrachten zu können (Perspektivenwechsel),
- mit anderen mitfühlen zu können (Empathie),
- die Aufmerksamkeit mit anderen teilen zu können (im Englischen „shared intentionality")
- mit anderen Menschen zusammenarbeiten zu können (Kooperation), d.h. gemeinsame Ziele entwickeln und verfolgen.

Diese Fähigkeiten, die zusammengehören und sich ergänzen und teilweise überschneiden, haben Konsequenzen, die in ihrer Bedeutung und Reichweite nicht überschätzt werden können. Sie sind die Grundlagen für die einzigartigen kognitiven Fähigkeiten, die den Menschen vor dem Tier auszeichnet.

Wir werden aus der gegenseitigen Anerkennung Fähigkeiten ableiten, die grundlegend sind für die menschliche Kultur

- kulturelles Lernen, (siehe dieses Kapitel)
- Sprache, (siehe Kapitel 13)
- moralisches Handeln, (siehe Kapitel 15)

Der Begriff Anerkennung taucht in der Philosophie zum ersten Mal bei Hegel auf. In seinen Frühschriften erklärt er wie die gegenseitige Anerkennung eine Gemeinschaft innerlich bindet, gleichzeitig aber die individuelle Freiheit des einzelnen nicht nur nicht beeinträchtigt, sondern sogar noch erhöht.

„Jedes menschliche Zusammenleben setzt eine Art von elementarer gegenseitiger Bejahung zwischen Subjekten voraus, weil anders eine wie auch immer geartetes Miteinandersein erst gar nicht zustande kommen könnte."[306]

Anerkennung zeigt sich in verschiedenen sozialen Beziehungen: im emotionalen Beziehungen, z.B. der Liebe, wird das Individuum als konkretes Bedürfniswesen anerkannt, in den formellen Verhältnissen des Rechts wird der Mensch als Rechtsperson anerkannt, als Staatsbürger wird der Mensch durch die Verfassung in seiner Einzigartigkeit als Träger unveräußerlicher Rechte anerkannt, die Wirtschaft erkennt den Menschen als Träger legitimer Besitzansprüche und somit als Eigentümer an.

---

[306] Axel Honneth: der Kampf um Anerkennung, Seite 73

Die wechselseitige Anerkennung ist für die Identitätsbildung des Individuums nicht nur wichtig, sondern notwendig. „Stets wird ein Subjekt in dem Maße, in dem es sich in bestimmten seiner Fähigkeiten und Eigenschaften durch ein anders Subjekt anerkannt weiß ... zugleich auch Teile seiner unverwechselbaren Identität kennenlernen und somit dem anderen auch wieder als ein Besonderes entgegengesetzt sein."[307]

In dieser Eigenschaft der gegenseitigen Anerkennung unterscheidet sich der Mensch grundlegend von den Tieren, insbesondere von den nichtmenschlichen Primaten. Es „...spricht die überwiegende Mehrzahl empirischer Belege dafür, dass nur Menschen ihre Artgenossen als intentionale Akteure wie sich selbst verstehen und somit nur Menschen kulturelle Lernprogramme vollziehen."[308]

Welche Unterschiede gibt es in den kognitiven Fähigkeiten von Säugetieren, nichtmenschlichen Primaten und Menschen.

Säugetiere können

- sich merken, was sich wo in ihrer lokalen Umwelt befindet (z.B. welche Früchte zur welcher Zeit an welchen Bäumen wachsen),
- die sichtbaren und unsichtbaren Bewegungen von Gegenständen verfolgen,
- Gegenstände anhand wahrgenommener Ähnlichkeiten kategorisieren,
- kleine Mengen von Gegenstände verstehen und vergleichen,
- Probleme durch Einsicht lösen.[309]

Primaten, aber keine anderen Säugetier, haben ein Verständnis von sozialen Beziehungen Dritter, also

---

[307] Ebenda seit 30-31
[308] Michael Tomasello: Die kulturelle Entwicklung des menschlichen Denkens, Seite 18
[309] Ebenda Seite 28

Beziehungen, die zwischen anderen Primaten bestehen, z.B. Verwandtschafts- und Dominanzbeziehungen. D.h. das Verstehen relationaler Kategorien ist eine geistige Fähigkeit, die Primaten von anderen Säugetieren unterscheidet. Allerdings verstehen Primaten die Welt nicht in intentionalen und kausalen Begriffen.[310]

Menschen haben folgende kognitiven Fähigkeiten, die sie von nichtmenschlichen Primaten unterscheiden:

- sie deuten auf äußere Gegenstände,
- sie halten Gegenstände hoch, um sie anderen zu zeigen,
- sie versuchen andere an Orte zu führen, so dass sie dort bestimmte Gegenstände sehen können,
- sie bieten anderen Menschen Gegenstände aktiv durch Vorzeigen an,
- sie lehren Anderen absichtlich neue Verhaltensweisen.[311]

Was ist der tiefere Grund für diese unterschiedlichen kognitiven Fähigkeiten von Menschen und nichtmenschlichen Primaten? „Meiner Ansicht nach tun sie [die nichtmenschlichen Primaten] diese Dinge deshalb nicht, weil sie nicht verstehen, dass ihre Artgenossen intentionale und geistige Zustände haben, die möglicherweise beeinflussbar sind."[312]

Nichtmenschliche Primaten haben einige kognitive Fähigkeiten bezogen auf physikalische Gegenstände, einschließlich relationaler Kategorien wie z.B. Antezedenz-Konsequenz-Folgen (auf „das" folgt „jenes") von Ereignissen. Aber sie nehmen nicht die zugrundliegenden Ursachen wahr, sie haben also keinen Begriff von Kausalität.

Das Kausale Denken erlaubt es dem Menschen andere ähnliche Ereignisse vorausschauend zu beurteilen und die

---

[310] Ebenda Seite 32
[311] ebenda, Seite 34
[312] ebenda

weitere Entwicklung der Ereignisse soweit möglich vorherzusehen und zu beeinflussen.

Mit dieser Fähigkeit wird der Mensch nicht geboren, sondern sie entwickelt sich in einem Alter von ungefähr neun Monaten, Aber ihre volle Kraft entfaltet sie erst wenn das Kind die kulturellen Instrumente, vor allem die Sprache, aktiv gebrauchen lernt. Erst allmählich lernen Kinder den anderen als intentionales Wesen zu verstehen. Für mehr Details siehe Kap 13.

Der Mensch unterscheidet sich prinzipiell in seiner Fähigkeit zum kulturellen Lernen. Der Schüler erkennt die Intention des Lehrers und sieht darin den Sinn und das Ziel der Tätigkeit des Lehrers. Indem er diese Intention für sich übernimmt, lernt er was der Lehrer ihm gezeigt hat. Dieses kulturelle Lernen setzt einen Schüler voraus, der die Fähigkeit besitzt, sich in die Position eines anderen zu versetzen und die Situation aus dieser Position heraus zu betrachten. Nur wer diese Fähigkeit besitzt, kann er kulturell lernen. Nur mit kulturellem Lernen konnte der Mensch sich so entwickeln, wie er sich entwickelt hat, nur so konnte er die Kulturleistungen hervorbringen, die er hervorgebracht hat.

Lehren und Lernen, also Weitergabe und Übernahme von Wissen, gibt es nicht nur beim Menschen. Flügge gewordene Vögel lernen den arttypischen Gesang ihrer Eltern, Rattenjungen lernen, nur Nahrung zu fressen, die ihre Mütter fressen, junge Schimpansen lernen den Werkzeuggebrauch ihrer Artgenossen.[313] Aber diese Weitergabe von Wissen unterscheidet sich vom kulturellen Lernen des Menschen. Tiere lernen nur durch Imitation, sie ahmen Verhalten nach, lernen aber nicht dadurch, dass sie verstehen warum der andere genau das tut, was er tut. Kulturelles Lernen ist also ein wichtiger Unterscheidungsfaktor zwischen Mensch und Tier.

Durch kulturelles Lernen wird erworbenes Wissen und Können zum Bestand einer sozialen Gruppe. Auf diesen

---

[313] Ebenda Seite 15

Bestand kann die folgende Generation aufbauen und ihn weiterentwickeln. Tomasello hat dafür den Begriff „Wagenheber-Effekt" eingeführt. Die nächste Generation muss nicht wieder neu beginnen, sondern kann auf dem kulturellen Wissen aufsetzen, das vorhergehende Generationen erworben haben. Das ist eine Besonderheit des Menschen. „Es scheint kein Verhalten anderer Tierarten, einschließlich der Schimpansen, zu geben, das eine kummulative kulturelle Evolution aufweist."[314]

Kulturelles Lernen ist ein soziales Lernen, weil es sich mit den mentalen Zuständen des anderen seinen Gedanken und Intentionen, identifiziert. Die Fähigkeit zum kulturellen Lernen baute auf dem auf, was Primaten können, auf ihrer Fähigkeit zur Orientierung im Raum, auf dem Umgang mit Gegenständen usw. und transformierte sie in neue kulturell basierte Fertigkeiten mit einer sozial-kollektiven Dimension".

Auch Tiere lernen. Beispiel: Junge Schimpansen lernen durch räumliche Nähe zu adulten Tieren. Wenn z.B. die Mutter zu einer Wasserquelle geht und das Jungtier begleitet sie, lernt der junge Schimpanse wo die Wasserquelle ist. Oder ein junger Vogel lernt den arttypischen Gesang durch Nachahmung ohne ein Verständnis für die Wirksamkeit der Handlung zu haben.

Die gegenseitige Anerkennung ist auch die Voraussetzung dafür, dass in der phylogenetischen Entwicklung der Gattung Mensch Sprache entstehen konnte und dass in der ontogenetischen Entwicklung des einzelnen Menschen Sprechen erlernt werden kann (siehe Kap 12). Sprache ist eine Symbolwelt, die Menschen mit anderen teilen.

Sprachliche Kommunikation geschieht in Situationen gemeinsamer Aufmerksamkeit. Sowohl die Mitteilung, als auch das Verstehen ist nur möglich, wenn die Kommunikationsteilnehmer sich gegenseitig als geistiges Wesen anerkennen und wenn sie in der Lage sind, die Perspektive des anderen einzunehmen. Eine Mitteilung ist ein

---

[314] Ebenda Seite 56

sozialer Akt, bei dem ein Teilnehmer versucht, die Aufmerksamkeit eines anderen auf etwas in der Welt zu richten. Insgesamt verlangt also sowohl die phylogenetische Entwicklung der Sprache als auch der ontogenetische Spracherwerb, dass der Kommunikationsteilnehmer

- andere als intentionale Akteure verstehen kann,
- an Szenen gemeinsamer Aufmerksamkeit teilnehmen kann,
- die übermittelte Information verstehen kann
- die kommunikative Absicht verstehen kann (also warum der Gesprächsteilnehmer die Aufmerksamkeit des anderen auf gerade dieses Objekt oder Ereignis richtet)
- im kulturellen Lernprozess mit dem Erwachsenen die Rollen tauscht und somit ihnen gegenüber dasselbe Zeichen gebraucht, was sie ihm gegenüber gebraucht haben, wodurch das intersubjektiv verstandene kommunikative Symbol erst erzeugt wird.[315]

Mit dem Erwerb der Sprache lernt das Kind auch, dass es unterschiedliche Perspektiven auf einen Gegenstand oder ein Ereignis geben kann. Eine Taube kann ein Vogel, ein Briefträger, ein Nahrungsmittel oder ein Symbol für den Frieden sein. Diese perspektivische Eigenart der Sprache kann das Verstehen erschweren. Darauf hat Wittgenstein hingewiesen. Wenn jemand z.B. sagt: „So wie dieser Baum hier", meint er dann die Baumart, die Höhe, die Farbe oder die Rauigkeit der Rinde?

Kinder lernen neue Wörter in Situationen gemeinsamer Aufmerksamkeit, in der tägliche Erfahrungen immer wieder vorkommen, wie z.B. Baden, Essen, Spielen oder Vorlesen usw. Um die Bedeutung eines neuen Worts zu erfassen muss das Kind in der Lage sein, die kommunikative Absicht des Gesprächsteilnehmers zu bestimmen.

Wenn nun die Aufmerksamkeit des Erwachsenen auf das Kind gerichtet ist und das Kind die Intentionen eines anderen

---

[315] Ebenda Seite 140

verstehen gelernt hat, beobachtet das Kind die Intention des Erwachsenen auf sich selbst. Es lernt, sich aus der Perspektive eines andern zu sehen. Entsteht so möglicherweise das Ich-Bewusstsein?

Kinder lernen auf diese Weise auch die emotionalen Einstellungen ihnen gegenüber. Lernen wir so Gefühle wie Schüchternheit oder Scham? Man kann beobachten, dass Kinder um den ersten Geburtstag herum erste Anzeichen von Schüchternheit zu zeigen.

In diesem Zusammenhang vertritt Tomasello eine interessante These: Der Grund, warum Sprachen so aufgebaut sind, wie sie sind, liegt darin, dass Menschen sich über verschiedene Standpunkte aus miteinander verständigen müssen.[316] D.h. er will die Sprachstrukturen aus der Perspektivhaftigkeit der Gesprächsteilnehmer erklären.

Bemerkenswert ist, dass wir dieselben Strukturelemente, die wir bei Lebewesen gefunden haben, nämlich die operative Geschlossenheit bei gleichzeitiger Offenheit, die Selbstorganisation, die Selbststrukturierung und Selbstdifferenzierung und die Anschlussfähigkeit auch in der Sprache wiederfinden.

Sprache wird durch Kommunikationsprozesse gebildet. Sprechakte werden an Sprechakte gekoppelt und bilden dadurch ein operativ geschlossenes System. Dieses System ist offen, da Wahrnehmung ständig neue Informationen in das System importiert. Sprache strukturiert und differenziert sich selbst durch Kommunikationsprozesse. Auf den Sprechakt kann immer ein nächster folgen. Deshalb ist Sprache anschlussfähig. Die Struktur der Sprache wird durch Kommunikation gebildet, umgekehrt ermöglicht die Sprachstruktur überhaupt erst Kommunikation.

Durch die Sprache können Ereignisse oder Sachverhalte auf viel komplexere Weise dargestellt werden, als es ohne Sprache möglich ist. D.h. die Welt der Lebewesen mit Sprache

---

[316] Ebenda, Seite 155

ist sehr viel reicher und differenzierter als die Welt von Lebewesen ohne Sprache.

Wir haben sowohl die phylogenetische, als auch die ontogenetische Entwicklung der Sprache betrachtet. Beides ist notwendig. Wenn wir das Merkmal X (Eigenschaft oder Fähigkeit) beim erwachsenen Menschen versuchen zu verstehen müssen wir es sowohl phylogenetisch, als auch ontogenetisch untersuchen. Diese beiden Prozesse sind aber eng miteinander verbunden. Die Phylogenese muss ihren Prozess immer auch ontogenetisch realisieren. Diese beiden Prozesse sind so sehr miteinander verbunden, dass es keinen Sinn macht, zu fragen, ob ein Merkmal angeboren ist oder erworben. In vielen Fällen ist auch nur die Disposition, eine Eigenschaft oder ein Merkmal kulturell zu erwerben, als Potential in einem Menschen angelegt. Auch die Verstandeskategorien, die Kant als a priori, d.h. vor jeder Erfahrung, charakterisiert hat, müssen irgendwie entstanden sein, d.h. sie sind ontogenetisch a priori, aber phylogenetisch a posteriori. Tomasello schlägt als Alternative die Unterscheidung individuelle und kulturelle Entwicklung vor. Individuelle Entwicklungen vollzieht der Organismus ohne Beteiligung anderer Personen. Die kulturelle Entwicklung der kognitiven Fähigkeiten ist demgegenüber ohne sozialen Austausch mit anderen nicht möglich. „Menschen besitzen biologisch vererbte Fähigkeiten zur kulturellen Lebensform".[317]

Kommunikative Gesten werden auch durch Ritualisierung, d.h. durch wiederholte Verwendung in sozialen Interaktionen erworben. Tomasello vertritt die Meinung, dass Schimpansen nur durch Ritualisierung kommunikativer Gesten lernen.[318] Auch bei Kleinkindern gibt es das. Ein Beispiel ist das Arme hochstrecken, um den Erwachsenen zu bitten, es hochzunehmen. Ritualisierung ist ein intelligentes, kreatives, soziales Lernen. Es ist bei allen sozialen Lebewesen, auch beim Menschen, von großer Bedeutung. Es beruht aber nicht darauf, dass ein Mitglied der Gemeinschaft die Intentionen

---

[317] Ebenda Seite 74
[318] Ebenda Seite 47.

und Strategien des anderen erfasst, sondern es beruht auf der wiederholten Anwendung von Gesten oder Handlungen in bestimmten sozialen Situationen.

Kinder können intentionale Angebote eines Gegenstandes vom Gegenstand selbst trennen oder ihm ganz andere intentionale Zuschreibungen machen. Sie sehen, fast schon sprichwörtlich in einem Steckenpferd ein Pferd oder in einem Sandhaufen eine Burg. Ist das der Einstieg in die Welt der Symbole, in der wir uns bewegen?

„Wenn Kinder lernen, andere als intentionale Akteure wie sie selbst zu verstehen, beginnt sich eine ganz neue Welt intersubjektive geteilter Wirklichkeit für sie zu eröffnen. Eine Welt, die von materiellen und symbolischen Artefakten und von sozialen Praktiken bevölkert ist, die Angehörige ihrer Kultur sowohl in der Vergangenheit als auch in der Gegenwart für den Gebrauch anderer geschaffen haben".[319]

Die kumulierte kulturelle Evolution benötigt zwei Elemente: Innovation und kulturelles Lernen. Innovation kann als Einzelleistung oder als Leistung eines Teams entstehen. Viele kulturelle Entwicklungen sind nur als gemeinsame Leistung vieler Menschen, auch über Generationen hinweg, möglich gewesen. Ein Beispiel dafür ist die Sprache. Sie ist aus der Kommunikation vieler Individuen einer Sprachgemeinschaft über einen langen Zeitraum hin entstanden. Eine Sprache wird im Lauf der Zeit reicher an Ausdrucksmöglichkeiten, differenzierter, komplexer und strukturierter. Wie wir später sehen werden, setzt die Sprache und die Sprachentwicklung die Fähigkeit der Sprachteilnehmer zum Perspektivenwechsel und zur geteilten Aufmerksamkeit voraus. Sprache hat sich aus der Zeigegeste heraus entwickelt, die sich bei den anderen Primaten nicht findet und Zeigegesten benötigen die Fähigkeit, die Intention des anderen erkennen zu können. Allerdings wäre Sprache auch nicht ohne die physiologische Fähigkeit zur Lauterzeugung, die wir mit einigen Tieren gemeinsam haben, möglich.

---

[319] Ebenda Seite 121

Menschen besitzen kognitive Fähigkeiten, die phylogenetisch entstanden sind und biologisch vererbt werden. Sie verwenden diese Fähigkeiten um die kulturelle Symbolwelt, in der sie hineingeboren werden und die sich in einem historischen Zeitraum entwickelt hat, zu nutzen.

Die kulturelle Welt bringt Formen kognitiver Repräsentation hervor. Dazu gehört in erster Linie die Sprache, aber auch eine Vielzahl anderer Symbole, vor allem im religiösen und politischen Bereich. Dadurch, dass wir kulturelle Wesen sind, nehmen wir die Umwelt nicht unmittelbar, sensorisch wahr, sondern mittelbar über Kategorisierung. Das schafft einerseits Distanz, anderseits eröffnet es die Möglichkeit zu Analogien und Metaphern.

Jedes menschliche Zusammenleben setzt gegenseitige Anerkennung voraus. Anders kann ein wie auch immer geartetes Miteinandersein nicht zustande kommen und nicht dauerhaft bestehen. Das gilt für Familienbeziehungen (Ehepartner, Eltern-Kind, Kind-Eltern, Geschwister), Freundschaften, Beziehungen zu Kollegen, Geschäftsbeziehungen, Solidarität in einer Gesellschaft.

Mit der Fähigkeit zum Perspektivenwechsle ist der Mensch in der Lage, eine Situation aus dem Blickwinkel eines anderen zu betrachten. Dazu gehört auch die Möglichkeit, sich selbst mit den Augen eines anderen sehen zu können. Vermutlich ist so das Ichbewusstsein entstanden. Auf dem Umweg über eine Bezugsperson, in der Regel die Mutter, entdeckt das Kind sich als eigenständige Person. Indem das Kind sich in der Mutter spiegelt, erfährt es sein Ich.

Hegel hat darin ein allgemein gültiges Bildungsgesetz des Geistes entdeckt: es die Doppelbewegung von Entäußerung und Rückkehr zu sich selbst in deren permanenter Wiederholung sich der Geist Schritt für Schritt realisiert.[320] Der Geist hat die Fähigkeit der Selbstdifferenzierung. Er kann sich

---

[320] Axel Honneth: Kampf um Anerkennung, Seite 54

zu einem Anderen seiner selbst machen und von dort zu sich selbst zurückkehren.

„Das Ich bildet sich nur in wechselseitiger Anerkennung der Individuen. Erst wenn beide Individuen sich jeweils durch ihr gegenüber in ihrer Selbsttätigkeit bestätigt sehen, können sie komplementär zu einem Verständnis ihrer können sie komplementär zu einem Verständnis ihrer selbst als einem autonom handelnden und individuierten Ich gelangen."[321]

In der frühkindlichen Phase ist die Liebe der Mutter wesentlich für die Entwicklung des Kindes. Entzug der mütterlichen Zuwendung kann zu schweren Störungen im Verhalten des Kindes führen, auch wenn ansonsten die Befriedigung all seiner sichergestellt ist. In der weiteren Entwicklung des Kindes sind Mutter und Kind auch mal getrennt und das Kind erfährt, wie es ist allein zu sein. Aber wenn sich das Kind, auch bei Abwesenheit der Mutter, der mütterlichen Liebe sicher sein kann, wächst das Vertrauen des Kindes zu sich selbst, das es ihm ermöglicht, sorglos mit sich selbst allein sein zu können.

Wenn die Mutter-Kind-Beziehung glücklich war und wenn – und das ist wichtig – auch die Trennung des Kindes von der Mutter gut bewältigt wurde, ist der jugendliche und erwachsenen Mensch in der Lage, neue Beziehungen, Liebes- und Freundschaftsbeziehungen einzugehen.

In persönlichen Beziehungen wie Liebe oder Freundschaft wird der Partner in seiner Person als ganzer, also nicht in einer partikulären Funktion oder Fähigkeit, anerkannt. Dem Partner wird besondere Wertschätzung entgegengebracht. Inmitten von Anonymität und Vereinzelung finden Menschen in persönlichen Beziehungen Anerkennung.

Ein wesentliches Element der partnerschaftlichen Beziehung, egal ob homo-oder heterosexuell, ob verheiratet oder nicht, ist die Zukunftsdimension, aus der sich Rollenverpflichtungen ableiten. Wenn zwei Menschen eine

---

[321] Ebenda Seite 110

Beziehung eingehen, ist damit das Versprechen verbunden, die Beziehung längerfristig zu planen, für den Partner zu sorgen, auch wenn sich Schwierigkeiten ergeben. Der Satz „ich liebe dich" ist auch ein Versprechen. Auch die Tatsache, dass die Partner älter werden und sich mit dem Älterwerden Änderungen ergeben, ist in diesem Versprechen eingeschlossen. Wo sich zwei Menschen aufeinander einlassen, erwarten sie – unausgesprochen oder ausgesprochen – dass die Persönlichkeitsveränderungen des Partners mit unterstützendem Wohlwollen begleitet werden, auch wenn es sich um Veränderungen handelt, die zu Beginn der Beziehung nicht vorhergesagt werden konnten.

Im Jahre 2015 wurden in Deutschland 400.115 Ehen geschlossen und 163.335 geschieden. Das entspricht ca. 41%. Damit soll deutlich gemacht werden, dass die Balance von Selbständigkeit und Bindung nicht immer gelingt.

Auch Geschäftsbeziehungen sind Formen gegenseitiger Anerkennung. Treten zwei Menschen miteinander in geschäftliche Kontakt, z.B. Verkäufer und Käufer, ist diese Beziehung nicht möglich, ohne dass sie sich als autonome Individuen mit eigenen Interessen anerkennen. Das Interesse des Kunden ist es, ein qualitativ gutes und zuverlässig funktionierendes Produkt zu einem marktüblichen Preis zu bekommen. Das Interesse des Verkäufers ist es mit dem Verkauf einen Umsatz zu erzielen, der die Kosten deckt und einen Gewinn abwirft und den Käufer als dauerhaften Kunden zu gewinnen. Diese Interessenabwägungen erfordern auf beiden Seiten die Fähigkeit zum Perspektivenwechsel.

Auch ein Wirtschaftsunternehmen als Ganzes muss vielen Menschen gerecht werden. In erster Linie den Mitarbeiterinnen und Mitarbeitern und ihren Familien, aber auch Lieferanten, Kunden und allen anderen Geschäftspartner. Die Kunden erwarten zuverlässig funktionierende Produkte zu einem wettbewerbsfähigen Preis, Beratung, Einhaltung der Lieferzusagen und technische Unterstützung. Die Lieferanten wollen eine langfristige, faire, partnerschaftliche Zusammenarbeit. Die Mitarbeiter haben den berechtigten Wunsch nach einem sicheren Arbeitsplatz mit angemessener Vergütung und der Möglichkeit sich beruflich weiterzuentwickeln. Die Gesellschafter wollen, dass das Unternehmen Gewinn erwirtschaftet und es mit langfristiger Perspektive geführt wird. Die Gesellschaft erwartet, dass die Gesetze eingehalten und Steuern bezahlt werden, dass Lehrlinge ausgebildet und die Umwelt nicht über Gebühr belastet wird. Alle diese Interessenabwägungen erfordern die Anerkennung anderer als eigenständige Individuen mit eigenen Gedanken, Gefühlen und Wünschen.

Als Bürger eines Staates sind wir Träger von Rechten. Andererseits haben wir aber auch normative Verpflichtungen anderen gegenüber. Sowohl das Bewusstsein Träger von Rechten zu sein, als auch die Einsicht Verpflichtungen zu haben setzt voraus, dass wir andere als autonome Personen anerkennen. Hegel schreibt dazu: „ Im Staat … wird der Mensch als vernünftiges Wesen, als frei, als Person anerkannt und behandelt und der Einzelne seinerseits macht sich diese Anerkennung dadurch würdig, dass er Gesetzen gehorcht, also gegen andere sich auf eine allgemein gültige Weise benimmt, sie als das anerkennt, wofür er selbst gelten will, als frei, als Person."[322]

Das Bewusstsein eigener Rechte gibt dem Staatsbürger die Möglichkeit, sein Handeln als eine Äußerung der eigenen Autonomie begreifen zu können.

Autonom ist, wer nach eigenen Überzeugungen handelt. Überzeugungen sind dann eigene Überzeugungen, wenn sie der eigenen Kontrolle unterliegen, d.h. man muss in der Lage sein, sie aufzugeben, wenn man sich dazu entschließt.[323]

Besonders deutlich wird autonomes Handeln, wenn Widerstände überwunden oder Gefahren in Kauf genommen werden müssen. Autonom ist, wer für seine Überzeugungen

---

[322] Georg Wilhelm Friedrich Hegel: Enzyklopädie der philosophischen Wissenschaften, Seite 211 ff
[323] Michael Pauen, Harald Welzer: Autonomie, Eine Verteidigung

einsteht, obwohl sie gerade verpönt oder gar verboten sind, wer einfach „seinen eigenen Kopf hat".

Aber auch allgemein akzeptierte Überzeugungen können autonome Überzeugungen sein. Wenn man z.b. der Meinung ist, dass Diebstahl verwerflich, Demokratie eine gute Staatsform oder die Umwelt zu schützen ist, wenn also die eigene Meinung von sehr vielen anderen geteilt wird, dann kann es sich trotzdem um eine autonome Meinung handeln, wenn diese Meinung auf eigenen Überlegungen und Abwägungen beruht, wenn sie nicht einfach nur durch Nachplappern gängiger Meinungen zustande gekommen ist und wenn sie möglicherweise auch wieder verlassen wird, wenn neue Erkenntnisse dies notwendig machen. Autonomie ist Selbstbestimmung.

Autonomie kommt von griech. autos = selbst und griech. nomos = Gesetz, Autonomie bedeutet also Eigengesetzlichkeit, Selbstbestimmung, Entscheidungsfreiheit. Das Gegenteil von Autonomie ist einerseits Heteronomie, andererseits aber auch Anomie. Heteronom handelt jemand, der seine eigenen Überzeugungen, Wünsche und Prinzipien denen anderer unterordnet, der sich bei seinen Entscheidungen von den Meinungen anderer so stark beeinflussen lässt, dass es nicht seine Entscheidung ist. Von Anomie kann man dann sprechen, wenn jemand nicht selbst bestimmt zu handeln vermag, weil ihm Wünsche und Überzeugungen entweder ganz fehlen, oder wenn er völlig ziellos handelt.

Autonomie ist eine Eigenschaft von Personen, die prinzipiell in der Lage sind, selbstbestimmt zu handeln. Sie sind in ihren Entscheidungen frei. Das bedeutet nicht, dass sie losgelöst sind von allen Bindungen oder Verpflichtungen. Ein Familienvater, z.B., fühlt sich an die Verpflichtung gebunden, für seine Kinder alles zu tun, damit sie sich gut entwickeln. Diese Verpflichtung nimmt ihm in seinen Entscheidungen nicht die Willensfreiheit und beschränkt nicht seine Autonomie als Person. Ein Mensch, der keinerlei Bindungen und Verpflichtungen kennt, ist nicht autonom, sondern anom.

Autonomie stellt hohe Anforderungen an den Menschen. Sie verlangt Urteilsfähigkeit und Entscheidungsbereitschaft.

Autonomie und Heteronomie werden wesentlich durch soziale und historische Umstände geprägt. Autonomie musste sich im Laufe der Geschichte erst entwickeln. In der Renaissance und vor allem in der Aufklärung hat sie an Bedeutung gewonnen. Der Soziologe Norbert Elias stellt einen unmittelbaren Zusammenhang fest zwischen der zunehmenden Individualisierung und dem Bedeutungszuwachs der Autonomie.

In Gesellschaften mit festen Rollenmustern und Standesprinzipien gibt es wenig Freiräume für autonomes Handeln. Die Moderne hat die Menschen teilweise aus ihren Gruppenzwängen herausgelöst. Individualisierung bedeutet, dass der Mensch nicht mehr von den Zwängen der sozialen Gruppe bestimmt ist, sondern mehr und mehr sein Leben selbst in die Hand nehmen konnte, aber auch musste. Das Wohlergehen liegt in der eigenen Verantwortung. Jeder ist seines Glückes Schmid.

Vormodernen Epochen ist die Vorstellung einer offenen Zukunft fremd, in der hinein sich Individuen wie Gesellschaften entwerfen können. Erst mit der Entwicklung der modernen Industriegesellschaft hat sich die heutige Vorstellung durchgesetzt, dass das Individuum seine Kompetenzen, seine Lebensentwürfe selbst entwickeln muss. Ein Bauernsohn im Mittelalter hatte nur wenige berufliche Entscheidungs- möglichkeiten. Heute haben junge Menschen mehr Optionen. In traditionellen Gesellschaften haben die Eltern den zukünftigen Ehepartner des Kindes bestimmt. Heute sind junge Menschen freier in ihrer Partnerwahl. Eine Biografie zu haben ist selbst ein Produkt der Moderne. Die Industrialisierung hat den Mitarbeiter aus der traditionellen Ständegemeinschaft herausgelöst und damit individualisiert. Die Identität des Menschen ist nicht mehr seine Zugehörigkeit zu einem Stand oder einer Schicht, sondern wird durch die Karriere bestimmt. Karriere wird verstanden als selbst gewählter Lebensweg, der auf individuellen Entscheidungen und eigen Leistungen beruht, aber auch die Übernahme von

Verantwortung erfordert. Die moderne, durch die Industrialisierung geprägte Gesellschaft, hat Charaktereigenschaften wie Pünktlichkeit, Zuverlässigkeit, Selbstdisziplin oder Leistungsbereitschaft gefordert, die für die Entwicklung einer autonomen Persönlichkeit förderlich sind.

In der Moderne kann man nicht nur „etwas aus sich machen", man muss es. Autonomie ist nicht nur eine Option, sondern eine Forderung. Individuelle Lebensgestaltung, das in vormoderner Zeit ein Privileg kleiner Schichten war, wird in der Neuzeit, vor allem in der Zeit nach dem zweiten Weltkrieg, allen abverlangt. Dazu haben die Auflösung traditioneller Geschlechts- und Familienrollen, die zeitliche und lokal flexible Arbeitszeit und die Auflösung beruflicher Milieus (z.B. der Bergarbeitersiedlungen im Ruhrgebiet) beigetragen.

Doch die Erweiterung der Freiräume war mit dem zusätzlichen Zwang erkauft, selbst entscheiden zu müssen. Autonomie stellt hohe Anforderungen an den Menschen und kann deshalb zu einer Belastung werden. Persönliche Eigenschaften, wie Ehrgeiz oder Durchsetzungsvermögen, auch mit ihren negativen Begleiterscheinungen, werden gefördert. Leichter und weniger anstrengend ist es, sich konform zu verhalten. Konformität ist nicht pauschal abzulehnen. Ein gewisses Maß an Konformität ist für das Funktionieren einer Gesellschaft sogar notwendig.

Eine klassische Figur für autonomes Handeln ist Antigone in der Tragödie von Sophokles. Sie folgt „ihrem eigenen Gesetz" und nimmt dabei selbst den Tod in Kauf. Aber der Fall ist verwickelt. Antigone bestattet ihren gefallenen Bruder Polyneikes und verstößt damit gegen ein Gebot des Königs Kreon. Sie kommt ihrer Pflicht gegenüber der eigenen Familie nach und tut, was die Götter von ihr fordern. Es scheint paradox: Antigone handelt autonom, bleibt aber traditionellen Werten verhaftet, während König Kreon, der die Bestattung untersagte, sich von der Tradition löste.

Eine zentrale Rolle spielt die Autonomie in der Ethik Kants. Für Kant ist die Autonomie des Willens das „oberste Prinzip der Sittlichkeit."[324] Die Autonomie ist für Kant eng verknüpft mit dem Begriff der Freiheit. „Der Begriff der Freiheit ist der Schlüssel zur Erklärung der Autonomie des Willens."[325] Die Freiheit muss als Eigenschaft des Willens aller vernünftigen Wesen vorausgesetzt werden.

Was ist denn die Vernunft, die uns – nach Kant – über alle Tiere erhebt? Kant beschreibt sie als Fähigkeit zur moralischen Selbstbestimmung, als sittlich gebundene Freiheit. „Autonomie ist also der Grund der Würde der menschlichen und jeder vernünftigen Natur." Autonomie ist die an die Sittengesetze gebundene Selbstbestimmung. „Also ist die Sittlichkeit [...] dasjenige, was allein Würde hat."

Allerdings ist Handeln nach eigenen Wünschen und Neigungen für Kant nicht autonomes, sondern heteronomes Handeln. Nur die Orientierung an vernünftigen, selbstgesetzten, allgemeinen Gesetzen gewährt Freiheit und Autonomie. Diese Gesetzt sind voraussetzungslos, unbedingt, kategorisch.

Problematisch an diesem Verständnis von Autonomie ist erstens die Identifikation von Autonomie und Moral. Und zweitens, dass Kants Autonomiebegriff keinen Raum lässt für individuelle Besonderheiten, persönliche Vorlieben und Wünsche.

Autonomie ist die dritte Stufe in Kohlbergs Theorie der Moralentwicklung beim Kind. Die erste Stufe von Kleinkindern ist vorsozial, vom naiven Egozentrismus geprägt. Darauf folgt die konventionelle Stufe, bei der die Kinder sich an Autoritäten (Eltern, Lehrern) oder an der Gruppe orientieren. Manche Menschen kommen nie über diese Stufe hinaus. Erst in der dritten Stufe sind die Jugendlichen zu autonomem Handeln fähig, das allgemeine moralische Prinzipien achtet. Autonomie ist ein wesentliches Element der „reifen" Persönlichkeit.

---

[324] Kant: Grundlegung zur Metaphysik der Sitten, BA 87
[325] Kant: Grundlegung zur Metaphysik der Sitten, BA 97

In der Gesellschaft ist Autonomie ambivalent: Einerseits will niemand Mitläufer, Jasager oder Opportunist sein, jeder will selbständig und durchsetzungsstark sein. Andererseits würde eine Gesellschaft mit lauter eigenwilligen, selbständigen Individuen nicht funktionieren. Eine Gesellschaft mit bindungs- und kooperationsunfähigen Subjekten wäre keine. Jeder Einzelne trägt diese Ambivalenz in sich. Jeder will teamfähig und kooperationswillig sein, aber auch willensstark und durchsetzungsfähig.

Wer in einem Team arbeitet, möchte einerseits autonom entscheiden und handeln, andererseits aber auch kameradschaftlich zu seinen Kollegen und loyal zu seinem Vorgesetzten sein. Es ist eine schwere Entscheidung, eine Meinung zu vertreten, die von anderen nicht geteilt wird. Mit einer abweichenden Meinung tritt man sozusagen aus der Gruppe heraus, isoliert sich von seinen Kollegen und läuft Gefahr, von seinem Vorgesetzten als Querulant betrachtet zu werden, was für das berufliche Fortkommen nicht unbedingt förderlich ist. Andererseits muss ein junger Mensch, der Karriere machen möchte, auch gelegentlich mit interessanten eigenen, durchaus auch abweichenden, neuen Ideen auf sich aufmerksam machen.

Jeder Mensch ist zugleich Individuum und soziales Wesen und lebt im Spannungsverhältnis von Autonomie und Konformität. Psychologen haben untersucht, wie sich dieser Konflikt auswirkt. Sie stellten fest, dass gerade in Situationen, in denen die Teilnehmer unsicher sind, sie Orientierung in der unterstellten Gruppennorm suchen. Je größer die Unsicherheit, je ungewohnter die Situation, umso stärker die Übereinstimmung mit der Gruppe.

Versuche zeigen auch, wie schnell und einfach Gruppenzugehörigkeit entsteht. Wenn ein Sportlehrer aus der Schulklasse zwei Mannschaften bildet, fühlt sich sofort jeder „seiner" Mannschaft zugehörig und sieht die andere Mannschaft als Gegner. Menschen sind so sehr soziale Wesen, dass Wir-Loyalität und Sie-Feindlichkeit erschreckend leicht herzustellend ist. Sie sind oft stärker als ideologische Überzeugungen oder politische Orientierungen. Deutsche

Soldaten im zweiten Weltkrieg haben oft nicht aus nationalsozialistischer Überzeugungen, sondern aus Loyalität zu ihrer Gruppe gehandelt.

Das berühmte Milgram-Experiment ist ein erschreckendes Beispiel für diese These. Es testet die Bereitschaft von Versuchspersonen autoritären Anweisungen zu folgen, auch wenn sie in Widerspruch zu den eigenen Überzeugungen stehen. Die Versuchsperson in der Rolle eines Lehrers musste Schülern (Schauspielern) einen elektrischen Schlag versetzten, wenn er bei Übungsaufgaben einen Fehler machte. Ein Versuchsleiter (auch ein Schauspieler) gab dazu Anweisungen. Die Intensität des elektrischen Schlages wurde nach jedem Fehler erhöht. Die Versuchspersonen verabreichten elektrische Schläge teilweise mit tödlichen Spannungen.

Weniger erschreckend, aber auch eindringlich kann konformes versus autonomes Verhalten bei Fußgängern an einer roten Ampel beobachtet werden. Stehen mehrere Personen geduldig am Straßenrand und waren bis die Ampel auf Grün umschaltet, bleibt ein neu Hinzugekommener mit hoher Wahrscheinlichkeit auch stehen. Schert aber einer aus der Gruppe aus und überquert die Straße gesetzeswidrig bei roter Ampel, findet er leicht Mitläufer, die ihm folgen.

Untersuchungen, über die Pauen und Welzer in ihrem Buch berichten, zeigen, dass Menschen in Gruppensituationen zu konformem Verhalten tendieren, gleichgültig, ob sie sich in der Selbsteinschätzung für autonom halten oder nicht. Mit diesem Ergebnis fühlen sich die beiden Autoren in ihrer These bestätigt, dass Entscheidungen primär durch die soziale Situation bestimmt wird und weniger durch die Persönlichkeit des Einzelnen. Wie stark die Situation die Entscheidung bestimmt hängt auch davon ab, ob die Situation einen größeren oder einen kleineren Handlungsspielraum lässt. Je größer der Spielraum, umso autonomer das Verhalten. Innerhalb gleicher Spielräume zeigen sich individuelle Differenzen. Aber immer ist der Anteil der sich autonom verhaltenen erheblich geringer, als der sich konform verhaltenden.

Egal ob sich jemand autonom oder konform verhält, er weiß, was in einer individualistischen, kompetitiven Gesellschaft von ihm erwartet wird und er kann und muss dann entscheiden, ob er diesen Erwartungen entspricht oder nicht. Er wird sich situationsbedingt autonom oder konform verhalten. Die angemessene Frage lautet also nicht, ob jemand autonom oder konform ist, sondern ob er sich situationsbedingt autonom oder konform verhalten kann. Auch eine sehr starke Persönlichkeit wird sich nicht in jeder Situation durchzusetzen versuchen, er wird sich auch gelegentlich brav unterordnen und mit dem Mainstream mitschwimmen. Vollständige Unterwerfung darf eine Gruppe nicht verlangen. Es gibt gute Gründe dafür, dass Gesellschaften ihren Mitgliedern Autonomie nicht nur zugestehen, sondern sogar fördern. Gruppenentscheidungen profitieren von der Autonomie ihrer Mitglieder.

In der Frühgeschichte der Menschheit hat sich konformes Verhalten etabliert und war für alle Mitglieder eines Stammes vorteilhaft. In bedrohlichen Situationen konnte es überlebenswichtig sein, dass alle den Anweisungen des Anführers folgten und sich gleich verhielten. Ein stures konformes Verhalten in allen Situationen ist aber auch nicht immer empfehlenswert. Das Wissen und die Kreativität einzelner Gruppenmitglieder werden für Entscheidungen nur dann genutzt, wenn ihre – möglicherweise abweichende – Meinung Gehör findet. Für gute Lösungen ist deshalb Autonomie gefragt. Gruppenentscheidungen können von der Autonomie der beteiligten Individuen profitieren.

Zuletzt soll noch einmal festgehalten werden, dass das Bewusstsein der eigenen Autonomie sich nur entwickelt, wenn sich die Mitglieder einer Gemeinschaft sich gegenseitig als Personen mit eigenen Gedanken, Gefühlen und Wünschen anerkennen.

Halten wir fest

Was den Menschen auszeichnet und ihn vom Tier unterscheidet ist die gegenseitige Anerkennung. Darunter verstehen wir die Fähigkeiten

- andere Menschen als Person wahrzunehmen können, als ein Wesen mit eigenen Gedanken, Gefühlen und Wünschen,
- die Perspektive eines anderen Menschen einnehmen zu können, d.h. etwas aus seinem Blickwinkel heraus betrachten zu können,
- mit anderen mitfühlen zu können,
- die Aufmerksamkeit mit anderen teilen zu können
- mit anderen Menschen zusammenarbeiten zu können, d.h. gemeinsame Ziele entwickeln und verfolgen.

Die sozialen Strukturen der menschlichen Gemeinschaften gründen sich auf der gegenseitigen Anerkennung. Sie ist auch für die Identitätsbildung notwendig.

Die Fähigkeit zur gegenseitigen Anerkennung entwickelt sich bei heranwachsenden Kind mit ungefähr 9 Monaten.

Die gegenseitige Anerkennung insbesondere die Fähigkeit zum Perspektivenwechsel befähigt den Menschen zu einer besonderen Form des Lernens, dem sog. kulturellen Lernen.

Die gegenseitige Anerkennung ist Voraussetzung für den Spracherwerb. Tomasello will sogar die Sprachstrukturen aus der Perspektivhaftigkeit der Gesprächsteilnehmer erklären.

Die Möglichkeit, die Perspektive eines anderen einnehmen zu können, lässt den Menschen auch sich selbst aus dessen Perspektive beobachten, woraus möglicherweise das Ichbewusstsein entstanden ist.

In einem demokratischen Staat wird der Mensch als Träger unveräußerlicher Rechte und im Wirtschaftsleben als Eigentümer anerkannt.

13. Sprechen

Wir treten mit anderen in Kontakt hauptsächlich indem wir mit ihnen reden. Es gibt zwar auch nonverbale Kommunikation, z.b. über Gesten, Mimiken oder Körperhaltungen, aber die wichtigste Verbindung ist die sprachliche.

Wir denken hauptsächlich mit der Sprache und in der Sprache. Auch hier gilt die Einschränkung „hauptsächlich", denn es gibt auch nichtsprachliches Denken, z.B. beim Schachspiel oder beim Umgang mit mathematischen Formeln. Wir denken in Begriffen und drücken unsere Gedanken in Sätzen aus, aber die Sprache wirkt zurück auf unser Denken. Sprachstrukturen und Denkstrukturen formen sich gegenseitig.

Wenn Menschen zusammenarbeiten koordinieren sie ihre Handlungen – auch hier gilt: hauptsächlich – mit Hilfe der Sprache.

Die sozialen Verbindungen werden zum großen Teil von sprachlicher Kommunikation getragen. Deshalb ist auch die Sozialisation junger Menschen nicht ohne Sprache möglich. Tragische Beispiel wie Kaspar Hauser zeigen, dass Menschen ohne sprachlichen Kontakt nur eine defizitäre Identität ausbilden. Die Persönlichkeit entwickelt sich über Beziehungen zu anderen Menschen und diese sind hauptsächlich sprachlicher Art. Wir kommunizieren nicht nur mit Sprache, unsere Beziehungen zu anderen Menschen werden durch Sprache erst ermöglicht, aufrechterhalten und stabilisiert. Die Sprache ist ein Mittel der sozialen Integration einer Gruppe. Mit Sprache wird kollektives Wissen – und damit Kultur – konserviert und durch Weitergabe tradiert.

Was den Menschen vom Tier unterscheidet, ist u.a. die Sprache. Es werden zwar auch bei Tieren Informationen mit Lautäußerungen übermittelt, z.B. stoßen Murmeltiere Warnrufe aus, wenn ein Fressfeind naht, oder es gibt Balzrufe bei Hirschen und natürlich den Gesang der Vögel. Aber eine differenzierte Sprache mit Syntax und Semantik kennt nur der Mensch.

Es gibt also viele gute Gründe um sich mit der Sprache zu beschäftigen.

Ausgangspunkt aller unserer Überlegungen zur Sprache ist – wie wir schon im letzten Kapitel ausgeführt haben – die Fähigkeit des Menschen andere als Person wahrzunehmen, als ein Wesen mit eigenen Gedanken, Gefühlen und Intentionen, dass Menschen in der Lage sind, die Perspektive des anderen einzunehmen, die Situation aus dem Blickwinkel des Gesprächspartners zu betrachten, mit ihm mitzufühlen und in der Lage sind, die Fähigkeit die Aufmerksamkeit mit einem anderen zu teilen und mit anderen zu kooperieren.

Diese Fähigkeiten bezeichnen wir, entsprechend dem englischen Fachbegriff „shared intentionality" als „geteilte Aufmerksamkeit" oder auch als „gegenseitige Anerkennung". Sie unterscheiden den Menschen vom Tier. Das hat eine Fülle von Konsequenzen und ist die Grundlage für unsere Zivilisation. Insbesondere ist die Fähigkeit zur gegenseitigen Anerkennung die Grundlage und Voraussetzung für Herausbildung von Sprache in der Entwicklung des Menschen und für den Spracherwerb bei Kleinkinder.

Wie kam der Mensch zur Sprache? Es beginnt mit der Zeigegeste. Wenn die Mutter auf etwas zeigt und das Kind folgt ihrer Geste, haben Mutter und Kind für einen kurzen Augenblick eine gemeinsame Wahrnehmung. Sie teilen Ihre Aufmerksamkeit. Das Kind übernimmt die Intention der Mutter, Mutter und Kind gewinnen ein intersubjektiv geteiltes Wissen.

So erklärt Tomasello den Beginn der Sprache[326]. Die Zeigegeste setzt bereits die Fähigkeit des Kindes voraus, die Mutter als Person wahrnehmen zu können, die mit ihrer Geste die Absicht verfolgt, dem Kind etwas zu zeigen. Das Kind erkennt diese Absicht und betrachtet die Situation jetzt aus der Perspektive der Mutter. Es betrachtet das worauf die Mutter

---

[326] Michael Tomasello: Die Ursprünge der menschlichen Kommunikation

zeigt nun auch zusammen mit der Mutter. Mutter und Kind richten ihr Augenmerk jetzt gemeinsam auf das Gezeigte.

Die Zeigegeste ist aber oft nicht genau genug. Sie erlaubt nicht immer genügend Differenzierungen. Deshalb wurde die Zeigegeste durch Lautäußerungen ergänzt. Das waren anfangs sicher nur einzelne einfache Laute. Einige dieser Laute verwenden wir auch heute noch. Wir sagen „oh", wenn wir erstaunt sind, oder „iiih", wenn wir etwas abstoßend oder eklig finden, oder wir sagen „mm", wenn uns etwas schmeckt.

Anfangs wurden die Zeigegesten von Lauten begleitet und dadurch differenziert. Am Abend dann am Lagerfeuer, wenn über die Erlebnisnisse des Tages gesprochen wurde, standen die Lautäußerungen im Vordergrund, denn das warum es ging, war ja nicht präsent. Aber die Lautäußerungen wurden vehement von Gesten begleitet. Das tun wir heute noch. Wir reden fast immer „mit den Händen", d.h. wir begleiten unsere Aussagen mit entsprechenden Hand- oder Armbewegungen.

Schließlich haben sich die Lautäußerungen von den Zeigegesten emanzipiert. Im Vordergrund standen jetzt die gesprochenen Laute, die sich zu Worten entwickelten. Worte wurden miteinander verknüpft, Sätze gebildet. Die Sprache war entstanden. Ein gewaltiger Schritt in der kulturellen Evolution des Menschen.

Vermutlich haben sich Denken, Großhirnrinde und Sprache gemeinsam entwickelt und sich gegenseitig bei der Entwicklung unterstützt. Sprache differenziert das Denken.

Welche Mechanismen waren es, die die Entwicklung der Sprache ermöglicht und gefördert haben? Es bedurfte einer biologischen und einer kulturellen Evolution. Biologisch, weil der Kehlkopf sich herausbilden und auch die Sprachzentren im Gehirn, das Broca- und das Wernicke-Zentrum, entstehen mussten. Kulturell, weil Sprache das Medium der Kommunikation ist und sich im Kontakt mit anderen Menschen bildet und entwickelt und dieser Kontakt immer auch kulturell geprägt ist.

Wie lernen Kinder sprechen? Die klassischen Arbeiten über die kognitive Entwicklung des Kindes stammen von Jean Piaget (1896-1980). Im Alter von etwa 4 Monaten fangen Kinder an, nach Gegenständen zu greifen, mit 8 Monaten suchen sie nach verschwundenen Gegenständen. Sie räumen bei ihren Greifversuchen Hindernisse aus dem Weg. Mit etwa 12 bis 18 Monaten folgen sie den sichtbaren und unsichtbaren Ortsveränderungen. Sie beginnen räumliche, zeitliche und kausale Beziehungen zwischen Gegenständen zu verstehen (Piaget vermutet, dass diese Fähigkeiten das Ergebnis der aktiven Erkundung und Manipulation der Dinge ist).

Schon in einem Alter von 3 bis 4 Monaten haben Kleinkinder ein Verständnis von Gegenständen als selbständige Einheiten, die auch dann existieren, wenn man sie nicht beobachtet. Noch vor ihrem ersten Geburtstag können sie Dinge aufgrund ihrer Wahrnehmung kategorisieren, kleine Quantitäten einschätzen und sich diese merken. Sie können Gegenstände in ihrer Vorstellung drehen und sich so im Raum bewegen, dass die Annahme naheliegt, sie würden eine kognitive Landkarte benutzen.[327] Alle diese kognitiven Fähigkeiten haben nichtmenschliche Primaten auch. Kleinkinder nutzen in diesem Alter ihr Primatenerbe.

Offensichtlich sind Säuglinge von ihrer Geburt an soziale Wesen. Schon wenige Stunden nach der Geburt schauen sie schematische Zeichnungen menschlicher Gesichter an. Noch im Mutterleib gewöhnen sie sich an die Stimme ihrer Mutter. Sie erkennen andere Personen als Lebewesen und können sie von unbelebten Gegenständen unterscheiden. Säuglinge nehmen an „Protokonversationen" mit ihrer Mutter (oder anderer Bezugspersonen) teil. Säugling und Mutter richten ihre Aufmerksamkeit aufeinander, oft mit aufeinander zugewandten Gesichtern, sie sehen sich an, sie drücken ihre Grundstimmung aus und teilen sie untereinander.

---

[327] Michael Tomasello: Die kulturelle Entwicklung des menschlichen Denkens, Seite 79

Neugeborene ahmen die Mimik und die Körperbewegungen der Erwachsenen nach. Es gibt Grund zur Vermutung, dass das Verhalten von Säuglingen bald nach der Geburt „sozialer" ist als das anderer Primaten.

Im Alter von 9 Monaten beginnen Kleinkinder Verhaltensweisen zu zeigen, die auf ein verändertes Weltverhältnis hinweisen. Es geschieht das, was Tomasello die „Neunmonatsrevolution"[328] nennt. Es sind Verhaltensweisen gemeinsamer Aufmerksamkeit, die das Verstehen anderer Personen als intentionale Akteure widerspiegeln, deren Beziehungen zu äußeren Gegenständen nun verfolgt, gesteuert oder geteilt werden können. Der englische Fachbegriff dafür ist „joint attention" oder „shared intentionality"[329]. Was ändert sich in diesem Alter bei Kleinkindern? Sie folgen dem Blick, d.h. sie schauen dorthin, wo der Erwachsene hinschaut. Sie beschäftigen sich über einen längeren Zeitraum zusammen mit dem Erwachsenen mit einem Gegenstand. Sie sehen den Erwachsenen (in der Regel die Mutter) als Bezugsperson. Kleinkinder im Alter von ca. 9 Monaten beginnen die Aufmerksamkeit der Erwachsenen auf einen bestimmten Gegenstand zu lenken. „Der bloße Akt des Deutens auf einen Gegenstand gegenüber jemand anderem zum alleinigen Zweck der Aufmerksamkeitslenkung [ist] ein spezifisch menschliches Kommunikationsverhalten"[330].

Warum treten alle Fertigkeiten gemeinsamer Aufmerksamkeit miteinander korreliert auf? Und warum tun sie das im Alter von 9 Monaten? Tomasellos Antwort ist nach dem was bisher gesagt wurde nicht überraschend: Kleinkinder nehmen erst dann an Interaktionen gemeinsamer Aufmerksamkeit teil, wenn sie andere Personen als intentionale Akteure wie sie selbst zu verstehen beginnen.[331] Tomasello plädiert dafür, Aufmerksamkeit als eine Art

---
[328] Ebenda Seite 84
[329] Ebenda Seite 84
[330] Ebenda Seite 86
[331] Ebenda Seite 92

intentionaler Wahrnehmung zu betrachten. Aber warum tritt die „Neunmonatsrevolution auf? Kleinkinder wenden bei dem Versuch, andere Personen zu verstehen, das an, was sie bereits an sich selbst erfahren.[332] Wenn ich etwas tue, habe ich die innere Erfahrung eines Ziels und des Strebens nach diesem Ziel. Diese Erfahrung wird auf andere Personen übertragen, um sie zu verstehen. Andere sind „wie ich selbst". Aber warum gibt es diese Form des Verstehens beim Menschen und nicht bei Tieren? Der Grund liegt darin, dass Kleinkinder von Geburt an „sozialer" sind als Tiere. Sie können schon sehr früh verstehen, dass andere Personen ihnen ähnlich sind, wobei sich dieses Verständnis im Laufe der Zeit festigt und differenzierter wird. Das Verstehen anderer als „mir ähnlich" ist auch nach Tomasellos Meinung das Ergebnis einer spezifisch menschlichen biologischen Anpassung. Aber was geschieht dann mit 9 Monaten? „Kleinkinder, wenn sie ein neues Verständnis ihrer eigenen intentionalen Handlungen erwerben, nehmen anschließend die „mir ähnlich"- Einstellung ein, um das Verhalten anderer auf dieselbe Weise zu verstehen."[333] Es gibt Hinweise dafür, dass Kinder in der Zeit um neun Monate beginnen, ihre eigenen intentionalen Handlungen zu verstehen.

Piaget vermutet, dass die kindliche Zuschreibung kausaler Kräfte zu Entitäten, die vom Selbst verschieden sind, sich ursprünglich auf andere Personen beziehen: "Personen ... sind ... höchstwahrscheinlich die ersten vergegenständlichten Quellen der Kausalität und dies, weil es dem Subjekt dank der Imitation einer anderen Person schnell möglich ist, der Handlung seiner Modelle eine Wirkungsfähigkeit, allein durch die Ausübung analog seiner eigenen Handlungen zuzuschreiben."[334] Solange sich Kleinkinder nur als Lebewesen erfahren, die die Fähigkeit besitzen, Dinge zu verursachen, das ist in den ersten 7-8 Monaten so, solange versehen sie andere Personen auch nur auf diese Weise.

---

[332] Ebenda Seite 95
[333] Michael Tomasello: Die kulturelle Entwicklung des menschlichen Denkens, Seite 97
[334] Jean Piaget: Der Aufbau der Wirklichkeit beim Kind, Seite 307

Wenn sie anfangen sich selbst als intentionale Akteure zu verstehen, dann verstehen sie auch andere als intentionale Akteure.[335]

Kinder lernen nur in seltenen Fällen einzelne Wörter, ihnen begegnen meistens komplexe Sprachkonstruktionen oft verbunden mit Aktivitäten. Dadurch lernen sie sprachliche Ausdrücke zusammen mit der entsprechenden sozialen Handlung. Z.B. ist mit dem Wort „Geben" die Rolle des Gebers oder Empfängers verknüpft. Andere Wörter wie „außerhalb" oder „dazwischen" können nur als Relation zu Dingen verstanden werden.

Wie lernen Kinder Satzkonstruktionen? Es beginnt mit Holophrasen, Einwortäußerungen. Eine Holophrase ist ein einzelnes Wort, das aber einen vollständigen Sprechakt beinhaltet. Beispiel: „mehr" in der Bedeutung von „ich möchte mehr Saft". Holophrasen sind meistens Relationswörter, z.b. mehr, weg, rauf runter, an, aus.

Eine weitere Stufe der sprachlichen Entwicklung des Kindes sind sog. Verbinseln. Verben werden mit unterschiedlichen Präpositionen kombiniert, z.b. malen mit, malen auf, malen für. Durch Verbinseln werden neue Möglichkeiten eröffnet, sie sind anschlussfähig im Sinne Luhmanns.

Die nächste Stufe sind einfache abstrakte Konstruktionen. Kinder beginnen mit Sätzen, die konkrete Einzelheiten benennen, verwenden aber langsam und dann immer öfter abstrakte Konstruktionen, die eine zusätzliche Ebene sprachlicher Kompetenz ausmachen.[336] Abstraktionen sind Generalisierungen. Kinder müssen dabei nicht nur lernen welche Generalisierungen möglich, sondern auch welche nicht

---

[335] Michael Tomasello: Die kulturelle Entwicklung des menschlichen Denkens, Seite 100 f
[336] Michael Tomasello: Die kulturelle Entwicklung des menschlichen Denkens, Seite 183

möglich sind. Abstraktionen müssen vom Kind selbst geleistet werden.

Was sind die Erfahrungsszenen, über die Kinder (in aller Welt) am häufigsten sprechen?

Anwesenheit – Abwesenheit – Wiederkehr von Menschen oder Dingen (hallo, tschüss, weg, fort),
Besitz und Austausch von Gegenständen mit anderen (geben, haben, meins, auch haben),
Ort und Bewegung von Menschen und Dingen (kommen, gehen, rein, raus, hier dort, draußen),
Zustände und Zustandsänderungen (öffnen, schließen, fallen, klein, groß),

Physische und geistige Aktivitäten von Menschen (essen, fahren, malen, werfen, brauchen, tun, schauen).

Alter	Erfahrungsszene	Sprache
9 Monate	Szene gemeinsamer Aufmerksamkeit	-
14 Monate	Symbolische Szenen (undifferenzierte Symbolisierung)	Holophrasen
18 Monate	Gegliederte Szenen (Differenzierung Ereignissen und Mitspielern)	Angelpunktartige Konstruktionen
22 Monate	Syntaktische Szenen (Symbolische Markierung der Mitspieler)	Verbinsel-Konstruktionen
36 Monate	Kategorische Szenen (Generalisierte symbolische Markierung der Mitspieler- rollen)	Unbeschränkte Verbinsel-Konstruktionen

Wie beeinflussen sich Sprache und Denken gegenseitig? Die Sapir-Whorf-Hypothese[337]

Sprache beeinflusst deshalb das Denken, weil wir einen Großteil unseres Wissens sprachlich vermittelt bekommen, indem uns jemand, z.B. ein Lehrer, etwas sagt oder weil wir etwas lesen.

Sprache beeinflusst das Denken, weil Sprache verschiedene Formulierungen und damit auch unterschiedliche Interpretationen desselben Ereignisses zulässt. Beispiel: Sind Steuern eine Abgabe für Gemeinschaftaufgaben oder sind sie eine Form der Umverteilung oder eine Maßnahme der Enteignung? Diese drei unterschiedlichen Sichtweisen und Beurteilungen spiegeln sprachlich in verschiedenen Formulierungen wieder, die unterschiedlichen Denkweisen entsprechen bzw. erst hervorrufen.

Weil die Sprache das Denken beeinflusst und umgekehrt, spiegelt die Sprache einer Kultur auch wider, womit sich die Menschen dieser Kultur oft und gern beschäftigen. Z.B. gibt es viele Ausdrücke für Geld: Knete, Kohle, Moos usw.

Sprache schafft Differenzierungen, die auch das Denken facettenreicher macht. Eloquente Menschen denken oft auch nuancenreicher.

Menschen haben das Bedürfnis, Dinge mit denen sie sich beschäftigen zu bezeichnen. Jeder Fluss, jeder Berg, jeder See hat einen Namen. Wir kennen ein Tier oder eine Pflanze erst dann, wenn wir wissen, wie sie heißen. Wenn wir uns einem anderen vorstellen, nennen wir als erste unseren Namen. Etwas kennen und eine Bezeichnung dafür zu haben, scheinen irgendwie zusammen zu gehören.

Eine radikale Form der Whorfschen Hypothese ist die Behauptung, wir können nur das denken, was uns die Sprache erlaubt. Wittgenstein war dieser Meinung: „die

---

[337] Benjamin Lee Whorf: Sprache, Denken, Wirklichkeit

Grenzen meiner Sprache bedeuten die Grenzen meiner Welt"[338.] Oder Roland Barthes: „Der Mensch existiert weder phylogenetisch noch ontogenetisch vor der Sprache." Jede Sprachgemeinschaft ist in ihrer Sprache gefangen. Deshalb kann es zwischen Mitgliedern verschiedener Sprachgemeinschaften keine wirkliche Verständigung geben.

Es gibt Philosophen und Sprachwissenschaftler, die behaupten, dass wir nur deshalb Dinge als Dinge wahrnehmen, weil wir über Sprache verfügen. Das ist vermutlich nicht richtig. Bereits Kleinkinder sind schon bevor sie sprechen gelernt haben in der Lage, Dingen als Dinge wahrzunehmen und voneinander zu unterscheiden. Auch Gehörlose können bereits Objekte identifizieren. Und auch Schimpansen ist diese Fähigkeit bereits angelegt. Babys können nur deshalb Wörter für Dinge kennen lernen, weil sie bereits wissen, was ein Ding ist. Also nicht erst die Sprache erschließt uns die Welt der Dinge, es ist umgekehrt so, dass die Vorstellung einer Dingwelt Bedingung dafür ist, Dinge zu benennen.

Für einen Übersetzer, der oft lange nach dem richtigen Ausdruck für einen Gedanken sucht, ist die Gleichsetzung von Sprache und Denken fremd.

Ein weiteres Argument, warum Gedanken nicht identisch sind mit den Wörtern, die wir benutzen, wenn wir die Gedanken formulieren, liefert die Gedächtnisforschung. Wenn uns jemand etwa erzählt, können wir uns den genauen Wortlaut oft nicht merken, auch wenn wir den Inhalt des Gehörten im Gedächtnis behalten.

Wenn wir sprechen, müssen wir unsere Aufmerksamkeit bestimmten Aspekten der Welt zuwenden. Damit beeinflusst die Sprache das Denken insofern, als beim Sprechen verschiedenen Wörter ausgewählt und zu einem Satz zusammengefügt werden. Man nennt das Denken zum Sprechen (thinking for speaking). Die lebenslange

---

[338] Ludwig Wittgenstein: Tractatus logico-philosophicus, 5.6

Gewohnheit, beim Sprechen auf bestimmte Unterscheidungen zu achten wirkt sich langfristig auch auf das Denken aus. Wie beeinflusst Sprache das Denken? Tomasellos Antwort ist einfach. Sprache ist eine Form der Kognition, und zwar einer Kognition, die an der zwischenmenschlichen Kommunikation ausgereichtet ist.[339] Er unterscheidet drei Formen sprachlicher Kognition

Gliederung von Szenen in Ereignisse (oder Zustände) und Akteure. Eine grundlegende „kognitive Unterscheidung, die man in natürlichen Sprachen findet, ist die Unterscheidung zwischen Ereignissen (oder Sachverhalten) und ihren Mitspielern."[340] Eine Katze macht diese Unterscheidung vermutlich nicht, was man erkennen kann, wenn man vor ihr etwas hin und her bewegt. Sie sieht dann nur die Bewegung, nicht den, der sie verursacht.

Zur Unterscheidung Ereignis und Akteur gehört auch die Unterscheidung von „dingartig" und „prozessartig" und die Unterscheidung von „Redegegenstand – worüber wir reden und „Redefokus – was wir darüber sagen".

Diese Unterscheidungen, mit der wir die Welt um uns herum strukturieren, findet sich in der Sprachstruktur wieder:

dingartig – Nomina
prozessartig – Verb.

Es gibt aber auch Wörter, die auf beiden Seiten dieser Unterscheidung stehen. Beispiele: Schreiben (Brief, notieren), oder im Englischen: call (Anruf, anrufen); drink (Getränk, trinken), help (Hilfe, helfen), walk (Spaziergang, spazierengehen).

Wenn Kinder Zwei-Wörter-Sätze bilden, dann tun sie das oft so, dass sie ein Wort für ein Ereignis (oder einen

---

[339] Michael Tomasello: Die kulturelle Entwicklung des menschlichen Denkens, Seite 192
[340] Ebenda Seite 193

Sachverhalt) mit einem Wort für einen Beteiligten kombinieren. Beispiel: Papa weg, Mama geben.

Nomen. Die fundamentalen Größen unseres Denkens sind diejenigen, die wir in der Sprachwissenschaft mit Nomen oder Substantiv bezeichnen: Dinge oder Personen, oder Ereignisse, aber auch Abstrakta.

Wir unterscheiden zählbare Dinge und Substanzen. Zählbar sind z.B. Birne oder Kieselstein. Substanzen oder Stoffe sind Birnenkompott oder Kies. Zählbare Nomen haben einen Plural (2 Birnen, 10 Kieselsteine), Stoffe dagegen nicht. Wir erfassen Stoffe auf ähnliche Weise wie Mengen: viele Kieselsteine, viel Kies.

Stoffe und Mengen haben, im Gegensatz zu zählbaren Dingen, keine spezifische Begrenzung, Birnenkompott war überall auf dem Boden, Kieselsteine waren überall verstreut. Stoffe und Mengen lassen sich zusammenfügen oder trennen. Leg einige Kieselsteine zu Kieselsteinen und es sind immer noch Kieselsteine. Nimm einen Löffel Birnenkompott heraus und bleibt immer noch Birnenkompott im Glas. Eine halbe Ladung Kies ist immer noch Kies. Nichts davon trifft auf zählbare Nomen zu, z.B. auf ein Pferd. Es gibt kein halbes Pferd.

Ein Plural wie Kieselsteine steht für etwas, das aus Individuen zusammengesetzt ist. Birnenkompott besteht nicht aus Individuen. Es gibt aber auch Dinge, die begrenzt sind und aus Individuen bestehen, z.B. Komitee, Strauß, Orchester. Wir haben aber auch Stoffe wie Schokolade und zählbare Dinge wie eine Tafel Schokolade. Und wir haben ein Material wie Gold und Goldbarren.

Nomen	Beispiel	Begrenzung	Plural
Zählbare Dinge	Birne	begrenzt	Ja
Substanzen oder Stoffe	Birnenkompott	unbegrenzt	nein

Bereits Kleinkinder, noch bevor sie zu sprechen begonnen haben, können zählen, zumindest können sie kleine Mengen unterscheiden. Eine größere Anzahl von Dingen zählen wir und das geht nicht ohne Sprache. Psychologen, die das untersucht haben, behaupten sogar, dass Kleinkinder Dinge und Stoffe unterscheiden können. Das bedeutet, dass diese Differenzierung nicht erst durch die Sprache ermöglicht wird.

Generalisierungen von zählbaren Dingen werden sprachlich wie Substanzen behandelt. Beispiel: Möbel, Obst, Kleidung, Post. Ein Element daraus ist dann ein Möbel- oder Kleidungsstück. Ebenso sagen wir ein Blatt Papier, ein Grashalm ein Holzscheit.

Wir behandeln Abstrakta (Gerechtigkeit, Freiheit) sprachlich genauso wie Dinge. Nach Aussage des Psychologen Paul Bloom erwerben Kinder diese Fähigkeit mit ca. 3 Jahren.

Denkstruktur	Sprachstruktur	Beispiel
Dinge, Personen, Ereignisse, Abstrakte Begriffe.	Nomen (Substantive)	Bleistift Bäcker Hochzeit Gerechtigkeit

Verben. Wenn Kinder sprechen lernen, dann lernen sie Laute zu Wörtern, Wörter zu Phrasen und Phrasen zu Sätzen zusammenzufügen. Dabei imitieren sie nicht nur die Sprache der Erwachsenen. Sie analysieren sie und entdecken – implizit – Regeln, die sie dann dazu befähigen, eigene Sätze zu formulieren. Dabei hilft ihnen eine grundlegende Fähigkeit des Geistes, die Fähigkeit zur Generalisierung.

Die Struktur der Wörter in einem Satz ist die Syntax. Zentrales Element der Syntax ist die Art und Weise wie Sätze um Verben herum aufgebaut sind, d.h. es geht um Verbkonstruktionen. Das Verb ist das Gerüst, an dem die übrigen Wörter oder Phrasen, Subjekt, Objekt, Nebensätze aufgebaut werden. Dabei spielt natürlich die Bedeutung des Verbs eine Rolle. Verben führen uns zu Strukturen unseres Verstandes: Bewegung, Veränderung, haben, wissen, handeln, beabsichtigen, verursachen.

Es gibt transitive und intransitive Verben.

Transitiv ist Verb, das ein Objekt benötigt und das ins Passiv gesetzt werden kann. Beispiel: Sie schüttete Wasser in den Eimer. „Schütten" verlangt ein Objekt, in diesem Beispiel sogar zwei. Die Passivform lautet: Wasser wird in den Eimer geschüttet.

Intransitiv ist ein Verb, das kein Objekt verlangt und deshalb auch nicht in die Passivform gesetzt werden kann. Beispiel: Ich schnarche. „Schnarchen" verlangt kein Objekt. „Ich schnarche Geräusche" klingt seltsam.

Es gibt Verben, die sowohl transitiv wie intransitiv sind. Beispiel: essen. Ich esse (intransitiv). Ich esse Kuchen (transitiv).

Eine Denk- und Sprachstruktur ist die Unterscheidung Ding – Eigenschaft, die sich in der Sprache unter Subjekt – Prädikat wiederfindet. In der Philosophie wurde sie als Substanz – Akzidenz bezeichnet. Substanz ist der Träger von Eigenschaften, Akzidenz die Eigenschaft. Substrat ist das Zugrundeliegende, lateinisch substantia oder substratum. "Die Kugel ist rund" ist ein Satz, der seiner Struktur nach aus einem Träger von Eigenschaften, der Kugel, und der Eigenschaft, rund, besteht. Aber ist die Kugel nicht schon durch die Eigenschaft der Rundheit vollständig bestimmt? Und was ist die Kugel ohne die Eigenschaft „rund"? Wie Wittgenstein vermutete, wird hier ein Problem behandelt, dessen Lösung nicht von der Sache, sondern in der Sprache zu finden ist.

Wenn Menschen miteinander sprachlich kommunizieren, gliedern sie ihre Aussagen in Ereignisse oder Zustände und Akteure mit bestimmten Rollen. Wenn sie über einen Menschen sprechen, nennen sie entweder seinen Namen (Klaus Müller), oder seine Rolle (Busfahrer) oder sie wählen ein Pronomen (er). Dinge werden mit ihrer Gattungsbezeichnung (Auto) oder genauer (VW-Golf) oder mit Gattungsbezeichnung und Prädikat (der blaue VW-Golf) oder einem Relativsatz (der VW- Golf, den ich gestern von meinem Vater ausgeliehen habe) bezeichnet. Welche Form gewählt wird, hängt vom Wissensstand des Gesprächsteilnehmers und dem bisherigen Gesprächsverlauf ab. Wenn wir die ganze Zeit von Angela Merkel geredet haben, kann ich den nächsten Satz mit „sie hat..." beginnen. Der andere weiß, wer mit „sie" gemeint ist. Voraussetzung ist, dass die Gesprächspartner in der Lage sind, die Perspektive des anderen einzunehmen und den Kenntnisstand des anderen mit zu berücksichtigen. Ein Mathematikprofessor wird mit seinem Assistenten anders sprechen, als mit seiner zehnjährigen Tochter, die mit ihren Mathematikaufgaben zu ihm kommt. Sprachliche Kommunikation setzt also die Fähigkeit der Gesprächsteilnehmer zum Perspektivenwechsel voraus. Und es kommt der perspektivische Charakter der Sprache zum Ausdruck.

Räumlich Vorstellung und Sprache

Die Fähigkeit zur räumlichen Orientierung findet man auch schon bei Tieren. Manche Tiere scheinen sogar eine bessere Raumvorstellung als viele Menschen zu haben.

Wir haben kein Navi im Kopf aber eine mentale Landkarte, ein räumlicher Referenzrahmen, ein Koordinatensystem. Oben – unten wird von der Gravitation vorgegeben. Für die beiden anderen Dimensionen gibt es verschiedene Möglichkeiten.

Der geozentrische Referenzrahmen orientiert sich an einem Berg, einem Fluss oder nach Himmelsrichtungen. „Rechts der Isar", z.B. oder „Talski belasten" sind sprachliche Ausdrücke dafür.

Der objektorientierte Referenzrahmen ist an einen Gegenstand gebunden, z.B. an einen Zug (Ausstieg in

Fahrtrichtung links) oder ein Fahrrad (dort ist klar, wo das Vorderrad ist).

Der egozentrische Referenzrahmen legt das Koordinatensystem in den Körper. Das hilft, die linke Hand von der echten zu unterscheiden.

Menschen nutzen, je nach Situation und Aufgabe, jeden der drei Referenzrahmen. Viele räumliche Ausdrücke wie vorne/hinten oder links/rechts lassen sich sowohl objekt- wie egozentrisch verwenden. Andere sind geozentrisch wie z.b. bergauf/bergab oder seeseitig oder küstennah. Manche Leute kann man aber verwirren, wenn man vom Westflügel eines Gebäudes spricht.

Steven Pinker behauptet, dass die in der Sprache einbetteten Modelle für Raum und Zeit der Physik und der Logik fremd sind. Sie sind Zeugnisse wichtiger Aspekte der menschlichen Natur. Sie strukturieren unser Leben auf weitreichende Weise. Sie bestimmen, welcher Art die Entitäten sind, die wir geistig verarbeiten. Die Schubladen, in die wir Personen und Dinge einsortieren. Sie sind der Antrieb für unsere Fähigkeit, abstrakte Begriffe zu bilden.[341]

In der Physik sind Raum und Zeit analoge Größen, sprachliche Ausdrücke dafür sind aber digital. Ein Gegenstand ist nah oder weit entfernt, Ereignisse vergangen oder zukünftig.

Wir können Handlungen, die eine Raumvorstellung erfordern, mit großer Präzision durchführen, z.B. eine Spülmaschine ausräumen, Treppen steigen, Fahrrad fahren. Sprachlich sind wir grobschlächtiger.

Wie geschieht die räumliche Orientierung im Gehirn? Der in den USA geborene und in England arbeitende Hirnforscher John O'Keefe hatte in den 60er Jahren in einer speziellen Hirnregion, dem Hippocampus, die sogenannten Ortszellen entdeckt. Sie erwiesen sich als ein ganz besonderer, bis dahin

---

[341] Steven Pinker: Der Stoff aus dem das Denken ist, Seite 207

nicht bekannter Zelltyp: Sie waren nur aktiv, wenn sich das Tier an einer ganz bestimmten Stelle in seiner Umgebung aufhielt – und zwar genau an dem Ort, für den die jeweiligen Ortszellen zuständig sind. O'Keefe wies nach, dass die Aktivitäten dieser Zellen das Abbild der Umgebung repräsentieren, in der sich das Lebewesen befindet. Diese Ortszellen bilden auch ein Ortsgedächtnis: Eine Umgebung kann durch eine spezifische Kombination von aktivierten Ortszellen in Erinnerung bleiben. Das norwegische Ehepaar May-Britt und Edvard Moser entdeckten einen weiteren Zelltyp, der für die interne Navigation unerlässlich ist: die Rasterzellen. Diese befinden sich in einer Nachbarregion des Hippocampus, dem entorhinalen Cortex, der aus rund 100.000 Nervenzellen besteht. Während die Ortszellen im Hippocampus sozusagen mentale Landkarten erzeugen, sie wie auf einem Display „anzeigen" und dann auch abspeichern, laufen die dazu gehörigen Rechenarbeiten in diesem eng benachbarten Hirnteil ab. Wichtig dabei ist, dass die Rasterzellen den Raum in eine Vielzahl von Dreiecken aufteilen und so eine Art Koordinatensystem bilden. Offenbar messen die Versuchstiere mit den Rasterzellen und diesem System die Zahl ihrer Schritte – und erhalten somit auf ihrer mentalen Landkarte ein Maß für Abstände. Interessant ist auch, dass die Rasterzellen auch dann aktiv sind, wenn die Tiere bei völliger Dunkelheit unterwegs sind – optische Reize mithin keine Rolle spielen. Eine weitere grundlegende Entdeckung folgte dann 2008: die sogenannten Grenzzellen. Sie werden – wie der Name besagt – aktiv, wenn sich die Tiere Grenzen annähern, etwa den Wänden ihres Käfigs oder großen Hindernissen. Und noch ein weiterer Zelltyp spielt bei der internen Navigation eine wichtige Rolle: die Kopfrichtungszellen, die bereits in den 1980er Jahren von US-Forschern entdeckt worden waren. Sie stellen eine Art Kompass dar, indem sie aktiv sind, wenn das Tier den Kopf in eine bestimmte Richtung hält. So lässt sich die mentale Landkarte in Blickrichtung ausrichten. Die Leistungen aller drei Zelltypen zusammen ermöglichen also die Orientierung der Ratte im Raum. Inzwischen mehren sich die Hinweise, dass dieses Navigationssystem auch bei anderen Säugetieren einschließlich des Menschen so funktioniert. John O'Keefe und das Ehepaar Moser erhielten für diese Arbeiten 2014 den Nobelpreis für Medizin.

Der Raum wird in der Sprache durch Präpositionen ausgedrückt: ab, abseits, am, auf, aus, außerhalb, bei, bis, diesseits, durch, entgegen, entlang, fern, gegen, gegenüber, hinter, in, inmitten, innerhalb, jenseits, längs, links, mit, nach, nahe, neben, nördlich, oberhalb, östlich, rechts, seitlich, südlich, über, um, unter, unterhalb, unweit, via, von, vor, vorbei an, weit von, westlich, zu, zwischen.

Aber nicht nur in Präpositionen, auch in Nomen (Rand, Nähe), in Verben (eindringen, ausbreiten, bedecken) und in Sufixen (heimwärts, rücklings) spiegelt sich unsere Raumvorstellung wieder.

Präpositionen sind polysem, d.h. sie können verschiedene Bedeutungsinhalte haben. Beispiel „an": Das Bild an der Wand, der Ring am Finger, der Apfel am Ast.

Beispiel: „über": die Brücke über den Fluss, wir reden über ein Thema.

In unserer Raumvorstellung hat ein Draht nur eine Dimension, eine CD nur zwei. Weil wir die Oberfläche eines Sees als eine zweidimensionale Fläche betrachten, schwimmt ein Fisch im See unter Wasser.

Bei räumlichen Beschreibungen nehmen wir gern den menschlichen Körper als Referenz. Beispiele: der Fuß eines Berges oder einer Lampe, die Nase des Flugzeugs, der Bauch einer Kanne oder eines Schiffs, der Flaschenhals, das Auge der Kartoffel, das Donauknie, die Knoblauchzehe, die Schenkel eines Winkels usw.

Die folgenden Wörter sind die 100 häufigsten der deutschen Sprache. Sie machen 47,1 % aller Wörter aus. Unter diesen top 100 sind 14 räumliche Präpositionen.

die, der, und, in, zu, den, das, nicht, von, sie, ist, des, sich, mit, dem, dass, er, es, ein, ich, auf, so, eine, auch, als, an, nach, wie, im, für, man, aber, aus, durch, wenn, nur, war, noch, werden, bei, hat, wir, was, wird, sein, einen, welche, sind, oder, zur, um, haben, einer, mir, über, ihm, diese, einem, ihr, uns, da, zum, kann, doch, vor, dieser, mich, ihn, du, hatte, seine, mehr, am, denn, nun, unter, sehr, selbst, schon, hier, bis, habe, ihre, dann, ihnen, seiner, alle, wieder, meine, Zeit, gegen, vom, ganz, einzelnen, wo, muss, ohne, eines, können, sei.

Denkstruktur	Sprachstruktur	Beispiele
Räumliche Orientierung	Präpositionen	ab, abseits, am, auf, aus, außerhalb, bei, bis, diesseits, durch, entgegen, entlang, fern, gegen, gegenüber, hinter, in, inmitten, innerhalb, jenseits, längs, links, mit, nach, nahe, neben, nördlich, oberhalb, östlich, rechts, seitlich, südlich, über, um, unter, unterhalb, unweit, via, von, vor, vorbei an, weit von, westlich, zu, zwischen.
	Nomen	Rand, Nähe
	Verben	eindringen, ausbreiten, bedecken
	Sufixe	heimwärts, rücklings

Sprache und Zeit

Wir haben eine lineare Zeitvorstellung. Sie hat ihren Ursprung in unserer Erfahrung der Irreversibilität. Wir erleben Irreversibilität wenn wir älter werden und wenn wir etwas getan haben, das wir bereuen und nicht mehr ungeschehen machen können. Neben der linearen Zeitvorstellung gibt es auch eine zyklische Zeit, die sich aus dem Tag-Nacht-

Rhythmus und der jährlichen Wiederkehr der Jahreszeiten ergibt.

Die Gegenwart erfahren wir nicht als Zeitpunkt, sondern als eine Zeitspanne. „Die wahrgenommene Gegenwart ist keine Messerschneide, sondern ein Sattel, mit einer gewissen ihr eignen Breite". (William James). Nach dem Neurowissenschaftler Ernst Pöppel ist die Gegenwart drei Sekunden lang.

Die Sprache und die Physik haben eines gemeinsam: die Äquivalenz von Raum und Zeit. Wir verwenden oft räumliche Präpositionen für die Beschreibung der Zeit. Die Vergangenheit lassen wir hinter uns, die Zukunft haben wir vor uns. Sich verändernde Ereignisse werden mit Metaphern der Bewegung beschrieben: Die Zeit wird kommen.... Die entscheidende Stunde rückt näher. Die Zeit rast. Der Sommer fliegt dahin. Manchmal hat die Zeit auch eine räumlich vertikale Achse: „Tief ist der Brunnen der Vergangenheit."[342]

Grammatikalisch ist die Zeit in den Tempora Vergangenheit, Gegenwart und Zukunft codiert, die meist als Flexionsform eines Verbs erscheint. Eine zweite Codierung ist der Aspekt. Aspekt ist eine verbale Kategorie, die die Haltung des Sprechers zur zeitlichen Struktur von Handlungen oder Ereignissen ausdrückt.

Beispiel: „eine Fliege erschlagen" ist ein zeitlich punktueller Vorgang,

„herumlaufen" ist ein zeitlich ausgedehntes Ereignis ohne klare Grenzen.

„einen Kreis zeichnen" ist ebenfalls ein zeitlich ausgedehntes Ereignis, aber mit klarem Anfang und Ende.

Ein weiterer zeitlicher Aspekt ist die Innen- und die Außenperspektive.

---

[342] Thomas Mann: Joseph und seine Brüder, Beginn der „Höllenfahrt"

„Sie kletterte auf einen Baum" (Außenperspektive)

„Sie war dabei auf einen Baum zu klettern" (Innenperspektive).

Vergangenheit und Zukunft sind prinzipiell verschieden. Die Vergangenheit ist der Bereich des Faktischen, die Zukunft ist der Bereich des Möglichen. Die Zukunft wird beschrieben mit Begriffen

der Notwendigkeit (müssen)

der Möglichkeit (können, dürfen)

der moralischen Verpflichtung (sollen).

Futur ist das was geschehen kann, was geschehen wird und was geschehen sollte und was wir geschehen lassen wollen. In allen Sprachen wird das Futur ausgedrückt in Verben des Wollens oder der Bewegung.

Es gibt natürlich auch zeitunabhängige Ausdrücke, wie z.B. „die Antwort wissen" oder „in München sein".

Denkstruktur	Sprachstruktur	Beispiele
Zeitliche Orientierung	Tempus, hauptsächlich als Flexionsform von Verben	Ich ging Ich gehe Ich werde gehen

Kausalität und Sprache

Nehmen wir an, Sie hören plötzlich einen lauten Knall. Sofort beginnt Ihr Gehirn zu arbeiten: Eine Explosion? Ein Schuss? Ein geplatzter Reifen? Wir können garnicht anders, als nach der Ursache suchen. Die Kausalität ist in unserer Natur angelegt. „Wenn unsere Vorfahren die hinter dem Gebüsch vorblitzenden schwarzen und gelben Streifen (Wirkung) einem Tiger (Ursache) zuschrieben und sich davonmachten, waren sie gut beraten. Die schnelle Entscheidung, was wohl Ursache der Beobachtung sein könnte, und die daraus folgende Aktion waren lebenserhaltend. Die diesem Verhalten zu Grunde liegende Kausalitätserwartung gehört zu den „angeborenen Lehrmeistern" (Konrad Lorenz).

Kausalität ist die Beziehung zwischen Ursache und Wirkung. Die Ursache muss zeitlich vor der Wirkung liegen. Bei gleichen Ursachen müssen – unter ansonsten gleichen Bedingungen – gleiche Wirkungen erfolgen. Beispiel: Dominosteine.

Denkstruktur	Sprachstruktur	Beispiel
Kausalität	Verben des Bewirkens	bewirken, dazu bringen, erzeugen, herbeiführen, hervorrufen, starten, veranlassen, zwingen.
	Verben des Verhinderns	abhalten, aufhalten, blockieren, erschweren, festhalten, hemmen, vereiteln, verhindern, vermeiden, verzögern, zurückhalten.

Es gibt viele Verben, die Kausalität ausdrücken: bewirken, dazu bringen, erzeugen, herbeiführen, hervorrufen, starten, veranlassen, zwingen.

Es gibt aber auch Verben, die ein Hindernis zum Ausdruck bringen: abhalten, aufhalten, blockieren, erschweren, festhalten, hemmen, vereiteln, verhindern, vermeiden, verzögern, zurückhalten.

Alle diese Verben gehen zurück auf ein Denkmodell von Kraft und Dynamik, d.h. der Vorstellung, dass spezifische Kräfte und Gegenkräfte wirksam sind. Haben wir unabhängig von unserer Sprache Gedanken, die wir in Worte kleiden und dann aussprechen oder aufschreiben?

Es gibt Gründe, die für die erste These sprechen, dass Gedanken unabhängig von der Sprache sind.

Wir kennen die Situation, dass wir für einen Gedanken nicht die richtigen Worte gefunden haben. Zuweilen ist es überhaupt sehr schwirig einen Gedanken in Worte zu kleiden.

Wenn wir uns etwas Gelesenes oder Gehörtes einprägen, merken wir uns den Inhalt und nicht den genauen Wortlaut. Der Gedankeninhalt scheint etwas anderes zu sein, als die Sätze, die ihn formulieren.

Es gibt auch begriffloses Denken. Beispiel: Schachspielen. Wer möchte bestreiten, dass Schachspieler denken, aber sie denken in geometrischen Konfigurationen und nicht in Worten. Auch ein Maler gestaltet sein Bild nach seinem Empfinden für Formen und Farben, er denkt nicht in Begriffen. Deshalb können viele Künstler auch nicht über ihre Werke reden. „Bilde, Künstler, rede nicht", sagte Goethe.

Die Sprachphilosophie sieht das etwas anders[343]: Die Vorstellung: Wir haben einen Gedanken und diesen Gedanken drücken wir in Worte aus, wenn wir in aussprechen, d.h. der Gedanke ist unabhängig von der Sprache „da" und wir

---

[343] Albrecht Wellmer: Sprachphilosophie, Eine Vorlesung

"äußern" uns, wir geben das, was innen ist, nach außen –
dieser Gedanke ist nach der Sprachphilosophie nicht richtig.

Richtig ist: erst die Sprache stellt die Mittel bereit, die
Gedanken, Urteile, Wünsche überhaupt erst möglich machen.
Sprache ist mehr als ein Mittel der Kommunikation. Sprache
ist öffentlich, intersubjektiv. Der geistige Akt des Meinens setzt
eine öffentliche, intersubjektive Sprachpraxis immer schon
voraus. Damit kehren sich die Verhältnisse um: erst das
Hineinwachsen in eine Sprachpraxis macht es den Subjekten
möglich, etwas zu denken, zu wünschen, zu beabsichtigen
und mit Sprachzeichen etwas zu meinen.

Und erst in einer öffentlichen Sprachpraxis können Dinge
erst benannt werden. Erst mit der Sprache wird eine Distanz
zu den Dingen hergestellt und erst mit der Sprache werden die
Dinge erst zu Dingen. Und erst durch das Hineinwachsen in
eine Sprache werden Subjekte überhaupt erst zu Subjekten,
zu sich zu sich selbst verhaltende, autonome Subjekte.

Jedes Symbol verkörpert eine bestimmte Perspektive auf
einen Gegenstand oder ein Ereignis. Dieser Gegenstand ist
z.B. eine Rose, eine Blume oder ein Geschenk. Die
perspektivische Eigenart von Symbolen kann aber auch zum
Problem werden. Was meint jemand, wenn er auf einen Baum
zeigt? Meint er Baum, Buche, Rinde, Grün, Blätter? Ein Kind
lernt ein sprachliches Symbol zu verstehen und zu
gebrauchen, indem es an einer sozialen Interaktion teilnimmt,
die es zunächst nichtsprachlich versteht. Nach ersten
Fortschritten beim Spracherwerb lernt es neue Wörter in
Szenen gemeinsamer Aufmerksamkeit, z.B. in immer
wiederkehrenden Aktionen wie Mahlzeiten einnehmen oder
Spielen. „... Kinder [haben] in der Zeit zwischen 18 und 24
Monaten ein tiefes und flexibles Verständnis für andere
Personen als intentionale Wesen und [können] deshalb mit
großem Geschick die kommunikativen Absichten des
Erwachsenen in einer breiten Vielfalt relativ neuartiger
Kommunikationssituationen feststellen, unter der
Voraussetzung, dass sie diese Situationen in irgendeiner

Weise als Szenen gemeinsamer Aufmerksamkeit auffassen."[344]

Perspektivische Eigenart sprachlicher Symbole

- Grobkörnig-Feinkörnig (Schreibtischstuhl, Stuhl, Möbel, Ding)
- Rollenperspektive (kommen – gehen, kaufen – verkaufen, leihen –verleihen)
- Funktion (Vater, Rechtsanwalt, Gast, Deutscher)
- Aktiv – passiv (ich wurde eingeladen – ich bin der Einladung gefolgt, er zertrümmerte die Vase, die Vase wurde zertrümmert)

Tomasello vertritt die These, dass die Sprache so strukturiert ist, weil Menschen in verschiedenen Kommunikationssituationen verschiedene Standpunkte einnehmen, aber auch miteinander verständigen müssen.

Kinder lernen früh eine Situation auf verschiedene Art zu betrachten: Sie wollen einen Gegenstand (z.B. ein Spielzeug) haben, sie wollen, dass der Gegenstand für sie geholt wird, sie wollen, dass der Gegenstand zurückgegeben wird (wenn ihn ein anderer hat) usw. Ein sprachliches Symbol verkörpert eine bestimmte Auffassung von einem Ding, die in manchen Situationen zutrifft, in anderen nicht.

Sprachliche Ausdrücke werden miteinander kontrastiert, um Unterschiede deutlich zu machen. Beispiel: du kannst das Fahrrad nicht haben, aber du kannst es benutzen. Es gehört zur sprachlichen Rationalität, dass es einen Grund geben muss, wenn ich dieses Wort in der gegenwärtigen Situation verwende und nicht ein anderes. Zum Teil gibt es ganz feine Bedeutungsunterschiede zwischen den einzelnen Wörtern. Sprache erlaubt Kategorisierungen. Aber Kategorien bilden zu können ist keine spezifisch menschliche Fähigkeit. Viele Säugetierarten haben sie auch.

---

[344] Michael Tomasello: Die kulturelle Entwicklung des menschlichen Denkens, Seite 151 f

Sprachliche Symbole sind nicht nur Etiketten für Begriffe. Aufgrund ihrer Intersubjektivität und Perspektivität repräsentieren sie die Welt nicht direkt, sondern sie schaffen eine gewisse Distanz zu den Dingen. Diese Distanz ermöglicht es auch, die Repräsentationen geistig zu bearbeiten. Die geistige Bearbeitung von inneren Repräsentationen heißt Denken.

Zur Kausalität, die schon vorsprachliche Kinder verstehen und zur räumlichen Repräsentation, über die auch schon Tiere verfügen kommt beim Menschen die Repräsentation von sozial konstituierten Symbolen, wie Sprache, Texte, Landkarten usw. hinzu. Tomasellos These ist, dass diese Symbolwelt wichtige Konsequenzen für die innere, individuelle Repräsentation hat.[345]

Was bedeuten Wörter und Sätze?

Sprachliche Ausdrücke, also Wörter oder Sätze haben eine Bedeutung. Was versteht man darunter? Was ist gemeint, wenn wir von der Bedeutung eines Wortes sprechen? Der Begriff „Bedeutung" ist mehrdeutig, wie folgende Beispiele zeigen

Dunkle Wolken bedeuten Regen.
Hier steht „bedeuten" dafür, dass es einen Zusammenhang gibt zwischen dunkle Wolken und Regen

Fünf Sterne an einem Hotelnamen bedeuten, dass es sich um ein First Class Hotel handelt. Fünf Sterne sind ein Symbol, das für eine Einstufung in eine Hotelklassifizierung steht.

Der Satz „Hans ist Junggeselle" bedeutet, dass Hans ein unverheirateter Mann ist. „Hans ist Junggeselle" ist ein sprachlicher Ausdruck, der einen familiären Status bezeichnet.

---

[345] Michael Tomasello: Die kulturelle Entwicklung des menschlichen Denkens, Seite 162

Wenn ich „es zieht" sage, bedeutet das, dass du die Tür schließen sollst. „Es zieht" ist ein sprachlicher Ausdruck, der beim Empfänger eine Handlung, nämlich das Schließen der Tür, bewirken soll.

Das Ertönen einer Klingel in der Theaterpause bedeutet, dass die Pause zu Ende ist. Der Klingelton ist ein Signal mit einer bestimmten Information.

Wir konzentrieren uns hier auf die Bedeutung sprachlicher Ausdrücke, also für das was in den Beispielen 2 und 3 angesprochen wird.

Die Abbildtheorie der Sprache vertritt die These, dass die Bedeutung sprachlicher Zeichen Objekte, Eigenschaften oder Sachverhalte in der Welt ist. Das Wort „grün" meint die Farbe, die Gegenstände haben. Nach dieser realistischen Bedeutungstheorie besteht eine einfache Beziehungsrelation zwischen einem Zeichen (Wort, Satz) und einem Objekt (Ding, allgemeine Vorstellung, Idee, Gedanke, Wunsch usw.) Diese Theorie wird von Wittgenstein in seinem „Tractatus" vertreten.
1. Die Welt ist alles was der Fall ist.
1.1. Die Welt ist die Gesamtheit der Tatsachen und nicht der Dinge.
3. Das logische Bild der Tatsachen ist der Gedanke.
4. Der Gedanke ist der sinnvolle Satz.
4.01 Der Satz ist ein Bild der Wirklichkeit.
7. Wovon man nicht sprechen kann, darüber muss man schweigen.[346]

Die Abbildtheorie der Sprache hat mit folgenden Schwierigkeiten zu kämpfen.
- Die Sprache enthält Gattungsbegriffe, z.B. „Baum", die nicht für eine konkrete Pflanze, sondern für eine große Gruppe von gleichartigen Pflanzen steht. Die Gattungsbegriffe haben keine Entsprechung in der Realität.
- Ähnliches Gilt für abstrakte Begriffe wie „Gerechtigkeit" oder „Freiheit".

---

[346] Ludwig Wittgenstein: Tractatus Logico-Philosophicus

- Es gibt auch sprachlich Ausdrücke, bei denen die bezeichneten Objekte nicht existieren, z.b. „Schneewittchen", oder „Harry Potter".
- Welche Bedeutung haben Ausdrücke, für die es gar keine Objekte im eigentlichen Sinne gibt, z.b. „und", „nicht", „obwohl", „vielleicht" usw.
- Schließlich gibt es in der Sprache sog. deiktische oder indexikalische Ausdrücke, also Begriffe, mit denen in einer Sprechsituation auf etwas hingewiesen wird, oder die die Relation, des Sprechers zu einer anderen Person oder im Raum oder in der Zeit angeben wird, z.B. hier, dort, ich, du, jetzt, dann. Index kommt vom Lateinischen und bedeutet Zeigefinger, deiktisch aus dem Griechischen und bedeutet zeigen.

Auch die Vorstellung, dass ein Wort dadurch gelernt werden kann, dass man auf den entsprechenden Gegenstand zeigt, ist nur in einem eingeschränkten Sinne richtig. Soll z.B. die Bedeutung des Wortes „Tisch" gelernt werden, indem auf einen Tisch gezeigt wird mit der hinweisenden Definition „das ist ein Tisch", dann ist dieser Hinweis mehrdeutig. Es kann auch auf die Farbe des Tisches oder auf das Material, aus dem er besteht, oder auf Teile von ihm, z.B. die Tischbeine, verwiesen werden. Natürlich lässt sich die Definition präzisieren, ich man z.B. sagt: „dieses Möbelstück ist ein Tisch", aber dieser Hinweis ist nur dann hilfreich, wenn der Lernenden die Bedeutung von „Möbelstück" bereits kennt. Er muss also schon einen Teil der Sprache beherrschen, wenn er ein neues Wort lernen will. Wenn man sich mit jemand bereits verständigen kann, kann ich das Wort „Tisch" erklären, indem ich z.B. sage: „ein Tisch ist ein Möbelstück, auf dem gegessen oder gearbeitet werden kann." Wittgenstein sagt dazu: „Die hinweisende Definition erklärt den Sprachgebrauch – die Bedeutung – des Wortes, wenn es schon klar ist, welche Rolle das Wort in der Sprache überhaupt spielen soll."[347] Lehrt man die Bedeutung eines Wortes, dann gibt man an, in welchem Zusammenhängen das Wort gebraucht wird, man verweist auf semantische Zusammenhänge, auf Oberbegriffe (Tisch –

---

[347] Ludwig Wittgenstein: Philosophische Untersuchungen, § 30

Möbelstück) oder Alternativen (Tisch –Stuhl), oder man umschreibt den Begriff (Macht bedeutet Einfluss auf die Entscheidungen eines anderen nehmen zu können). Aber die Frage, was ist die Bedeutung eines Begriffs, kann nur mit Hinweis auf die Verwendung des Begriffs in der Sprache beantwortet werden. „Die Bedeutung eins Worts ist sein Gebrauch in der Sprache".[348]

Das klingt simpel, hat aber eine ungeheure Tiefenwirkung. Sprache ist in unser Denken und Handeln eingebettet und „verstehen" heißt in der richtigen Weise handeln. „Wie er die Erklärung auffasst, zeigt sich darin, wie er von dem erklärten Wort Gebrauch macht." [349]

Der Sinn, der verstanden werden soll, ist also nicht in der geistigen Welt des Sprechers objektiv vorhanden, unabhängig von der sprachlichen Artikulation und Kommunikation. Richtig ist: der in Sprache ausgedrückte Sinn existiert nur als sprachlicher Sinn. Er hat sein Sein nur in einem Prozess der Kommunikation und Interpretation, ein eigentümliches Sein, das nie als objektiv vorhanden fassbar ist. Diese Aussage ist der zentrale Satz der Sprachphilosophie des 20. Jahrhunderts mit seinem Hauptvertreter Ludwig Wittgenstein.

Verstehen ist nach Wittgenstein die Fähigkeit zum richtigen Gebrauch der Sprache und nach Davidson ein richtiges Interpretieren können. Wörter und Sätze können nur als Elemente eines Systems von Sprachzeichen, d.h. einer Sprache, und damit in Differenz zu anderen Sprachzeichen (Wörtern) Bedeutung haben. „Einen Satz verstehen, heißt eine Sprache verstehen."[350] Eine Sprache sprechen heißt, an einer Lebensform teilnehmen.

Wir haben Gedanken und drücken ihn in Worte aus, wenn wir in aussprechen. D.h. der Gedanke ist unabhängig von der

---

[348] Ludwig Wittgenstein: Philosophische Untersuchungen, § 43
[349] Ludwig Wittgenstein: Philosophische Untersuchungen, § 29
[350] Ludwig Wittgenstein: Philosophische Untersuchungen, § 199

Sprache „da" und wir „äußern" uns, wir geben das, was innen ist, nach außen.

Anders gesagt: Wir haben Bewusstseinszustände, mentale Repräsentationen, die wir in Worten ausdrücken. Wir sprechen das aus, was in unserem Bewusstsein vorhanden ist. In diesem Bild ist das Geistige das Primäre und der Sprache kommt nur eine sekundäre, instrumentelle Rolle zu. Sprache spielt danach erst dann eine Rolle, wenn wir anderen etwas sagen wollen. Die Gedanken sind davor im Bewusstsein voll ausgebildet.

Die intentionale Bedeutungstheorie betrachtet Sprache als Werkzeug. Der Sprecher benutzt die von ihm benutzten Zeichen und Zeichenverkettungen als Vehikel, um einem Gegenspieler mitzuteilen, was er glaubt oder beabsichtigt.

Der Gesprächspartner wird sich bemühen, die Intention des Sprechers zu erkennen und (mindestens teilweise) als Grund dafür zu akzeptieren, dass der Sprecher etwas Bestimmtes meint.

Die Intentionale Bedeutungstheorie hat Schwierigkeiten zu verstehen, wie der Gesprächspartner die Bedeutung des Gesagten in derselben oder zumindest in einer ähnlichen Weise versteht. Außerdem berücksichtigt sie nicht, dass die Sprache auch Rückwirkungen hat auf das Denken. Sprache prägt das Denken. Sprache ist nicht nur das Medium, in dem Gedanken ausgedrückt werden, Sprache hat einen wesentlichen Einfluss auf die Art und Weise, wie wir denken. Erst die Sprache stellt die Mittel bereit, die Gedanken, Urteile, Wünsche überhaupt erst möglich machen.

Im Laufe der Zeit hat man die Bedeutung der Sprache für das Denken immer mehr erkannt bis schließlich der Spieß ganz umgedreht worden war (linguistic turn) und Sprachphilosophen die Meinung vertreten: Eine Aussage ist die Verinnerlichung des Aktes des Behauptens. In dieser Sichtweise ist Denken ein inneres Sagen.

Wir vertreten mit Brandom die Meinung, dass keinem von beiden, Denken und Sprechen eine Vorrangstellung zukommt. Denken und Sprechen sind aufs Engste miteinander verbunden. Denken hängt vom Sprechen ab und Sprechen vom Denken.

Einzelne Wörter haben keine Bedeutung, die einem Objekt oder einem Sachverhalt in der Realität entspricht. Wörter haben nur im Kontext von Sätzen Bedeutung. Nicht das Wort, sondern der Satz ist die grundlegende Einheit, für die sinnvoll eine Bedeutung angegeben werden kann. Deshalb kann die Bedeutung eines Wortes nicht als eine einfache Relation zwischen einem Zeichen und einem Objekt verstanden werden.

Einzelne Wörter können in unterschiedlichen Zusammenhängen ganz unterschiedliche Bedeutungen haben.
Beispiele:
- Angela Merkel ist Bundeskanzlerin („ist" hat hier die Bedeutung von „hat das Amt des Bundekanzlers inne".)
- Angela Merkel ist heute in Berlin („ist" hat hier die Bedeutung von „anwesend sein.")
- Angela Merkel ist Angela Dorothea Kasner. („ist" hat hier die Bedeutung von „ist identisch mit.")

Deshalb kann einem Wort nicht eindeutig eine Bedeutung zugordnet werden.

Aber auch ein Satz kann nicht eindeutig eine Bedeutung tragen, sondern findet seine Bedeutung oft nur in der Situation, in der er ausgesprochen wird.

Beispiel: Der Satz: "Was gemacht werden muss, muss gemacht werden" ist inhaltlich tautologisch (A=A), aber in einer entsprechenden Situation kann er wie ein Machtwort wirken.

Sprache dient nicht in erster Linie der Beschreibung oder Feststellung von Tatsachen; sie dient gleichermaßen dem Befehlen und dem Rätselraten, dem Witze erzählen und Danken, dem Fluchen, Grüßen und Beten.

Sprache als Handlung: „How to do things with words", Theorie de Sprechakte.[351] Wir handeln (oft) wenn wir sprechen. Beispiele:

- Richter: Im Namen des Volkes verkünde ich folgendes Urteil: Der Angeklagte wird ...
- Pfarrer: Ich taufe dich auf den Namen ... im Namen des Vaters, des Sohnes und des heiligen Geistes.

Sätze dieser Art nenne Austin: „performative Äußerungen". Sie beschreiben nicht und sind weder wahr oder falsch. Sie sind Handlungen. Performative Äußerungen sind nicht wahrheitsfähig, d.h. sie können nicht unter dem Gesichtspunkt wahr/falsch betrachtet werden. Beispiel aus der Ethik: „man soll einem Freund beim Umzug helfen." Dieser Satz ist eine Aufforderung etwas zu tun, nämlich einen Freund zu helfen. Er ist weder wahr noch falsch, sondern eine Handlungsaufforderung.

Beispiel aus der Ästhetik: „Das Bild von Mondrian ist schön". Auch dieser Satz ist nicht wahrheitsfähig, sondern eine Empfehlung diesem Bild wertschätzendes Verhalten entgegen zu bringen.

Austin unterscheidet:

„lokutionäre Akte": Sie liegen vor, wenn mit der Äußerung einen bestimmten Sachverhalt zum Ausdruck bringen. Beim lokutionären Akt kommt es auf den propositionalen Gehalt des Satzes an.

„illokutionäre Akte": Sie liegen vor, wenn mit der Äußerung eine Handlung vollzogen wird. Z.B. wenn man etwas verspricht, von etwas warnt, jemandem um etwas bitte der zu etwas auffordert.

„perlokutionäre Akte". Sie liegen vor, wenn durch eine Äußerung beim Gesprächspartner eine gewisse Wirkung erzielt wird, z.B. wenn der Angesprochene erschrickt, vor

---

[351] John L. Austin: Theorie der Sprechakte (1955)

Scham errötet, sich ängstigt usw.

Beispiel: „Vorsicht bissiger Hund"
lokutionäre: Aussage, der Hund neigt zum Beißen.
illokutionär: ich war Sie vor dem Hund: er beißt.
perlokutionär: der Angesprochene nähert sich dem Hund weiter.

Die Bedeutung eines Satzes lässt sich nach Gottlob Frege auf den Begriff der Wahrheit zurückführen. Die Bedeutung eines Satzes wird mit seinen Wahrheitsbedingungen, d.h. den Bedingungen unter denen er wahr ist, identifiziert. Diese Bedeutungsauffassung wurde bereits vom frühen Wittgenstein so formuliert: „Einen Satz verstehen, heißt, wissen was der Fall ist, wenn er wahr ist."352

Beispiel: „Morgen um 11:00 Uhr wird es auf der Königstraße in Stuttgart regnen." Wir wissen, was der Fall sein muss, damit dieser Satz wahr ist: es muss morgen um 11 Uhr auf der Königstraße regnen. In diesem Wissen liegt nach dieser Theorie die Bedeutung dieses Satzes.

Metapher

Wir verwenden sehr häufig Metaphern.

Beispiele: die Kuh vom Eis bringen (für ein Problem lösen)
leeres Stroh dreschen (für inhaltsleeres Zeug reden)
Mauer des Schweigens (für Ablehnung)
die Nadel im Heuhaufen suchen (für eine Sache unter sehr vielen ähnlichen Dingen suchen)
Nägel mit Köpfen machen (für eine Sache zum vollständigen Abschluss bringen)
Strohfeuer (für kurzzeitig, aber schnell wieder nachlassend) auf den Zahn fühlen (für unangenehme Fragen stellen)

---

[352] Ludwig Wittgenstein: Tractatus Logico-Philosophicus, 4.024

Schnee von gestern (für etwas, was vergangen ist und keine Bedeutung mehr für die Gegenwart hat).

Es gibt auch Metaphern, die man garnicht sofort als Metapher erkennt. Natur von lat. Geburt, Gesetz für das Festgesetzte.

Die bestimmten Artikel der, die, das kommen von einem indogermanischen Pronomen mit demonstrativer Funktion. (siehe Tomasello: die Sprache entstand aus der Zeigegeste).

Metaphern sind Abstraktionen und bieten uns eine Erklärung dafür, wie Menschen von konkreten Erfahrungen ausgehend abstrakte Begriffe bilden. Zweitens helfen uns Metaphern zu verstehen wie Kinder eine Sprache lernen. Von gesprochenen Sätzen, die sie von ihren Bezugspersonen hören, abstrahieren sie und leiten implizit Regeln ab, die sie auf eigene Formulierungen anwenden.

Nach Steven Pinker sind Metaphern aus elementaren Konzepten zusammengesetzt, ähnlich den elementaren Formen (Linie, Rechteck, Kreis, Dreieck) mit denen wir geometrischen Gestalten in unserer Anschauung zusammensetzen.

Metaphern sind kein schmückendes Beiwerk der Sprache, sondern ein grundlegender Bestandteil des Denkens. „Unser alltägliches Konzeptsystem, nachdem wir denken und handeln, ist im Kern metaphorisch".[353] Der Philosoph Hans Blumenberg hat die Metapher zum Zentrum seiner Philosophie gemacht.[354] Er verfolgt in seinem Werk den Gedanken, dass bestimmte Metaphern (wie z.B. die „nackte Wahrheit") als Grundbestände der Sprache anzusehen sind und sich nicht vollständig durch Begriffe ersetzen lassen. Sie sind in ihrer Anschaulichkeit und ihrem Sinngehalt Vorstellungen, an denen sich menschliches Denken und Handeln orientieren kann. Blumenberg führt diesen Gedanken

---

[353] Lakoff und Johnson: Leben in Metaphern, Seite 11
[354] Hans Blumenberg: Paradigmen zu einer Metaphorologie

aus z.B. in seiner Schrift „Licht als Metapher der Wahrheit. Im Vorfeld der philosophischen Begriffsbildung" aus dem Jahre 1957. Oder die Schifffahrt als Metapher für das menschliche Dasein in seinem Buch: „Schiffbruch mit Zuschauer" (1979) oder die Buchmetapher in „Die Lesbarkeit der Welt" (1979).

Aus der Bedeutung, die Metaphern für unser Denken haben, können wir ableiten, dass unsere Vernunft sich nicht auf abstrakte Gesetze, z.B. der Logik, gründet, sondern auf sinnliche, erlebte Erfahrungen. Beispielsweise haben politische Grundüberzeugungen ihre Wurzeln in der Erfahrung der Familie. Viele metaphorische Ausdrücke stehen in Zusammenhang mit dem Begriff „Weg". „Um dieses Ziel zu erreichen, müssen wir uns bald auf den Weg machen" „es liegt ein langer, steiniger Weg vor uns", „wir sind in eine Sackgasse geraten", „von hier ab trennen sich unsere Wege" usw. Zu erleben wie wir uns bewegen oder zu sehen wie andere sich bewegen löst Konzepte aus, die dann auch in abstrakter Form verwendet werden.

Denkstruktur	Sprachstruktur	Beispiele
Denkmodell	Metapher	die Kuh vom Eis bringen (für ein Problem lösen) leeres Stroh dreschen (für inhaltsleeres Zeug reden) Mauer des Schweigens (für Ablehnung) die Nadel im Heuhaufen suchen (für eine Sache unter sehr vielen ähnlichen Dingen suchen)

Metaphern sind als Analogien wichtige Denkhilfen. Auch in den Wissenschaften werden Modellvorstellungen als Analogien gewählt. Beispiel: Das Sonnensystem als Modell für das Atom. Gene als Aneinanderreihung von Buchstaben, Evolution als selektives Züchten. Aber Vorsicht! Es gibt auch Analogien, die in die Irre führen. Zum Beispiel denken wir uns Elementarteilchen gern als kleine Kügelchen, was nach der Quantentheorie grundverkehrt ist.

Metaphern sind Denkmodelle mit verschiedenen, teilweise sehr unterschiedlichen Anwendungen. Sie unterstreichen Ähnlichkeiten von verschiedenen Ereignissen. Beispiel: ganz wie auf der Bühne spielen wir im Leben eine Rolle. Sprachlich sind Metaphern oft sehr anschaulich. Beispiel: er zerriss meine Argumente in der Luft; oder unsere Beziehung steckt in einer Sackgasse.

Steven Pinker fasst zusammen: Metaphern durchdringen unsere Sprache, treiben die Wissenschaft voran, beleben die Literatur und erinnern an vergangene Zeiten.[355] Metaphern sind ein Schlüssel zum Verständnis von Denken und Sprache. Der menschliche Geist ist mit der Fähigkeit ausgestattet, die Verkleidung der äußerlich wahrnehmbaren Erscheinungen zu durchdringen und die darunterliegende abstrakte Konstruktion zu erkennen. Dank unseres analogischen Talents sind wir in der Lage, neuronale Strukturen für neue Themen ganz anderer Art zu verwenden.

Die Vielfalt der Sprachen

Die Bibel (Genesis 11, 1-9) erzählt, dass alle Menschen auf der Erde dieselbe Sprache hatten. Sie brannten Ziegel und wollten einen Turm bauen, dessen Spitze bis zum Himmel reicht. Als Gott das sah, verwirrte er die Sprache der Menschen und zerstreute sie über die ganze Erde.

Es gab sicherlich nie eine Zeit, in der es nur eine Sprache gab. Und die Vielfalt ist auch nicht dadurch entstanden, dass

---

[355] Steven Pinker: Der Stoff, aus dem das Denken ist, Seite 340

Gott die Menschen verwirrte. Wie ist dann die Vielfalt zu erklären?

Eine mögliche Erklärung ins analog zur Entstehung der unterschiedlichen Tier- und Pflanzenarten, also durch Evolution. Ein Element der Evolutionstheorie der Sprache ist die Lernfähigkeit der Menschen. Kinder lernen durch Kontakt mit ihren Bezugspersonen sprechen und übernehmen damit die Sprache der Eltern, ähnlich wie sie ihre Gene übernommen haben.

Ein weiteres Element ist die Variation. Sprache verändert sich: Wörter werden neu gebildet oder aus anderen Sprachen übernommen, Wörter werden verändert, oder verschwinden ganz aus dem Wortschatz. Auch durch räumliche Trennung der Völker driften die Sprachen auseinander. Aus der Systemtheorie wissen wir, dass sich auch deshalb ethnische Gruppen bilden und voneinander abgrenzen, auch in der Sprache, weil nur ein operativ geschlossenes System Komplexität aufbauen kann. Der Physiker Freeman Dyson sagte: "Dies war der Weg, auf dem die Natur uns eine schnelle Evolution ermöglicht hat, indem sie isolierte ethnische Gruppen schuf, in denen sich eine unverfälschte biologische und kulturelle Evolution schnell entwickeln kann."[356]

Bei aller Vielfalt gibt es doch viele Gemeinsamkeiten. 1963 untersuchte der Linguist Joseph Greenberg 30 Sprachen aus 5 Kontinenten und fand nicht weniger als 50 Universalien, also Eigenschaften, die allen diesen Sprachen gemeinsam ist.

Die meisten Sprachen, darunter auch Deutsch und Englisch, haben eine sog. SVO- Struktur, d.h. Sätze werden gebildet aus Subjekt (S), Verb (V) und Objekt (O).

Beispiel: Der Bäcker backt Kuchen.

Manche haben auch eine SOV- Struktur, z.B. das Japanische.

---

[356] Zitiert nach Steven Pinker: der Sprachinstinkt, Seite 278

Bei Sprachen mit einer SVO- Struktur stehen Fragwörter am Satzanfang, bei Sprachen mit SOV- Struktur stehen Fragewörter am Ende des Satzes. Sprachen mit einer SVO- Struktur besitzen Präpositionen,

Beispiele: aufgrund, infolge, mithilfe, statt, trotz, bezüglich, einschließlich, entsprechend.

Sprache und Gehirn

Der französische Arzt Paul Broca sezierte 1861 die Gehirne von verstorbenen Aphasie-Patienten, also von Patienten mit Sprachstörungen und stellte fest, dass diese Patienten Läsionen (Verletzungen) der linken Hirnhälfte hatten. Oftmals leiden Aphasiker auch an Lähmungen der rechten Körperhälfte.

Sprachverarbeitung geschieht offensichtlich in der linken Hemisphäre, die entsprechende Gehirnregion heißt nach dem Entdecker Broca-Areal.

Eine zweite Gehirnregion, die für die Sprachverarbeitung zuständig ist, ist das sog. Wernicke-Areal. Beide liegen in der Großhirnrinde. Das Broca-Areal steuert die Sprachproduktion und das Wernicke-Areal ermöglicht das Sprachverständnis.

Möglicherweise hat die Tatsache, dass das Sprachzentrum sich im linken Teil des Gehirns befindet, damit zu tun, dass die Mehrzahl (ca. 90%) der Menschen Rechtshänder sind, also mit der rechten Hand Gegenstände bearbeiten und mit der linken Hand die Gegenstände halten. Die linke Seite des Gehirns steuert die rechte Körperhälfte, und umgekehrt. Es bot sich an, dass die Hemisphäre, die bereits über feinmotorische Steuerungsmöglichkeiten verfügte, auch die Sprachbearbeitung übernahm. Außerdem liegt das Broca- Areal neben dem Teil des motorischen Feldes, das für Kiefer, Lippen und Zunge zuständig ist.

Nach Steven Pinker ist das Broca-Areal nicht nur für die Sprachproduktion, sondern auch für Grammatikverarbeitung zuständig. Läsionen im Wernicke-Areal zeigen sich darin, dass die Patienten sprechen können, aber ihre Aussagen keinen Sinn ergeben. Es fällt ihnen auch schwer, Objekte zu benennen und sie können nicht nur schwer verstehen, was um sie herum gesprochen wird. Das Wernicke-Zentrum verarbeitet auch Informationen visuelle Formen, laute, Körperempfindungen und räumlichen Beziehungen.

Halten wir fest

Voraussetzung dafür, dass sich Sprache entwickeln konnte und dass wir mit der Sprache kommunizieren, ist die Fähigkeit zur gegenseitigen Anerkennung, vor allen die Fähigkeit zum Perspektivenwechsel und zur geteilten Aufmerksamkeit.

Phylogenetisch begann nach Tomasello die Sprache mit der Zeigegeste, die bereits die gegenseitige Anerkennung voraussetzte. Die Zeigegesten wurden mit Lauten ergänzt, die immer differenzierter wurden sich schließlich gegenüber der Zeigegeste emanzipierten. Die Sprache entstand.

Die gegenseitige Aufmerksamkeit lernen Kleinkinder in einem Alter von ca. 9 Monaten. Sie teilen die Aufmerksamkeit mit Erwachsenen und lenken sie auf etwas. Tomasello entwickelt verschiedene Stufen der Sprachentwicklung beim Kind von de Holophrase über Verbinseln bis zu komplexen Satzkonstruktionen.

Sprache beeinflusst das Denken, weil Sprache unterschiedliche Beschreibungen und damit auch unterschiedliche Interpretationen desselben Ereignisses ermöglicht. Sprache schafft Differenzierungen, die auch das Denken differenziert.

Verhältnis Sprache – Denken.

Wir unterscheiden gedanklich Dinge und Prozesse und sprachlich Nomina und Verben.

Wir unterscheiden Gedanklich Dinge und Eigenschaften, sprachlich Substantiv und Adjektiv.

Wir denken oft räumlich, was sich sprachlich vor allem in Präpositionen widerspiegelt.

Unser Zeitbewusstsein zeigt sich in der Sprache vor allem als Flexionsform von Verben.

Das kausale Denken erscheint in der Sprache in der Form von Verben des Bewirkens und Verben des Verhinderns.

Wir denken oft in Modellvorstellungen. Sie finden ihre sprachliche Entsprechung in Metaphern.

Die Sprachphilosophie bestreitet, dass es Gedanken unabhängig von der Sprache gibt. Erst das hineinwachsen in dein Sprachgemeinschaft macht es uns möglich etwas zu denken.

Mit der Sprache wird eine Distanz zu den Objekten hergestellt. Erst mit der Sprache wird ein Ding zu einem Ding.

Die Struktur der Sprache hat ihren Ursprung in der unterschiedlichen Perspektiven, die Menschen zu Dingen oder Ereignissen einnehmen. Sprachstrukturen entstehen in Kommunikationsprozessen. Sie ermöglichen Kommunikation, schränken sie aber auch ein.

Was ist die Bedeutung von Wörtern und Sätzen? Wittgenstein: die Bedeutung eines Wortes ist sein Gebrauch in der Sprache. Einen Satz verstehen, heißt eine Sprache verstehen. Eine Sprache sprechen heißt an der Lebensform teilnehmen.

Die Bedeutung liegt im Satz, nicht im Wort. Die Bedeutung eines Satzes sind die Bedingungen unter denen er wahr ist. (Gottlob Frege).

Sprechen ist oft auch Handeln.

14. Soziale Strukturen

Wir sind unserer Natur nach soziale Wesen. Das heißt nicht nur, dass wir Individuen sind, die zu anderen Menschen Beziehungen haben, sondern das heißt, dass es zu unserem Wesen gehört, in sozialen Gemeinschaften zu leben. Menschen, die ohne Kontakte aufwachsen, können nicht ihre Persönlichkeit entwickeln, sie sind psychisch und geistig verkümmert. Kaspar Hauser ist ein bemitleidenswertes Beispiel dafür. Bei der vorgeschichtlichen Entwicklung des Menschen haben die sozialen Beziehungen eine entscheidende Rolle gespielt. Unsere kognitiven Fähigkeiten haben sich im Umgang mit anderen entwickelt. Unsere Intelligenz ist zu einem großen Teil eine soziale Intelligenz. Die Sozialität gehört also wesentlich zu unserem Menschsein.

Es gibt kurzlebige und lebenslange Beziehungen, oberflächliche und intensive. Es gibt intime, verwandtschaftliche, freundschaftliche und kollegiale Beziehungen. Wir neigen dazu, mit Menschen zusammen zu sein, mit denen wir etwas gemeinsam haben, ein Interesse, eine Überzeugung, eine Freizeitbeschäftigung. Gleich und gleich gesellt sich gern. Beziehungen geschehen nicht einfach, wir gestalten sie. Wenn jemand einen Sport ausübt, sucht er den Kontakt zu Menschen, die dieselbe Sportart betreiben. Auch die Anzahl unserer engen Kontakte wird von uns gesteuert. Wollen wir eine Familie gründen, oder als Single leben? Wie eng wollen wir den Kontakt zu Familienangehörigen pflegen? Wir haben in der Regel täglich mit mehreren Menschen Kontakt, mit Kollegen, Geschäftspartner, Nachbarn, der Buchhändlerin oder dem Angestellten der Bank, aber in der Regel haben wir nur wenige wirklich enge Beziehungen. Untersuchungen haben ergeben, dass die meisten Menschen zwischen 2 und 6 enge Beziehungen haben, das sind Personen, mit denen sie sehr persönliche Themen besprechen. Aber immerhin haben mehr als 10% überhaupt keinen Menschen, mit dem sie eine vertrauensvolle Beziehung pflegen.

Auch die Beziehungen, die unsere sozialen Kontakte untereinander haben, beeinflussen uns. Das wird deutlich bei Kinder vor und nach der Scheidung der Eltern. Ob die Eltern eine gute oder eine schlechte Beziehung zueinander haben, wirkt sich ganz wesentlich auf das Kind aus. Generell kann gesagt werden, dass wir von den Menschen, mit denen wir Kontakt haben, geprägt werden. Wenn unser Nachbar seinen Garten pflegt, geben wir uns auch mehr Mühe mit unseren Garten.

N.A. Christakis formuliert das sog. "Gesetz der 3 Schritte": „Alles was wir tun und sagen, beeinflusst unsere Freunde (1. Schritt), die Freunde unserer Freunde (2. Schritt) und die Freunde der Freunde unserer Freunde (3. Schritt). Umgekehrt unterliegen wir dem Einfluss von Menschen innerhalb dieses Einflussbereichs. Über den Radius von 3 Personen hinaus, ist die Wirkung nicht mehr spürbar. Diese Wirkung betrifft unseren Geschmack, unsere politische Einstellung, unser Ernährungsverhalten und unsere Gefühle.[357]

Emotionen können von einem auf den anderen Menschen übertragen werden. Sie haben ihren Ursprung nicht nur im Individuum, sondern auch im Kollektiv. Unser Gemütszustand hängt davon ab, wie sich andere Menschen in unserer näheren und weiteren Umgebung fühlen, d.h. unsere Emotionen und Stimmungen werden von den Emotionen und Stimmungen der Menschen beeinflusst, mit denen wir es zu tun haben.

Warum sind Emotionen nicht nur innere Zustände, d.h. warum sind sie nicht einfach nur privat? Möglicherweise helfen Emotionen und das Zeigen der Emotionen durch Gestik und

---

[357] Nikolas Alexander Christakis: Die Macht sozialer Netzwerke, wer uns wirklich beeinflusst und warum Glück ansteckend ist.

Mimiken soziale Beziehungen zu knüpfen und Gruppenaktivitäten zu koordinieren. Auch wirken mit Emotionen angereicherte Informationen intensiver. Schon die Mutter-Kind-Beziehung im Baby-Alter ist vorwiegend emotional. Wenn die Mutter die emotionalen Äußerungen des Kindes deuten und sich das Baby von den emotionalen Gesten der Mutter anstecken lässt, entsteht eine intensive Mutter-Kind-Bindung. Emotionen sind sozial und haben eine soziale Funktion.

Ein Beispiel für eine soziale Emotion ist die Scham. Sie entsteht, weil wir die Fähigkeit besitzen, die Perspektive eines anderen einnehmen zu können, etwas aus seinem Blickwinkel zu betrachten. Auch uns selbst sehen wir mit den Augen eines anderen. Scham ist das Gefühl, das sich einstellt, wenn wir damit rechnen müssen, dass das Urteil des anderen, das er über mich fällt, negativ ausfällt. Wenn ich abends im Kreis von Freunden einen schmutzigen Witz erzählt habe, schäme ich mich am anderen Morgen, wenn ich mir vorstelle, was die anderen jetzt über mich denken.

Auch bei der Kognition zeigt sich, dass Menschen soziale Wesen sind. Wir halten uns gern für eigenständig denkende und handelnde Personen, tatsächlich schließen wir uns öfter, als wir uns das zugestehen, vorherrschenden Meinungen an. Das hat damit zu tun, dass wir uns gern zur Gruppe zugehörig fühlen, dass wir keine Außenseiter sein wollen und auch zu den Gewinnern gehören wollen, also zu denjenigen, deren Meinung sich schließlich durchsetzt. Sich dem Mainstream anschließen ist „kognitiv leicht" (Daniel Kahneman), d.h. es braucht weniger Anstrengung mit dem Strom, als gegen den Strom zu schwimmen. Das kann man bei Wahlen beobachten. Wenn eine Partei – berechtigt oder unberechtigt – in der öffentlichen Meinung in Misskredit gerät, kann es passieren, dass sie flächendeckend, d.h. von Flensburg bis Garmisch-Patenkirchen, mehrere Prozentpunkte verliert. Das ist nur so zu erklären, dass sich die Wähler, die dieser Partei nicht mehr ihre Stimme gegeben haben, von der öffentlichen Stimmung beeinflussen ließen. Natürlich wird das keiner dieser Wähler zugeben. Jeder wird behaupten, die Wahlentscheidung eigenständig, nur aufgrund von eigenen Überlegungen getroffen zu haben.

Auch unser ästhetisches Urteil „geht mit der Mode", d.h. es ist abhängig von Trends im öffentlichen Geschmack oder auch von Entwicklungen in der Kunstszene.

Täglich sind wir in Kontakt mit anderen Menschen. Wir erleben sie im Gespräch und in der Zusammenarbeit. Ihre Mimik und Gestik, ihre Äußerungen und Handlungen deute ich als Ausdruck eines Subjekts mit eigenen Gedanken, Gefühlen und Wünschen. Schon vom ersten Augenblick habe ich einen Gesamteindruck und ein Urteil von meinem Gegenüber. Ich kategorisiere ihn als Mann oder Frau, als alt oder jung, als attraktiv oder weniger attraktiv. Natürlich muss ich damit rechnen, dass auch der Andere mich typisiert. Diese beiden Kategorisierungen kommunizieren und konkurrieren miteinander.

Auch Rollen treten miteinander in Kontakt, z.B. Verkäufer und Kunde. Eine soziale Beziehung nennt man dann Interaktion, wenn die Teilnehmer anwesend sind. Sie können und müssen unmittelbar aufeinander reagieren. Interaktion ist Kommunikation und Handlung unter Anwesenden. Die Anschlüsse weiterer Handlungen sind dadurch geprägt, dass die Akteure ohne Zeitverzug agieren müssen. In der Interaktion nimmt jeder den anderen wahr, wird selbst wahrgenommen und nimmt wahr, vom anderen wahrgenommen zu werden. Nimmt in einem Gespräch einer den anderen nicht wahr, ist das auch eine Form der Kommunikation. Man kann in der Interaktion nicht nicht kommunizieren.

Die Beteiligten präsentieren sich auch wenn sie miteinander interagieren. Ihr Aussehen, ihre Mimik, Gestik,

Stimme geht in die Kommunikation ein. Deshalb fordert eine Interaktion immer auch ein „impression management". Interessant bei Interaktion ist auch, wie Wissen oder Nichtwissen verborgen wird. Einer der Gesprächsteilnehmer denkt z.b.: ich weiß, dass Du einen Berg Schulden hast, aber ich spreche dieses Thema nicht an und ich lasse mir auch nicht anmerken, dass ich es weiß. Oder wenn der andere von etwas spricht, wovon ich keine Ahnung habe, tue ich so, als ob ich das kenne und nicke zustimmend mit dem Kopf.

Interaktion erfordert Taktgefühl. Man ist zuvorkommend. Takt verzichtet darauf, zu sagen, was man wirklich denkt. Wer zuvorkommend mit einem anderen umgeht, versetzt sich in seine Situation und bewertet, das was man selber sagt, aus der Perspektive des anderen. Ein taktvolles Gespräch respektiert den anderen als Person. Man wird nicht etwas sagen oder tun, was den anderen in seinen Persönlichkeitsrechten verletzt.

Netzwerke bestehen aus sozialen Beziehungen, die den Kontakt zum anderen erleichtern. Z.B. kann man einen Bankdirektor direkt anrufen und um Rat fragen, wenn man ihn aus gemeinsamen Studienzeiten kennt. Netzwerke liegen oft quer zu anderen Organisationsstrukturen. Sie sind das was in Firmen oder Behörden „kleiner Dienstweg" genannt wird. Netzwerke müssen gepflegt werden. Wissenschaftler zitieren sich gegenseitig, man lässt jemand Insider- Information zukommen, oder lädt ihn zu einem Vortrag ein, usw. Netzwerke ermöglichen Unerwartetes und Unwahrscheinliches, gerade weil sie nicht Organisationen angewiesen sind. Soziologisch werden Netzwerke zwischen der Interaktion und der Organisation angesiedelt. Es gibt die Behauptung, dass manche Organisationen oder Sportarten nur deshalb existieren, damit sich Netzwerke bilden können, Beispiel Lyons Club oder Golf.

Wie entstehen soziale Strukturen? Der amerikanische Soziologe Talcott Parsons (1901-1979) hat dieses Problem mit dem Begriff „doppelte Kontingenz" auf den Punkt gebracht. Zunächst einmal: was ist Kontingenz? Kontingenz, von lat. contingentia = Möglichkeit oder Zufall, bedeutet: es ist wie es ist, es kann aber genauso gut auch anders sein. Kontingent grenzt sich ab auf der einen Seite von „unmöglich", auf der anderen Seite von „so und nur so, notwendigerweise so". Wenn wir es für möglich halten, dass unter anderen Umständen unser Leben auch völlig anders verlaufen wäre, denken wir kontingent. Wenn wir aber der Meinung sind, dass sich alles notwendigerweise so gefügt hat, haben wir ein nichtkontingentes Weltbild. Das wissenschaftliche Denken, insbesondere die Evolutionstheorie unterstützt Kontingenz, aber im Denken vieler Menschen findet man nichtkontingente Überzeugungen, z.B. wenn ein Ehepaar sagt, wir waren für einander bestimmt, oder wenn jemand eine entscheidende Wendung in seinem Leben als Fügung des Schicksals deutet.

Zwei Menschen, Parsons nennt sie Ego und Alter, kommen miteinander in Kontakt. Ego hat verschiedene Handlungsoptionen, seine Situation ist also kontingent. Alter kann in unterschiedlicher Weise darauf reagieren. Auch seine Situation ist kontingent. Aus der Perspektive jedes der beiden Teilnehmer ist die Situation doppelt kontingent, sie ist kontingent wegen den eigenen Handlungsmöglichkeiten und sie ist kontingent, weil keiner weiß, wie der andere auf seine Aktion reagieren wird. Unter dem Gesichtspunkt der doppelten Kontingenz ist es also sehr unwahrscheinlich, dass überhaupt irgendetwas geschieht und die beiden Teilnehmer, Ego und Alter, in Bewegungslosigkeit voreinander verharren. Das widerspricht aber unserer alltäglichen Beobachtung, dass Menschen mit einander kommunizieren, ständig etwas tun und andere auf diese Aktivitäten reagieren. Wie ist soziales Interagieren angesichts der doppelten Kontingenz zu erklären?

Soziologen und Philosophen haben auf diese – für die Soziologie zentrale – Frage, wie soziale Ordnung zustande kommt, obwohl alles doppelt kontingent ist, unterschiedliche Antworten gegeben. Talcott Parsons hat die Lösung dieses Problems, das er selbst präzise formuliert hat, in einem Wertekonsens gesehen, in einer übereinstimmenden normativen Orientierung, einem „shared symbolic system". Parsons soziologische Theorie ist also normativistisch. Sowohl Handeln, als auch soziale Ordnung beruhen auf gemeinsame Werte und Normen. Parsons unterscheidet zwei Arten von Ordnung: faktische Ordnung und normative Ordnung. Faktische Ordnung ist nicht vereinbart worden, sie ergibt sich aus zufälligen Konstellationen, Beispiel: Verkehrsstau, oder marktkonforme Preisbildung von Gütern. D.h. faktische Ordnung ergibt sich als Nebenprodukt des Handelns der Individuen. Die normative Ordnung basiert darauf, dass sich die Akteure – bewusst oder unbewusst – an gemeinsamen Handlungsvorschriften, Normen, orientieren. Normative Ordnung setzt eine wenigstens teilweise Zustimmung der Menschen voraus. Auch ein Diktator kann längerfristig nicht ohne partielle Unterstützung der Bevölkerung regieren.

Normen und Werte wirken selektiv auf die Handlung, sowohl auf die Handlungsmittel (nicht alles ist erlaubt), als auch auf die Handlungsziele (nicht alles ist erstrebenswert). Einschränkend zu diesem Handlungskonzept muss aber festgestellt werden, dass nicht jede Handlung vom Ziel bestimmt wird. Es gibt auch Tätigkeiten, deren Sinn in der Handlung selbst liegt. Beispiele: Schwimmen, Tanzen oder Plaudern. Oder die Handlung ist wichtiger als das Ziel: Beispiel: Wandern. Es gibt auch Handlungen, deren Ziel sich erst im Lauf der Aktivität herausschält. Manche Kunstwerke entstehen so. Auch lässt sich nicht jede Handlung in ein Ziel-Mittel-Schema pressen. Beispiele sind religiöse Rituale oder Routine-Handlungen. Eine weitere Schwäche dieses Handlungskonzepts ist es, dass die Folgen des Handelns nicht berücksichtigt werden, sowohl die beabsichtigten, wie die unbeabsichtigten Folgen. Auch beantwortet es nicht die Frage, wie Normen und Werte entstehen. Wie entstehen in einer Gesellschaft gemeinsam geteilte Werte? Und es bezieht nicht ein, was uns zum Handeln antreibt? Es kann ja sein, dass wir Ziele haben und dass uns auch die Mittel zur Verwirklichung dieser Ziele zur Verfügung stehen, dass wir uns aber nicht aufraffen können.

Wir wollen uns auf die Werte und Normen in Parsons Handlungskonzept konzentrieren, denn sie sind es, die seiner Meinung nach soziale Ordnung ermöglichen. Werte und Normen sind in den Personen durch Internalisierung und in der Gesellschaft durch Institutionalisierung verankert. Wenn jemand zurückgrüßt, wenn er gegrüßt wird, oder wenn er sich bedankt, wenn er etwas geschenkt bekommt, und wenn er das als richtig oder sogar als selbstverständlich empfindet, dann hat der diese Werte und Normen internalisiert. Institutionalisierte Werte und Normen sind z.B. das vom Recht geschützte Eigentum.

Habermas übernimmt von Parsons die Problembeschreibung, schlägt aber eine andere Lösung dafür vor. Sein grundlegendes Theoriekonzept ist das „kommunikative Handeln"[358]. Von diesem Ansatz aus, formuliert er die Frage neu: „Wie ist soziale Integration auf der unwahrscheinlichen Basis von Verständigungsprozessen … möglich".[359]

Habermas sieht kommunikative Rationalität als Weiterentwicklung der praktischen Vernunft Kants. Er stellt einen Zusammenhang her zwischen der kommunikativen Vernunft und den sozialen Strukturen in einer Gesellschaft. Das kollektive Element der Vernunft beinhaltet schon die These Freges „wir sind nicht Träger von Gedanken, wie wir

---

[358] Jürgen Habermas: Theorie des kommunikativen Handelns, zwei Bände, 1981
[359] Jürgen Habermas: Faktizität und Geltung, Seite 42

Träger unsere Vorstellungen sind."[360] Im Gegensatz zu Vorstellungen, die dem einzelnen Menschen zugeordnet werden können, überschreiten Gedanken die Grenzen des individuellen Bewusstseins. Gedanken sind an Sprache gebunden. Sie sind propositional gegliedert und haben die grammatische Struktur der Sprache. Damit sind sie auch unabhängig vom Erlebnisstrom des Individuums. Nur so ist zu erklären, dass sprachlich ausdrücke für verschieden Benutzer dieselbe Bedeutung haben.

Gedanken haben einen Inhalt, eine Aussage, und sind damit wahrheitsfähig. D.h. Gedanken fragen immer danach, ob sie richtig oder falsch sind. Um das zu überprüfen, muss eine Beziehung von Sprache und Welt, Satz und Tatsache hergestellt werden. Dazu ist eine Interpretationsleistung notwendig. „Die Welt als Inbegriff möglicher Tatsachen konstituiert sich nur für eine Interpretationsgemeinschaft, deren Angehörige sich innerhalb einer intersubjektiv geteilten Lebenswelt miteinander über etwas in der Welt verständigen."[361] Sobald jemand etwas sagt, erhebt er einen Anspruch auf Gültigkeit der Behauptung. Ob dieser Anspruch gerechtfertigt ist oder nicht, kann – nach Habermas – nur in einem Diskurs, bei dem Gründe angeführt und kritisch überprüft werden, entschieden werden. Eine Behauptung ist dann wahr, wenn sie mit dem Einverständnis der Interpretationsgemeinschaft rechnen darf. Wahrheit ist rationale Akzeptabilität.

Wahrheit bekommt bei Habermas keine von der kommunikativen Realität abgehobene Idealität, sondern ist an die Sprache und an die Kommunikationsgemeinschaft gebunden. Diese Gemeinschaft rational argumentierender Diskursteilnehmer ist koordiniert aber auch die Handlungspläne der Akteure und macht Handlungen konfliktlos „anschlussfähig". Damit erklärt sie auch das

---

[360] G. Frege: Logische Untersuchungen, Seite 49
[361] Jürgen Habermas: Faktizität und Geltung, Seite 29

Zustandekommen sozialer Ordnung. Sprache ist also mehr als Übertragung von Information. Kommunikation nimmt Einfluss auf zwecktätig aufeinander einwirkende Akteure. Die illokutionäre Kraft einer Sprechhandlung, also die Kraft, die in der Intention einer Aussage liegt, hat für Habermas eine handlungskoordinierende Funktion. „Sprache selbst ist also eine primäre Quelle sozialer Integration"[362] . Die Handlungsteilnehmer versuchen in ihren Rollen als Sprecher und Hörer, gemeinsame Situationsdeutungen auszuhandeln und über Verständigungsprozesse ihre Pläne aufeinander abzustimmen. Habermas spricht von der „Bindungsenergie der Sprache".

Was genau tun wir, wenn wir sprechen? Was wird in einer Sprechhandlung, in einem speech-act, geleistet? In jeder sprachlichen Äußerung und in jeder Handlung erheben wir drei Geltungsansprüche

- Wir erheben, wenn wir sprechen und mit dem was wir sagen, einen Geltungsanspruch auf Wahrheit (ohne das ausdrücklich zu betonen; es ist sogar kontraproduktiv, wenn wir es betonen). Die Rationalität einer Aussage drückt sich auch darin aus, dass sie bestritten werden kann.
- Wir erheben mit dem was wir sagen auch einen Geltungsanspruch auf normativer Richtigkeit. Jede Aussage ist auch eine Handlung, die eine soziale Beziehung definiert und sie sagt etwas darüber aus, ob es in sozialer Hinsicht angemessen und normativ richtig ist. Z.B. ist ein Befehl eine Aussage, die eine soziale Beziehung markiert. Dieser Befehl kann sachgerecht, aber auch anmaßend sein. Soziale Beziehungen können zurückgewiesen werden, insofern mit einem sozialen Geltungsanspruch rational.

---

[362] Jürgen Habermas: Theorie des kommunikativen Handelns, S. 34

- Wir erheben mit dem was wir sagen einen Geltungsanspruch auf Wahrhaftigkeit. In allem was wir sagen, kommt unsere Subjektivität zum Ausdruck, unser Authentizität. Die Repräsentation des Selbst ist wesentlicher Bestandteil der Interaktion. Auch das kann angezweifelt werden, z.B. wenn wir unterstellen, dass dem anderen nicht zu trauen ist, weil es ohnehin immer lügt.

Nicht jede Äußerung oder Handlung erhebt jeden der drei Geltungsansprüche gleichermaßen. Man denke z.B. an eine wissenschaftliche Arbeit. Sie muss natürlich inhaltlich richtig sein, sie schafft aber auch eine Beziehung zwischen Autor und Leser, bei einer wissenschaftlichen Arbeit zwischen Lehrendem und Lernendem. Sie gibt dem Autor aber auch Gelegenheit, sich als kompetenten und innovativen Forscher zu präsentieren. Alle drei Geltungsansprüche sind insofern rational, als sie sich mit vernünftigen Argumenten bestreiten lassen.

Diesen drei Rationalitätstypen lassen sich drei Handlungstypen zuordnen.
- Teleologisches, zielgerichtetes Handeln
- Normgerechtes Handeln, das auf die Angemessenheit sozialer Beziehungen basiert.
- Dramaturgisches Handeln, in dem die Selbstrepräsentation zentral ist.

Die Integration der Gesellschaft über Verständigungsprozesse ist natürlich labil. Sie ist ständig bedroht durch Uneinigkeit, durch Dissens. Deshalb fragt Habermas, was verhindern kann, dass Verständigungsprozesse scheitern. Er nennt drei sog. Inhibitoren: Lebenswelt, ursprüngliche Institutionen und Recht. Natürlich kann ein Dissens auch ungelöst bestehen bleiben, aber mit der Folge, dass die Basis geteilter Überzeugungen kleiner wird. Oder die Kommunikation wird abgebrochen und damit auch die soziale Beziehung, was längerfristig nicht durchzuhalten ist.

In der vormodernen Gesellschaft waren Menschen eingebettet in eine festgefügte Lebenswelt und in archaische Institutionen. Lebenswelt ist für Habermas eine Art Hintergrundkonsens aus gemeinsamen unproblematischen Überzeugungen, ein Horizont des immer schon Vertrauten, ein Wissen aus Deutungsmustern und Loyalitäten.[363] Kommunikatives Handeln bewegt sich vor dem Hintergrund dieser Lebenswelt und reproduziert gleichzeitig diese Lebenswelt. „Im kommunikativen Handeln umgreift uns die Lebenswelt im Modus einer unvermittelten Gewissheit, aus der heraus wir distanzlos leben und sprechen."[364] Die Lebenswelt durchdringt alles, sie ist ein unmerklich präsenter Hintergrund des kommunikativen Handelns mit eigenem Wissen und Können. Dieses Wissen verhilft einerseits zur absoluten Gewissheit, denn wir machen vom ihm Gebrauch ohne das Bewusstsein, dass es falsch sein könnte. Es wird nicht problematisch, erst wenn es ausgesprochen wird und mit kritisierbaren Geltungsansprüchen in Berührung kommt, aber dann ist es kein lebensweltlicher Hintergrundwissen mehr.

Die ursprünglichen Institutionen treten ihrerseits mit einem unanfechtbaren Autoritätsanspruch auf. „In Institutionen von Stammesgesellschaften verfestigen sich ungeschieden kognitive und normative Erwartungen zu einem mit Motiven und Wertorientierungen verknüpften Überzeugungskomplex".[365] Im Gegensatz zur Lebenswelt, die wir – bildlich gesprochen – im Rücken haben, treten uns die archaischen Institutionen mit Autorität ausgestatte, gebieterisch entgegen. Ein Beispiel dafür sind heilige Objekte, die in uns das gemischte Gefühl aus Schrecken und Ehrfurcht auslösen. Sie kombinieren – wie Habermas sagt – die

---

[363] Ebenda, Seite 38
[364] Ebenda, Seite 38
[365] Ebenda, Seite 41

„Androhung einer rächenden Gewalt und die Kraft bindender Überzeugungen."[366] Sie sind zugleich bindend und abschreckend.

In der modernen Gesellschaft wird das Risiko, dass Verständigungsprozesse scheitern, größer, Deshalb wird jetzt der dritte Inhibitor, das Recht, immer wichtiger. Was ist die Ursache dafür? Moderne Gesellschaften sind durch eine zunehmende Differenzierung geprägt, durch eine Pluralisierung der Lebensformen, durch eine Individualisierung der Lebensformen und damit durch eine höhere Komplexität.

Dadurch schrumpfen die lebensweltlichen Hintergrundüberzeugungen. Eng umschriebene institutionelle Bindungen werden verringert und Handlungsspielräume werden größer. Das hat zur Folge, dass alles zunehmend problematisiert wird. Nichts bleibt mehr unhinterfragt, nichts ist mehr selbstverständlich. Die traditionellen Institutionen erleiden in der Moderne einen zunehmenden Autoritätsverlust. Es wird immer mehr interessegeleitetes, individuelles, erfolgsorientiertes Handeln freigesetzt. Das bedeutet aber auch, dass das Risiko zum Dissens wächst. Der Bedarf an einem Dissensinhibitor – wie Habermas es nennt –, der die Gesellschaft auf der Basis von Verständigungsprozessen auch unter diesen erschwerten Bedingungen integrieren kann, wird größer. Dieser Dissensinibitor ist das moderne Recht.

Damit das Recht diese Funktion des Dissensinhibitors erfüllen kann, muss es zwei Bedingungen erfüllen. Diese beiden Bedingungen sind nach Habermas Faktizität und Geltung; so auch der Titel seines 1992 erschienen Buches. Seine Kernthese lautet: Damit das positive Recht eine integrative Funktion haben kann, muss es legitim sein. Faktizität allein, d.h. die bloße Tatsache, dass eine bestimmte Ordnung existiert, genügt nicht.

---

[366] Ebenda, Seite 41

Zusammengefasst lautet das Theoriekonzept von Habermas: eine auf Verständigungsprozessen basierende gesellschaftliche Integration ist ständig bedroht, weil ein Konsens auch immer nicht zustande kommen kann. Das gilt besonders für moderne, ausdifferenzierte Gesellschaften, weil die traditionellen Garanten, die Lebenswelt und die archaischen Institutionen, an Bedeutung verlieren. In modernen Gesellschaften wirkt das Recht als integrativer Faktor. Es muss aber die Anforderungen, Faktizität und Geltung, erfüllen. Vor allem muss es als selbst entworfen und gesetzt und nicht als von einer Autorität vorgegeben erfahren werden. Kommunikatives Handeln wird durch das Recht einerseits eingegrenzt, weil Handlungsmöglichkeiten verboten werden. Andererseits wird das kommunikative Handeln entschränkt, wenn es um die Setzung von Rechtsnormen geht. Normen müssen rational akzeptiert werden können, sie müssen sich in einem Legitimationsprozess überprüfen lassen.

Auch Luhmann beginnt wie Parsons und Habermas mit der doppelten Kontingenz. Sie dient ihm aber nur zur Problembeschreibung. Zur Lösung des Problems schlägt er einen völlig anderen Weg ein. Er stützt die Bildung sozialer Ordnungen nicht auf den normativen Konsens, weder den normativen wie Parsons, noch den kommunikativen wie Habermas, sondern er leitet die sozialen Strukturen direkt aus der doppelten Kontingenz ab. Seine Lösung lautet in verkürzter Form: aus der doppelten Kontingenz bilden sich neue, emergente Ordnungen mit eigener Komplexität. Diese Ordnung lässt sich nicht auf die Akteure Ego und Alter reduzieren oder aus diesen ableiten. „Auf diese Weise kann eine emergente Ordnung zustande kommen, die bedingt ist durch die Komplexität der sie ermöglichenden Systeme, die aber nicht davon abhängt, dass diese Komplexität auch berechnet, auch kontrolliert werden kann. Wir nennen diese emergente Ordnung soziales System."[367]

Luhmann hat sich bei dieser Lösung an der Physik und der Biologie orientiert, wo es eine Vielzahl von Beispielen für die Bildung makroskopischer Strukturen gibt. Die Physik studierte Strukturbildungen in Flüssigkeiten, z.b. das Bénard- Problem. Die Biologie hat z.b. die Musterbildungen auf Muscheln oder die Bildung von Strukturen auf Fellen, (Zebra, Tiger, Leopard) untersucht. Sowohl die ontogenetische, als auch die phylogenetische Bildung von Lebewesen kann als eine immer differenzierter werdende Ausbildung von Strukturen betrachtet werden. Allen diesen Ordnungsstrukturen ist gemeinsam, dass Elemente (z.b. die Moleküle einer Flüssigkeit) nichtlinear miteinander wechselwirken, was bewirkt, dass kleine Abweichungen verstärkt werden, sodass eine bestimmte Bewegungsform, der sog. Ordnungsparameter, die Oberhand gewinnt und die Bewegung aller anderen Elemente bestimmt (Hermann Haken nennt es das Versklavungsprinzip). Aus mikroskopisch kleinen, chaotischen Bewegungen entstehen makroskopische geordnete Formen. Dieser Strukturwandel wird in der Physik als Phasenübergang bezeichnet. Der Phasenüberganspunkt ist charakterisiert durch langreichweitige Fluktuationen.

Luhmann hatte diese Ordnungsentstehungen in der Natur vor Augen, als er seine Theorie zur Bildung sozialer Strukturen entwarf.[368] Die Situation der doppelten Kontingenz, in der sich Ego und Alter befinden, ist im höchsten Maße empfindlich für beliebige Zufallsereignisse, die am Anfang der Bildung sozialer Ordnung stehen. Irgendeine Aktion von Ego führt zu irgendeiner Reaktion von Alter. Diese Aktionen werden aufgrund einer Gegebenheit verstärkt, d.h. sie werden von mehr und mehr Individuen übernommen und vielfach

---

[367] Niklas Luhmann: Soziale Systeme, Seite 157
[368] Niklas Luhmann: Soziale Systeme, Kap. 3

wiederholt. Diese Abfolge von Handlungen wird mehr und mehr zum Standard in der sozialen Gemeinschaft, bis sie normativen Charakter bekommt. Die so standardisierte Handlungsfolge wird von mehr und mehr Menschen erwartet, sodass auf der sozialen Ebene eine Struktur entsteht, die Kinder, die in diese Gemeinschaft aufwachsen, als Sozialstruktur vorfinden. Die Mitglieder der Gemeinschaft verinnerlichen diese Strukturen, sodass sie normativen Charakter annehmen.

Wichtig für das Verständnis der Sozialtheorie von Luhmann ist, dass soziale Systeme nicht wie bei Parsons auf einem Wertekonsens beruhen und nicht auf die kommunikative Verständigung der beteiligten Personen wie bei Habermas, sondern dass das soziale System eigene Operationen hervorbringt, die sich in Prozessen der Selbstorganisation selbst reproduzieren. Die Operationen der sozialen Systeme sind die Kommunikationsprozesse. Psychische Systeme, d.h. Menschen, gehören bei Luhmann zur Umwelt der sozialen Systeme.

Verhalten, wenn es oft wiederholt wird, wird institutionalisiert und internalisiert, d.h. es bekommt einen objekthaften Charakter und wird verinnerlicht. Der erste Schritt zur Institutionalisierung ist die Habitualisierung.[369] In der häufigen Wiederholung wird das Verhalten zur Routine und bekommt Modellcharakter, auch für andere. Das erleichtert im Alltag. Man muss nicht ständig überlegen was und wie etwas zu tun ist, sondern greift auf Gewohntes und Bewährtes zurück. Das entlastet davor, ständig neu entscheiden zu müssen und schafft Freiräume für Neues und Ungewohntes. Routinetätigkeiten werden von Gehirn ins Unbewusste verlagert, weil unbewusste Reaktionen weniger Energie

---

[369] Berger, Luckmann: die gesellschaftliche Konstruktion der Wirklichkeit, S 56

benötigen. Außerdem sind sie schneller als überlegte Entscheidungen.

Habitualisiert ist vor allem die Sprache. Die Kommunikation wird wesentlich flüssiger, wenn sie auf bekannte Wörter, Satzteile und Redewendungen zurückgreifen kann. Auch das Verstehen wird mit vertrauten Sprachelementen leichter. Jeder der eine Fremdsprache erlernt hat kennt das.

Der zweite Schritt ist die Institutionalisierung. Institutionen gehen aus typisierten, habitualisierten Handlungen hervor. Sind erlangen Objektivität, d.h. sie stehen dem Menschen – obwohl von Menschen hervorgebracht – als Realität gegenüber. Institutionen sind nicht nur strukturiert, sie sind selbst Strukturen. Sie sind aus Prozessen hervorgegangen und ermöglichen selbst Prozesse, die sie aber auch einschränken. Institutionen lenken und kontrollieren menschliche Handlungen.

Institutionen haben ihre eigne Wirklichkeit, die dem Menschen als äußeres zwingende Faktum gegenübersteht. Institutionen bilden, zusammen mit der Sprache und mit gemeinsamen Überzeugungen, die gesellschaftliche Welt. Sie haben allein dadurch dass sie existieren, eine zwingende Macht über den Menschen. Die institutionalisierte Welt ist vergegenständlichte menschliche Tätigkeit.

Organisationen sind soziale Gebilde, die mehr oder weniger genaue Mitgliedschaftsbedingungen aufweisen und sich über Entscheidungen reproduzieren. Da es auch im rechtlichen Sinne juristische Personen gibt, werden Organisationen manchmal wie Einzelpersonen behandelt. Das ZDF möchte mehr junge Zuschauer gewinnen, der VfB will Tabellenführer werden. Die Stellungnahme einer Bank ist nicht die Aussage einer einzelnen Person, obwohl natürlich eine einzelne Person sie geschrieben hat, sondern ist die Aussage der Bank als Institution. Auch Mitarbeiter der Bank können zwischen sich und der Bank unterscheiden: Meine Meinung ließ sich im Hause nicht durchsetzten. Ich würde Ihnen ja gern helfen, aber mir sind die Hände gebunden.

Als Einheit treten Organisationen nur nach außen auf, innen sind sie hoch komplex. Deshalb muss sich eine Organisation, wie der Name schon sagt, organisieren. Organisieren heißt, es müssen Geschäftsprozesse mit klaren Abläufen, Verantwortungen und Schnittstellen festgelegt werden. In einem Industrieunternehmen, z.b., gibt es folgende Geschäftsprozesse: Entwicklung, Einkauf, Fertigung, Logistik, Vertrieb, Personalwesen, IT, Qualitätsmanagement. Die Prozesse sind detailliert ausgearbeitet mit Verantwortungen und Zuständigkeiten. Nur so, z.b., können Aufträge des Kunden gut und schnell ausgeführt werden.

Die klare Definition der Geschäftsprozesse verlangt von den Mitgliedern der Organisation Handlungsmuster ab und schränkt ihre Aktionsmöglichkeiten ein. Ein Entwicklungsingenieur in einem Industrieunternehmen, z.B., darf nicht einfach das entwickeln, was er will. Es gibt von der Entwicklungsleitung festgelegte und freigegebene Entwicklungsprojekte und jeder Entwickler bekommt in einem dieser Projekte klar definierte Aufgaben. In Organisationen akzeptieren wir leichter irgendwelche Handlungseinschränkungen. Womöglich gehen Kinder hauptsächlich deshalb in Kindergärten und Schulen, damit sie lernen, sich an Organisationsstrukturen anzupassen.

Eine Organisation muss sich selbst organisieren, d.h. sie muss ihre eigenen Prozesse gestalten und implementieren. Und sie muss Verantwortungen und Kompetenzen regeln. Die Strukturierung einer Organisation geschieht durch Arbeitsteilung und Hierarchien. Organisationsbedarf besteht dann wenn etwas nicht richtig funktioniert, wenn z.B. die Bearbeitung von Vorgängen zu lange dauert, wenn zu viele Fehler passieren oder wenn die Bearbeitung zu teuer ist.

Organisationen funktionieren nie 100%-ig. Mitarbeiter sind immer mehr oder weniger stark unzufrieden mit der Organisation. Für Unternehmensberater gibt es immer etwas zu tun. Wichtig an deiner Unternehmensberatungen ist, dass sie von außen kommt. Ein Prophet gilt nichts im eigenen Land.

Organisationen müssen sich so organisieren, dass sie für alle Eventualitäten vorbereitete sind. Jede Anfrage, jeder Kundenwunsch, jede Marktveränderung muss in interne Abläufe umgesetzt werden können. Das hat einen epistemologischen Aspekt. Die Umwelt wird zu Fällen bestimmter Muster schematisiert. Nur das, was in die eigenen Abläufe eingeordnet werden kann, wird wahrgenommen. Das ist mit dem menschlichen Gehirn vergleichbar, da die Umwelt auch immer in seinen Denkstrukturen, seinen Verstandeskategorien wahrnehmen kann. Unsere Sinnesorgane nehmen nur einen Ausschnitt aus der Umwelt wahr. Das Auge sieht nur Licht in einem engen Frequenzspektrum, das Ohr kann nur in einem begrenzten Frequenzbereich hören. Das gibt auch für eine Organisation. Auch sie hat nur enge Fenster zur Außenwelt. Mit einer Bank, z.B., kann man nur mit bestimmten Anliegen in Kontakt treten: Konto eröffnen, Geld überweisen, Aktien kaufen usw. Für alles andere kann die Bank nicht aktiv werden. Ein Bauer kann nicht einen Sack Kartoffeln auf sein Konto einzahlen.

Die Parallele von Gehirn und Organisation kann noch weiter getrieben werden. Das Arbeiten an der Organisation kann als Selbstbeobachtung, als Reflexion betrachtet werden. Ein Audit ist dafür eine Möglichkeit. Die Selbstreflexion eines Individuums entspricht einem Audit in einem Unternehmen.

Es gibt aber auch Fälle, in denen sich die Organisation selbst und freiwillig außer Kraft setzt. Ein Beispiel ist die sog. unbürokratische Hilfe. Dabei fällt auf, wie wenig sich in einer komplexen Welt wirklich organisieren lässt.

Max Weber bezeichnete Organisation als rationalste und effizienteste Form der Herrschaft. Rational, weil alles was in einer Organisation geregelt ist, nachvollziehbar ist. Effizient, weil keine andere Herrschaftsform Menschen im stark in ihre Gewalt bekommen kann. Max Weber befürchtete „Fachmenschentum" ohne Geist. Als negative Folge zunehmender Bürokratisierung. Da eigentümliche einer Organisation ist, dass sie auf der einen Seite Handlungsmöglichkeiten einschränkt und auf der andern Seite Freiräume schafft, die man für die sachliche Arbeit braucht. Wenn ich das Beschaffen meines Büromaterials dem Einkauf und die Pflege meines PCs der IT übertragen kann, habe ich mehr Zeit für meine eigene Arbeit.

Die moderne Welt braucht Organisationen. Die Ausbildung junger Menschen erfordert organisierte Schulen, die ärztliche Versorgung ist ohne organisierte Krankenhäuser nicht möglich. Organisationen sind „Rationalitätsinseln" in einer komplexen Welt. Alber diese Rationalität ist eine „bounded rationality", eine begrenzte Rationalität.

Eine Organisation ist vor allen ein sich selbst organisierender, ein – in der Nomenklatur Luhmanns – autopoietisches, operativ geschlossenes, sich selbst reproduzierendes System.[370]

Gesellschaft ist nicht unmittelbar erfahrbar. Sie ist nicht adressierbar und hat keine klaren Grenzen. Gesellschaft erleben wir in verschiedenen Kontexten: in einer Kunstausstellung, in einem Fußballstadion, auf einer Kundgebung des Deutschen Gewerkschaftbundes, usw. In diesen verschiedenen Kontexten herrschen unterschiedliche Milieus, Stile, Wahrnehmungs- und Beurteilungskriterien. Die Kunstwerke in einer Galerie werden mit anderen Augen

---

[370] Niklas Luhmann: Organisation und Entscheidung, Seite 68

betrachtet, wie die Bohrmaschinen in einem Baumarkt. Alle diese Kontexte ereignen sich immer gleichzeitig.

Zu einer gesellschaftlichen Ordnung gehört auch eine Infrastruktur. Wenn jemand ohnmächtig wird, kommt in wenigen Minuten ein Krankenwagen und bringt ihn in das nächste Krankenhaus, wo er ärztlich versorgt wird. Es gibt Supermärkte, die Lebensmittel zum Kauf bereitstellen und es gibt Bahnen und Flugzeuge für den Transport von Menschen und Gütern. Diese vielfältigen Infrastrukturmaßnahmen werden nicht zentral organisiert, es gibt auch keine Entscheidungsinstanz, die für alles zuständig ist, sondern es gibt viele einzelne Aktivitäten mit mehr oder weniger großem Aktionsradius, die in ihrem Zuständigkeitsbereich handeln. Der einzelne Mensch kennt, von dem was geschieht, nur einen kleinen Teil. Er agiert sozusagen auf der Benutzeroberfläche. Im Krankheitsfall, z.B., braucht er nur die Notrufnummer zu kennen. Das reicht. Alles andere erledigen die zuständigen Fachleute.

Auch viele der Personen, die uns täglich begegnen, bleiben für uns Fremde. Die Buchhändlerin, der Lokführer, der Bankangestellte, sie alle spielen ihre Rolle und bleiben für uns ansonsten anonym. Das hat für alle Beteiligten den Vorteil, nur mit denen in näheren Kontakt treten zu können, mit denen man ein persönliches Verhältnis haben möchte. Das wirft die Frage auf, welche Voraussetzungen erfüllt sein müssen, damit wir Fremde nicht als Bedrohung empfinden. Ein Soziologe wundert sich darüber, dass es möglich ist, ein fremdes Haus zu betreten, sich dort an einen Tisch zu setzten, ohne dass ihn jemand daran hindert, ein Essen zu bestellen, es auch bekommt, obwohl die Personen des Hauses ihn nicht kennen und am Ende ein Stück bedrucktes Papier auf den Tisch zu legen, für das die Gastgeber sich auch noch bedanken. Der Gast fürchtet nicht, dass das Essen vergiftet sein könnte und die Gastgeber befürchten nicht, kein Geld zu bekommen.

Eine Gesellschaft besteht aus Funktionssystemen, aus den Systemen Wirtschaft, Wissenschaft, Recht, Kunst, Religion usw. Jedes dieser Systeme hat seine eigenen Prozesse. Eine Bohrmaschine wird anders gefertigt als ein Kunstwerk, ein Gottesdienst läuft anders ab, als eine Gerichtsverhandlung. Jedes Gesellschaftssystem hat seine eigenen Unterscheidungen. Das Rechtsystem hat die Leitunterscheidung legal/illegal, das Wissenschaftssystem unterscheidet wahr/unwahr.

Aber die Systeme sind auch aufeinander bezogen. Kunstwerke haben auch einen Preis, d.h. die Wirtschaft dringt auch in das System Kunst ein. Und auch in das System Religion, wenn der Klingelbeutel herumgereicht wird. Aber weder Kunst, noch Religion werden vollständig erfasst, wenn sie nur monetär beurteilt werden. Sie gehen nicht vollständig in wirtschaftlichen Kriterien auf, sie behalten ihre eigenständigen Maßstäbe.

Geld spielt natürlich überall eine Rolle, aber wenn sein Einfluss zu direkt, zu unmittelbar ist, stößt es auf Ablehnung. Richterliche Entscheidungen, Erfolge im Sport oder die Liebe dürfen mit Geld nichts zu tun haben. Kritik am Kapitalismus setzt genau dort an, wo wirtschaftliche Überlegungen in Bereiche vordringen, die davon unberührt bleiben sollen. Es darf nicht alles der Logik des Marktes untergeordnet werden.

Moderne Gesellschaften zeichnen sich dadurch aus, dass unterschiedliche Logiken nebeneinander existieren, die unterschiedliche Kontexte erzeugen. Sie sind aber aufeinander bezogen und müssen miteinander auskommen. Es gibt keine zentrale Instanz, die alle Systeme koordiniert. Menschen sind darauf vorbereitet, in verschiedenen zusammenhängen unterschiedliche Logiken anzutreffen. Sie wundern sich nicht darüber, in einer Galerie Kunstwerke anzutreffen.

Interaktionen bauen auf Anwesenheit auf, Netzwerke auf Erreichbarkeit, Organisationen auf Strukturen und geregelte Geschäftsprozesse, Gesellschaften auf Systeme unterschiedlicher Logiken. Diese Systeme sind nicht harmonierbar und sie führen immer wieder zu Konflikten. Es ist eine gesellschaftliche Erfahrung Kontexte zu wechseln, unterschiedlichen Anforderungen unterworfen zu sein.

Frühere Gesellschaften waren stratifikatorisch, also in Schichten strukturiert. Es gab die Bauern, Handwerker, den Adel und den Klerus. Dieses Gesellschaftssystem ist auch in das Denken der Menschen eingedrungen. Berufe, die es schon in dieser Zeit gab, siegeln diese gesellschaftliche Strukturierung wieder: Arzt – Krankenschwester, Offizier – Soldat, Pfarrer – Messner. Berufe, die erst in den letzten wenigen Jahrzehnten entstanden sind, wie Programmierer, Designer oder Werbegrafiker haben diese Struktur nicht. Moderne Gesellschaften sind funktional strukturiert.

Halten wir fest

Wir sind soziale Wesen. Wir entwickeln unsere emotionalen und kognitiven Fähigkeiten, unsere Persönlichkeit in Kontakt mit anderen.

Die Bildung sozialer Strukturen leitet der amerikanische Soziologe Talcott Parsons aus der doppelten Kontingenz ab. Eine Gesellschaft wird zusammengehalten und stabilisiert durch eine von allen geteilten normativen Ordnung.

Der zentrale Begriff der Sozialphilosophie von Jürgen Habermas ist das kommunikative Handeln. Selbst das was wir für Tatsachen halten konstituiert sich für Habermas in einer Interpretationsgemeinschaft. Wahr wird etwas erst dann wenn es in der Gemeinschaft akzeptiert worden ist.

Kommunikation hat auch eine handlungskoordinierende Funktion. Damit erklärt Habermas das Zustandekommen sozialer Ordnung. In modernen Gesellschaften ist die integrative Kraft der Kommunikation bedroht, weil die gemeinsame Lebenswelt kleiner und die Institutionen schwächer werden. Deshalb muss in modernen Gesellschaften das Recht zur integrativen Kraft werden.

Auch Luhmann geht von der doppelten Kontingenz aus, schlägt aber eine völlig andere Lösung vor. Die Kommunikationsprozesse in der Gesellschaft bilden eine neue, selbstorganisierte, emergente Ordnung. Luhmanns Theorie der Bildung sozialer Strukturen hat Parallelen zur Strukturbildung in der belebten und unbelebten Natur. Sie beruht nicht wie bei Parsons auf gemeinsam geteilten Werten und Normen, auch nicht – wie bei Habermas – auf kommunikative Verständigung, sondern die Kommunikationsprozesse in der Gesellschaft bringen selbst Strukturen hervor, die wiederum Prozesse ermöglichen, aber auch einschränken.

15. Moralisch Handeln

Moral gehört zum Wesenskern des Menschen. Altruistisches Verhalten, Hilfsbereitschaft, Helfen, Teilen und Verantwortung übernehmen sind Eigenschaften, die uns erst eigentlich zu Menschen macht.

Natürlich sind Menschen oft auch egoistisch, rücksichtslos, gewalttätig, aggressiv, zerstörerisch, kriminell. Es gibt unfassbare Grausamkeiten zwischen Menschen, kein Lebewesen kann so brutal und grausam sein, wie der Mensch. Kriege, Massenmord, Genozid, Folter, Pogrome gehen auf das Negativkonto des Menschen. Das alles ist sicherlich richtig.

Richtig ist aber auch, dass Menschen oft hilfsbereit und rücksichtsvoll sind. Wenn nach einer Katastrophe zu Spenden aufgerufen wird, kommen hohe Geldbeträge zusammen, demente alte Menschen werden von ihren Angehörigen zu Hause gepflegt. Viele engagieren sich ehrenamtlich.

Wenn jemand behauptet, der Mensch sei schlecht, müssen wir ihm entgegenhalten: Wann haben Sie zuletzt jemand geschlagen, wann wurden Sie zuletzt geschlagen? Wann wurden Sie in den letzten Monaten oder Jahren überfallen? Wurden Sie überhaupt schon einmal überfallen? Wann hat Ihnen das letzte Mal jemand etwas gestohlen? Die meisten Menschen sind freundlich zueinander, lieben Geselligkeit, lachen gern miteinander. Beobachten Sie einmal Menschen, die ins Flugzeug einsteigen. Es geht eng zu. Man muss warten, bis jemand seine Tasche ins obere Fach gelegt hat. Man steht auf, um jemand vorbeizulassen, man rempelt sich nicht an. Man ist geduldig, höflich, rücksichtsvoll.

Moralisches Verhalten ist keine junge, rein kulturelle Erscheinung, sondern das Ergebnis einer Entwicklung, die weit in die Stammesgeschichte der Menschheit zurückreicht. Schon zu Beginn der geschichtlichen Überlieferung war sie schon weit gediehen. Es gibt schriftliche Belege für ethische Regelungen in altägyptischen Weisheitslehren (ca. 2350 v. Chr.), bei Konfuzius und Buddha (ca. 500 v.Chr.), Platon (427

– 347 v. Chr.) und Aristoteles (384 – 322 v. Chr.). Vermutlich ist moralisches Verhalten sehr viel älter. Die Kulturen der jungen Steinzeit (vor ca. 40.000 Jahren) sind ohne moralisches Verhalten nicht denkbar. Es spricht einiges dafür, dass es in dieser Zeit einen gewissen Sinn für Verteilungsgerechtigkeit, Eigentumsrecht, Loyalität und Solidarität gegeben hat. Man kann davon ausgehen, dass die 10 Gebote, die Moses auf dem Berge Sinai von Gott erhalten haben soll, im Leben der Menschen bereits fest verankert waren als sie verkündet wurden.

Wir gehen noch weiter zurück und suchen die Wurzeln des moralischen Verhaltens im Tierreich.

Es gibt Verhaltensweisen bei Tieren, die man moralisch nennen würde, wenn es menschliche Verhaltensweisen wären. Man nennt sie moralanalog, weil moralisches Verhalten einen freien Willen und eine bewusste Entscheidung voraussetzt, was bei Tieren nicht angenommen werden kann. Beispiele:

- o Entenmütter stellen sich bei einem Angriff schützend vor ihre Küken und riskieren damit ihr eigenen Leben.
- o Murmeltiere warnen mit einem lauten Schrei ihre Artgenossen und lenken damit die Aufmerksamkeit des Angreifers auf sich.
- o Bei einem rituellen Kampf töten Tiere ihre Artgenossen nicht (Beißhemmung, vgl. Konrad Lorenz).
- o Gibbons, Kapuzineraffen und Schimpansen erlauben manchen Artgenossen, mit ihnen das Futter zu teilen.
- o Bonobos wurden dabei beobachtet wie sie verletzte Artgenossen pflegen.
- o Affen verbringen 10 bis 20 Prozent des Tages damit einander zu lausen und von Parasiten zu befreien.
- o Beim Jagen kooperieren Tiere.
- o Brutpflege.

Konrad Lorenz widmet in seinem Buch: „Das sogenannte Böse" dem moralanlogen Verhalten ein ganzes Kapitel[371] mit mehreren Beispielen. Er geht in seiner Theorie davon aus, dass Tiere von Natur aus aggressiv sind und moralanaloges Verhalten aus dieser Sicht ein Mechanismus ist, die Aggressivität zu bändigen. Beispiele dafür sind

- Beißhemmung,
- Kommentkämpfe,
- Unterwürfigkeitsgesten.

Es gibt aber auch moralanaloges Verhalten bei Tieren, das nichts mit der Kontrolle der Aggressivität zu tun hat. Beispiel: Brutpflege, das ein altruistisches Verhalten par excellence ist. Mütter und Väter geben Nahrung, das sie bereits im Schnabel haben, an ihre Jungen weiter. Brutpflege gibt es bei Vögeln und Säugetieren, aber bei stammesgeschichtlich älteren Wirbeltieren, etwa den Echsen, gibt es sie nicht. Mit der Entwicklung dieser individualisierten Brutfürsorge kam die Liebe, definiert als persönliche Bindung, in die Welt. Und ohne diese Stufe der Evolution gäbe es auch keine humanitäre Entwicklung, keine Gefühlsmoral".[372]

Der Verhaltensforscher Irenäus Eibl-Eibelsfeldt, misst der Brutpflege für die Entwicklung der Emotionen und der Moral eine hohe Bedeutung bei. Ebenso ist die Mutter – Kind – Beziehung für die Entwicklung des Menschen, sowohl phylogenetisch, als auch ontogenetisch außerordentlich wichtig. Nie ist der Mensch einem anderen Menschen so innig verbunden, wie als Säugling zu seiner Mutter. Sogar die Sexualität wird von Eibl-Eibesfeldt als Wunsch interpretiert, wieder einem Menschen so nah zu sein wie als Baby.

Schimpansen und Bonobos leben in komplexen sozialen Gruppen, die oft mehrere Dutzend Individuen umfassen. Es gibt langjährige Beziehungen zwischen ihnen, hauptsächlich

---

[371] Konrad Lorenz: Das sogenannte Böse, Kap. 7
[372] Irenäus Eibl-Eibesfeld in einem Spiegel- Interview 1999

zwischen Verwandten, aber auch zu Nichtverwandten. Die Gruppenmitglieder konkurrieren ständig miteinander, sie tragen Dominanzkämpfe aus. Dabei nehmen sie den anderen als intentionales Wesen wahr, d.h. sie registrieren was der andere beabsichtigt und reagieren entsprechend darauf. Schimpansen und Bonobos haben Emotionen wie Furcht, Wut, Überraschung oder Ekel und können diese Emotionen bei anderen erkennen. Ihr Sozialleben ist durch Konkurrenz um Nahrung, Paarungspartner und Ressourcen geprägt.[373] Es gibt aber auch Kooperation zwischen Menschenaffen, z.B. schmieden sie Bündnisse um sich innerhalb der Gruppe gegen Konkurrenten besser zu verteidigen. Sie pflegen ihre Freundschaften z.B. durch Lausen (Grooming) oder indem sie zulassen, dass der Bündnispartner etwas von der eigenen Nahrung nimmt. Menschenaffen helfen oder teilen, wenn sie von anderen abhängen.

Gibt es bei Schimpansen altruistisches Verhalten? Es gibt Beispiele für Hilfeleistungen bei Menschenaffen, wenn der Aufwand gering ist. Auch scheinen sie Mitgefühl zu entwickeln, was die Ausschüttung von Oxytonin anzeigt.[374] D.h. altruistisches Verhalten ist kein Privileg des Menschen.

Haben Schimpansen einen Sinn für Fairness? Antwort: Nein. Im sogenannten Ultimatenspiel lehnen Schimpansen so gut wie nie ein Angebot ab, auch wenn es klein ist. Offenbar kommt es ihnen nur darauf an, überhaupt etwas zu bekommen. „Es gibt keinen soliden Beleg dafür, dass Menschenaffen einen Sinn für Fairness bei der Aufteilung von Ressourcen haben, ja es spricht viel dafür, dass ihnen ein solcher Sinn fehlt."[375]

Die psychologischen Voraussetzungen des moralischen Verhaltens bei Menschenaffen

---

[373] Michael Tomasello: Eine Naturgeschichte der menschlichen Moral, Seite 42
[374] Ebenda Seite 54
[375] Ebenda Seite 57

Kognition

- o Fähigkeit flexible und sachkundige Entscheidungen treffen zu können.
- o Fähigkeit zum Verstehen der intentionalen Zustände anderer.

Soziales Verhalten

- o Fähigkeit, langfristige soziale Beziehungen der Dominanz und der Freundschaft mit Gruppenmitgliedern einzugehen.
- o Fähigkeit elementare Emotionen zu haben und auszudrücken.
- o Fähigkeit intentional zu kommunizieren.
- o Die auf Mitgefühl beruhende Motivation, anderen zu helfen, insbesondere Verwandten und Freunde.

Selbstregulation

- o Fähigkeit, den Drang zur unmittelbaren Selbstbelohnung zu regulieren.
- o Fähigkeit mit anderen zusammenzuarbeiten. Allerdings ist die Fähigkeit zur Kooperation bei den Menschenaffen weniger ausgeprägt als beim Menschen.[376]

Aber: Menschenaffen haben keinen Sinn für Fairness und Gerechtigkeit. Dafür ist eine Fähigkeit notwendig, die Menschenaffen nicht haben, es ist die Fähigkeit zur gegenseitigen Anerkennung.

Unter gegenseitiger Anerkennung sind die Fähigkeiten zusammengefasst, andere als Person mit eigenen Gedanken, Gefühlen und Wünschen betrachten, die Perspektive des Anderen einnehmen, mit anderen mitfühlen (Empathie), die Aufmerksamkeit mit anderen teilen und mit anderen kooperieren zu können. Gegenseitige Anerkennung beinhaltet auch sich gegenseitigen Respekt zu zollen, Verpflichtungen

---

[376] Ebenda Seite 60

einzugehen und Verantwortung nicht nur für sich selbst, sondern auch für andere zu übernehmen.

Tomasello vertritt die These, dass schon bald nach der Entstehung der Gattung Homo vor ca. 2 Millionen Jahren sich beim Frühmenschen die Moral des Mitgefühls entwickelte. Dabei spielte die Paarbildung eine Rolle, die weitgehende Auswirkungen hatte für das Gefühlsleben und die Motivation dieser frühen Menschen. Sarah Blaffer Hrdy hat herausgefunden, dass Menschen, im Gegensatz zu anderen Primaten, ihre Kinder gemeinsam betreuen.[377] Wie es auch heute noch oft gemacht wird, hüten Großeltern, ältere Geschwister, Tanten und Onkel die Kinder, sodass die Mutter für andere Aufgaben Zeit gewinnt. Das Ergebnis dieser Entwicklung in der Frühzeit des Menschen war ein in Paarbildung lebender, Kinder betreuender, kooperierender selbstdomestizierter Mensch.

Es gibt Belege dafür, dass vor a. 400.000 Jahren der Homo Heidelbergensis, der gemeinsame Vorfahr von Neandertaler und Homo Sapiens gemeinschaftlich Großwild jagten. Das ist nicht ohne die Fähigkeit zur geteilten Aufmerksamkeit und Kooperation möglich.[378]

Das Mitgefühl mit anderen (Empathie) entstand entweder aus der Liebe der Eltern zu ihren Kindern, die auf andere übertragen wurde oder – wie Tomasello meint – sie entstand „als die Menschen von einer größeren Vielfalt von Individuen im Kontext obligater gemeinschaftlicher Nahrungssuche stärker wechselseitig abhängig wurden."[379]

Mitgefühl und Hilfsbereitschaft sind auch bei Kleinkindern zu beobachten. Schon 14 Monate alte Kleinkinder sind motiviert (auch fremden) Erwachsenen zu helfen, z.B. indem sie Gegenstände holen, die außerhalb der Reichweite des

---

[377] Sarah Blaffer Hrdy: Mütter und andere, Mothers and Others, wie die Evolution uns zu moralischen Wesen gemacht hat.
[378] Michael Tomasello: Eine Naturgeschichte der menschlichen Moral, Seite 76
[379] Ebenda

Erwachsenen liegen. Sie brauchen dazu keine Aufforderung oder Belohnung. Ihre Hilfe wird durch eine mitfühlende Anteilnahme für die Notlage anderer motiviert. Kleinkinder sind auch zufrieden wenn einem anderen geholfen wird, auch wenn sie es nicht selbst tun. Es kommt ihnen also nicht darauf an selbst Hilfe anzubieten, sondern es ist ihnen wichtig, dass dem anderen überhaupt geholfen wird. Kleinkinder helfen besonders dann, wenn der andere von einem Dritten geschädigt wurde. Das zeigt, dass sie in der Lage sind, mit dem anderen mitzufühlen, sich in seine Lage zu versetzen, seine Perspektive einzunehmen. Diese Anteilnahme erstreckt sich auch auf Nichtverwandte und Nichtfreunde.

Bereits Kleinkinder können eine Rolle bei einer gemeinsamen Tätigkeit übernehmen, sie kennen auch die Rollen der anderen Teilnehmer und beherrschen sogar den Rollentausch. Sie können also eine Vogelperspektive einnehmen, die sowohl die eigene, als auch die Rolle der anderen repräsentieren. Das alles können Schimpansen nicht.

Was muss man tun und wie muss man sich verhalten, damit man eine Rolle gut ausübt? Es gibt so etwas wie Rollenideale. Es gibt aber auch Ideale, die für alle Rollen gelten, z.B. das man sich bei der gemeinsame Jagd voll einsetzt. Tomasello sieht in diesen Rollenidealen die Wurzeln sozial geteilter Normen.

In einer gemeinsamen Tätigkeit mit unterschiedlichen Rollen sind wir in der Lage, uns in die Rolle des Partners zu versetzen und wir können uns vorzustellen wie der Partner seine Rolle sieht. Und wir können uns selbst in unserer Rolle aus der Perspektive eines anderen Gruppenmitglieds betrachten und beurteilen.

Hinzu kommt die Anerkennung anderer als Personen mit eigenen Gedanken, Gefühlen und Wünschen. Die Fähigkeit zum Perspektivenwechsel zusammen mit der Anerkennung anderer als Person enthält bereits ein moralisches Prinzip, die sog. Goldene Regel: Behandle andere so, wie du von ihnen behandelt werden willst. Oder in der negativen Form: was du nicht willst, dass man dir tu, das füg auch keinem anderen zu.

Die goldene Regel findet sich in allen Religionen. Im neuen Testament zweimal als wörtliche Rede Jesu: „Was ihr von anderen erwartet, das tut ebenso auch ihnen."[380] und „Alles, was ihr also von anderen erwartet, das tut auch ihnen!"[381] Im Islam ist die goldene Regel eine von fünf Grundregeln „Wünsche den Menschen, was du dir selbst wünschst, so wirst du ein Muslim." Weiterhin findet sich die goldene Regel im Buddhismus, im Hinduismus, im Konfuzianismus und in anderen Religionen.

Die Fähigkeit die Aufmerksamkeit mit anderen teilen zu können und die Fähigkeit zu kooperieren versetzt uns in die Lage

- o Ziele gemeinsam festzulegen,
- o kooperativ zu kommunizieren um die Zusammenarbeit zu koordinieren,
- o in der Zusammenarbeit Rollen zu übernehmen und auch Rollen zu wechseln,
- o in der Zusammenarbeit Pflichten zu übernehmen,
- o in der Zusammenarbeit anderen zu helfen,
- o Das Ergebnis einer gemeinsamen Anstrengung gerecht zu verteilen.

Es spricht auch für den stammesgeschichtlichen Ursprung der Moral, dass es in allen Kulturen, zu allen Zeiten überall auf der Welt moralisches Verhalten gibt. Auch dass wir spontan, ohne Nachzudenken, auf moralische Verfehlungen reagieren, z.B. auf Kindesmisshandlungen oder Folter, zeigt, dass unser moralisches Urteil tief in uns liegende Wurzeln hat. Schließlich ist – wie wir noch sehen werden – die Bereitschaft, anderen zu helfen, schon bei Kleinkindern vorhanden. Sicherlich wird unser Moralbewusstsein durch Erziehung, Vorbilder, und andere Erfahrungen kulturell beeinflusst. Aber es scheint so zu sein, dass die kulturellen Faktoren die grundlegenden Tendenzen nicht hervorrufen, sondern auf ihnen aufbauen.

---

[380] Lk 6,31
[381] Mt 7,12

Die Untersuchungen von Lawrence Kohlberg und Mitarbeitern legen die Vermutung nahe, dass die Moralentwicklung beim Kind in einer geordneten Abfolge verläuft. Einen weiteren Hinweis für den natürliche Ursprung der Moral gibt uns auch die Tatsache, dass Moral am besten im engen sozialen Umfeld funktioniert, während sie in abstrakten, anonymen Kontexten leicht versagt. Das kann so interpretiert werden, dass sich im Moralbewusstsein des Menschen die Lebensbedingungen der steinzeitlichen Kleingruppen konserviert haben.

Wir können also festhalten, dass moralisches Denken und Handeln naturgeschichtlichen Ursprungs ist und dass es trotz zahlreicher kultureller Einflüsse bis heute nicht vollständig von der biologischen Herkunft abgekoppelt ist. Wenn wir die Entstehung des moralischen Handelns untersuchen, erhebt sich natürlich sofort die Frage

- Werden wir als moralisch gute Menschen geboren und später von der Gesellschaft verdorben, wie Rousseau meinte, oder
- kommen wir als Egoisten auf die Welt und werden durch Erziehung moralisch geformt. Diese Meinung vertrat Hobbes.
- Der Verfechter der Evolutionstheorie Alois Huxley war dieser Meinung, der Mensch ist von Natur aus schlecht. Wie alle Lebewesen ist eine Bestie. Er kämpft ohne Rücksicht auf Verluste. Er muss durch die Kultur zivilisiert werden.

Oder gilt:

- Wir sind bei der Geburt weder gut noch böse; alles wird durch Erfahrung erworben. Das ist die Position von Hume.
- Der niederländische Primatenforscher Frans de Waal vertritt die These: „Die menschliche Moral wird als eine dünne Kruste dargestellt, unter der antisoziale, amoralische

und egoistische Leidenschaften brodeln." Er nennt das Fasadentheorie.[382].

Aber zunächst wollen wir einige Begriffe klären. Das griechische Wort Ethos bedeutet Sitte, Brauch, Gewohnheit. Das vom lateinischen mos, mores (Dir will ich Mores lehren!) kommende Wort Moral entspricht ungefähr dem griechischen Ethos. Moral ist die Gesamtheit der in einer Gemeinschaft geltenden Wertvorstellungen und Normen des Zusammenlebens. Ethik ist die Reflexionstheorie der Moral, das systematische Nachdenken über moralisches Handeln. Normative Ethik will mittels grundsätzlicher Reflexionen zu begründeten Handlungs- und Lebensformen anleiten. Die deskriptive Ethik beschreibt welche Wertvorstellungen in einer Gesellschaft gelten. Metaethik ist die Wissenschaftstheorie der Ethik.

Was den Menschen wesentlich von seinen nächsten Verwandten, den Menschenaffen, unterscheidet – und hier folgen wir dem amerikanische Primatologen Michael Tomasello[383], der das in Leipzig das Max Planck Institut für Evolutionäre Anthropologie leitet – ist die Fähigkeit, andere Menschen als Seinesgleichen zu betrachten, sich in ihre Lage versetzen zu können, mit ihnen empathisch mitfühlen und an ihren Absichten und Plänen teilhaben zu können. Der Fachbegriff dafür lautet „shared intentionality, geteilte Aufmerksamkeit oder geteilte Intentionalität." Wir nennen sie in Anlehnung an Axel Honneth gegenseitige Anerkennung.

Die gegenseitige Anerkennung ist nicht nur ein kognitives Erfassen der Absichten anderer Menschen, es ist auch ein emotionales Sich-Hineinfühlen in die momentane Gefühlssituation eines Mitmenschen, das Mitleiden und Mitfreuen mit dem anderen.

Dieses empathische Vermögen ist die Grundlage für die Entstehung von moralischen Verhalten beim Menschen. Das

---

[382] Frans de Waal: Primaten und Philosophen, Seite 28
[383] Michael Tomasello: Die kulturelle Entwicklung des menschlichen Denkens,

ist unser Ausgangspunkt für die Erklärung der moralischen Entwicklung des Menschen.

Mitleid ist Kern der Ethik Schopenhauers. Als Arthur Schopenhauer 15 bzw. 16 Jahre alt war, machte er mit seinen Eltern und seiner Schwester eine zweijährige Europareise. Er hat bei dieser Reise Erfahrungen gemacht, die für Jugendliche seines Alters ungewöhnlich sind. Z.B. hat er in Marseille Sklaven auf Schiffen beobachtet, er hat öffentliche Hinrichtungen mit angesehen, er hat aber auch an kulturellen Veranstaltungen wie Opernaufführungen in Mailand oder Theaterstücke von Shakespeare in England besuchen können. In der Oper in Paris hat der junge Schopenhauer Napoleon gesehen. Wie er in seinem handschriftlichen Nachlass schrieb, war Schopenhauer durch Erlebnisse auf dieser Reise vom „Jammer des Lebens" so ergriffen worden, wie einst Buddha in seiner Jugend als dieser Krankheit, Alter, Schmerz und Tod erblickte.

Diese Ereignisse waren der Beginn des Philosophierens von Arthur Schopenhauer: „ohne Zweifel ist es das Wissen um den Tod und neben diesem die Betrachtung des Leidens und der Noth des Lebens, was den stärksten Anstoß zum philosophischen Beginnen gibt."

Die schrecklichen Erlebnisse, die Schopenhauer in jungen Jahren erfahren konnte und musste, waren nicht nur der Anstoß für seine Beschäftigung mit Philosophie, sie haben auch sein Menschenbild geformt und den Grundgedanken seiner Ethik geprägt. „Der Mensch, gequält von unstillbaren Bedürfnissen, sich selbst überlassen, muss sich mühsam um die Erhaltung seines äußerst zerbrechlichen Daseins sorgen." „Leben ist Leid, Streben ist Sterben, nirgendwo ist Geborgenheit".

Schopenhauer machte das Mitleid zum Ausgangspunkt seiner Ethik. „Wie aber kann das fremde Wohl und Wehe unmittelbar zu meinem Beweggrund werden?" „Offenbar nur dadurch, dass jener Andere der letzte Zweck meines Willens wird, also dadurch, dass ich ganz unmittelbar <u>sein</u> Wohl will und <u>sein</u> Wehe nicht will, so unmittelbar, wie sonst nur das meinige. Dies setzt aber voraus, dass sich bei <u>seinem</u> Wehe als solchem geradezu mitleide, <u>sein</u> Wehe fühle, wie sonst nur meines und deshalb <u>sein</u> Wohl unmittelbar will, wie sonst nur meines".

Diese Begründung der Ethik ist in der Philosophie auf Kritik gestoßen: "Ein natürliches Gefühl reicht einfach nur soweit, wie es eben reicht; bei manchen ist es stärker und allgemeiner ausgebildet, bei anderen die entgegengesetzten Gefühle der Lust an der Grausamkeit und an der Schadenfreude. Und wenn man ein Gebot aufstellen wollte, dass sich das Mitleid auf alle leidenden Menschen oder auch Tiere beziehen soll, ist dieses Sollen nicht aus dem Gefühl selbst zu entnehmen."[384]

Tugendhat hat recht, wenn er sagt, dass ethische Normen nicht aus Emotionen abgeleitet werden können, sie können generell nicht auf empirische Fakten fundiert werden. Tut man es doch, begeht man den sog. naturalistischen Fehlschluss (G. Moore), der (fehlerhafte) Schluss von dem was ist auf das was sein soll.

Man muss aber zwischen normativer und deskriptiver Ethik unterscheiden. Die normative Ethik will ethische Normen aufstellen und begründen, die deskriptive Ethik will erklären, wie es zu moralischem Handeln beim Menschen kommt. Schopenhauers Ethik ist eine deskriptive Ethik, sie will und kann keine Norm erstellen. Aber sie erklärt – in meinen Augen plausibel – wie ethisches Handeln beim Menschen entsteht. Ist die Begründung ethischer Normen überhaupt möglich und wenn ja, kann sie etwas bewirken? Zur ersten Frage. Es gibt keine Letztbegründung ethischer Normen und damit keine absolute Verbindlichkeit für den Menschen, mit Notwendigkeit ethisch zu handeln. Der Mensch bleibt in seiner Entscheidung frei, auch frei, sich für das Böse zu entscheiden.

Zur zweiten Frage: es darf tatsächlich bezweifelt werden, ob die Begründung einer ethischen Norm bewirkt, dass sie auch befolgt wird. Wichtiger als die akademische

---

[384] Ernst Tugendhat, Vorlesungen über Ethik, Seite 72

Normbegründung ist tatsächliches ethisches Handeln und seine Motive. Die naturalistische Ethik rekonstruiert die Entstehung moralisches Handeln im Menschen und ist sich darüber im Klaren, dass ethische Normen daraus nicht abgeleitet werden können.

Spiegelneuronen: Ich beobachte, wie ein Heimwerker einen Nagel in die Wand hauen möchte, aber mit dem Hammer nicht auf den Nagel schlägt, sondern daneben trifft und mit voller Wucht auf seinen Daumen haut. Au! In meinem Gehirn werden bei dieser Beobachtung dieselben Signale ausgelöst, als hätte ich mir selbst auf den Daumen gehauen und nicht nur zugeschaut, wie es der Heimwerker mit seinem Daumen gemacht hat. Die Nervenzellen in meinem Kopf, in denen diese Signale ausgelöst werden, heißen Spiegelneuronen. Man nennt Nervenzellen Spiegelneuronen, wenn in ihnen während der Beobachtung eines Vorgangs die gleichen Reize auslöst werden, wie sie entstünden, wenn dieser Vorgang nicht bloß (passiv) betrachtet, sondern selbst (aktiv) durchgeführt würde.

Die Funktion von Spiegelneuronen wurde 1995 von Giacomo Rizzolatti und seinen Mitarbeitern bei Affen im Tierversuch entdeckt[385]. Eine 2010 publizierte Studie berichtete über den ersten direkten Nachweis von Spiegelneuronen beim Menschen. Sie könnten den Schlüssel für das Verständnis von Empathie und Sprache sein. Auch wird eine Verbindung von Autismus und Spiegelneuronen vermutet. Das Defizit autistischer Menschen, Traurigkeit zu erkennen, wird auf die fehlerhafte Funktion ihrer Spiegelneuronen erklärt. Allerdings gibt es auch Forscher, die die Ursache fehlende Empathie bei Autisten in der verminderten Amygdala-Aktivierung sehen. Spiegelneuronen

---

[385] Giacomo Rizzolatti, Corrado Sinigaglia: Empathie und Spiegelneurone: Die biologische Basis des Mitgefühls, 2008

sollen auch daran beteiligt sein, dass man ‚automatisch' mitlache, wenn eine andere Person zu lachen beginnt. Gelächter sei ‚ansteckend', weil die für Spiegelneuronen bekannten Areale im prämotorischen Cortex dann besonders aktiv seien, wenn man positive Gefühlsausdrücke beobachte. Die „shared intentionality", also die Fähigkeit, sich in andere Personen hineinzuversetzen, ihre Absichten zu erkennen, ihre Perspektive einnehmen zu können, ist eng mit der Fähigkeit verbunden, anderer Leute Gefühle zu verstehen.

Die Moral ist natürlichen Ursprungs und hat eine emotionale Basis. Dieser Meinung war bereits David Hume. Wir fällen unsere moralischen Entscheidungen intuitiv. Unsere moralischen Entscheidungen sind nicht überlegt, sondern sie werden intuitiv gefällt. Wir haben einen unbewussten Moralsinn („moral sense"), der uns in unserem Leben leitet. Nicht der Verstand oder die Vernunft regieren den Menschen, sondern seine Gefühle. Die Affekte sind die Herren und die Vernunft ihre Sklavin.

Der amerikanische Psychologe Marc Hauser meint, dass wir in Konfliktsituationen uns nur auf unser Gefühl verlassen.[386] Ein anderer amerikanischer Psychologe, Jonathan Haidt schrieb 2001 einen Aufsatz mit dem vielsagenden Titel: „Der emotionale Hund und sein rationaler Schwanz". Wenn das richtig ist, dann handeln wir nicht nach Gründen, sondern unser Verstand sucht sich zu unseren Bauchentscheidungen die dazu passenden vernünftigen Argumente.

Unsere Moral ist keine alleinige Errungenschaft der Zivilisation, sondern ein Ensemble von unterschiedlich alten und sehr nützlichen instinktiven Handlungen und Haltungen. Vernunft alleine gebiert dagegen keine Moral. Denn ohne soziale Gefühle wie Liebe, Zuneigung, Respekt, Mitleid, Furcht, Unbehagen, Ablehnung, Ekel, Scham usw. weiß auch unsere Vernunft nicht was Gut und Böse ist. Menschen, so betonte Hume, verhalten sich nicht moralisch, weil man ihnen

---

[386] Marc Hauser: Moral Minds, 2008

moralische Lehrsätze eintrichtert. Er ging davon aus, dass allen Menschen so etwas wie ein moralischer Sinn angeboren ist. Es sei nicht in erster Linie die Vernunft, die einen Menschen veranlasse, sich moralisch zu verhalten, sondern das Gefühl.

Und das könne auch gar nicht anders sein, argumentierte Hume. Denn kein Mensch handelt nur aufgrund einer vernünftigen Überlegung. Der Impuls zum Handeln, also auch zum moralischen Handeln, gehe immer von einem Gefühl aus. Zwar kann die Vernunft Wahrheiten erkennen, auch moralische, aber:

„Wenn (uns) diese Wahrheiten gleichgültig sind und weder Verlangen noch Abneigung hervorrufen, dann können sie keinen Einfluss auf das Handeln und Verhalten haben"[387]

„Was ehrenhaft ist, schön oder angemessen, edel und großmütig, nimmt von unserem Herzen Besitz. Was einsichtig ist, evident, wahrscheinlich oder wahr, bewirkt nur die kühle Zustimmung des Verstandes". Vernunft und Gefühl müssen laut Hume zusammen wirken. „Ich bin geneigt zu vermuten, dass die Vernunft und das Gefühl in fast allen moralischen Bestimmungen und Schlüssen übereinstimmen. (Aber) es ist wahrscheinlich, dass das endgültige Urteil, von einem inneren Sinn oder Gefühl abhängt".

Das Gefühl des Menschen, sein moralischer Sinn, das betonte Hume, tut nicht immer automatisch das moralisch Richtige. Die Vernunft muss helfen. „Es gibt gute Gründe für den Schluss, dass die moralische Schönheit der Unterstützung durch unsere intellektuellen Fähigkeiten bedarf."

Es gibt aber auch moderne ethische Probleme, für die wir keinen moralischen Sinn entwickelt habe, Beispiel: Präimplantationsdiagnostik (PID). Zu diesem Thema müssen wir uns durch gedankliche Arbeit mühsam eine Meinung

---

[387] David Hume: Eine Untersuchung über die Prinzipien der Moral, Seite 6

bilden. Eigentlich brauchen wir nur für diese Probleme ethische Normen.

Aber das Modell des moralischen Sinns, der uns leitet, hat auch eine Schwachstelle. Sind wir Herr im eigenen Haus? Eine Alternative wäre ein Zweikampf zwischen Verstand und Gefühl, der auch erklären könnte, warum Menschen sich so unterschiedlich verhalten. Manche fühlen sich für alles verantwortlich, andere für nichts. Aber auch das „Kampfmodell" ist nicht befriedigend. Die amerikanische Philosophin Christine Korsgaard (geb. 1952), möchte die Person als Urheber des Handelns sehen: „Das Handeln darf nicht nur von irgendeiner Kraft in der Person, sondern muss von der ganzen Person ausgehen. Um also zu erklären, was ein Handeln ist, brauchen wir eine Vorstellung von der gesamten Person als handelndes Subjekt."

Moralisches Verhalten: Helfen

Es liegt in der Natur des Menschen anderen zu helfen, wenn er das kann. Dafür spricht das relativ frühe Auftreten dieses Verhaltens im Alter von 14-18 Monaten. Schimpansen zeigen ebenfalls Hilfsbereitschaft. Das ist ein Hinweis dafür, dass Helfen nicht nur durch ein menschentypisches kulturelles Umfeld geschaffen wird.

In einem Versuch des Max-Planck-Instituts für evolutionäre Anthropologie betritt ein Mann einen Raum. Er hat einen Stapel Zeitschriften, den er mit beiden Händen hält. Er geht auf einen Schrank zu. Offenbar will er die Zeitschriften in den Schrank legen, aber er kann die Schranktür nicht öffnen, weil er keine Hand frei hat. Hilflos steht er vor dem Schrank. Ein Kleinkind beobachtet diesen Vorgang. Es geht spontan und ohne dazu aufgefordert zu werden auf den Schrank und öffnet die Schranktür. Er hat dem Mann geholfen. Bemerkenswert daran ist, dass das Kind die Situation offenbar richtig interpretiert. Es erkennt die Absicht des Mannes und auch sein Problem. Das Kind, das 12-14 Monate alt ist, hilft unaufgefordert einem fremden Mann.

Ein zweiter Versuch: Ein Mann hängt Wäsche auf. Dabei fällt ihm eine Wäscheklammer auf den Boden. Er kann die Wäscheklammer nicht aufheben, weil dann das Wäschestück zu Boden fallen würde. Ein Kleinkind beobachtet den Mann und hebt die Wäscheklammer auf und gibt sie dem Mann. Zu dieser Hilfeleistung hat ihn niemand aufgefordert. Wieder hat ein Kleinkind die Situation richtig durchschaut und hilft spontan einem fremden Mann.

Sicherlich haben die Kinder Hilfsbereitschaft oft schon bei ihren Eltern oder anderen Bezugspersonen gesehen. Versuche haben aber gezeigt, dass Belohnung oder Ermutigung durch die Eltern die Hilfsbereitschaft nicht steigern. Belohnungen haben nicht nur keinen Einfluss auf die Hilfsbereitschaft, sie können diese sogar untergraben, was deutlich macht, dass die Motivation zur Hilfe intrinsisch ist.

Ein analoger Versuch mit Schimpansen führt zu ähnlichen Ergebnissen. Das zeigt ein dritter Versuch. Ein Mann öffnet eine Dose, der Deckel fällt zu Boden. Ein Schimpanse beobachtet die Situation und hebt den Deckel auf. Schimpansen sind also ebenfalls hilfsbereit. Das ist ein Hinweis dafür, dass Helfen nicht nur durch ein menschentypisches kulturelles Umfeld geschaffen wird.

Aus diesen Versuchsergebnissen können wir ableiten: Das frühe Helfen von Kleinkindern ist kein Verhalten, das von kulturellen oder sozialisierten Prozessen innerhalb der Familie hervorgebracht wird, sondern ein Verhalten, das tief in unsere natürliche Vergangenheit zurückreicht.

Moralisches Verhalten: Informieren (um zu helfen) und kooperieren

Es gibt eine Art von Hilfsbereitschaft, die wir nicht mit Tieren teilen. Es ist die Weitergabe von Informationen. Sie ist typisch menschlich und kommt bei anderen Primaten nicht vor. Weitergabe von Information hängt nicht von der Sprachfähigkeit ab. Kinder informieren schon im Alter von 12

Monaten durch Zeigegesten. Das ist ein deutlicher Unterschied von Menschen und Primaten, denn Schimpansen verwenden untereinander keine Zeigegesten. Wenn man in einer bestimmten Absicht auf einen Gegenstand zeigt, folgen die Schimpansen dem Blick oder der Zeigegeste, aber sie verstehen die Absicht, die damit verbunden ist, nicht. Kinder verstehen informative Zeigegesten schon im vorsprachlichen Alter von 12-14 Monaten.

Wieder ein Versuch: zwei schräge Röhren. Wenn man auf der oberen Seite der Röhre ein Bauklötzchen hineingibt, rutscht es die schräge Röhre hinunter und fällt unten heraus. Ein Mann und ein Kleinkind spielen miteinander. Das Kind steckt oben das Bauklötzchen in die Röhre und der Mann fängt es unten mit einer Dose wieder auf. Nach mehreren Versuchen, verschließt der Mann die Röhre unten nicht mit der Dose. Das Kind möchte weiterspielen und fordert den Mann mit einer Zeigegeste auf, mit der Dose zu kommen, damit es das Bauklötzchen oben in die Röhre geben kann.

In einem weiteren Versuch spielen ein Kleinkind und ein Mann zusammen. Das Spiel ist so konzipiert, dass es nur gelingt, wenn Mann und Kind zusammenarbeiten. Ein auf einen Ring gespanntes Tuch und ein Ball werden auf und ab bewegt. Das muss synchron erfolgen. Dazu muss das Kind das Spiel verstehen und es muss kooperieren. Der Film zeigt schön, dass das Kleinkind dazu in der Lage ist.

In einem neuen Beispiel sollen zwei ineinander gesteckt Rohre auseinandergezogen werden. Das geht nur, wenn das Kleinkind auf der einen Seite und der Mann auf der anderen Seite jeweils auf ihrer Seite ziehen. Der Mann ist aber nachlässig und zieht nicht. Das Kleinkind fordert daraufhin den Mann mit einer Zeigegeste auf, seine Rolle im Spiel zu übernehmen.

Ein letztes Beispiel: Ein Erwachsener heftet Papiere ab, die er zuvor mit einem Hefter klammert. Nach einer Unterbrechung kommt er wieder und sucht den Hefter. Das Kind, das alles beobachtet hat, hilft dem Erwachsenen, indem es auf den Hefter zeigt.

Fassen wir zusammen: Kleinkinder sind in der Lage, die Situation eines anderen zu erkennen und helfen spontan und unaufgefordert durch Zeigegesten. Sie können mit anderen ein gemeinsames Ziel verfolgen und kooperieren mit dem anderen, um dieses Ziel zu erreichen. In allen diesen Fähigkeiten unterscheidet sich der Mensch von anderen Primaten.

Moralisches Verhalten: Teilen

Auch beim Teilen, insbesondere beim Teilen von Nahrungsmitteln, zeigen sich große Unterschiede zwischen Menschen und Menschenaffen. Menschenaffen sind – das ist eine allgemeine Ansicht der Primatenforscher – nicht sehr großzügig, wenn es darum geht, Nahrung zu teilen. Kinder dagegen geben oft – nicht immer – Essbares ab, sie bieten es sogar an. Vielleicht machen sich Kinder nicht so viel aus Nahrungsmittel, weil in Mitteleuropa in vielen Fällen genügend Nahrungsmittel vorhanden ist. Schimpansen benehmen sich, als ob sie immer Hunger hätten. Allerdings gibt es auch bei Menschenkindern Fälle, wo Kinder sehr an Gegenständen hängen und sich hartnäckig weigern, sie abzugeben.

Deutlich wird der Unterschied, wenn Mütter und ihren Kindern Nahrung teilen. Während es bei menschlichen Müttern ganz selbstverständlich ist, dass sie ihren Kindern zu essen geben, zeigen Schimpansen ein ganz anderes Verhalten. Dabei muss man allerdings berücksichtigen, dass junge Schimpansen bei der Suche nach pflanzlicher Nahrung ganz auf sich selbst gestellt sind, sie konkurrieren sogar mit ihren Müttern bei der Nahrungssuche.

Zusammengefasst: Kinder teilen gern und oft. Schimpansen sind im Abgeben von Nahrungsmitteln nicht so großzügig, auch nicht Mütter ihren Jungen gegenüber, was bei Menschenmüttern ganz selbstverständlich ist. Das unaufgeforderte Anbieten von Nahrung ist nur bei Menschen und nicht bei Primaten zu beobachten.

Moralisches Verhalten: Kooperieren

Michael Tomasello hat in seinen Versuchen mit Kindern gezeigt: Ungefähr mit dem ersten Geburtstag, wenn Kinder laufen und sprechen lernen, sind Kinder hilfsbereit und kooperativ, ein Verhalten, das nicht von Erwachsenen abgeschaut wird, sondern ganz natürlich zum Vorschein kommt. Diese natürliche Bereitschaft zur Hilfe kann aber später verändert werden, wenn die gesellschaftlichen Einflüsse, wirksam werden. Das Selbstbild wird auch von der Sorge um die Beurteilung anderer bestimmt, was das moralische Handeln prägen kann.

Im Unterschied zu Menschenaffen sind Menschen

- empfänglich für die Intentionen der anderen,
- haben gemeinsame Ziele und
- Partner koordinieren ihre Rollen.

Auch Schimpansen gehen gemeinsam auf Treibjagd. Aber Tomasello konnte zeigen, dass Menschenaffen keine gemeinsamen Ziele haben und dass sie nicht aus einem Wir-Gefühl, sondern einem Ich-Gefühl handeln.

Schon Kleinkinder haben ein Wir-Gefühl. Felix Warneke, Mitarbeiter von Prof. Tomasello, spielte mit 18-24 Monate alten Kindern und auch mit Schimpansen. Er unterbrach das Spiel an einer Stelle. Die Schimpansen hörten dann ebenfalls auf zu spielen, während die Menschenkinder weitermachen wollten und die Erwachsenen dazu drängten, weiterzumachen. Sie hatten ein gemeinsames Ziel, an dem sie festhalten wollten.

Bei Kleinkindern entsteht noch vor dem ersten Geburtstag eine gemeinsame Aufmerksamkeit mit anderen. Das Kind beobachtet den Erwachsenen und der Erwachsene das Kind. Wenn sie ein gemeinsames Ziel entwickeln, teilen sie die Aufmerksamkeit auf dieses gemeinsame Ziel. Bei

Menschenaffen gibt es kein Anzeichen für eine gemeinsame Aufmerksamkeit.[388]

Tomasello spricht von einer 2-stufigen Aufmerksamkeitsstruktur
- Höhere Stufe: gemeinsame Fokussierung der Aufmerksamkeit
- Nieder Stufe: individuelle Aufmerksamkeit auf die eigene Rolle

Diese 2-stufige Aufmerksamkeitsstruktur läuft parallel zur 2-stufigen Aktivitätsstruktur
- Höhere Stufe: gemeinsames Ziel
- Niedere Stufe: individuelle Rolle

Bei allen Versuchen – und es wurde intensiv danach gesucht – gibt es bei Menschenaffen die jeweils höhere Stufe nicht.

Beispiel: Spiel mit verteilten Rollen. Beim 2. Spiel Rollentausch. Kinder im Alter von 18-24 Jahren übernahmen bereitwillig die neue Rolle. Bei Schimpansen funktionierte der Rollentausch nicht. Menschenkinder haben offenbar das Spiel als Ganzes durchschaut, und nicht nur ihre Rolle, junge Schimpansen nicht.

Moralisches Verhalten: Fairness

Der niederländische Primatenforscher Frans de Waal untersuchte Kapuzineraffen, die in Südamerika beheimatet sind, mit ca. 50 Jahren relativ alt werden und als sehr intelligent gelten. Frans de Waal untersuchte, ob und wie Kapuzineraffen reagieren, wenn sie unfair behandelt werden. Sie bekamen Plastikmünzen in den Käfig geworfen und lernten bald, dass sie diese Münzen gegen Nahrungsmittel eintauschen konnten. Sie bekamen für die Münze entweder

---

[388] Michael Tomasello: Die kulturelle Entwicklung des menschlichen Denkens, Seite 63

ein Stück Gurke oder eine Weintraube, die Kapuzinerafffen viel lieber essen als Gurke.

Am Anfang ging alles fair zu, alle Affen wurden gleifh behandelt. Doch nach einiger Zeit begann der Versuchsleiter die Nahrungsstücke ungleich zu verteilen. Der eine Affe wurde immer mit Gurke abgespeist, während er zusehen musste, wie sein Kollege die begehrten Weintrauben bekam. Die Affen, die nur Gurke bekamen, spürten die Ungerechtigkeit und verweigerten die Zusammenarbeit. Manche begannen sogar wild zu schreien und warfen die Spielmarken wütend aus dem Käfig. Offfenbar fühlten sie sich unfair behandelt.

Kapuzineraffen haben offenbar Erwartungen auf eine gerechte Behandlung. Aus diesen Versuchen können wir den Schluss ziehen, dass der im Menschen ausgebildete Gerechtigkeitssinn, der schon bei Kleinkindern vorhanden und bei Jugendlichen stark augeprägt ist, schon bei Affen seinen Anfang genommen hat. Gerechtigkeit wird sicherlich auch kulturell beeinflusst, ist aber im Tierreich tief verwurzelt. Wir müssen allerdings unterscheiden zwischen dem Gefühl, selbst unfair behandelt worden zu sein und dem Wunsch, andere fair zu behandeln. Bei Kapuzineraffen wurde nie bobachtet, dass ein Affe, der mit Weintrauben bevorzugt wurde, aus einem Gerechtigkeitssinn heraus mit den benachteiligten Tieren seine Trauben teilte. Auch bei Menschen ist das Gefühl, unfair behandelt worden zu sein, viel stärker ausgeprägt, als das Gefühl der Fairness anderen gegenüber.

Möglicherweise ist die Empathie, das Vermögen mit anderen mitzufühlen, schon bei Tieren angelegt, aber die Fähigkeit, in vollem Umfang die Perspektive des anderen einzunehmen, nur bei Menschen vorhanden. Weil das Gefühl der Fairness eine soziale Komponente hat, ist der Weg geöffnet für soziale Tegeln, d.h. für ethische Normen.

Moralisches Verhalten: Normen

Kinder besitzen von klein auf eine Art sozialer Rationalität. Indem sie andere wie sich selbst betrachten, identifizieren sie sich mit ihnen und sehen sich selbst als eines unter ihnen.

Dadurch entsteht ein „Wir" – Gefühl, das anfangs auf Identifikation mit Eltern und anderen Familienmitgliedern beruht, später ausgedehnt wird auf Klassen- und Spielkameraden.

Sie erkennen auch, dass Regeln unabhängig von speziellen Individuen sind. Damit ist die Anerkennung von Normen vorbereitet. Normen sind schon bei Kleinkindern echt soziale Normen, d.h. sie werden als Normen anerkannt und nicht nur weil eine Autorität dahintersteht. Tomasello: die Achtung sozialer Normen beruht auch bei Kindern nicht auf Autorität und Gegenseitigkeit.

Schauen wir uns dazu noch einmal das obige Beispiel an: Ein Kind hilft spontan und ohne Aufforderung einem Erwachsenen indem es die Schranktür öffnet. Es hat die Absicht des Erwachsenen erkannt und auch sein Problem.

Beim nächsten Versuch hat das Kind den Ablauf bereits verstanden und öffnet die Schranktür, wenn der Erwachsene mit Zeitschriften auf den Schrank zugeht. Dadurch wird das Wegräumen der Zeitschriften zu einer gemeinsamen Aktivität. Jeder übernimmt eine Rolle, beide haben ein gemeinsames Ziel.

Kommt ein zweiter Erwachsener mit Zeitschriften zeigt das Kind ihm, wohin sie gehören. Im Kind hat sich die Regel verfestigt: „das macht man so". Es entsteht ein Wir-Gefühl unter den Teilnehmern „wir machen das so". Die Regel wird durch wiederholten Gebrauch über längere Zeit so verinnerlicht, dass sie Universalitätscharakter bekommt: „das ist so, das tut man so". Eine Norm ist entstanden. Soziale Regeln werden so verinnerlicht und so von Individuen unabhängig, dass sie den Status universeller Gültigkeit erlangen können. Kinder arbeiten sogar mit, dass soziale

Normen befolgt werden, indem sie andere an die Existenz der Norm hinweisen. Sie bekommen Schuldgefühle, wenn sie sich selbst nicht an diese Regeln halten.

Unsere These lautet also: Normen entstehen aus den sozialen Beziehungen der Teilnehmer, wenn sie die Fähigkeit entwickelt haben, Aufmerksamkeit zu teilen („shared intentionality"), zu kooperieren und gemeinsame Ziele zu verfolgen.

Normen und Regeln, „das tut man so" stärken das „Wir-Gefühl", die Kooperation und fördert die Solidarität. Aber aus Gruppensolidarität kann auch Unrecht geschehen. Und aus dem „Wir-Gefühl" können sich Abgrenzungen zu anderen Gruppen bilden. Kooperation und Solidarität setzen Vertrauen voraus, dass die anderen Teilnehmer sich an die Regeln halten. Vertrauen kann aber leicht enttäuscht werden. Eine Kooperationsgemeinschaft ist immer gefährdet.

Vor etwa 150.000 Jahren wurden Kulturgruppen gebildet, die untereinander konkurrierten. In dieser Zeit mussten Menschen lernen, von einem Leben, das auf interdependenter Zusammenarbeit mit bekannten Personen beruhte, auf ein Leben in der Kulturgruppe umzustellen. Wenn eine Gruppe wächst, kennt irgendwann nicht mehr jeder jeden. Dann entsteht das Problem, woran ein Gruppenmitglied erkennt, ob eine unbekannte Person zur eigenen Gruppe gehört oder nicht und wie das Gruppenmitglied von anderen als zugehörig erkannt werden kann. Dunbar hat 1998 die These aufgestellt, dass ein menschliches Individuum nicht mehr als 150 Personen kennen kann. Was darüber hinausgeht, übersteigt das geistige Vermögen des Menschen. Als Gruppenmitglieder wurden erkannt, wer so redet wie man selbst, der sein Essen so zubereitete wie man selbst, der sich so benimmt wie man selbst, d.h. der die eigenen Kulturpraktiken teilt.

Tatsächlich ist der Mensch sehr viel mehr als andere Primaten motiviert, sich konform zu verhalten, mit allen positiven und negativen Konsequenzen. Menschen tun das was man als soziale Imitation bezeichnet, d.h. sie kopieren Konventionen, Rituale, Gesten. Das kann sogar so weit gehen, dass sie ihre kulturelle Zugehörigkeit als ihre Identität betrachten. Im Extremfall opfern Menschen ihr Leben für ihr Land. Menschen empfinden kollektiven Stolz, wenn Mitglieder ihrer Gruppe erfolgreich sind („wir sind Weltmeister"). Auf dies Weise entsteht ein „Wir"-Gefühl in einer Kulturgemeinschaft. Es bildet sich ein Loyalitätsgefühl der Gruppe gegenüber das auch Mitgefühl und Hilfsbereitschaft miteinschließt. Den Mitgliedern der eigenen Gruppe wird geholfen und vertraut. Die negative Seite dieses Wir-Gefühls sind Vorurteile gegenüber Fremden.

Ein kollektiver gemeinsamer Hintergrund (Habermas nennt ihn Lebenswelt) ist die Grundlage der Kultur. Dazu gehören Vertrauen in die Mitglieder der Gruppe, geteiltes Wissen und gemeinsame Überzeugungen. Weiterhin gehören zur Kultur in der Öffentlichkeit stattfindende Ereignisse wie Hochzeiten oder Begräbnisse und Kulturpraktiken, von denen jeder weiß wie sie auszuführen sind. Alle tun bestimmte Dinge in der gleichen Weise, z.B. sich an Silvester ein gutes neues Jahr wünschen und jeder erwartet, dass der andere es auf die gleiche Weise tut.

Im gemeinsamen kulturellen Hintergrund ist auch festgelegt, was richtig und was falsch ist. Diese regulierten Handlungsweisen haben den Charakter des Objektiven: da ist so, das macht man so. Der gemeinsame, von allen geteilte Hintergrund erleichtert die Handlungskoordination unter den Mitgliedern der Gruppe. Wir halten uns an soziale Normen um zur Gruppe zu gehören und um unseren guten Ruf nicht zu beschädigen.

Obwohl die sozialen Normen in der verschiedenen Kulturen unterschiedlich sind, sind – so vermutet Tomasello – die Schaffung, Befolgung und Durchsetzung sozialer Normen höchstwahrscheinlich eine kulturelle Universalie.[389]

Ein Teil der sozialen Normen sind moralische Normen. Für Luhmann sind Normen dann moralisch, wenn die Integrität

---

[389] Michael Tomasello: Eine Naturgeschichte der menschlichen Moral, Seite 167

einer Person dabei eine Rolle spielt. „Ich verstehe unter Moral eine bestimmte Art von Kommunikation, die Hinweise auf Achtung oder Missachtung mitführt. Dabei geht's nicht um gute oder schlechte Leistung in spezifischer Hinsicht, ... sondern um die ganze Person."[390] Für Tomasello geht es bei moralischen Normen um Mitgefühl und Fairness.

Tomasello berichtet von einem Versuch mit fünfjährigen Kindern, die mit einer komplexen Spielapparatur konfrontiert wurden. Ihnen wurde lediglich gesagt, das Ziel des Spiels besteht darin, möglichst viele Kugel in einen Behälter zu bekommen. Die Kinder entwickelten im Laufe des Spiels eigene Regeln. Als dann später ein Erwachsener dazu kam, erklärten sie ihm da Spiel mit Worten wie: „das muss man so machen." Selbst für ein Spiel ohne Zielvorgabe entwickelten die Kinder Regeln und sie achteten darauf, dass die Regeln eingehalten wurden.

Mit diesem Beispiel soll gesagt werden, dass sich soziale und moralische Normen aus dem Verhalten der Menschen entwickeln. Wenn sie immer wieder angewendet werden, bekommen sie einen objektiven Charakter: das ist so! Und sie werden internalisiert, d.h. sie entwickeln sich zum Gewissen. Wenn jemand gegen eine soziale Norm verstößt, fühl er sich schuldig.

Normen sind institutionalisierte Verhaltensweisen. „Objektive" Normen des Richtigen und Falschen sind verbunden mit sozialen Prozessen des kulturellen Handelns in Bezug auf diese Normen und mit Prozessen moralischer Selbststeuerung, die auf dem Sinn für kollektiven Verpflichtungen beruhen, die eine Person in der Kulturgruppe gegenüber der Gemeinschaft hat.

Die Fähigkeit zum Perspektivenwechsel mit einem konkreten Partner verwandelt sich in die Fähigkeit, die Perspektive eines beliebigen rationalen Wesens einzunehmen. Auf diese Weise werden Handlungsmaximen

---

[390] Niklas Luhmann: Paradigm lost: Über die ethische Reflexion der Moral, Seite 17 f.

verallgemeinerbar. Das entspricht dem kategorischen Imperativ von Kant: Handle so dass die Maxime deines Handelns zu einem allgemeinen Gesetz erhoben werden kann. Diese Verallgemeinerung führt zu einem ausgewogenen Urteil, weil es die Ausgewogenheit der Perspektiven verschiedene betroffener Personen verlangt.

Eine moralische Norm entspricht nicht der Meinung einer einzelnen Person, sondern ist Teil des kulturellen Hintergrundes, der Lebenswelt, und hat objektiven Charakter. Wenn deshalb eine moralische Norm durchgesetzt wird, ist es nicht eine einzelne Person, die anderen ihre Meinung aufzwingt, sondern diese Person spricht sozusagen im Namen aller, was ihr und ihrer Aussage Autorität verleiht. Die soziale Norm ist als Teil des kulturellen Hintergrundes auch von allen geteiltes Wissen, d.h. es kann niemand behaupten es nicht zu kennen.

Die Gruppenmitglieder erwarten, dass jeder die moralische Norm anerkennt und beachtet. Lehnt jemand eine moralische Norm ab, dass wird diese Ablehnung bereits geahndet. Wenn zum Beispiel jemand behauptet, dass Folter nicht verwerflich ist, wird diese Ablehnung der moralischen Norm von anderen Gruppenmitgliedern geächtet.

Moralische Normen werden nicht nur objektiviert, sondern auch internalisiert. Sie sind den Menschen so sehr in Fleisch und Blut übergegangen, dass sie ihnen fraglos richtig erscheinen. Internalisierte moralische Normen äußern sich im Gewissen und im Pflichtgefühl und sind eine Form der Selbststeuerung. Bei Verletzung moralischer Normen fühlen sich Menschen schuldig.

10 Gebote (Dekalog)[391]

Ich bin der HERR, dein Gott, der ich dich aus Ägyptenland, aus dem Diensthause, geführt habe.

1. Gebot: Du sollst keine anderen Götter neben mir haben.

2. Gebot: Du sollst dir kein Bildnis noch irgend ein Gleichnis machen, weder des, das oben im Himmel, noch des, das unten auf Erden, oder des, das im Wasser unter der Erde ist. Bete sie nicht an und diene ihnen nicht. Denn ich, der HERR, dein Gott, bin ein eifriger Gott, der da heimsucht der Väter Missetat an den Kindern bis in das dritte und vierte Glied, die mich hassen; und tue Barmherzigkeit an vielen Tausenden, die mich liebhaben und meine Gebote halten.

3. Gebot: Du sollst den Namen des HERRN, deines Gottes, nicht missbrauchen; denn der HERR wird den nicht ungestraft lassen, der seinen Namen missbraucht.

4. Gebot: Gedenke des Sabbattags, dass Du ihn heiligest.

Sechs Tage sollst du arbeiten und alle dein Dinge beschicken; aber am siebenten Tage ist der Sabbat des HERRN, deines Gottes; da sollst du kein Werk tun noch dein Sohn noch deine Tochter noch dein Knecht noch deine Magd noch dein Vieh noch dein Fremdling, der in deinen Toren ist.

Denn in sechs Tagen hat der HERR Himmel und Erde gemacht und das Meer und alles, was darinnen ist, und ruhte am siebenten Tage. Darum segnete der HERR den Sabbattag und heiligte ihn.

---

[391] 2 Mos 20,3 bis 17

5. Gebot: Du sollst deinen Vater und deine Mutter ehren, auf dass du lange lebest in dem Lande, dass dir der HERR, dein Gott, gibt.

6. Gebot: Du sollst nicht töten.

7. Gebot: Du sollst nicht ehebrechen.

8. Gebot: Du sollst nicht stehlen.

9. Gebot: Du sollst kein falsch Zeugnis reden wider deinen Nächsten.

10. Gebot: Lass dich nicht gelüsten deines Nächsten Hauses. Lass dich nicht gelüsten deines Nächsten Weibes, noch seines Knechtes noch seiner Magd, noch seines Ochsen noch seines Esels, noch alles, was dein Nächster hat.

Einige Bemerkungen zu den 10 Geboten

- Die 10 Gebote beginnen mit: „Ich bin der HERR, dein Gott, Du sollst …", d.h. die Begründung für die 10 Gebote ist die Autorität Gottes. Sich an eine ethische Norm zu halten, weil eine Autorität es sagt, ist eine ziemlich niedrige Stufe der Moralentwicklung im Sinne Kohlbergs.
- Die ersten 4 Gebote regeln das Verhältnis des Menschen zu Gott. Sie sind keine eigentlichen moralischen Gebote, wenn man unter Moral Regeln für das Verhältnis des Menschen untereinander versteht. D.h. die 10 Gebote enthalten nur 6 moralische Normen.
- Die ersten 4 Gebote, die das Verhältnis des Menschen zu Gott regeln, nehmen sehr viel mehr Raum ein und sind sehr viel detaillierter beschrieben, als die Gebote 5 bis 10, die das Verhältnis des Menschen zu anderen Menschen beschreiben. Das legt die Vermutung nahe, dass die 10 Gebote hauptsächlich das Verhältnis des Menschen zu

Gott bestimmen sollten und nicht eigentlich ethische Normen sind.
- Die 10 Gebote sind Negativregeln, d.h. sie legen fest, was wir nicht tun sollen, sagen aber nichts darüber, was wir tun sollen.
- Es ist fraglich, ob 6 Regeln das moralische Verhalten des Menschen vollständig beschreiben können. Können Regeln, und seien sie noch so viele, die festlegen, was Menschen tun und lassen sollen, jemals vollständig sein?
- Es ist zweifelhaft, ob die 10 Gebote „moderne" ethische Fragen – Abtreibung, Sterbehilfe, Präimplantationsdiagnostik (PID), In-vitro-Fertilisation und viele andere Fragen, die erst in den letzten Jahrzehnten aufgrund der fortgeschrittenen Medizin – befriedigend beantworten können.

Der kategorische Imperativ (Kant)

Ein Imperativ ist eine Aufforderung, eine Anordnung, eine Anweisung, ein Befehl. Was bedeutet kategorisch? Beispiel: ein Vater sagt zu seiner 10-jährigen Tochter: „wenn du eine gute Pianistin werden willst, musst du fleißig üben". Hier wird ein Imperativ ausgesprochen („du musst fleißig üben"), der an eine Bedingung geknüpft ist („wenn du eine gute Pianistin werden willst"), ein sog. hypothetischer imperativ. Wenn ein Imperativ an keine Bedingung geknüpft ist, ist es ein kategorischer, ein unbedingter Imperativ. Man kann bezweifeln, ob es unbedingte Imperative überhaupt gibt. Aber jeder, der nach ethischen Normen verlangt, will auch kategorische Normen, also Normen, die absolut gelten und die an keine Bedingung gebunden sind.

Wenn Kant einen Imperativ formuliert, will er keinen Befehl aussprechen, schon gar nicht im Kasernenhofton. Hier spricht kein Befehlshaber zu seinen Untergebenen sondern hier spricht ein erwachsener Mensch zu einem anderen Erwachsenen auf Augenhöhe. „Wenn Sie vor einem ethischen Problem stehen, kann ich Ihnen keine Lösung angeben, aber ich kann Ihnen sagen, wie Sie gedanklich vorgehen, um zu einer Lösung zu kommen". Anders als andere ethischen Normen, z.B. die 10 Gebote, sagt Kant nicht, was wir tun sollen und was nicht sondern er gibt uns eine Methode an die Hand, mit der wir ein ethisches Problem lösen können.

„Der kategorische Imperativ ist also nur ein einziger und zwar dieser: handle nur nach derjenigen Maxime, durch die du zugleich wollen kannst, dass sie ein allgemeines Gesetz werde."

Der Mensch als freies Wesen kann unterliegt nicht den Naturgesetzen, kann aber „nach der Vorstellung von Gesetzen" handeln. Er kann als Vernunftwesen in Analogie zu Naturgesetzen moralische Gesetze schaffen, die für alle Menschen als vernünftige Wesen gelten. Der Mensch steht unter der Vernunftnorm, so zu handeln, als ob aus seinem Willen eine neue, der Naturordnung analoge gesetzliche Ordnung entspringen soll. Er gehört als Vernunftwesen einem „Reich der Zwecke" an, das aber erst noch zu verwirklichen ist. Im Gegensatz zu Handlungszwecken, die durch Glücksstreben und subjektiven Neigungen bedingt sind, gibt es nach Kant allgemeine „Zwecke an sich". Diese Zwecke an sich sind eben die Menschen selbst. Deshalb lautet die zweite Formulierung des kategorischen Imperativs

„Handle so, dass die Menschheit sowohl in deiner Person, als in der Person eines jeden anderen jederzeit zugleich als Zweck, niemals bloß als Mittel brauchst".

Der kategorische Imperativ von Kant versteht in seiner kindgerechten Form: „stell dir vor, wenn das jeder täte" auch ein Jugendlicher. Darin liegt seine große Stärke. Aber der kategorische Imperativ wird auch höchsten philosophischen Anforderungen gerecht. Denn eine der zentralen Themen der philosophischen Ethik ist die Frage, wie ethische Normen begründet werden können. Kant beantwortet diese Frage auf erstaunlich einfache Weise, denn der kategorische Imperativ enthält die Begründung bereits in sich.

Die minimalste Voraussetzung, auf die sich eine ethische Norm stützen können muss, ist der Wunsch nach einer ethischen Norm. Wenn diese Voraussetzung erfüllt ist – und eine geringere Voraussetzung ist nicht denkbar – dann hat man auch bereits die ethische Norm selbst, nämlich: „Handle so, dass die Maxime deiner Handlung zu einer ethischen Norm verallgemeinert werden kann". Sobald also jemand nach einer ethischen Norm verlangt, hat er die Norm sie auch bereits vorliegen. Die Bedingung „wenn du vernünftig sein willst …" hat Kant aber ignoriert.

Kritik des kategorischen Imperativs

- Der kategorische Imperativ berücksichtigt nicht die Folgen des Handelns. Er ist keine Verantwortungsethik.
- Der kategorische Imperativ bietet im Falle eines Normenkonflikts keine Lösung.
- Der kategorische Imperativ ist eine Verstandesethik. Sie bezieht die Emotionen nicht ein und nicht die Entstehung ethischer Normen im Laufe der natürlichen und kulturellen Evolution.

- Es gibt keine absolute Vernunft und es gibt kein absolutes Müssen (Ernst Tugendhat).

Ökologischer Imperativ (Hans Jonas)

Hans Jonas (1903-1993) in Mönchengladbach als Kind jüdischer Eltern geboren, Studium der Philosophie, Kunstgeschichte und der Judaistik in Freiburg, Berlin und Marburg, 1933 Auswanderung nach London und von dort aus 1935 nach Jerusalem, ab 1955 in New York. 1979 „Das Prinzip Verantwortung" (im Alter von 76 Jahren!), 1987 Friedenspreises des deutschen Buchhandels.

In unserer heutigen Zeit stehen wir Problemen gegenüber, die frühere Generationen nicht kannten. Jonas nennt hier vor allem die Umweltzerstörung, die atomare Bedrohung und die begrenzten Ressourcen. Diesen neuen Herausforderungen sind unsere tradierten Ethiken (10 Gebote, kategorischer Imperativ) nicht gewachsen.

Unsere bisherigen Ethiken konzentrieren sich sowohl räumlich, als auch zeitlich auf den unmittelbaren Nahbereich menschlicher Verantwortung (Nächstenliebe). Sie berücksichtigen nicht unsere Verantwortung gegenüber zukünftigen Generationen, oder gegenüber fremden und entfernten Kulturen, da frühere Techniken nicht über derartige Handlungsreichweiten in Raum und Zeit verfügte. Der außermenschliche Bereich war für frühere Ethiken neutral. Ethische Bedeutung hatte nur der Umgang der Menschen untereinander. Heute müssen wir Verantwortung auch für die Natur übernehmen. Wir müssen nach Jonas unsere Nächstenliebe zu einer Fernstenliebe erweitern.

Hans Jonas formuliert einen neuen, sog. „ökologischen Imperativ": „Handle so, dass die Wirkungen deiner Handlung verträglich sind mit der Permanenz menschlichen Lebens auf Erden."

Wir dürfen mit dem was wir heute tun, die Möglichkeit zukünftiger Generationen, auf dieser Erde ein menschenwürdiges Leben zu führen, nicht gefährden. Wir haben Verantwortung zukünftigen Generationen gegenüber, analog der Verantwortung, die Eltern für ihre Kinder haben. Das hat auch Auswirkungen auf die Auswahl der Techniken. Da wir die Risiken technischer Großprojekte nicht abschätzen können, gilt – nach Jonas – eine „Heuristik der Furcht", was bedeutet, dass wir uns bei unseren Entscheidungen nach der schlechteren Prognose richten sollen.

Auch kann der Mensch durch negative Zukunftsvisionen erfahren, was bei einem ungehemmten Fortschritt der technischen Zivilisation auf dem Spiel stehe und so dasjenige am Menschlichen erkennen, das bewahrt werden müsse. Handlungen mit sehr großer Reichweite können demnach nicht gerechtfertigt werden. Wenn mit einer Technik „echtes menschliches Leben" bedroht wird, ist ihr Einsatz nicht verantwortbar.

Wir brechen heute in die Ordnung der Natur ein. Wir vergewaltigen die Natur und uns selbst. Beispiel: Fischfang. Menschen haben schon zu allen Zeiten Fische gefangen, aber der heutige industrielle Fischfang und die Verklappung der Frachtschiffe auf dem Meer sind ein unverantwortbarer Eingriff in die Natur.

Wir müssen Verantwortung übernehmen für die Folgen unserer Handlungen nicht nur anderen Menschen gegenüber, sondern auch für die Natur (Beispiel: Erhaltung der Artenvielfalt), sodass auch zukünftige Generationen ein erfülltes Leben führen können (Schonung der Ressourcen). Die frühere norwegische Ministerpräsidentin Gro Harlem Brundtland hat Nachhaltigkeit (Sustainable Development) folgendermaßen definiert: „Nachhaltigkeit heißt, die Bedürfnisse der Gegenwart erfüllen ohne dabei zukünftigen Generationen die Möglichkeit zu nehmen, ihre eigenen

Bedürfnisse zu erfüllen." Das Erreichen von Fortschritt, Entwicklung und Wissen ist nicht gerechtfertigt, wenn damit eine Bedrohung „echten menschlichen Lebens" einhergeht.

Verantwortung

Im Begriff „Verantwortung" steckt „antworten", das bedeutet, dass sich verantworten so viel bedeutet, wie „Für etwas Rede und Antwort stehen", bzw. sich einem anderen gegenüber rechtfertigen.

Prospektive Verantwortung: P ist verantwortlich für X bedeutet: Beispiel: ein Fertigungsleiter ist verantwortlich dafür, dass Produkte in ausreichender Zahl, zu einem geplanten Termin, in guter Qualität und zu dem berechneten Kosten hergestellt werden. Prospektive Verantwortungszuschreibungen sind normativ, aber nicht immer moralisch, sie können auch berufliche, rechtlich oder sonst wie sachlich sein.

Retrospektive Verantwortung: „P ist verantwortlich für X" bedeutet hier, dass P für das was er getan (oder unterlassen) hat, übernehmen muss. Beispiel: Der Bademeister ist verantwortlich für den Tod des Schwimmers.

Zwischen prospektiver und retrospektiver Verantwortung besteht oft ein Zusammenhang. Weil der Bademeister für die Sicherheit der Badegäste verantwortlich ist, kann er für den Tod eines Schwimmers zur Verantwortung gezogen werden.

Verantwortlich sein wird oft als Wertbegriff verwendet, vor allem im negativen Sinn: unverantwortlich, verantwortungslos.

P (Subjekt) ist für X (Verantwortungsbereich) gegenüber Y (Instanz) in Bezug auf einen Standard (Norm) verantwortlich.

Subjekt: Die freie Entscheidung kann in die Außenwelt determinierend eingreifen ohne dass das Subjekt selbst determiniert ist. Der Handelnde ist frei, selbstbestimmt, und hatte alternative Handlungsmöglichkeiten. Können auch juristische Personen (z.B. Unternehmen) zur Verantwortung gezogen werden?

Ein Verantwortlicher kann auch zur Rechenschaft gezogen werden, wenn er nicht selbst, sondern ein Mitarbeiter seines Verantwortungsbereichs gehandelt hat Beispiel: Minister, vorstand).

Verantwortungsbereich: Abgrenzung oft schwierig. Beispiel: Bin ich als Kaffeetrinker für die Ausbeutung der Plantagenarbeiter in Guatemala verantwortlich? Bin ich für alles verantwortlich, was ich durch mein Handeln beeinflussen kann? Sind intendierte Handlungen anders zu bewerten, als nicht intendierte, aber vorauszusehende „in Kauf genommene" Handlungen?

Sind die Folgen aktiven Tuns anders zu bewerten als die Folgen von Unterlassungen?

Sind wir auch für unsere Überzeugungen verantwortlich? Nida- Rümelin bejaht diese Frage ausdrücklich: „ Wir haben Gründe für das was wir tun, und für das was wir glauben. Diese Gründe konstituieren uns als Personen, als Autoren nicht nur unserer Handlungen, sondern auch unserer Überzeugungen. In diesem Sinne sind wir verantwortlich nicht nur für unsere Handlungen, sondern auch für unsere Überzeugungen."[392]

Instanz:

- Gott
- Gewissen
- Sittengesetz (Kant)

---

[392] Julian Nida- Rümelin: Verantwortung, Seite 39

o Jedem, der von den absehbaren Folgen meiner Handlungen betroffen ist.

Den letzten Punkt: jeder, der von absehbaren Folgen meiner Handlungen betroffen ist, bin ich verantwortlich, soll an einem Beispiel verdeutlicht werden.

Der Geschäftsführer (bzw. Vorstand) eines Wirtschaftsunternehmens ist verantwortlich gegenüber

- o den Gesellschaftern, d.h. den Eigentümern des Unternehmens. Die Gesellschafter wollen ein profitables Unternehmen mit langfristiger Perspektive.
- o den Mitarbeitern. Die Mitarbeiter wollen einen sicheren Arbeitsplatz mit angemessener Vergütung und der Möglichkeit sich beruflich weiterzuentwickeln. Weitere Forderungen: Arbeitsschutz, d.h. sichere Arbeitsbedingungen, Schutz der Mitarbeiter vor Gefahrstoffen und vor Lärm. Ausbildung von Lehrlingen. Weiterbildung der Mitarbeiter, keine Diskriminierung, Gesundheitsvorsorge, Sozialleistungen, Gerechte Entlohnung.
- o den Kunden. Die Kunden erwarten zuverlässig funktionierende Produkte zu einem angemessenen Preis, Beratung, Einhaltung der Lieferzusagen und technische Unterstützung.
- o den Lieferanten. Die Lieferanten wollen eine langfristige, faire, partnerschaftliche Zusammenarbeit. Keine Lieferanten, die Menschenrechte verletzen, die Kinder beschäftigen, die die Arbeitssicherheit missachten, die die Umwelt unangemessen belasten. keine Korruption, fristgerechte Bezahlung.
- o der Gesellschaft. Die Gesellschaft fordert, dass Gesetze und Verordnungen eingehalten und Steuern bezahlt werden. Das Unternehmen soll sich sozial engagieren und ökologisch produzieren. Gute Beziehungen zu Nachbarn, der Gemeinde und städtischen und staatlichen Behörden. Mitarbeit in Verbänden. Ermöglichen von Diplom- und Technikerarbeiten und von Praktiken für Studenten.

Umweltschutz: Minimierung des Energiebedarfs, des Abfalls und der Gefahrstoffe Sparsamer Umgang mit Ressourcen. Datenschutz, d.h. Schutz von personenbezogenen Daten.

Wieso übernehmen Menschen Verantwortung? Die Bereitschaft des Menschen für andere Verantwortung zu übernehmen, hat ihren Ursprung in der Eltern-Kind-Beziehung (speziell der Mutter- Kind- Beziehung). Eltern haben in der Fürsorge für ihre Kinder gelernt, Arbeit, Sorgen und Kosten auf sich zu nehmen und oft auch ihre eigenen Bedürfnisse zugunsten der Kinder zurückzustellen. Daraus hat sich im Menschen ein Verantwortungsgefühl gebildet, das er auf andere Aufgaben, z.B. im Beruf überträgt.

Hier kann man aber einwenden, dass sich bei vielen Tierarten Mütter (bei Vögeln auch Väter und Mütter) um den Nachwuchs der jungen kümmern. Ganz besonders ausgeprägt ist das Mutter- Kind- Verhältnis bei Säugetieren. Der Unterschied zwischen Mensch und Tier ist – wie wir oben gesehen haben – die Fähigkeit zur geteilten Aufmerksamkeit.

Halten wir fest

Moralisches Handeln reicht weit in die Geschichte, in die Stammesgeschichte, sogar bis ins Tierreich zurück. Einige Tiere zeigen ein Verhalten, das dem moralischen Verhalten des Menschen analog ist.

Die Motivation zu moralischem Handeln ist die Empathie, die Fähigkeit, mit anderen mitzufühlen, Anteilnahme an der Not anderer zu haben. Die neuronale Basis dafür sind die Spiegelneuronen. Schopenhauer hat das Mitleid zum Kerngedanken seiner Ethik gemacht und auch Hume sieht Emotionen als primäre Triebkraft für moralisches Handeln.

Was den Menschen auszeichnet und was ihn vom Tier unterscheidet ist die Fähigkeit zur gegenseitigen Anerkennung. Dazu gehört die Fähigkeit mit anderen zu kooperieren und in der Kooperation Rollen zu übernehmen. Wir kennen auch die Rolle der anderen und wissen, wie sie sich in ihrer jeweiligen Rolle verhalten müssen. In den Rollenidealen liegt nach Tomasello die Wurzel soziale geteilter ethischer Normen. Die Übernahme einer Rolle in der kooperativen Zusammenarbeit bedeutet auch die Übernahme von Pflichten, die Bereitschaft anderen zu helfen und das Ergebnis der Anstrengungen mit anderen zu teilen.

Die Fähigkeit in der Kooperation eine Rolle zu übernehmen ist verbunden mit der Fähigkeit allgemein gültige Regeln und Normen anzuerkennen und zu befolgen. Soziale Normen werden institutionalisiert und internalisiert. Institutionalisiert bedeutet, dass die Norm objektiven Charakter bekommt („das ist so!", „das macht man so!"). Internalisiert bedeutet, dass die Norm so in Fleisch und Blut übergegangen ist, dass sie als fraglos richtig erscheint.

Schon bei Kleinkinder ist die Bereitschaft zu helfen zu beobachten. Voraussetzung ist die Fähigkeit, die Intention des anderen zu erkennen und auch zu sehen, dass der andere sein Ziel nicht ohne Hilfe erreichen kann. Den Sinn für Fairness und Gerechtigkeit, vor allem wenn andere unfair oder ungerecht behandelt werden, haben nur Menschen.

Wir haben folgende ethische Normen behandelt: goldene Regel, 10 Gebote, kategorischer Imperativ (Kant), ökologischer Imperativ (Jonas) und Verantwortung.

15. Die Würde des Menschen

„Die Würde des Menschen ist unantastbar. Sie zu achten und zu schützen ist Verpflichtung aller staatlichen Gewalt."[393] Mit diesen beiden Sätzen beginnt das Grundgesetz.

Würde ist das erste sinntragende Wort in unserer Verfassung. Dadurch wird sie besonders hervorgehoben. In einem Kommentar des Grundgesetzes heißt es: Die Menschenwürde ist der oberste Wert der Rechtsordnung. Auf ihr beruhen die Grundrechte und damit das ganze Grundgesetz. Das wird deutlich in §1, Absatz 2, GG, wo es heißt: „Darum – also weil die Würde des Menschen unantastbar ist – bekennt sich das deutsche Volk zu unverletzlichen und unveräußerlichen Menschenrechten als Grundlage jeder menschlichen Gemeinschaft."

Diese Grundrechte werden dann in den folgenden Paragrafen 2 – 19 aufgeführt: das Recht auf freie Entfaltung der Persönlichkeit § 2, die Gleichheit der Menschen vor dem Gesetz, insbesondere die Gleichberechtigung von Mann und Frau § 3, Religionsfreiheit § 4, Meinungsfreiheit § 5 usw.

Menschenrechte und Menschenwürde werden in unserer Verfassung als aufeinander bezogene Begriffe betrachtet. Diese gedankliche Verbindung ist relativ neu. Es gibt sie erst seit dem zweiten Weltkrieg. Das hat natürlich historische Gründe. Die Menschenwürde zum obersten Wert der Rechtsordnung zu erklären war eine Reaktion auf die – wie es in einem Grundgesetzkommentar heißt – „unsägliche Entwürdigung der Menschen durch die totalitären Gewalten der ersten Hälfte des 20. Jahrhunderts."

Zum ersten Mal wurden Menschenrechte und Menschenwürde gedanklich verknüpft in der Charta[394] der Vereinten Nationen 1945, dann 1948 in der Allgemeinen Erklärung der Menschenrechte und eben im Grundgesetz vom

---

[393] Grundgesetz § 1, Absatz 1
[394] Satzungen oder Selbstverpflichtungen nichtstaatlicher Organisationen

23. Mai 1949. Später dann noch einmal in der KSZE[395]-Schlussakte 1975, und schließlich auch in der Grundrechte-Charta der Europäischen Union, die übrigens mit demselben Satz wie das Grundgesetz beginnt: Die Würde des Menschen ist unantastbar.

In der Verfassung von Baden-Württemberg wird in der Präambel auf die Würde verwiesen, wobei die Präambel in Baden-Württemberg Vorspruch heißt. Die Verfassung bekennt sich zu den Grundrechten der Bundesrepublik. Sie geht aber darüber hinaus indem sie feststellt, dass niemand wegen seiner Behinderung benachteiligt werden darf. Sonntage und staatlich anerkannten Feiertage sind Tage der Arbeitsruhe. Der Staat schützt auch in Verantwortung für künftige Generationen die natürlichen Lebensgrundlagen. Tiere werden als Lebewesen und Mitgeschöpfe im Rahmen der verfassungsmäßigen Ordnung geachtet und geschützt.

Wir haben gesehen, dass die Menschenrechte auf der Menschenwürde beruhen, das allerdings erst seit 71 Jahren. Wie war es denn früher? Denn die Menschrechte sind sehr viel älter. Sie wurden zum ersten Mal 1776 bei der Unabhängigkeitserklärung der 13 nordamerikanischen Staaten und dann, 13 Jahre später, bei der französischen Revolution, 1789, verkündet. In beiden Fällen gründeten die Menschenrechte nicht auf der Menschenwürde, sondern auf dem Naturrecht.

Das Naturrecht hat den Grundgedanken, dass alle Menschen von Natur aus – also nicht durch die Kultur – mit unveräußerlichen Rechten ausgestattet sind, unabhängig von Geschlecht, Alter, Staatszugehörigkeit oder der Zeit in der sie leben. Das Naturrecht wird entweder theologisch begründet oder der Wesensnatur des Menschen zugeschrieben.

Heute ist das Naturrecht in den Hintergrund getreten. Es wird nur noch sehr wenig auf das Naturrecht Bezug genommen. Es überwiegt der Rechtspositivismus, der besagt, dass alles Recht auf menschlicher Setzung beruht. Recht ist

---

[395] Konferenz über Sicherheit und Zusammenarbeit in Europa

immer vom Menschen festgesetztes Recht und deshalb historisch und kulturell bedingt.

Obwohl das Recht sich heute nicht mehr auf das Naturrecht bezieht, gibt es im Verfassungsrecht immer noch Argumentationen, die an das Naturrecht erinnern. Das Grundgesetz unterscheidet zwischen positivem und überpositivem Recht. Positives Recht ist vom Menschen geschaffenes Recht. Es wird vom Gesetzgeber erlassen und kann auch von ihm geändert werden (Beispiel MWSt.). Überpositive Rechte sind Rechte, die – wie das Naturrecht – dem Menschen aufgrund seines Menschseins zukommen.

Wichtigste Beispiele für überpositives Recht sind die Menschenwürde, §1 und die Grundrechte § 2-19. Sie sind nach § 79 Abs. 3 Grundgesetz ein verfassungsgeschützter Rechtswert, der sich jeder mehrheitsdemokratischen Beschlussfassung entzieht. Die Würde ist ein tragendes Verfassungsprinzip, das von keiner Verfassungsänderung berührt werden darf.

Die Menschenwürde ist kein positives Recht, muss aber im positiven Recht verankert werden. Alle Gesetze müssen sich an der Menschenwürde und an den Grundrechten messen lassen, und mit ihnen vereinbar sein.

Die Menschenwürde ist in den Schutzbereich des Staates gestellt. Der Staat hat, wie es im Grundgesetz heißt, die Menschenwürde „zu achten und zu schützen." Die Würde wird uns nicht vom Staat verliehen, sie schützt den Bürger vor staatlichen Übergriffen.

Wir haben gesehen, dass sich seit 1945 die Grundrechte auf die Menschenwürde beziehen. Aber worauf stützt sich die Würde? Wie begründet man Menschenwürde? Der parlamentarische Rat, der 1948 – 1949 das Grundgesetz erarbeitete, verzichtete auf jede naturrechtliche oder religiöse Verankerung der Würde. Auf Vorschlag des Abgeordneten Theodor Heuss, des späteren ersten Bundespräsidenten, wurde beschlossen, der Würde höchsten Rechtswert und absolute Geltung zu geben, sie aber ansonsten

„uninterpretiert" zu lassen. Jede Definition, jede nähere Bestimmung schränkt die Würde ein.

Das ist sicherlich richtig. Auf der anderen Seite müssen Gerichte mit § 1 Grundgesetz, die Würde des Menschen ist unantastbar, arbeiten können. Es gibt Gerichtsurteile – wir werden später Beispiel kennenlernen – die sich auf die Menschenwürde beziehen. Deshalb war es dann doch notwendig, die Würde des Menschen näher zu stimmen.

Hier ist eine Definition des Bayrische Verfassungsgerichtshofs: „Der Mensch als Person ist Träger höchster geistig-sittlicher Werte und verkörpert einen sittlichen Eigenwert, der unverlierbar und jedem Anspruch der Gemeinschaft, insbesondere allen rechtlichen und politischen Zugriffen des Staates und der Gesellschaft gegenüber eigenständig und unantastbar ist. Würde ist dieser innere und zugleich soziale Wert- und Achtungsanspruch, der dem Menschen um dessentwillen zukommt."

In dieser Definition ist wichtig, dass Würde einen Eigenwert darstellt (hier scheint der Naturrechtsgedanke durch), der unverlierbar ist und unantastbar, unantastbar auch Zugriffen Staates gegenüber. Würde hat zugleich einen inneren und einen sozialen Wert. Der soziale Wert besteht – wie Peter Bieri sagt – in dem Anrecht, auf bestimmte Art und Weise geachtet und behandelt zu werden.[396]

Die römische Antike kennt den Begriff Würde, lateinisch dignitas, der aber nicht der Würde des Grundgesetzes entspricht. Aus dem lateinischen dignitas leitet sich das englische dignity und das französische dignité ab, während das deutsche Wort Würde sich aus dem mittelhochdeutschen wirde ableitet, was Wert, wertvolle Beschaffenheit bedeutet.[397]

---

[396] Peter Bieri: Eine Art zu leben, Über die Vielfalt menschlicher Würde, Seite 11
[397] Dignitas ist auch eine Organisation, die menschenwürdiges Sterben ermöglichen will.

Dignitas ist der Name eines Vereins in der Schweiz, der seinen Mitgliedern Sterbebegleitung anbietet. Im Logo des Vereins heißt es: Menschwürdig leben, menschenwürdig sterben. In Deutschland ist die organisierte, kommerzielle Sterbehilfe verboten.

Das was die Römer unter Dignitas verstanden haben, gibt es auch in unserem Verständnis von Würde, unterscheidet sich aber grundlegend vom Würdebegriff im Grundgesetz. Dignitas ist nicht etwas, das allen Menschen zukommt. Würde muss verdient, durch besondere Leistungen erworben werden. Die Römer verstanden unter Würde eine Wertschätzung durch die Allgemeinheit. Für sie war Würde also nichts was dem Menschen an sich anhaftet, also keine Wesensbestimmung, sondern eine Errungenschaft. Die Würde im römischen Denken kennt also Abstufungen in gesellschaftlichem Rang und Ansehen. Man kann mehr oder weniger Würde haben und die Würde auch ganz verlieren. Würde in diesem Sinne beruht auf tugendhaftem Verhalten, es ist eine innere Haltung, ein bestimmtes Auftreten, wozu die äußere Erscheinungsweise gehört. Würde hing mit der Ansehensweise in der Öffentlichkeit zusammen. Wir verwenden auch heute den Begriff Würde unter diesem Aspekt, z.B. wenn wir davon sprechen, dass jemand in „Amt und Würden" ist, oder wenn jemand, der ein Amt bekleidet ein würdevolles Auftreten hat. Inhaber von besonderen weltlichen wie geistlichen Ämtern werden als Würdenträger bezeichnet.

In der Bibel kommt die Würde dem Wort nach nicht vor. Aber in der christlichen Lehre bekommt der Mensch einen Wert zugemessen, den man mit Würde gleichsetzen kann. Dieser Wert gründet sich auf der Gottesebenbildlichkeit, also darauf, dass Gott den Menschen nach seinem Bilde geformt hat. Im ersten Buch Mose heißt es: Und Gott schuf den Menschen nach seinem Bilde – nach dem Bilde Gottes schuf er ihn."[398] Gott stellt den Menschen über die Tiere: Menschen sollen „herrschen über die Fische im Meer und über die Vögel unter dem Himmel und über das Vieh und über die ganze

---

[398] 1 Mose 1, 27

Erde und über alles Gewürm, das auf Erden kriecht."[399] Nach christlicher Lehre hat der Mensch – und nur der Mensch – eine unsterbliche Seele. „Wer mein Wort hört und glaubt dem, der mich gesandt hat, der hat das ewige Leben."[400,] sagt Jesus im Johannes-Evangelium.

Ein wichtiger christlicher Gedanke, der mit der Würde zusammenhängt, ist, dass vor Gott alle Menschen gleich sind. Paulus schreibt in einem Brief an die Galater: „Hier ist nicht Jude, noch Grieche, hier ist nicht Sklave noch Freier, hier ist nicht Mann noch Frau; denn ihr seid allesamt einer in Christus Jesus."[401]

Nach Gottes Ebenbild geformt, als Krone der Schöpfung, ausgestattet mit einer unsterblichen Seele und allen anderen Menschen gleichgestellt, verleiht dem Menschen Würde.

Kann man also sagen, dass die Menschenwürde christliche Wurzeln hat? Ja, aber nur wenn das ja durch ein ja, aber ersetzt wird. Vor Gott sind alle Menschen gleich, aber sie sind eben nur „vor Gott" gleich. Ungläubige wurden lange Zeit nicht als gleichwertig wertvoll behandelt. Päpste und Bischöfe des Mittelalters hatten kein Problem damit, die Sklaverei gutzuheißen. Um Ernst Bloch zu zitieren: „hohe Funktionäre der Ekklesia, selbst Kirchenväter, redeten dieser härtesten Nicht-Gleichheit das Wort."[402][403]

Die beiden großen christlichen Kirchen haben sich lange schwer damit getan, die Menschrechte zu akzeptieren. Es gibt päpstliche Schreiben, die sich eindeutig gegen das Menschrecht auf Meinungsfreiheit aussprechen und von der

---

[399] 1 Mose 1, 26
[400] Johannes 5.24
[401] Galater 3,28
[402] Ernst Bloch: Naturrecht und menschliche Würde, Seite 18
[403] Mit „selbst Kirchenväter" spielt Bloch auf Thomas von Aquin an, der gesagt hat: An sich sucht die Natur nur hochwertige Menschen hervorzubringen, was freilich nicht immer gelingt. Es gibt deshalb minderwertige Menschen, denen gegenüber nur Zwang und Gewalt am Platze ist. Sie sind geborene Sklaven. Zitiert nach Jörg Sandkühler: Menschenwürde und Menschenrechte, Seite 63

Gleichberechtigung von Mann und Frau ist man in der katholischen Kirche noch weit entfernt. Frauen sind vom Priesterberuf ausgeschlossen. Das Grundrecht auf Religionsfreiheit ist natürlich auch ein Problem für die Kirchen. Erst nach dem zweiten Weltkrieg haben sich die beiden christlichen Kirchen in Deutschland zu den Menschrechten bekannt.

Ich schließe mich der Meinung von Jörg Sandkühler in seinem Buch Menschenwürde und Menschenrechte an, der sinngemäß gesagt hat: Die Menschenwürde hat christliche Wurzeln, ja, aber es mussten humanistische und aufklärerische Überlegungen hinzukommen, damit unser heutiger Begriff von Menschenwürde geschaffen werden konnte.[404]

Einen hohen Stellenwert hat die Menschenwürde bei Kant. Für Kant liegt die Würde des Menschen in seiner Autonomie, d.h. in seiner Fähigkeit eigengesetzlich zu handeln. „Autonomie ist also der Grund der Würde der menschlichen und jeder vernünftigen Natur"[405], sagt Kant. Autonom ist, wer nach eigenen Überzeugungen handelt. Überzeugungen sind dann eigene Überzeugungen, wenn sie der eigenen Kontrolle unterliegen, d.h. wenn man in der Lage ist, sie aufzugeben, wenn man sich dazu entschließt.

Autonomie zeigt sich insbesondere im moralischen Handeln. Wieder Kant: „Also ist Sittlichkeit dasjenige, was allein Würde hat."[406] Der Mensch ist nach Kant ein mit Vernunft begabtes zum sittlichen Handeln befähigtes Wesen. In der Vernunft und in der an sittliche Gebote gebundenen Freiheit liegt die Würde des Menschen bei Kant, nicht mehr, wie in der christlichen Tradition, in der Gottesebenbildlichkeit.

Der zur freien, verantwortlichen Selbstbestimmung fähige Mensch ist als Wesen mit absolutem Wert ein Zweck an sich. Er ist keine Sache wie ein Stück Holz, kein bloßes Mittel zum

---

[404] Jörg Sandkühler: Menschenwürde und Menschenrechte, Seite 65
[405] Immanuel Kant: Grundlegung zur Metaphysik der Sitten, BA 79
[406] Immanuel Kant: Grundlegung zur Metaphysik der Sitten, BA 78

Zweck, wie ein Werkzeug, sondern steht ganz für sich. Deshalb lautet eine der drei Versionen des kategorischen Imperativs: „Handle so, dass du die Menschheit, sowohl in deiner Person, als auch in der Person eines jeden anderen, jederzeit zugleich als Zweck, niemals bloß als Mittel brauchest."[407]

Lassen Sie mich den Gedanken von Kant, dass ein Mensch niemals nur Mittel zu einem Zweck sein darf, an einem Beispiel erläutern, das in der Presse diskutiert wurde und das sie möglicherweise noch in Erinnerung haben, ich meine den Fall Gäfgen und Daschner.

Im Jahre 2002 entführte Magnus Gäfgen in Frankfurt den 11- jährigen Bankierssohn Jakob von Metzler und tötete ihn. Er forderte von den Eltern 1 Million Euro Lösegeld, das er auch bekam. Bei der Lösegeldübergabe wurde Gäfgen anhand des Autokennzeichens identifiziert, aber nicht gleich verhaftet, sondern beschattet. Die Polizei wusste nicht, dass das Kind zu diesem Zeitpunkt bereits tot war und hatte vor allem das Ziel, das Kind unversehrt zu retten. Als Gäfgen zum Flughafen fuhr, wurde er dann doch verhaftet. Bei der Vernehmung machte er mehrere falsche Angaben. Daraufhin ordnete der damalige Polizeivizepräsident Wolfgang Daschner an, durch Androhung von Folter die aus seiner Sicht möglicherweise lebensrettende Aussage zum Aufenthaltsort des 11-Jährigen zu erzwingen. Gäfgen verriet daraufhin den Fundort der Leiche.

Nach deutschem Recht ist nicht nur Folter, auch die Androhung von Folter ist verboten. Dem Polizeivizepräsident wurde deshalb wegen Nötigung in einem besonders schweren Fall nach § 240 Abs. 4 StGB angeklagt und zu einer Geldstrafe von 10.000 € verurteilt. Interessant in unserem Zusammenhang ist die Urteilsbegründung: Folter bzw. deren Androhung ist nach Artikel 1 GG verboten, da es die Menschenwürde nicht gestattet, einen Menschen zum bloßen Objekt staatlichen Handelns zu degradieren, was sowohl im

---

[407] Immanuel Kant: Grundlegung zur Metaphysik der Sitten, BA 67

Falle der Folter als auch im Falle von deren Androhung geschieht.

Hören wir zu diesem Thema noch einmal Kant zu: „Im Reiche der Zwecke hat alles entweder einen Preis, oder eine Würde. Was einen Preis hat, an dessen Stelle kann auch etwas anderes, als Äquivalent, gesetzt werden; was dagegen über allen Preis erhaben ist, mithin kein Äquivalent verstattet, das hat eine Würde. Was sich auf die allgemeinen menschlichen Neigungen und Bedürfnisse bezieht, hat einen Marktpreis; ...was die Bedingung ausmacht, unter der allein etwas Zweck an sich selbst sein kann, hat nicht bloß einen relativen Wert, d.i. einen Preis, sondern einen inneren Wert, d.i. Würde."[408]

Lassen Sie mich ganz konkret werden: Eine Brezel kostet 70 Cent. Sie hat einen Preis, damit ein Äquivalent: 70 Cent. Der Mensch hat keinen Preis, er hat eine Würde. Er ist – in der Sprache von Kant – über allen Preis erhaben. Er verstattet kein Äquivalent.

Für Kant ist die Würde ein „unbedingter, unvergleichlicher Wert"[409]. Würde zu haben heißt für Kant absolut wertvoll zu sein, einen inneren Wert zu besitzen. Was aber eine Würde hat, ist einmalig und unvertretbar. Nur Menschen haben eine Würde.

Dem Menschen Würde zuzugestehen bedeutet nach Kant Pflichten zu haben anderen gegenüber, aber auch sich selbst gegenüber. Die Pflicht besteht darin, Menschen so zu behandeln, dass ihre Würde gewahrt bleibt. Das bedeutet aber auch, sich so zu verhalten, dass die eigene Würde nicht verletzt wird.

Kant nennt konkrete Beispiele: zur Selbstachtung gehört auch, niemals sich seinen Mitmenschen hündisch zu unterwerfen: „Wer vor anderen freiwillig das Rückgrat beugt, tritt seine Würde selbst mit Füßen. Deshalb ist „das Bücken

---

[408] Immanuel Kant: Grundlegung zur Metaphysik der Sitten, BA 78
[409] Immanuel Kant: Grundlegung zur Metaphysik der Sitten, BA 79

vor einem Menschen eines Menschen unwürdig."[410] Erst recht ist das „Hinknien oder Hinwerfen zur Erde, selbst um die Verehrung himmlischer Gegenstände sich dadurch zu versinnlichen, der Menschenwürde zuwider."[411] „Wer sich zum Wurme macht, [der dürfe] nachher nicht klagen, dass er mit Füßen getreten werde."[412] Kant hat gelegentlich eine sehr bildhafte, deftige Sprache.

Für Kant wird die Würde des Menschen bereits durch die Lüge erniedrigt. „Lüge ist Wegwerfen und gleichsam Vernichtung der Menschenwürde."[413] Tierquälerei lehnt Kant ab, aber nicht deshalb, weil Tiere ein Recht auf Achtung hätten, sondern weil Brutalität gegenüber Tieren eine verrohende Wirkung auf den Umgang der Menschen untereinander haben kann.[414]

Die Würde ist nach Kant ein Wesensmerkmal mit absolutem Wert, das einzig dem Menschen zukommt, der übrigen Natur jedoch fehlt. Sie gründet sich auf der, an das Sittengesetz gebundenen Vernunft. Das ist natürlich nicht ganz unproblematisch. Wenn sich die Würde auf die Vernunft gründet, was ist dann mit Babys, dementen alten Menschen oder Wachkomapatienten?

Bevor wir zur heutigen Philosophie kommen möchte ich, damit unsere Diskussion nicht nur ernst ist, möchte ich zwischendurch eine kleine Geschichte erzählen. Am Landgericht Frankfurt steht neben dem Eingang in großen metallenen Buchstaben: Die Würde des Menschen ist unantastbar. Weil diese Schrift im Freien hängt, wird sie mit der Zeit schmutzig und muss gelegentlich gereinigt werden. Die einzelnen Wörter, deren Buchstaben zusammenhängen, werden abgeschraubt, gereinigt und wieder an der Wand befestigt.

---

[410] Immanuel Kant: Metaphysik der Sitten A 97
[411] Immanuel Kant: Metaphysik der Sitten A 97
[412] Immanuel Kant: Metaphysik der Sitten A 99
[413] Immanuel Kant: Metaphysik der Sitten A 84
[414] Vgl. Platon: Wer Unrecht tut, schadet seiner Seele.

Als das Wort „Würde" abgehängt wurde und auf dem Boden lag, kamen Buben vorbei, klauten das Wort und fuhren mit dem Fahrrad davon. Das Gericht hatte seine Würde verloren, schrieben die Zeitungen. Die Buben bekannten sich zu ihrer Tat und stellten Forderungen an das Gericht: Gefangene sollten freigelassen, Schulen geschlossen und Anarchie eingeführt werden. Das Gericht ging nicht darauf ein. So viel war ihr die Würde dann doch nicht wert. Nach mehreren Wochen wurde die Würde des Gerichts wieder gefunden: sie lag versenkt in einem Baggersee. Jetzt war die Würde auch noch baden gegangen.

Die heutige Philosophie hält – dort wo sie dieses Thema behandelt – an der Menschenwürde fest, will sie aber weder theologisch, noch naturrechtlich begründen und sich auch nicht – wie Kant – allein auf die zu sittlichem Handeln fähige Vernunft zurückführen.

Jürgen Habermas z.B. schreibt: „Die Menschenwürde beruht allein in den interpersonalen Beziehungen reziproker Anerkennung im egalitären Umgang von Personen miteinander."[415] Das ist ein völlig anderer Ansatz: Menschenwürde nicht mehr an überzeitlichen Werten festmachen, sondern sie aus den zwischenmenschlichen Beziehungen ableiten, die auf gleichberechtigtem Umgang miteinander und gegenseitiger Anerkennung beruhen.

Dieser nachmetaphysische Ansatz passt gut zusammen mit der weltanschaulichen Neutralität, die ein säkularer, pluralistischer Staat, der – wie Deutschland – die Würde als oberstes Rechtprinzip in die Verfassung schreibt. Unsere Frage ist jetzt, wie kann man unter diesen Voraussetzungen heute Menschenwürde denken.

Ich möchte zwei Richtungen unterscheiden. Die erste Richtung geht vom Begriff der Person aus. Wir erkennen einen anderen Menschen als Person an, als ein Wesen mit

---

[415] Jürgen Habermas: Die Zukunft der menschlichen Natur. Auf dem Weg zu einer liberalen Eugenik?, Seite 67

eigenen Gedanken, Gefühlen, Wünschen. Wir nehmen den Mitmenschen als unseresgleichen wahr.

Was ist eine Person? Eine Person ist – so der Titel eines Buches von Robert Spaemann[416] – jemand und nicht etwas. Eine Person kann sich zu sich selbst verhalten, sie kann über sich selbst verfügen, sie kann sich selbst zu etwas verpflichten, z.B. etwas versprechen, sie kann etwas bereuen, sie kann Verantwortung für jemand oder für eine Aufgabe übernehmen. Person ist man von Anfang an. Person ist man bis zum Ende (auch wenn man im Alter dement wird).

Es gibt Hinweise dafür, dass nur Menschen ihre Artgenossen als „Person" verstehen können, d.h. als eine Einheit, die Emotionen und Intentionen hat.

Zu dieser Fähigkeit, andere Menschen als Person wahrnehmen zu können, die den Menschen auszeichnet, gehört auch die Fähigkeit, die Perspektive eines anderen einnehmen zu können, etwas aus seinem Blickwinkel betrachten zu können, mit einem anderen mitfühlen zu können, die Aufmerksamkeit mit anderen teilen und mit einem anderen kooperieren zu können. Diese Fähigkeit haben wir in einem früheren Kapitel als gegenseitige Anerkennung bezeichnet.

Lassen sie mich das noch etwas erläutern. Schon kleine Kinder zeigen auf etwas: Mama schau was ich gemalt habe. Dann schaut die Mutter sich das Bild an und in diesem Augenblick ist die Aufmerksamkeit von beiden, Mutter und Kind, auf das Bild gerichtet: sie teilen die Aufmerksamkeit. Diese Fähigkeit zur geteilten Aufmerksamkeit haben offensichtlich nur Menschen. Schimpansen zeigen nicht mit dem Finger auf etwas. Sie heben nicht einen Gegenstand hoch und zeigen es allen anderen: schau mal was ich gefunden habe. Die Zeigegeste macht nur dann einen Sinn,

---

[416] Robert Spaemann: Personen: Versuch über den Unterschied von „etwas" und „jemand"

wenn die Beteiligten die Fähigkeit zur geteilten Aufmerksamkeit besitzen.

Diese Fähigkeit zur geteilten Aufmerksamkeit ist für die Entwicklung des Menschen von großer Bedeutung. Der Anthropologe Michael Tomasello vom Max Planck Institut für Evolutionäre Anthropologie in Leipzig vertritt die These, dass die Sprache sich aus der Zeigegeste heraus entwickelt hat. Die Zeigegeste ist aber oft nicht genau genug. Sie erlaubt nicht immer genügend Differenzierungen. Deshalb wurde die Zeigegeste durch Lautäußerungen ergänzt. Das waren anfangs sicher nur einzelne einfache Laute, die die Zeigegeste verdeutlichten und differenzierten. Aber irgendwann waren die Lautäußerungen das Dominierende und die Zeigegesten begleiteten nur noch die Laute. Das ist heute noch so, wir reden immer „mit den Händen", wen wir sprechen.

Dieses Zeigen und Sprechen hat nur dann einen Sinn, wenn der Andere in der Lage ist, die Intention des Gesprächspartners zu verstehen. Das setzt aber die Fähigkeit zum Perspektivwechsel voraus. Ich kann einen nur dann verstehen, wenn ich in der Lage bin, den Sachverhalt aus dem Blickwinkel des Gesprächspartners zu betrachten. Das ist aber nur dann möglich, wenn ich den anderen als Wesen mit eigenen Meinungen und Denken, d.h. als Person betrachten kann.

Und von da an, also von der Fähigkeit, den anderen als Person wahrnehmen zu können, auch mit anderen Meinungen, die ich vielleicht nicht immer akzeptiere, aber als Meinung ernst nehme. Von da an, ist es kein großer Schritt mehr, dem anderen einen eigenen Wert zuzugestehen und damit eine Würde.

Dieser Gedanke, die Würde mit der Person zu verbinden, ist nicht neu. Schon für Thomas von Aquin lag der letzte Grund für die Würde in dessen Personalität: „Person bringt Würde mit sich. Person scheint der Name der Würde zu sein."

Der Träger der Menschenwürde ist die Person. Personen haben – das haben wir schon von Kant gehört – keinen Preis, sondern eine Würde. Die Würde ist inkommensurabel, sie ist unvergleichlich.

Lassen Sie mich den Satz „die Würde des Menschen ist inkommensurabel" einem konkreten Beispiel erläutern, ein Urteil des Bundesverfassungsgerichts aus dem Jahre 2006, das möglicherweise Ihren Widerspruch wecken wird. Folgendes Szenario, vergleichbar mit dem Anschlag auf das World-Trade-Center am 11. September 2001: Ein von Terroristen gekidnapptes Flugzeug mit – sage wir – 100 Passagieren rast auf ein Hochhaus zu, in dem sich 500 Menschen befinden. Darf man das Flugzeug abschießen und damit die 100 Passagiere töten, die ja ohnehin in wenigen Minuten sterben werden, oder darf man das nicht?

Nein, sagt das Bundesverfassungsgericht – das darf man nicht. Man darf Menschen nicht gegeneinander aufrechnen: 100 gegen 500. Die Würde des Menschen ist inkommensurabel, unvergleichlich. Menschen tötet man nicht, zu keinem Zweck. So hat auch das Bundesverfassungsgericht am 5. April 2006 entschieden. In der Urteilsbegründung heißt es: „Die Passagiere würden dadurch, dass der Staat ihre Tötung als Mittel zur Rettung anderer benutzt, als bloße Objekte behandelt; ihnen werde dadurch der Wert abgesprochen, der dem Menschen um seiner selbst willen zukommt."

Es ist mir wichtig in diesem Zusammenhang festzustellen, dass auch ein säkularer, weltanschaulich neutraler Staat Werte schaffen kann.

Diese erste Richtung in der heutigen Philosophie macht also die Würde am Personenbegriff fest. Die andere philosophische Richtung geht einen ganz anderen Weg. Sie betrachtet die Würde nicht als ein Wesensmerkmal, sondern als einen Gestaltungsauftrag.

Ich weiß nicht, ob Ihnen aufgefallen ist, dass in den beiden ersten Sätzen des Grundgesetztes: „Die Würde des

Menschen ist unantastbar. Sie zu achten und zu schützen ist Verpflichtung aller staatlichen Gewalt" ein Widerspruch steckt. Wenn die Würde des Menschen unantastbar ist, dann braucht sie nicht geschützt zu werden. Und wenn sie geschützt werden muss, dann ist sie nicht mehr unantastbar.

Tatsächlich ist die Menschenwürde verletzbar. Man muss nur die Zeitung aufschlagen, dann findet man täglich Beispiele. Der erste Satz: Die Würde des Menschen ist unantastbar ist also keine Beschreibung eines Sachverhalts, sondern eine Aufforderung, sich so zu verhalten, dass er erfüllt ist. Es ist ein normativer Satz, kein deskriptiver. Er sagt nicht: das ist so, sondern er sagt: das soll so sein.

Und das genau ist der Ansatz zeitgenössischer Philosophen, die die Würde nicht mehr als Wesensmerkmal des Menschen betrachten, sondern als Gestaltungsauftrag.

Zum Beispiel der Philosoph Ernst Tugendhat: „Es ist nicht sinnvoll zu sagen: dem Menschen kommt an und für sich zu … einen absoluten Wert und das heißt Würde zu haben. Das bleiben leere Worte, deren Sinn nicht ausweisbar ist. Hingegen kann man sagen: indem wir einen Menschen als ein Rechtssubjekt achten und das heißt als ein Wesen, dem gegenüber wir absolute Pflichten haben, verleihen wir ihm Würde und einen absoluten Wert." „Verleihen" ist im Original kursiv gesetzt. „Dann sind absoluter Wert und Würde auf diese Weise definiert und nicht als etwas Vorhandenes vorausgesetzt."[417][418]

Oder der Soziologe Niklas Luhmann: „Die Würde des Menschen ist keineswegs eine Naturausstattung. Sie ist auch nicht einfach ein Wert, den der Mensch in sich trägt. Würde

---

[417] Ernst Tugendhat: Vorlesungen über Ethik, Seite 145
[418] Für die Architekturinteressierten: Es gibt in Brünn (Tschechien) die Villa Tugendhat, die der Bauhausarchitekt Mies van der Rohe für die Eltern von Ernst Tugendhat gebaut hat.

muss konstituiert werden."[419] Würde ist eine Wertbestimmung, die immer wieder neue errungen werden muss.

Nach dieser Auffassung kommt Würde erst dann zustande, wenn die Menschen sich einander mit Achtung begegnen, sich gegenseitig Respekt bezeigen, wozu auch Rücksichtnahme, Anstand, Höflichkeit gehören, aber vor allem wechselseitige Anerkennung als Personen mit gleichen Rechten.

Aber nicht erst in der Moderne dachte man so. Friedrich Schiller, z.B. sagte: „Würde des Menschen – nichts mehr davon, ich bitt euch. Zu essen gebt ihm, zu wohnen. Habt ihr die Blöße bedeckt, gibt sich die Würde von selbst."[420]

Oder der marxistische Philosoph Ernst Bloch: „Es gibt sowenig menschliche Würde ohne Ende der Not wie menschengemäßes Glück ohne Ende alter oder neuer Untertänigkeit."[421] Würde ergibt sich aus kollektiven Anstrengungen, nicht als angeborenen Eigenschaft. Würde muss geleistet werden und ist kein vorhandenes Faktum.

Würde verstanden nicht als Wesensmerkmal des Menschen, sondern als Gestaltungsauftrag denkt gleichsam von unten nach oben und nicht – wie die Würde als Gottesebenbildlichkeit oder Würde in der autonomen Vernunft – von Oben nach unten. Diese Auffassung von Würde setzt gerade dort an wo sie gefährdet ist.

Was uns Menschenwürde bedeutet, wird uns nirgends eindrücklicher erfahrbar als in Situationen, in denen Menschen der Willkür eines übermächtigen Staates ausgeliefert sind, wo sie aufgrund ihrer religiösen, weltanschaulichen oder politischen Überzeugungen, ihres Geschlechts oder ihrer Hautfarbe wegen diskriminiert werden, wo ihnen Nahrung, Unterkunft und Bildung als Voraussetzung für ein mündiges

---

[419] Niklas Luhmann: Grundrechte als Institution
[420] Friedrich Schiller: Gesammelte Werke, Bd. 3, Gütersloh 1976, S. 438
[421] Ernst Bloch: Naturrecht und menschliche Würde. Diesen Hinweis verdanke ich meinem leider verstorbenen Freund Hans-Gerd Heinen.

Leben vorenthalten, oder wo sie gequält oder gar gefoltert werden.

Würde kann uns Orientierung geben bei der Frage, wie wir mit anderen umgehen wollen und auch wie wir uns zu uns selbst verhalten. Würde ist eine Lebensform, auf die Gefährdungen und Zumutungen des Lebens zu antworten[422]. Das menschliche Leben ist stets gefährdet – Würde ist der Versuch, die Gefährdungen in Schach zu halten. Würde ermöglicht dem Menschen eine innere Haltung, selbstbewusst ein Leben zu leben.

Wenn unsere Würde in Gefahr ist, dann liegt das oft daran, dass wir als in Gefahr sind, als Objekt behandelt zu werden. Wir wollen – wie wir schon bei Kant gehört haben – nicht Mittel für irgendeinen Zweck sein. Wir wollen nicht benutzt werden.

Die Würde eines anderen nicht zu verletzen heißt ihn nicht zum Objekt zu machen.

Ein Beispiel für ein Gerichtsurteil, das auf die Würde des Menschen Bezug nimmt ist das sogenannte Peep-Show Urteil des Bundesverwaltungsgerichts aus dem Jahre 1981. Seit diesem Urteil sind Peepshows in Deutschland verboten, weil – wie es in der Urteilsbegründung heißt – „der auftretenden Frau eine entwürdigende objekthafte Rolle zugewiesen wird". Sie wird entpersonifiziert, vermarktet, nämlich so wie die Ware eines Automaten durch Münzeinwurf verkauft. Die Würde eines Menschen ist also dann verletzt, wenn er zum Objekt gemacht wird.

In Stuttgart läuft seit einigen Monaten eine Aktion gegen Prostitution. In der Stadt sind Plakate zu sehen, auf denen steht z.B. „Nutten sind Menschen" und „Die Würde des Menschen ist auch beim Ficken unantastbar."

Die Würde eines anderen kann auch dadurch verletzt werden, dass man ihm seine Selbständigkeit nimmt.

---

[422] Peter Bieri: Eine Art zu leben, über die Vielfalt menschlicher Würde

Dieser Gedanke ist bei unserer Arbeit des Besuchsdienstes von großer Wichtigkeit. Alte Menschen, vor allem wenn sie von Alter gezeichnet sind, wenn sie Alzheimer haben oder dement sind, so zu behandeln, dass man ihnen ihre Würde nicht nimmt, ist nicht immer einfach.

Menschen, auch wenn sie gebrechlich sind, sollen soweit es möglich ist, ihre Selbständigkeit behalten. Alles was sie selbst tun können, sollten sie selbst tun. Man sollte ihnen nur das abnehmen, was sie selbst nicht tun können. Auch Entscheidungen sollten sie so weit wie möglich selbst treffen.

Autonomie – das haben wir von Kant gehört – ist ein wesentliches Element der Würde eines Menschen. Wir wollen soweit wie möglich selbst entscheiden, was wir tun und lassen. Fremd bestimmt sein, abhängig sein, kann unsere Würde bedrohen. Die Möglichkeit des freien Entscheidens ist wichtig für die Erfahrung der Würde als Selbständigkeit.

Sich ohnmächtig fühlen kann demütigend sein, vor allem dann, wenn wir gezielt von einem anderen in die Lage der Ohnmacht gebracht werden, wenn uns der andere unsere Ohnmacht vorführt. Demütigung ist demonstrierte Ohnmacht. In der Demütigung wird uns unsere Würde genommen. Würde ist das Recht, nicht gedemütigt zu werden.

Wir fühlen uns auch als entmündigt und bevormundet, wenn über unseren Kopf hinweg entschieden wird. Nicht jede Einschränkung der Freiheit ist eine Bevormundung. Der Staat schränkt unseren Handlungsspielraum in vielfältiger Weise ein. Z.B. dürfen wir nicht bei roter Ampel über die Kreuzung fahren. Hier verzichten wir auf Handlungsmöglichkeiten, um das Leben in einer Gemeinschaft zu ermöglichen. Das empfinden wir nicht als Bevormundung. Wichtig ist, dass wir die Beschränkung der Freiheit nachvollziehen können und innerlich akzeptieren.

Die innere Selbständigkeit ist bedroht, wenn wir nicht mehr Herr unserer Entscheidungen sind, z.B. durch eine Sucht (innerer Zwang) oder durch eine staatliche Macht (äußerer Zwang). Diese Erfahrung des Verlusts der inneren

Selbständigkeit ist begleitet von einer Beschädigung der Würde.

Selbständigkeit ist auch eine Selbständigkeit im Denken. Das bedeutet nicht, dass man auch einmal den Gedanken eines anderen übernimmt. Wir tun das häufig. Selbständigkeit im Denken heißt, dass wir Gedanken anderer nicht ungeprüft übernehmen, dass wir kritisch sind gegenüber leeren Worten und glatten Sprüchen.

Die Gegenfigur zum gedanklich Selbständigen ist der gedankliche Mitläufer, der servile Diener fremder Gedanken und fremder Sprüche. Es kann unsere Würde beeinträchtigen, wenn man uns in unserer Selbständigkeit im Denken behindert. Z.B. wenn eine Diktatur uns vorschreibt, was wir zu denken haben. Oder wenn ein Verkäufer ein Produkt anpreisen muss, von dem er selbst der Meinung ist, dass es nichts taugt. Wenn sich jemand aufgibt, d.h. wenn er alles mit sich geschehen lässt, wenn er nichts mehr seinen Willen entgegensetzt, dann verliert er auch seine Würde.

Die Würde eines anderen kann auch verletzt werden wenn man ihm die Anerkennung als Person verweigert.

Wir haben gerade gesehen, dass die Würde darin liegt, dass wir den anderen als Person behandeln, als ein Wesen mit eigenen Gedanken, Gefühlen und eigenem Wollen. Die Anerkennung als Person kann verweigert werden, wenn ich den anderen nicht mehr wahrnehme, ihn ignoriere. In einer solchen Situation wird dem anderen seine Würde genommen.

Jemand als Person behandeln, heißt auch seine Leistungen anzuerkennen. Anerkennung ist Wertschätzung. Sie muss gezeigt werden. Wird einem Menschen die Anerkennung seiner Leistungen verweigert, wird er auch als Person missachtet.

Menschenwürde ist auch bei extremer Ungleichheit gefährdet.

In Regimen der Apartheid, wie früher in Südafrika oder in den USA, durften Dunkelhäutige nicht wählen, nicht jede

Schule besuchen, nicht mit jedem Bus fahren, nicht jedes Restaurant betreten. Das ist für die betroffenen Menschen entwürdigend. Auch die zunehmende Kluft zwischen arm und reich geht in diese Richtung.

Um einem Menschen als Mensch zu begegnen, ist eine gewisse Symmetrie und Gegenseitigkeit notwendig. Nur wenn wir jemand auf Augenhöhe begegnen, respektieren wir ihn. Ich darf an Habermas erinnern, der gesagt hat, dass Menschenwürde auf gegenseitiger Anerkennung im egalitären Umgang miteinander beruht. Es ist demütigend einen anderen „von oben herab" zu behandeln. Aber auch das hündische sich dem anderen unterwerfen – das haben wir schon bei Kant gehört – ist entwürdigend.

Zur respektvollen Behandlung eines anderen gehört auch die Achtung seines Bedürfnisses nach Privatheit und Intimität. Die Häftlinge in den Vernichtungslagern der Nationalsozialisten mussten sich ausziehen, bevor sie in die Gaskammer geschickt wurden. Damit hat man ihnen ihre Würde genommen, bevor man sie tötete.

Es ist für das pflegpersonal in einem Altenheim nicht zu vermeiden den Intimbereich eines Menschen zu berühren, z.B. wenn er gewaschen wird. Eine Pflegerin oder ein Pfleger muss das tun, ohne dabei dem alten Menschen seine zu nehmen.

Im Grundgesetz ist Privatheit z.B. im Brief- und Postgeheimnis oder in der Unverletzlichkeit der Wohnung garantiert. In unserer digitalen Welt ist die Privatheit durch staatliche Organe, wie z.B. die amerikanische NSA, oder privatwirtschaftliche Unternehmen, wie z.B. Google oder Facebook, bedroht, trotz „informationeller Selbstbestimmung", die das Bundesdatenschutzgesetz garantiert. Man sollte alles tun um die Privatsphäre auch in den digitalen Medien zu schützen.

Auch keine Arbeit zu haben, kann demütigend sein. Es kann die Würde beschädigen, auf Unterstützung angewiesen zu sein. Arbeit ist nicht nur Maloche. Arbeit gibt die

Möglichkeit, stolz zu sein auf eine erbrachte Leistung und dadurch etwas wert zu sein. Arbeit gibt die Möglichkeit, wertgeschätzt zu sein, was auch die eigene Wertschätzung erhöht. Durch Arbeit kann man nicht nur seinen Lebensunterhalt verdienen, sondern auch seine Persönlichkeit entwickeln.

Oskar Negt schreibt in seinem Buch: Arbeit und menschliche Würde: „Arbeitslosigkeit ist ein Anschlag auf die körperliche und seelisch-geistige Integrität, auf die Unversehrtheit der davon betroffenen Menschen. Sie ist Raub und Enteignung von Fähigkeiten und kann schwere Persönlichkeitsstörungen hervorrufen."[423]

Es gibt aber auch Arbeit, die als Fron empfunden wird, die man ohne innere Beteiligung absolviert. Es ist – um mit Karl Marx zu sprechen – entfremdet Arbeit. Entfremdung kann so weit gehen, dass die Würde in Gefahr ist, wenn die Schufterei keinen Spielraum für die eigenen Bedürfnisse mehr lässt. Arbeit kann auch entfremdet sein, wenn man Dinge tut, die dem Selbstbild widersprechen. Oder wenn die Arbeit sinnlos ist, z.B. Statistiken erstellen, die keiner liest.

Zur Würde der Arbeit gehört auch, dass sie anständig bezahlt ist. Den beschämend niedrigen Löhnen in einigen Branchen wurde durch die Einführung des Mindestlohns Anfang des Jahres eine Grenze gesetzt.

Würde ist aber nicht nur ein Leitbegriff zum Umgang mit Anderen. Sie kann uns auch Orientierung geben beim Verhältnis zu uns selbst.

Nach Kant wird „die Würde der Menschheit durch die Lüge erniedrigt." Denn auch Lüge ist Wegwerfen und gleichsam Vernichtung der Menschenwürde."[424]

D.h. die Würde einer Person ist auch gebunden an den Willen zur Wahrhaftigkeit. Dazu gehört nicht nur andere nicht

---

[423] Oskar Negt: Arbeit und menschliche Würde, Seite 10
[424] Immanuel Kant: Metaphysik der Sitten A84

zu belügen, sondern vor allem sich selbst nichts vorzumachen. Das braucht Mut, Tatsachen auszuhalten. Wenn man anderen etwas vormacht, wird die soziale Identität gefälscht, wenn man sich selbst belügt, wird das Selbstbild verfälscht.

Es gibt harmlose Verfälschungen, z.B. wenn man als Geschäftsmann freundlich zu einem Kunden ist, obwohl man nicht positiv über ihn denkt. Auch sich selbst gegenüber kann man im Irrtum sein, z.B. wenn man glaubt auf etwas Einfluss zu haben, was in Wirklichkeit nicht der Fall ist. Solche Verfälschungen oder Irrtümer bringen die seelische Identität nicht ins Wanken.

Es gibt aber auch Lebenslügen mit denen man sich selbst eine falsche Identität schafft, z.B. wenn sich jemand für einen erfolgreichen Geschäftsmann hält oder ein anderer für einen großen Künstler, obwohl es in beiden Fällen nicht zutrifft. Wenn sich ein solches Selbstbild als falsch herausstellt, wird die Identität infrage gestellt. Motive müssen neu bestimmt, Gefühle umgedeutet werden. Das kann für den Betroffenen existentiell gefährdend sein. Deshalb wird oft beharrlich am alten, falschen Selbstbild festgehalten.

Lebenslügen zersetzen die Würde im Verhältnis zu uns selbst, weil sie verhindern, dass wir in unserem Tun und Erleben echt sind.

Zuletzt möchte ich noch auf die Würde als moralischer Integrität eingehen. Ich darf noch einmal an Kant erinnern: Sittlichkeit ist das, was allein Würde hat. Moralisch handeln, d.h. hilfsbereit und rücksichtsvoll sein, auf die Erfüllung eigener Wünsche zugunsten anderer verzichten, das können nur Menschen, die – ich wiederhole mich – andere als Person behandeln, als Wesen mit eigenen Gedanken, Gefühle und Wünschen. Und die mit anderen mitfühlen können. Mitleid ist, nach Schopenhauer, der Antrieb zu moralischem Handeln. Moralisches Handeln setzt den autonomen, selbstverantwortlichen Menschen voraus. Angst vor einer Autorität ist kein selbstbestimmtes Motiv und damit auch nicht moralisch. Auch der handelt nicht moralisch, der sich buchhalterisch an moralischen Regeln orientiert.

Moralisch Handeln geschieht aus einer Sensibilität heraus, die im Laufe des Lebens wächst, sich entwickelt und verfeinert. Wenn wir einem anderen helfen, werden wir füreinander wichtig, jenseits von Selbstlosigkeit und Aufopferung. Es ist die Erfahrung der Verbundenheit und Solidarität, die das Leben reicher macht.

Moralisches Handeln und Menschenwürde hängen zusammen. Dadurch dass ich andere in ihren Bedürfnissen achte und mein Tun danach ausrichte, erwerbe ich eine besondere Form der Würde, eine moralische Würde.

Bei moralischem Handeln darf nicht zu viel Eitelkeit im Spiel sein. Das ist dann der Fall, wenn ich etwas tue, damit ich mir gut dabei vorkomme. Oder wenn es mir vor allem um das Urteil anderer ankommt, nach dem Motto: Tue Gutes und rede darüber. Aber ich muss bei moralischem Handeln doch auch etwas davon haben! Ja, ich habe etwas davon: die Erfahrung der moralischen Selbstbestimmung.

Zur Würde als Selbstachtung gehört auch, dass uns nicht jedes Mittel recht ist, dass wir nicht zu allem bereit sind, um unsere Ziele zu erreichen. Diese Grenzen sind moralische Grenzen und es sind Grenzen der Rücksichtnahme. Diese Grenzen der Selbstachtung sind nicht vollständig objektiv definierbar. Sie muss jeder für sich finden.

Mit zunehmendem Alter oder durch Krankheit können wir unsere Selbständigkeit verlieren. Es ist keine leichte Aufgabe, im Alter und in der Krankheit seine Würde zu bewahren. Auch für die Angehörigen oder die Pflegekräfte ist es nicht immer einfach, einen alten oder kranken oder behinderten Menschen so zu behandeln, dass sie ihre Würde nicht verlieren.

Deshalb möchte ich noch einmal daran erinnern dass die Menschenwürde allen Menschen zukommt, dem hilflosen Baby in der Wiege, das ohne Hilfe der Mutter nicht überleben kann, dem dementen alten Menschen im Pflegheim, der seine eigenen Kinder nicht mehr erkennt, dem Behinderten und – aus aktuellem Anlass sei es gesagt – auch dem Flüchtling.

Halten wir fest

Die Menschenwürde ist der oberste Wert unserer Rechtsordnung. Auf ihr beruhen die Grundrechte und damit die gesamte Verfassung. Erst seit dem zweiten Weltkrieg werden die Menschenrechte auf die Menschenwürde bezogen. Davor wurden sie aus dem Naturrecht abgeleitet.

In der römischen Antike war die Würde (lat. dignitas) eine Wertschätzung durch die Allgemeinheit, die man sich erwerben, die man aber auch wieder verlieren kann.

In der Bibel kommt der Begriff Würde nicht vor. Der Mensch bekommt hat aber einen Wert dadurch, dass er das Ebenbild Gottes ist. Vor Gott sind alle Menschen gleich und sie haben einen Wert; zwei wichtige Voraussetzungen für die Menschenwürde. Hat die Würde christliche Wurzeln? Ja, aber es mussten aufklärerische und humanistische Überlegungen dazukommen, um die Menschenwürde des Grundgesetzes zu schaffen.

Nach Kant liegt die Würde des Menschen in seiner Autonomie. Der Mensch ist nach Kant ein mit Vernunft begabtes zum sittlichen Handeln befähigtes Wesen. In der Vernunft und in der an sittliche Gebote gebundenen Freiheit liegt nach Kant die Würde des Menschen.

Für Habermas beruht die Menschenwürde darin, dass sie sich im täglichen Umgang als gleichberechtigt behandeln und gegenseitig anerkennen.

In einer anderen philosophischen Sichtweise ist Würde kein Wesensmerkmal des Menschen, ein Gestaltungsauftrag. Handle so, dass die Würde des Menschen niemals verletzt wird. Würde gibt uns im täglichen Umgang miteinander Orientierung.

Bildnachweis

Bild 1, Seite 249: Nofretete, Wikipedia

Bild 2, Seite 250: blauer Pfau, Wikipedia

Bild 3, Seite 255: prototypisches attraktives weibliches Gesicht, www.beautycheck.de

Bild 4, Seite 259: Waist-to-Hip-Ratio, Live Well Lousianna

Bild 5, Seite 266: sakkadische Augenbewegungen beim Betrachten des Bildes „Blindensturz" von Pieter Bruegel des Älteren, Juliane Betz, Martina Engelbrecht, Christoph Klein, Raphael Rosenberg: Dem Auge auf der Spur: Eine historische und empirische Studie zur Blickbewegung beim Betrachten von Gemälden, Image 11, Jan 2010

Bild 6, Seite 268: Jean Gris: Die Bordeaux-Flasche, Wikipedia

Bild 7, Seite 269: Ben Willikens, Das letzte Abendmahl, Blog.BenWillikens.de

Bild 8, Seite 270: Salvatore Dali: celestial elephant, www.dali.com/celestial-elephant-salvador-dali-1979/

Bild 9, Seite 271 Pablo Picasso: schlafende Frau, www.revor-boxspringbetten.de

Bild 10, Seite 274: Oskar Kokoschka: Bildnis Auguste Forel, Mannheim Kunsthalle, androom.home.xs4all.nl/biography/a001826.htm,

Bild 11, Seite 274: Gustav Klimt: Portrait von Adele Bloch-Bauer, Wikipedia

Bild 12, Seite 275: Rembrandt: Aristoteles vor der Büste Homers, metmuseum.org

Bild 13, Seite 276: Franz Marc: Blauschwarzer Fuchs, Wikipedia

Bild 14, Seite 277: Paul Cézanne: Die Bucht von Marseille, Wikimedia

Bild 15, Seite 277: Emil Nolde: Mohn, Städelmuseum

Bild 16, Seite 278: Form-an-sich-Kontrast, www. schelper.de

Bild 17, Seite 282: Alexander Calder, Mobile; tate.org.uk

Bild 18, Seite 284: Paul Klee: Maibild, metmuseum.org

Namenregister

Aristoteles	8, 17, 25-26, 43, 52, 122-123, 163, 172, 228-229, 244, 456
Adorno, Theodor W.	292-293, 301, 305
Alberti, Leon Battista	269
Alexander der Große	228
Apel, Karl-Otto	365
Asendorf, Jens B.	355
Assmann, Jan	330
Audretsch, Jürgen	18
Augustinus	56, 218-219, 224, 230-231, 313
Austin, John L.	422
Beckett, Samuel	293
Becquerel, Antoine Henri	38
Benedikt XVI, Joseph Ratzinger	125, 330
Bennett, Maxwell R.	354-355
Berger, Peter L.	446
Berlin, Isaiah	364
Bertalanffy, Ludwig von	72, 81
Beunelleschi, Filippo	271
Bieri, Peter	12, 350, 368, 498, 511
Blaffer Hrdy, Sarah	155-156, 460
Bloch, Ernst	132, 500, 510
Blumenberg, Hans	215, 424
Böhme, Gernot	227
Bohr, Niels	36
Bojowald, Martin	225
Boltzmann, Ludwig	26, 239
Brandom, Robert	120, 346, 421
Brandt, Rheinhard	164
Broglie, Louis de	35
Bruegel, Pieter	267
Brundtland, Gro Harlem	488
Buddha	455
Calder, Alexander	282
Camus, Albert	192
Carrier, Martin	222
Cassirer, Ernst	183, 302, 323
Cézanne, Paul	277
Christakis, Nikolas Alexander	432

Churchland, Paul	195, 204
Coen, Enrico	74, 280
Cramer, Friedrich	284
Curie, Marie	38
Dali, Salvatore	270
Damasio, Antonio	1119, 133
Danto, Arthur C.	303
Darwin, Charles	126, 251, 253, 256
Dawkins, Richard	188
Demokrit	20, 52
Descartes, René	47, 141
Ditfurth, Hoimar von	83
Döring, Sabine	112
Duchamp, Marcel	303
Dunbar, Robin	478
Dürer, Albrecht	289
Durkheim, Emile	299
Dürr, Hans-Peter	30
Eagleton, Terry	181
Eco, Umberto	281, 289
Edelman, Gerald M.	195
Ehrenfels, Christian von	102, 272
Eibl- Eibesfeldt, Irenäus	110, 127, 457
Einstein, Albert	56, 177, 221-222, 226
Ekman, Paul	110
Elias, Norbert	212, 236, 384
Fermi, Enrico	39
Feuerbach, Ludwig	316
Fibonacci (Leonardo da Pisa)	288
Fichte, Johann Gottlieb	325
Fischer, Helen	126
Fraisse, Paul	212
Frank, Manfred	234
Frankfurt, Harry G.	365
Frankl, Viktor Emil	185, 324
Frege, Gottlob	430, 359
Freud, Sigmund	301
Fritzsch, Harald	44
Geertz, Clifford	303
Gehlen, Arnold	367
Gell-Mann, Murray	44
Genz, Henning	286

Geyer, Christian	339
Gigarenzer, Gerd	132
Glasersfeld, Ernst von	153
Gleik, James	241
Goethe, Johann Wolfgang von	26, 97-98, 132, 148, 170
Gombrich, Ernst H.	280
Goodman, Nelson	307
Görnitz, Thomas und Brigitte	22, 52
Greve, Jens	80
Grodin, Jean	181
Habermas, Jürgen	14, 17, 160, 180-181, 330, 341, 360, 365, 438-439, 440-444, 454, 479, 505, 518
Hacker, Peter M.S.	354, 355
Haidt, Jonathan	468
Haken, Hermann	67, 75, 102, 167, 188, 240, 445
Hamilton, William	179
Hamilton, William	254
Hastedt, Heiner	107
Hauger, Wolfgang	237
Hauser, Marc	468
Hegel, Georg Wilhelm Friedrich	29, 229, 316, 325, 366, 367, 370, 379, 382
Heidegger, Martin	218-219, 243
Heisenberg, Werner	8, 25, 36, 42, 50, 233
Heller, Agnes	107
Heraklit	228, 237
Hertz, Heinrich	33
Heuss, Theodor	497
Higgs, Peter	46
Hobbes, Thomas	363
Höfer, Candida	305
Honneth, Axel	363, 366, 370, 379
Hubble, Edwin	56, 223
Hume, David	108, 117-118, 140-144, 173-174, 176, 179, 193, 358, 468-469
Husserl, Edmund	160, 233, 244
Hüther, Gerald	114
Huxley, Alois	463
Illouz, Eva	129
James, William	203, 210, 410

Jonas, Hans	487
Joyce, James	44
Junker, Thomas	297, 303
Kaempfer, Wolfgang	284
Kafka, Franz	293
Kahneman, Daniel	294, 313, 433
Kanitscheider, Benulf	181
Kant, Imanuel	7, 26, 29, 40, 48, 67-68, 74-75, 100, 121-122, 140, 143-145, 153, 165-166, 173-174, 197, 231-233, 244, 255, 261, 290-291, 297, 304, 306, 325, 334, 344-345, 360, 364-365, 385-386, 481, 484-486, 501-504, 515, 518
Kiefer, Claus	46
Klee, Paul	284
Klimt, Gustav	273-274
Knab, Barbara	234
Kohlberg, Lawrence	463
Kokoschka, Oskar	274
Konfuzius	455
Kornwachs, Klaus	238
Korsgaard, Christine	470
Küng, Hans	313
Küppers, Bernd Olaf	67
Langois, Judith	254
Leibniz, Gottfried Wilhelm	23, 50, 221
Lemaitre, George	56
Leonardo da Vinci	289
Leukipp	20, 52
Libet, Benjamin	340-341
Linné, Carl von	280
Locke, John	140, 143, 193
Lorenz, Edward	78
Lorenz, Konrad	87, 91, 146, 148, 257, 412, 456, 457
Luckmann, Thomas	446

Luhmann, Niklas	14, 68, 73, 101, 104, 128-129, 153, 159, 162, 164, 169, 178, 183-185, 196, 218, 230, 234, 270, 301-302, 305, 316, 319, 322-323, 329, 334, 444-445, 450, 454, 480, 509
Luther, Martin	349
Mach, Ernst	26, 221
Mainzer, Klaus	18
Mann, Thomas	57, 70-71, 224, 410
Marc, Franz	276
Maturana, Humberto	67-68, 101
Maxwell, James Clerk	33
Meinhardt, Hans	77-78, 241
Meninghaus, Winfried	264
Merkel, Angela	421
Merz, Mario	288, 289
Metzinger, Thomas	193, 198-200, 319
Minkowski, Hermann	223
Mithen, Steven	263
Mittelstaedt, Peter	221-222
Mittelstrass, Jürgen	18
Monod, Jacques	9, 84
Mozart, Wolfgang Amadeus	284, 300
Nassehi, Armin	212
Negt, Oskar	515
Newton, Isaac	26, 96-99, 220, 226
Nicolis, Grégoire	240
Nida-Rümelin, Julian	360, 490
Nikolaus von Kues	336
Nofretete	249
Nolde, Emil	277
Nozick, Robert	181-182, 322
Paál, Gábor	261, 293, 295
Parmenides	21, 228
Parsons, Talcott	14, 436-437, 454
Pascal, Blaise	134, 141
Pauen, Michael	382, 388
Pauli, Wolfgang	39
Paulus	500
Penrose, Roger	242
Piaget, Jean	394

Piero della Francesca	269
Pinker, Steven	406, 424, 426
Planck, Max	26, 35
Platon	23-25, 62, 68, 140, 168, 176, 226-227, 229, 245, 455, 504
Plotin	147
Poincaré, Henri	239
Pöltner, Günther	147
Pöppel, Ernst	203
Popper, Karl	62, 177, 190, 325, 326
Precht, Richard David	112
Prigogine, Ilya	240
Pythagoras	25
Rauchfuß. Horst	82
Rautenberg, Hanno	297
Reichholf, Josef	253
Rembrandt, Harmenszoon van Rijn	275
Renz, Ulrich	251
Riedl, Rupert	147
Rizzolatti, Giacomo	467
Rombach, Heinrich	261
Rosa, Hartmut	213, 215, 217
Roth, Gerhard	66, 95, 104, 114-115, 119, 150, 352, 358, 368
Rousseau, Jean Jacquess	463
Rubens, Peter Paul	249
Rutherford, Ernest	29
Saint-Exupery, Antoine de	132
Sandkühler, Jörg	501
Sappho	112
Sartre, Jean Paul	125
Schelling, Friedrich Wilhelm Joseph	17, 29, 68
Schiller, Friedrich	301, 510
Schmidt, Siegfried J.	153
Schmitt, carl	330
Schnabel, Anette	80
Schöne, Wolfgang	275, 276
Schopenhauer, Arthur	26, 122, 153-154, 197, 290, 465
Schrödinger, Erwin	54
Schütz, Alfred	160

Schwarzenegger, Arnold	257
Scobel, Gert	335
Seel, Martin	292
Singer, Wolf	102
Sinigaglia, Corrado	467
Sloterdijk, Peter	26
Sophokles	385
Sousa, Ronald de	120
Spaemann, Robert	506
Spork, Peter	234
Steinfath, Holmer	107-109, 116, 135
Strüber, Nicole	66
Symons, Donald	254
Taylor, Charles	334
Thomas von Aquin	165, 173, 313
Thornhill, Randy	254
Tillich, Paul	313
Tomasello, Michael	12, 73, 136, 154-157, 161, 175, 193, 264, 297, 327, 371, 372-378, 390, 392-395, 397, 429, 458-459, 464, 474, 475, 479, 493
Tugendhat, Ernst	466, 487, 509
Varela, Fransico	68
Vollmer, Gerhard	62, 146-147, 175
Waal, Frans de	463-464, 475
Wagner, Richard	223
Warneken, Felix	474
Weber, Max	335, 450
Weinberg, Steven	59
Weischedel, Wilhelm	312-313
Weizsäcker, Carl Friedrich von	23, 36, 64, 218, 238
Wellmer, Albrecht	413
Welzer, Harald	382, 388
Wendorff, Rudolf	235
Wertheimer, Max	272
Whitehead, Alfred North	333
Whorf, Benjamin Lee	399
Williams, Tennessee	132
Willikens, Ben	269
Wittgenstein, Ludwig	123, 304, 332, 334, 400, 417-419, 423

Zahavi, Amotz und Avishag   254
Zajonc, Arthur   32
Zulley, Jürgen   234